Wege · Werte · Wirklichkeiten 9/10

Herausgegeben von
Christiane Michaelis, Thorsten Schimschal
und Anke Thyen

Verfasst von
Ralf Kellermann, Anja Kemmerzell, Christiane Michaelis,
Thorsten Schimschal, Stefan Stuckmann, Anke Thyen,
Till Warmbold

Oldenbourg Schulbuchverlag, München

Liebe Schülerin, lieber Schüler,

Wege·Werte·Wirklichkeiten soll dich in einem Fach begleiten, in dem es um ethische Orientierung geht: Wie finde ich meinen Weg im Leben? Wie kann ich gut mit anderen zusammenleben? Wie treffe ich die richtige Entscheidung, wenn es darauf ankommt? Damit du dich auf dem Weg durch das Buch immer gut zurechtfindest, geben wir dir hier eine Wegbeschreibung:

Es gibt sechs Themenbereiche, die jeweils mit einer **Doppeleinstiegsseite** beginnen. Auf diesen Seiten findest du Texte, Fragen und Bilder, die dir helfen, deine eigenen Fragen zum Thema zu formulieren und von deinen eigenen Erfahrungen zu berichten.
In jedem Themenbereich findest du zwei Kapitel, die jeweils mit einer **Startseite** beginnen. Auf dieser Seite werden die Fragen konkreter und du erhältst einen Überblick über die Ziele des Kapitels und die Methode, die du darin lernen kannst.

M METHODEN

I INFOBOX

Die grundlegenden Methoden des Fachs sind Methoden aus der Philosophie, denn Ethik und Philosophie hängen eng miteinander zusammen. Jeweils eine Methode steht im Mittelpunkt eines Kapitels und wird dort in einer Methodenbox vorgestellt, damit du sie üben und anwenden kannst. In Infoboxen ist ergänzendes Überblickswissen zusammengefasst.

A AUFGABEN

D DENKRAUM

Neben den Aufgaben gibt es in jedem Kapitel Denkräume. Sie bieten besondere Aufgaben an, zwischen denen du auch wählen kannst. Und es gibt einige knifflige Aufgaben für Spezialisten und Aufgaben, in denen ihr gemeinsam das Gelernte in einem Projekt anwenden könnt.

➲ *Internetrecherche S. 234*

Am Seitenrand findest du **Worterklärungen, Tipps und weitere Informationen** zur Lösung der Aufgaben. Ein Pfeil ➲ zeigt dir, wo du nachschlagen oder weiterarbeiten kannst.

Rückblick und Weiterdenken

Auf der **Schlussseite** jedes Kapitels überlegst du im Rückblick, was und wie du gelernt hast, und schätzt deinen Lernerfolg selbst ein. Beim Weiterdenken lernst du andere Aspekte des Themas kennen oder wendest das Gelernte auf andere Probleme an.

L G

Jederzeit kannst du im Ethik-Lexikon die wichtigsten Informationen zu den behandelten Themen und Philosophen nachschlagen. Das Methoden-Glossar hilft dir beim Lösen der Aufgaben und fasst alle im Buch verwendeten Methoden noch einmal übersichtlich zusammen.

Wir wünschen dir viel Freude und Erfolg auf deinem Weg!

1 Ich auf dem Weg

1 Glück

2 Endlichkeit – Sterben, Tod und Altern

„Das Leben ist ein Spiel, dessen erste Spielregel lautet: Das ist kein Spiel, das ist todernst."

Alan Watts

Ich auf dem Weg – Für den einen Menschen ist es ein kurzer Weg, für den anderen ein langer. Er führt über Höhen und in Abgründe, durch dunkles Dickicht und über weite Ebenen, und immer müssen wir aufmerksam sein. Denn zwei Dinge bestimmen unser Fortkommen: das Streben nach Glück und die Furcht vor dem Tod.

Durch die zwei folgenden Kapitel führt auch ein Weg, ein Gedankengang von „Glück“ zu „Tod“: Was ist Glück? Ist es erreichbar? Kann ich etwas tun für mein Glück? Wohin führen meine Gedanken zu Sterben und Tod? Wie ist es, alt zu sein?

„Ich leb und waiß nit wie lang,
ich stirb und waiß nit wann,
ich far und waiß nit wahin,
mich wundert das ich frölich bin.“

unbekannter Verfasser aus dem Mittelalter

1 Glück

Henri Cartier-Bresson: Szene in Paris (1955)

Erstes Glück, spätere Glücke

von Sibylle Berg

Ich sehe mein Gesicht: an jenem Morgen, damals, in Paris. Im Hotelbett hinter mir schlief Wolfgang. Es war unser erstes Wochenende zusammen. Ich sah auf die zinnfarbenen Dächer und wusste absolut nicht, was ich machen sollte vor Glück. Ich zog mich also an und ging raus. Es war noch kühl. Ich saß in einem Straßencafé und trank Kaffee. Sah zu dem Hotelzimmer hoch. In dem meine erste große Liebe schlafend lag. Komisch, dass ich die meisten Sachen nur in der Erinnerung richtig fühlen kann. Es wurde warm, da liefen Franzosen rum, und alle strahlten mich an, weil ich so strahlte. Und alles war am Anfang. Ich saß in der Sonne und trank Milchkaffee. Und dachte, ich wäre die Einzige, die glücklich sein könnte. Oben lag Wolfgang und schlief. Ich glaube wirklich, so glücklich wie damals allein in diesem Café, war ich nie mehr. Anders glücklich. Aber nie mehr so. Bei späteren Glücken wusste ich ja schon, dass das Glück eine endliche Sache ist. Damals glaubte ich, das wäre jetzt für immer so.

A AUFGABEN

1. Die Erzählerin findet es komisch (Z. 8), dass sie ihr Glück nur in der Erinnerung richtig fühlen kann. Kannst du das nachvollziehen? Erzähle davon.
2. Es klingt ungewohnt, wenn das Wort „Glück" im Plural, Glücke, gebraucht wird. Die Schriftstellerin Sibylle Berg tut es. Erkläre, was sie damit ausdrücken möchte.

Info
Im Deutschen umfasst das Wort „Glück" sowohl die Bedeutung von „Zufallsglück" (z.B. im Lotto) als auch die Bedeutung von „Glücklichsein" im Sinne eines Wohlbefindens.

Alle Menschen streben nach Glück, schrieb Aristoteles. Was aber ist Glück? Wie wird man glücklich? Kann ich etwas dafür tun? Welches Glück empfinde ich im Hier und Jetzt, an welches erinnere ich mich? Lässt sich „Glücklichsein" objektiv messen und von äußeren Faktoren beeinflussen? Und: Gibt es nur Glück im Augenblick oder auch dauerhaftes Glück?
All diese Fragen betreffen ein Phänomen, das bei nahezu allen Menschen als erstrebenswert gilt, aber auf ganz unterschiedliche Weise empfunden und erlebt, gestaltet und gelebt wird: Glück im Sinne von Glücklichsein. Es leitet viele auf ihrem Weg durch das Leben.

In diesem Kapitel wird als Methode eingeführt, wie man Gedanken in einer Landkarte abbilden kann – die ***Gedankenlandkarte.***

Individuelle Glücksvorstellungen

Traumtage, Tagträume

Christiane Tramitz hat mit 11- bis 18-Jährigen intensive Gespräche zu Themen wie z.B. Erwachsenwerden, Freunde, Familie oder Liebe geführt. Die Jugendlichen haben ihr dazu ihre Vorstellungen, Gedanken und Gefühle offen und ausführlich mitgeteilt. Eine Aufforderung zu erzählen war die folgende:

„Denk dir einen Traumtag aus, an dem du morgens aufwachst, wo du willst. Du kannst dorthin mitnehmen, wen du willst, und du kannst dort machen, was du willst. Es gibt keine Grenzen, ich wünsche dir einen perfekten Tag, an dem du dir alles erfüllen kannst, wonach du dich sehnst."

Darauf haben drei Jugendliche geantwortet:

Mara: Ich würde meinen Bruder im Kosovo besuchen. Ich würde nämlich gern seinen Sohn kennenlernen, der letztes Jahr zur Welt gekommen ist. Den kenne ich noch gar nicht. Und ich möchte wieder mal mit meiner kleinen Cousine Süßigkeiten kaufen gehen. Bevor die nach dem Kosovo gefahren ist, da war sie am Weinen, da habe ich mir gedacht, komm, Lara, wir gehen nach G., und dann meinte sie so, was wollen wir denn da, das ist ein Dorf, Mara, da will ich nicht hin. Da habe ich gesagt: Ich habe Geld, wir gehen einkaufen, okay. Dann konnte sie nicht mehr laufen, dann habe ich sie huckepack genommen. Sie hat den ganzen Weg gesungen: Ich bin so schön, ich bin so toll, ich bin der Anton aus Tirol. Das war ein schöner warmer Tag, und alle hatten die Fenster runter, und alle haben uns angeguckt. So einen Tag möchte ich am liebsten wieder erleben.

Stefan: Auf jeden Fall mit meiner Freundin zusammen einfach auf eine einsame Insel fahren und nicht nur einen Tag, sondern eine ganze Woche da verbringen. Einfach mal den ganzen tagtäglichen Stress hinter sich lassen, einfach wie ein ganz normaler Mensch früher: sein Essen selber machen, selber angeln, mal ohne zu rechnen, wie viel Geld kann ich heute ausgeben, die ganzen Probleme hinter sich liegen lassen, einfach mal auf eine einsame Insel.

Frederik: Ich sehe aus, wie ich halt jetzt auch aussehe. Bloß dürfte ich wieder meine schwarzen Sachen tragen, denn ich liebe schwarze Klamotten, die habe ich ja gar nicht mehr, ich habe das meiste weggeworfen oder verschenkt. Dann fände ich es cool, wenn mich jeder kennen würde, dass ich für die vierundzwanzig Stunden mal richtig berühmt wäre, ein richtiger Rockstar halt. Dann würde ich eine Menge Autogramme geben, ich würde Konzerte veranstalten, mehrere an einem Tag. [...] Meine Freundin wäre dann auch dabei, meine Freundin würde dann unten auf der Tribüne stehen, und ich würde dann so

Musik machen, alle Leute würden mir zujubeln, mich angucken und ihre ganze Aufmerksamkeit nur auf mich richten.

A AUFGABEN

1. Suche jeweils den Kern der drei Tagträume vom Glück. Was ist das Wichtigste: Menschen und Beziehungen, Dinge, Aktivitäten, Erlebnisse oder Gefühle? Lege eine Tabelle an, in der du deine Ergebnisse darstellst.
2. Diskutiert über die Glücksauffassungen der drei Jugendlichen und bezieht dabei die Ergebnisse aus Aufgabe 1 mit ein.
3. Die Jugendlichen, die Christiane Tramitz interviewt hat, sind zwischen 11 und 18 Jahren. Wie alt Mara, Stefan und Frederik sind, wissen wir nicht. Schätze ihr Alter und begründe deine Einschätzung.
4. Wie sieht dein Tagtraum aus?
   a) Fertige eine Gedankenlandkarte an.
   b) Betrachtet eure Ergebnisse gemeinsam und diskutiert darüber.

Hinweis
Diese Aufgabe könnt ihr nur bearbeiten, wenn ihr euch vertraut und nicht befürchten müsst, verspottet zu werden.

D DENKRAUM

A Gestaltet als Gruppe ein „persönliches Museum der Glücksobjekte“: Plant, welches Foto oder welchen Gegenstand ihr in der nächsten Stunde mit in den Unterricht bringt. Verfasst dazu einen Begleittext, aus dem hervorgeht, weshalb dieses Objekt für euch Glück darstellt bzw. symbolisiert. Stellt den anderen Kursmitgliedern euer Museum in einem Rundgang vor.

Im „Museum der unerhörten Dinge“ in Berlin werden Alltagsgegenstände ausgestellt, die erst durch die sie begleitenden Texte Bedeutung erlangen.

B Gestaltet ein kurzes Theaterstück zum Thema „Glücksmomente“ und führt es vor den anderen Kursmitgliedern auf.

C Im Internet gibt es unzählige Zitate zum Thema „Glück“. Schreibe ca. zehn davon heraus und ordne sie nach dem Schema „Zitate, die mich überzeugen“, „Zitate, die ich nicht verstehe“, „Zitate, die ich für Unsinn halte“. Präsentiere den anderen Kursmitgliedern deine Zitatesammlung und erläutere sie an passenden Stellen.

M METHODEN

Gedankenlandkarte

Geografische Landkarten bilden Strukturen der Erdoberfläche ab. Sie zeigen das Gesicht der Erde aus der Vogelperspektive. Jedoch nicht wie eine Fotografie, sondern als lesbarer „Text", der uns hilft, uns zu orientieren.
Mit einer Landkarte in der Hand finden wir unseren Weg. Kaum ein anderes Instrument hat den Fortschritt des Menschen so befördert wie Landkarten. Jeder Landkarte ist aber auch vorausgegangen, dass Menschen sich mutig ins Ungewisse aufgemacht haben, um „weiße Flecken" zu erkunden. Keine Landkarte ist vollständig, man könnte ihr immer noch zahllose Informationen hinzufügen, aber dann ist sie vielleicht nicht mehr lesbar.
Auch eine Gedankenlandkarte ist nicht vollständig. Sie bildet ab, was wir über ein Thema denken und welche Gefühle wir dabei haben. Auf einer Gedankenlandkarte bringen wir zum Ausdruck, wie wir Zusammenhänge sehen. Sie hilft uns, unsere Gedanken zu ordnen und einander mitzuteilen. Es ist eine Methode, die uns sehen lässt, was wir denken.
Um Gedanken auszudrücken, macht sich die Methode unsere Fähigkeit zunutze, in Metaphern zu denken, in diesem Fall in geografischen Metaphern. Wir sprechen vom „Strom des Lebens", von den „Niederungen der Existenz", den „Höhen des Erfolgs", den „Abgründen der Seele", der „Unterwelt". Wir stehen „im Regen", sind „auf dem Weg", manche drohen „in Arbeit zu ertrinken" und vieles andere mehr. Märchen und Filme, wie zum Beispiel „Der Herr der Ringe", setzen Seelenlandschaften in großartigen Landschaftsbildern in Szene.
Wie kannst du vorgehen?

1. Lasse deine Gedanken zu einem Thema (z.B. Freundschaft, Schule, Liebe, Arbeit, Autorität, Glück etc.) schweifen und übersetze sie in Landschaftsmetaphern.
2. In einer Gedankenlandschaft kann Furcht zum Beispiel als unüberwindliches Gebirge; ein Lebensweg als Weg, Straße, Dschungelpfad, als ruhiger oder wilder Wasserweg; Ziele, Erwartungen und Hoffnungen als Dörfer, Städte, Gärten, Berggipfel, Vergnügungsparks oder Höhlen dargestellt werden. Wähle für dich einen Standpunkt auf der Karte, sodass du ausdrücken kannst, wenn etwas in weiter Ferne liegt oder nah bei dir ist.
3. Die Gedankenlandschaft lässt auch erkennen, in welcher Beziehung deine Gedanken zueinander stehen: Die Hoffnung, einen Gipfel zu erstürmen, kann neben der Angst liegen, in Abgründe zu stürzen; eine Erwartung kann eine Fata Morgana sein.
4. Und schließlich kann es auch auf einer Gedankenlandkarte „weiße Flecken" geben.

1

Glücksreflexionen

Eine Glücksanfrage

Schülerinnen und Schüler einer zehnten Klasse in Hamburg planen ein Internet-Portal zum Thema „Glück" und möchten dafür u.a. Beiträge zu folgenden Fragen sammeln:

Frage 1: *Gibt es Bewertungsmaßstäbe für das Glück?*

Frage 2: *Muss man frei sein, um glücklich sein zu können?*

Frage 3: *Wäre es vorstellbar, dass es eine Welt gibt, in der alle glücklich sind?*

A AUFGABEN

1. Wähle eine der oben stehenden Fragen aus und beantworte sie in Form eines philosophischen Essays. Beziehe als Anregung die drei folgenden Lexikonartikel ein.

Aus dem „Brockhaus" von 1844:

> Zustand der Befriedigung aller Bedürfnisse eines sinnlich-vernünftigen Wesens. Ein solcher Zustand kann nach der Stellung des Menschen zur Natur nur als Ideal angesehen werden; da die Abhängigkeit des Menschen von dem, was nicht in seiner Gewalt steht und doch seinen Zustand bestimmt, niemals aufhören wird.

Aus dem „Brockhaus" von 1969:

> Ein seelisch gehobener Zustand, in welchem der Mensch mit seiner Lage und seinem Schicksal einig und sich dieser Einhelligkeit gefühlsmäßig bewusst ist – sei es, dass er die Wünsche, die ihm für sich selbst wesentlich erscheinen, erfüllt glaubt, sei es, dass er wesentliche Wünsche, die über das Gegebene hinausdrängen, nicht hat („wunschlos glücklich"). Das Glück kann alle Stufen vom Sinnlichen bis zum Sublim-Geistigen durchlaufen.

sublim *(lat.): erhaben*

Aus dem „Brockhaus" von 2006:

> Komplexe Erfahrung bzw. Zustand oder Vorstellung der Freude angesichts einer umfassenden Erfüllung von Hoffnungen, Wünschen; die vorgestellte oder erlebte Erfahrung des Einsseins des Menschen mit dem von ihm im Rahmen seines Lebensvollzugs Gewünschten.

2. Untersuche die drei Lexikon-Einträge auf Gemeinsamkeiten, Ähnlichkeiten und Unterschiede.
3. Verfasse einen eigenen Lexikon-Artikel zum Begriff „Glück“.
4. Recherchiert, welche Begriffe für das deutsche Wort „Glück“ in anderen Sprachen existieren.

Glück ist kein Ziel, sondern der Lohn

Günther Bien, Professor für Philosophie, hat sich ebenfalls daran beteiligt, Antworten auf die drei Fragen von S. 12 zu formulieren. Hier siehst du sein Ergebnis:

Günther Bien (geb. 1936), deutscher Philosoph

Frage 1: *Gibt es Bewertungsmaßstäbe für das Glück?*
Die Stoiker sagen, dass jemand, der sich zehn Zentimeter unter der Wasseroberfläche befindet, genauso ertrinkt wie jemand, der sich in drei Meter Tiefe befindet. Das stimmt, nur das Bild ist natürlich falsch gewählt. Mit Sicherheit gibt es Grade des Glücks und des Unglücks. es kommt immer auch darauf an, was man unter Glück versteht. Erstens könnte man, was viele Menschen tun, Glück mit Spaß, Vergnügen, Freude, Lustgewinn identifizieren. Zweitens kann Glück als gute, angenehme Stimmung verstanden werden. Nun weiß man aber auch, von wie vielen Dingen die Stimmung abhängt: vom Wetter, vom Kreislauf, von vielen Unwägbarkeiten. Insofern kann das als Stimmung begriffene Glück noch nicht der letzte Bezugspunkt sein. Das Dritte wäre dann schon der zentrale Aspekt: Glück ist die dauerhafte Wahrnehmung des eigenen Daseins als angenehm, sinnvoll und erfüllt. In Bezug auf den ersten Punkt kann man in der Tat Lustempfindungen messen, zum Beispiel danach, wie lange die Empfindungen anhalten. Man kann sie auch nach der Intensität messen. Man weiß, dass das erste Glas Wasser bei großem Durst eine ungeheure Befriedigungsqualität hat, das zweite und dritte schon eine deutlich geringere. […] Wie die Lustempfindungen kann man auch Stimmungen messen, übrigens mit ziemlich ähnlichen Kategorien. Grundlegend bleibt aber die dritte Definition des Glücks im Sinne der letzten Erfüllung dessen, was das menschliche Herz im Letzten will, was den Menschen befriedigt.

5. Gib Günther Biens drei Definitionen des Glücks in eigenen Worten wieder und veranschauliche die Definitionen durch passende Beispiele.
6. Nimm eine begründete persönliche Gewichtung vor: Was ist für dich besonders wichtig am Glück?

Frage 2: *Muss man frei sein, um glücklich sein zu können?*
Die kürzeste Definition von Glück könnte lauten: Glücklich ist der, der hat, was er will. Und es gibt eine ganz einfache Definition von Freiheit: Frei ist der, der

tun kann, was er will. Freiheit und Glück hängen insofern zutiefst zusammen: tun können, was man will, und haben, was man will. Das ist die eine Seite. Aber der tiefere Zusammenhang ist folgender: Zumindest im modernen Verständnis gehört zum Glück Selbstbestimmung. Nun sind wir aber auch unter besten Bedingungen nicht selbstbestimmt. Wir haben eine körperliche Natur mitbekommen, für die wir nichts können, und von dieser körperlichen Situation leiten sich auch Charaktereigenschaften ab. Es gibt beispielsweise phlegmatisch veranlagte Menschen, und es gibt Menschen, die eher aktiv sind. Das ist vorgegeben.
Ein weiteres großes Problem in Bezug auf Glück [...] besteht in der Bestimmung der eigenen Zeit. Das hat wiederum zwei Bedeutungen: zunächst einmal, dass man nicht völlig in eine entfremdete Tätigkeit eingespannt ist. Zum anderen, dass die verbliebene Freizeit oft von der Unterhaltungsindustrie solchermaßen ökonomisch durchorganisiert und verplant wird, dass keine Freiräume bleiben. [...] Die Selbstbestimmung ist eine ganz große Chance, die wir heute haben, aber für viele Menschen auch eine Überforderung. Heute gibt es eine große Zahl von Gurus, die Glücksrezepte anbieten, welche Lebenserfolg garantieren sollen. Es gibt aber keine Techniken zur Erzeugung von Glück. Das hängt damit zusammen, dass Glück kein Gegenstand ist, den man mit bestimmten Verfahren produzieren könnte. Ein weiser Mann hat einmal gesagt: Glück ist kein Ziel, sondern der Lohn. Das heißt, Glück ist immer eine Nebenfolge von anspruchsvoller, sinnvoller Tätigkeit. Glück ist wie die Hobelspäne, die dann abfallen, wenn man etwas Richtiges tut.

7. Erkläre, welchen Zusammenhang Bien zwischen Glück und Freiheit sieht.
8. Nimm zu Biens These Stellung, dass uns das Glück der Selbstbestimmung überfordert. Deckt sich das mit deinen Erfahrungen?
9. Erläutere das sprachliche Bild des letzten Satzes.
10. Fertige eine Gedankenlandkarte zu „Chancen und Hindernisse des Glücks“ an.

Frage 3: *Ist eine Welt vorstellbar, in der alle glücklich sind?*
Ein glückliches Leben als ein Leben, das immer nur in Kirmesstimmung verbracht wird, gibt es nicht. Zum menschlichen Leben gehören nun einmal auch die negativen und leidvollen Dinge. Das liegt zum einen daran, dass wir einen Körper haben, der anfällig und ermüdbar ist. Es hängt zweitens damit zusammen, dass keiner für sich alleine ist, sondern immer mit anderen Menschen zusammenlebt. Das Glück des Lebens besteht wahrscheinlich darin, dass es einem gelingt, die negativen Seiten des Lebens zu integrieren. Bedingung für positive Erfahrungen und für Glück sind eben auch verarbeitete Negativerfahrungen.

11. Erläutere den Zusammenhang zwischen negativen Erfahrungen und Glück durch eigene Beispiele.

12. Lao-Tse, chinesischer Philosoph und Begründer der Religion des Taoismus, bemerkte im 6. Jahrhundert vor Christus: „Wer das Unglück des Reiches auf sich nimmt, der ist der König der Welt." Setze dieses Zitat in Beziehung zu den Ausführungen Biens.

Informationen zu Lao-Tse findest du auf S. 213

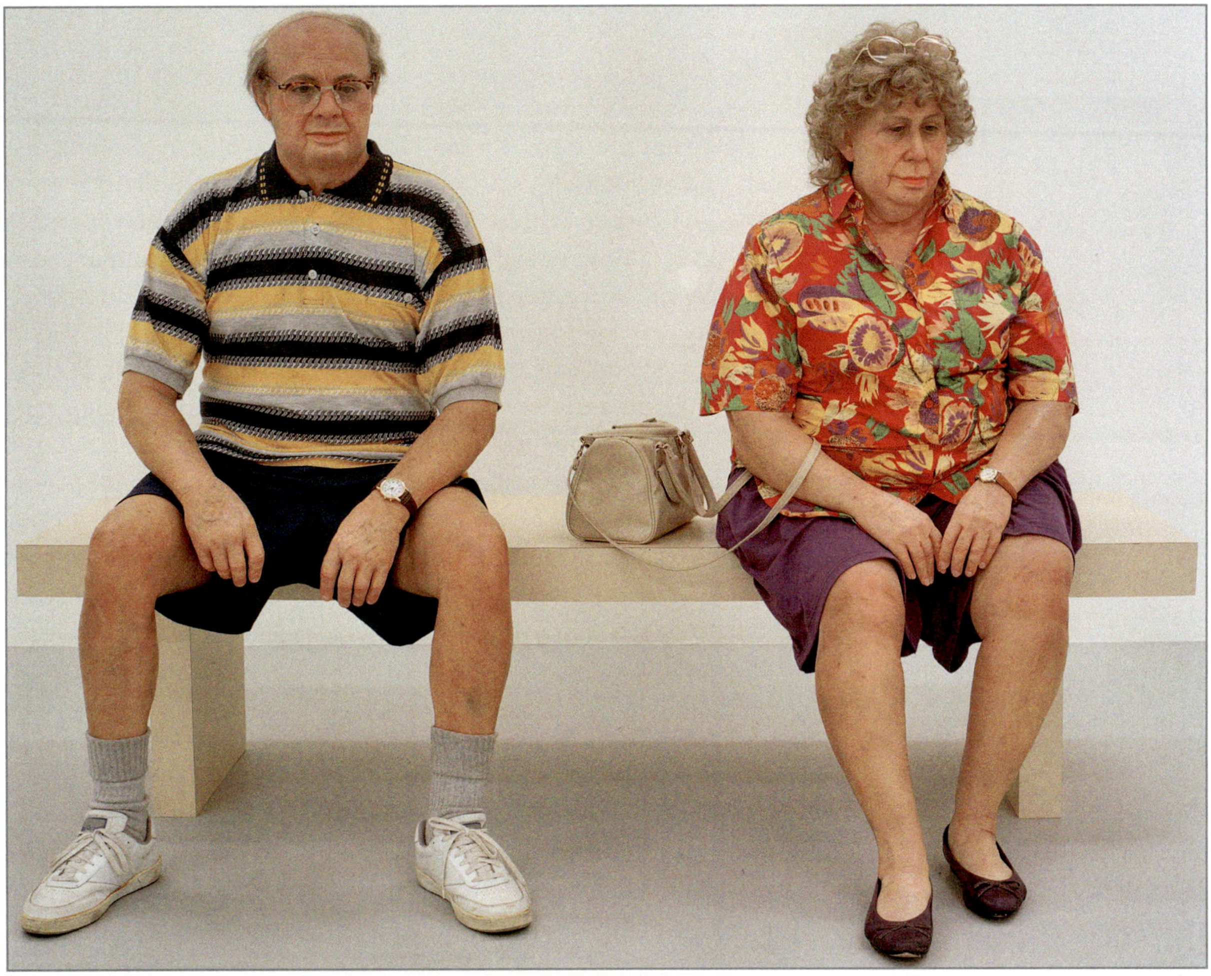

Duane Hanson: Old Couple on a Bench (1994)

Der amerikanische Bildhauer Duane Hanson stellte lebensgroße menschliche Figuren aus Glasfaser und Polyesterharz sowie originaler Kleidung her. Jede Hautfalte, jedes Haar wurde detailgenau nachgebildet. Deshalb bezeichnet man Hansons Kunstrichtung auch Hyperrealismus. Sein Thema war vor allem der amerikanische Way of Life, dem er kritisch gegenüberstand.

13. Was könnten die dargestellten Menschen über „Glück" denken? Schreibe eine Gedankenblase entweder für der Mann oder die Frau.

14. Mag Duane Hanson seine Figuren? Stelle Vermutungen an und begründe sie.

1

Antike Philosophen zum Thema „Glück“ – Epikur und Aristoteles

Brief an Menoikeus

von Epikur

Epikur, griechischer Philosoph (341–271/270 v. Chr.)

Immer, wenn wir uns bewusst oder unbewusst für oder gegen etwas entscheiden, dann tun wir das aus zwei Gründen, erstens der körperlichen Gesundheit und zweitens der Zufriedenheit der Seele, denn dies beides ist das Ziel eines glücklichen Lebens. Alles, was wir tun, tun wir also, um weder Schmerzen noch Unzufriedenheit zu erleben. Die Überwindung von Schmerzen und Unzufriedenheit bedeutet Lust, sie ist der einzige Antrieb zum Handeln.

Deshalb ist die Lust zugleich Ausgangspunkt und Ziel des glücklichen Lebens. An der Lust messen wir letztlich, wofür oder wogegen wir uns entscheiden sollen. Aber wir entscheiden uns nicht für jede Lustempfindung, obwohl jede Lust etwas Gutes ist, weil es darauf ankommt, am Ende größtmögliche Lust zu erreichen. Darum ertragen wir manchmal auch Schmerzen, wenn eine größere Lust darauf folgt. Es kommt darauf an, durch Vergleich die Vor- und Nachteile abzuwägen und zu beurteilen.

Auch die Selbstgenügsamkeit halten wir für ein hohes Gut, nicht um immer mit wenigem zufrieden zu sein, sondern damit wir, wenn wir vieles nicht haben können, uns auch mit wenigem begnügen können. Wer vieles nicht braucht, kann Verschwendung am lustvollsten genießen. Denn bescheidene Suppen verschaffen eine ebenso starke Lust wie ein aufwendiges Mahl, wenn jeweils das schmerzhafte Gefühl des Hungers aufgehoben wird. Sich also an einfache und nicht aufwendige Mahlzeiten zu gewöhnen, hält den Menschen gesund und macht ihn unbeschwert gegenüber den Anforderungen des Lebens und lässt uns ohne Angst den Zufällen des Lebens entgegensehen.

Wenn ich also sage, die Lust sei das Ziel, meine ich damit nicht, was Hemmungslose darunter verstehen, der bloße Genuss, sondern: weder Schmerz im Körper noch Unzufriedenheit in der Seele zu empfinden. Denn nicht andauerndes Feiern, auch nicht Sex oder aufwendiges Essen erzeugen das lustvolle Leben, sondern ein nüchterner Verstand, der die Gründe jeder Entscheidung für oder gegen etwas aufspürt und die bloßen Vermutungen vertreibt, von denen die Unruhe der Seele meist herkommt.

A AUFGABEN

➲ *sokratisches Gespräch S. 158*

1. Erläutere Epikurs Auffassung, die Lust sei „Ausgangspunkt und Ziel des glücklichen Lebens“.
2. Gehört für dich „Selbstgenügsamkeit“ zum Glück? Führt ein sokratisches Gespräch über diese Frage.

1

Aristoteles: Glück des guten Lebens

Für Aristoteles ist die Frage nach dem Glück im Grunde die Frage, wie Menschen in der Gemeinschaft gut miteinander leben können. Außerhalb der Gemeinschaft, der Polis, wie die Griechen sagen, leben nur Götter und wilde Tiere. Menschlich kann man nur in der Polis leben. Wenn alle gut leben, dann lebt auch der Einzelne gut. Gut lebt, wer tugendhaft lebt, und das heißt, wer einen guten Charakter ausbildet und ihm gemäß handelt, wer gute Haltungen hat. Gut handelt derjenige, der die rechte Mitte trifft bei seinen Entscheidungen, wer ein Zuviel und ein Zuwenig vermeidet. Um abzuwägen, was die rechte Mitte ist, braucht man Klugheit. Das ist die Tugend, die man zu einem guten, weil überlegten Handeln braucht. Wer zum Beispiel feige vor dem Feind flieht, ist ebenso wenig tugendhaft wie der, der sich tollkühn und hitzig ins Gefecht wirft. Den Tugendhaften zeichnet angemessener Mut aus. Wer geizig oder verschwenderisch ist, lebt nicht gut, das tut nur der, der freigebig ist.
Wie kommt das Glück ins Spiel? Für Aristoteles gilt: Wer gut lebt und also gut handelt, lebt glücklich. Er nennt das Glück eines guten Lebens eudaimonía. Dieser griechische Ausdruck besteht aus zwei Wörtern: eu für „gut" und „schön" und *dáimon* für „Geist". Also ist das glückliche Leben das Leben eines Menschen, der von einem guten Geist begleitet wird, mit dem ein guter Geist ist. Eudaimonia unterscheidet sich von einem lustvollen, nur angenehmen, vergnüglichen Leben, sie kommt dem Leben als Ganzes zu. Eudaimonia ist auch kein Gefühl, sondern gute Lebensführung und somit eine Aktivität. Eudaimonia ist das Glück, das man im guten Handeln findet, es ist kein Ziel, das außerhalb des Handelns liegt. Das Glück ist nicht das Ziel des Handelns, sondern der Wert oder der Lohn guten Handelns.

Auf einer griechischen Vase ist die Glücksgöttin abgebildet.

Aus Aristoteles' Verständnis des Glücks ergibt sich,

1 dass Glück nur in einer guten Gemeinschaft bzw. in einem guten Staat möglich ist, weil ...
2 dass Glück der Moral nicht entgegensteht, denn ...
3 dass man lernen kann, glücklich zu leben, wenn ...

3. Vervollständige die Sätze 1–3.
4. Vergleiche die Glücksauffassungen von Aristoteles und Epikur. Erstelle dazu jeweils ein Begriffsnetz, das zentrale Stichwörter der jeweiligen Position miteinander in Beziehung setzt.
5. Schreibe einen Essay, in dem du Epikurs und Aristoteles' Glücksbegriff darlegst und selbst eine Position beziehst.

➲ *Essay S. 198*

1

INFOBOX

Begriffsbestimmung: Glück

Das Wort „Glück“, von *gelücke* (das englische Wort *luck* steckt darin), ist erst seit ungefähr 1000 Jahren im Gebrauch. Warum es so spät auftritt, weiß man nicht. Es wird ursprünglich verbunden mit einem positiven Schicksal und im Sinne von „was gut ausläuft, sich gut trifft“ verwendet. Später wird unterschieden zwischen dem positiven Zufall „Glück haben“ und „Glück empfinden, glücklich sein“.

Eudaimonia, Eudaimonismus: Der sehr viel ältere griechische Ausdruck *eudaimonía* bedeutet „einen guten Dämon haben“ oder „gutes Zurechtkommen mit dem Leben“; zusammengesetzt aus *eu* für „gut“ (und „schön“) und *dáimon* für „Geist“. Für Aristoteles ist *eudaimonía* das höchste Ziel, das man im Handeln erreichen kann. Ein Leben in Eudaimonia ist ein gutes, recht geführtes Leben des Einzelnen im Einklang mit der Gemeinschaft (*Polis*). Eudaimonismus ist eine Lehre, die Glück im Sinne von *eudaimonía* als Ziel des menschlichen Strebens betrachtet.

Hedoné, Hedonismus: Das griechische Wort *hedoné* bedeutet Lust, Genuss, Vergnügen. Auch der Hedonismus sieht im Glück das Ziel menschlichen Handelns. Anders als der Eudaimonismus misst er aber dem lustvollen Glück des Augenblicks eine größere Bedeutung zu.

Glück als Vermeidung von Unglück

Blaise Pascal (1623–1662), französischer Philosoph, Theologe und Mathematiker

> Wer mich besucht, erweist mir eine Ehre.
> Wer mich nicht besucht, macht mir eine Freude.
>
> Henry de Montherland

Zimmer und Welt

von Blaise Pascal

Händel: *Streit, Streitigkeiten, Auseinandersetzungen*

Wenn ich mich mitunter darangemacht habe, die vielfältige Geschäftigkeit der Menschen zu betrachten, die Gefahren und Mühsale, denen sie sich aussetzten, bei Hofe, im Kriege, woraus so viel Händel erwachsen, so viel Leidenschaften, so viele verwegene und oft schlimme Unternehmungen usw., habe ich entdeckt, dass alles Unglück der Menschen von einem einzigen herkommt: dass sie es nämlich nicht verstehen, in Ruhe in einem Zimmer zu bleiben.

AUFGABEN

1. Erläutere, welches Glück das „Zimmer“ Pascal verspricht.
2. Erörtere, ob das Glück eher im „Zimmer“ oder in der „Welt“ zu finden ist.

Anleitung zum Unglücklichsein

von Paul Watzlawick

Ein Mann will ein Bild aufhängen. Den Nagel hat er, aber nicht den Hammer. Der Nachbar hat einen. Also beschließt unser Mann, hinüberzugehen und ihn auszuborgen. Doch da kommt ihm ein Zweifel: Was, wenn der Nachbar mir den Hammer nicht leihen will? Gestern schon grüßte er mich nur so flüchtig. Vielleicht war er in Eile. Aber vielleicht war die Eile nur vorgeschützt, und er hat etwas gegen mich. Und was? Ich habe ihm nichts angetan; der bildet sich da etwas ein. Wenn jemand von mir ein Werkzeug borgen wollte, *ich* gäbe es ihm sofort. Und warum er nicht? Wie kann man einem Mitmenschen einen so einfachen Gefallen abschlagen? Leute wie dieser Kerl vergiften einem das Leben. Und dann bildet er sich auch noch ein, ich sei auf ihn angewiesen. Bloß, weil er einen Hammer hat. Jetzt reicht's mir wirklich. – Und so stürmt er hinüber, läutet, der Nachbar öffnet, doch bevor er „Guten Tag" sagen kann, schreit ihn unser Mann an: „Behalten Sie sich Ihren Hammer, Sie Rüpel!"

3. Erkläre, wie der Mann in Wut über seinen Nachbarn gerät.
4. Stelle Vermutungen über die Persönlichkeit des Mannes an, die erklärt, warum er sich in diese Situation bringt.
5. Versuche eine Erklärung dafür zu geben, warum das Buch, aus dem der Text entnommen ist, den Titel „Anleitung zum Unglücklichsein" trägt. Beziehe auch die Gestaltung des Buchumschlags ein.
6. a) Watzlawick verwendet in seinem Buch den Ausdruck „selbsterfüllende Prophezeiung". Erkläre diesen Ausdruck anhand der Hammer-Geschichte.
   b) Erkläre, was selbsterfüllende Prophezeiungen mit einer „Anleitung zum Unglücklichsein" zu tun haben könnten.

DENKRAUM D

➲ *Inszenieren S. 239*

A Übertragt die Hammer-Geschichte auf andere Lebensbereiche und textet oder inszeniert selbsterfüllende Prophezeiungen (self-fulfilling prophecy). Zum Beispiel die Liebe: „Du liebst mich nicht wirklich!" Oder in einem Schulfach: „Sport (Mathematik, Ethik etc.) kann ich nicht!"

B Sagen selbsterfüllende Prophezeiungen etwas über Glück aus? Überlegt auch, wie diese beiden Kapitelüberschriften in Watzlawicks Buch zum Thema passen: „ Wenn du mich wirklich liebtest, würdest du gern Knoblauch essen" und „Wer mich liebt, mit dem stimmt etwas nicht".

Der Mythos von Sisyphos

von Albert Camus

Albert Camus (gesprochen: kamü; 1913–1960), französischer Schriftsteller und Philosoph, Nobelpreis für Literatur 1957

Die Götter hatten Sisyphos dazu verurteilt, unablässig einen Felsblock einen Berg hinaufzuwälzen, von dessen Gipfel der Stein von selbst wieder herabrollte. Sie hatten mit einiger Berechtigung gedacht, dass es keine fürchterlichere Strafe gibt als unnütze und aussichtslose Arbeit.

[…] Seine Verachtung der Götter, sein Hass gegen den Tod und seine Liebe zum Leben haben ihm die unsagbare Marter aufgewogen, bei der sein ganzes Sein sich abmüht und nichts zustande bringt. Damit werden die Leidenschaften dieser Erde bezahlt. […] So sehen wir, wie sein angespannter Körper sich anstrengt, den gewaltigen Stein fortzubewegen, ihn hinaufzuwälzen und mit ihm wieder und wieder einen Abhang zu erklimmen; wir sehen das verzerrte Gesicht, die Wange, die sich an den Stein schmiegt, sehen, wie eine Schulter sich gegen den erdbedeckten Koloss legt, wie ein Fuß ihn stemmt und der Arm die Bewegung aufnimmt, wir erleben die ganz menschliche Selbstsicherheit zweier erdbeschmutzter Hände. Schließlich ist nach dieser langen Anstrengung, gemessen an einem Raum, der keinen Himmel, und an einer Zeit, die keine Tiefe kennt, das Ziel erreicht. Und nun sieht Sisyphos, wie der Stein im Nu in jene Tiefe rollt, aus der er ihn wieder auf den Gipfel wälzen muss. Er geht in die Ebene hinunter.

[…] Ich sehe, wie dieser Mann schwerfälligen, aber gleichmäßigen Schrittes zu der Qual hinuntergeht, deren Ende er nicht kennt. Diese Stunde, die gleichsam ein Aufatmen ist und ebenso zuverlässig wiederkehrt wie sein Unheil, ist die Stunde des Bewusstseins. In diesen Augenblicken, in denen er den Gipfel verlässt und allmählich in die Höhlen der Götter entschwindet, ist er seinem Schicksal überlegen. Er ist stärker als sein Fels. […]

Sisyphos, der ohnmächtige und rebellische Prolet der Götter, kennt das ganze Ausmaß seiner unseligen Lage: Über sie denkt er während des Abstiegs nach. Das Wissen, das seine eigentliche Qual bewirken sollte, vollendet gleichzeitig seinen Sieg. Es gibt kein Schicksal, das durch Verachtung nicht überwunden werden kann. […]

Darin besteht die ganze verschwiegene Freude des Sisyphos. Sein Schicksal gehört ihm. Sein Fels ist seine Sache. […] Der Kampf gegen den Gipfel vermag ein Menschenherz auszufüllen. Wir müssen uns Sisyphos als einen glücklichen Menschen vorstellen.

Wolfgang Mattheuer: Der übermütige Sisyphos (1973)

7. Erkläre, inwiefern wir uns Sisyphos nach Camus' Ansicht als einen glücklichen Menschen vorstellen müssen. Schreibe dazu Stellen aus dem Text heraus, die deine Überlegungen stützen.
8. Prüfe, ob Mattheuers Holzschnitt für eine Buch-Illustration des Camus-Textes verwendet werden könnte.
9. Stellt Überlegungen an, ob sich Camus' Verständnis des Mythos von Sisyphos auf eigene Erfahrungen übertragen lässt.
10. Arbeitet Unterschiede und Gemeinsamkeiten zwischen Camus' These vom „glücklichen Sisyphos" (S. 20) und Günther Biens „Glück durch Selbstbestimmung" (S. 13 f.) heraus und bezieht Stellung.

Sein Glück selbst in die Hand nehmen

Flow!

von Mihaly Csikszentmihalyi

Mihaly Csikszentmihalyi (gesprochen: tschik-sent-mihaji; geb. 1934), Psychologe

In der Regel entsteht flow, wenn wir unsere Fähigkeiten voll einsetzen, um eine Herausforderung zu bestehen, die wir gerade noch bewältigen können. Zum optimalen Erleben gehört normalerweise ein feines Gleichgewicht zwischen der eigenen Handlungsfähigkeit und den verfügbaren Möglichkeiten zum Handeln (siehe Abb. S. 22). Überfordert uns eine Aufgabe, so reagieren wir erst frustriert, dann besorgt und schließlich ängstlich. Ist eine Anforderung im Verhältnis zu den eigenen Fähigkeiten zu leicht, ist man erst entspannt und dann gelangweilt. Empfindet man das Niveau der Anforderungen wie auch den Grad des nötigen Könnens als eher niedrig, wird man am Ende teilnahmslos. Entspricht eine schwierige Herausforderung einem großen Können, so kann das zu einem völligen Aufgehen in der Aktivität führen. Darin unterscheidet sich der flow-Zustand vom normalen Leben. Der Bergsteiger hat dieses Gefühl, wenn ihm der Berg seine ganze Kraft und Energie abverlangt, die Sängerin, wenn das Lied den Einsatz ihres gesamten stimmlichen Spektrums verlangt, […] und die Chirurgin, wenn eine Operation neue Techniken oder eine unerwartete Abänderung erfordert. An einem gewöhnlichen Tag empfindet man dagegen oftmals Angst und Langeweile.

[…]

Es ist vor allem dieses ungeteilte innere Beteiligtsein am flow-Erlebnis und weniger das Empfinden von Glück, das zu einem exzellenten Leben führt. Erleben wir flow, so sind wir nicht glücklich; denn um Glück zu empfinden, müssen wir uns auf innere Zustände konzentrieren, und das würde die

Aufmerksamkeit von der momentanen Aufgabe abziehen. Nähme ein Bergsteiger sich Zeit für Glücksgefühle, wenn er an eine schwierige Passage kommt, könnte er in die Tiefe stürzen. Auch die Chirurgin kann sich während einer schwierigen Operation keine Hochstimmung leisten, ebenso wenig wie ein Musiker, wenn er eine anspruchsvolle Sonate spielt. Erst wenn die Aufgabe bis zum Ende durchgeführt ist, haben wir Zeit und Muße und können auf das Geschehene zurückblicken. Dann aber überwältigt uns ein Gefühl der Dankbarkeit für das herausragende Erlebnis — und wir sind im Nachhinein glücklich.

Die Statue der Göttin Fortuna ist eine Allegorie (Sinnbild) des Glücks. Ihre Attribute (Beigaben) sind das Füllhorn und ein Ruder (Schiffssteuer).

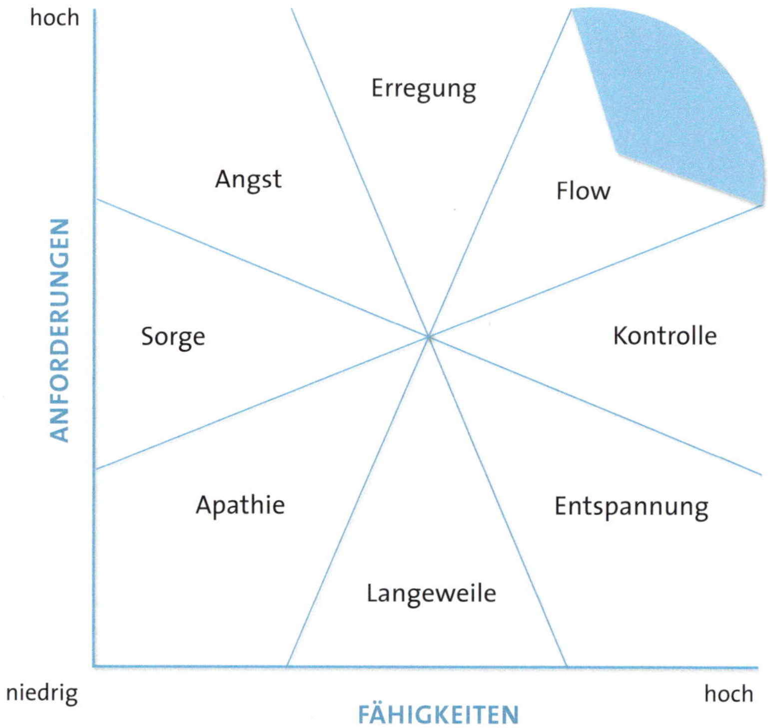

A AUFGABEN

1. Beschreibe in eigenen Worten, was Csikszentmihalyi unter Flow versteht. Beziehe die Grafik ein.
2. Kennst du auch solche Flow-Erlebnisse? Beschreibe eines.
3. Können auch Computerspiele Flow erzeugen?
4. Erörtere Csikszentmihalyis These „Erleben wir Flow, so sind wir nicht glücklich".
5. Gestalte eine Gedankenlandkarte zum Flow und tausche dich dann mit anderen darüber aus, wie ihr „Hindernisse" überwinden könntet.
6. Schreibe einen Essay zur Frage „Kann man sein Glück steuern oder beeinflussen?". Beachte die Allegorie der Glücksgöttin Fortuna.

Rückblick

Situation A: Stelle dir vor, ein Arzt böte dir an, du könntest einen Zustand ewiger Glücklichkeit ohne große Anstrengung und ohne bedenkliche Nebenwirkungen durch eine Tablette erreichen.

1. Erörtere, ob du diese Tablette einnehmen würdest.

AUFGABEN A

Situation B: Ein Arzt sagt dir: „Wenn Ihr Körper irgendwann einmal nicht mehr mitmacht, werden wir Sie selbstverständlich schnell, schmerz- und angstfrei an eine Erlebnismaschine anschließen, die Sie mit schönen Erlebnissen versorgt. Sie müssten uns allerdings schon jetzt Ihre Einwilligung geben ..."

2. Beschreibe, mit welchen Programmen diese Maschine gespeist sein müsste, damit aus ihr eine Glücksmaschine wird?
3. Erörtere, ob du dich an diese Erlebnismaschine anschließen ließest.

Weiterdenken

Gregory Crewdson: Untitled (Beneath the Roses, 2003–2005)

4. Der Titel eines Romans des deutschen Schriftstellers Peter Handke lautet „Wunschloses Unglück". Passt er auch auf Crewdsons Fotoarbeit? Verfasse einen Text für einen Ausstellungskatalog, der für oder gegen diese Frage argumentiert. Berücksichtige auch den Untertitel des Fotos.

1

2 Endlichkeit – Sterben, Tod und Altern

Camille Claudel: Klotho (1893)

Die Sorge geht über den Fluss

Fabel nach Hyginus aus dem 2. Jahrhundert n. Chr.

Als einst die Sorge (*cura*) über einen Fluss ging, sah sie tonhaltiges Erdreich, sinnend nahm sie davon ein Stück und begann es zu formen. Während sie bei sich darüber nachdenkt, was sie geschaffen, tritt Jupiter hinzu. Ihn bittet die Sorge, dass er dem geformten Stück Ton Geist verleihe. Das gewährt ihr Jupiter gern. Als sie aber ihrem Gebilde nun ihren Namen beilegen wollte, verbot das Jupiter und verlangte, dass ihm sein Name gegeben werden müsse. Während über den Namen die Sorge und Jupiter miteinander stritten, erhob sich auch die Erde (*tellus*) und begehrte, dass dem Gebilde ihr Name beigelegt werde, da sie ja doch ihm ein Stück ihres Leibes dargeboten habe. Die Streitenden nahmen Saturn zum Richter. Und ihnen erteilte Saturn folgende anscheinend gerechte Entscheidung: „Du, Jupiter, weil du den Geist gegeben hast, sollst bei seinem Tod den Geist, du, Erde, weil du den Körper geschenkt hast, sollst den Körper empfangen. Weil aber die Sorge dieses Wesen zuerst gebildet, so möge, so lange es lebt, die Sorge es besitzen. Weil aber über den Namen Streit besteht, so möge es Mensch (*homo*) heißen, da es aus Erde (*humus*) gemacht ist."

A AUFGABEN

Klotho, *griech. „Spinnerin", ist in der griech. Mythologie eine Schicksalsgöttin. Sie spinnt den Lebensfaden, der von Lachesis abgemessen und von Atropos abgeschnitten wird.*

1. Interpretiere die Fabel des Hyginus.
2. Erläutere, von welchen Sorgen der Mensch beherrscht wird. Lege dazu eine Mindmap an.
3. Beurteile, ob Camille Claudels Skulptur „Klotho" zum Text passt. Beziehe dazu auch die Informationen aus der Randspalte ein.

Der Mensch ist das Lebewesen, das sich über den Tod, das Sterben, die Verletzbarkeit des menschlichen Daseins Gedanken macht. Er kann diese Gedanken nicht verhindern. Sie gehören untrennbar zum Menschsein, auch wenn es manchmal dunkle und bedrückende Gedanken sind. Lege ein persönliches Schreibheft an, das du für deine Schreibmeditationen und Materialien verwendest, die du zu dem Kapitel findest.

Die philosophische Methode, die in diesem Kapitel vorgestellt wird, ist die ***Schreibmeditation.***

Ganz plötzlich ... der Tod

Ich werde mein Leben lang üben,
Dich so zu lieben,
Wie ich dich lieben will,
Wenn du gehst.

Judith Holofernes

Scherenschnittfetzen

von Karl Kalemba

21. August: Ich wollte das nie: Tagebuch schreiben. Aber es geht jetzt nicht mehr anders. Ich ersticke an meinem Schweigen, und reden kann ich darüber mit niemandem. Seltsamerweise selbst mit Christin nicht. Vielleicht ist es nicht mehr so höllisch, wenn ich's einfach aufschreibe. Heißt es nicht, man könne sich „etwas von der Seele schreiben"? Also: Adrian ist gestern an der Bushaltestelle, an der wir seit vier Jahren gemeinsam ein- und aussteigen, von einem Auto angefahren worden. Ich habe es nicht gesehen, weil ich gerade mein Fahrrad aufgeschlossen habe. Plötzlich ein dumpfer Knall, und dann das Gekreische der anderen Menschen und dann das ganze Blut. Die Rettungssanitäter wollten mich nicht mitfahren lassen; auch die Intensivstation durfte ich nicht betreten. In der Zeitung stand heute Morgen, der Fahrer sei betrunken gewesen. Ich lasse das wohl besser nicht zu sehr an mich ran, sonst komme ich auf Gedanken, die ich eigentlich nie haben wollte.

22. August: Christin hat mir heute eine rote Rose in den Schlitz unseres Briefkastens gesteckt. Und dazu einen Brief. „Ich bin immer für dich da, wenn du magst" hieß der letzte Satz. Ich hoffe, sie weiß, dass ich mich darüber freue, auch wenn ich nicht antworte. Aber habe ich überhaupt das Recht, mich über irgendwas zu freuen? Gerade jetzt?
Das Internet kann mich mal. Ich mach's gar nicht erst auf, weil ich weiß, dass dort Leute, die Adrian gar nicht KANNTEN, ihre schmalzigen Sprüche posten. Ich muss nur dran denken und werde schon aggressiv. Noch immer traue ich mich nicht, bei Adrians Eltern anzurufen, um Näheres zu erfahren. Warum eigentlich nicht?

23. August: Ich habe im Englisch-Vokabeltest keinen einzigen Fehler gemacht und hasse mich dafür. Zumal Frau Henschel beim Austeilen sagte: „Elias, es geht ja wieder aufwärts mit dir."
Ich werde diese Tagebucheinträge ja später vielleicht noch mal lesen. Da wäre es schade, wenn Wichtiges fehlt. Deswegen jetzt noch mal ganz offiziell: NATÜRLICH weine ich oft um Adrian. Und NATÜRLICH habe ich eine wahnsinnige Angst. Und NATÜRLICH kann mir nichts helfen, was ich bisher gelernt habe (ob in der Schule oder sonst wo) …
Und oft, oft, oft denke ich an eine, eine, eine Situation zurück: Adrian und ich an einem Freitagabend, Krimi im Fernsehen, Chips, Cola. Halbes Jahr her vielleicht. Und dann, als irgendein Kommissar ein Opfer im Krankenhaus besuchen will: das berühmte weiße Bett. Und die berühmte Frage: „Ist Herr

XY verlegt worden?" Und das berühmte schweigende Kopfschütteln der Krankenschwester. Wir haben gelästert, Adrian und ich. Damals. Als alles noch golden war. Ohne dass wir's wussten.

24. August: Adrians Mutter rief an. Wie seltsam kalt ihre Stimme klang … Viele Knochenbrüche, viele Fleischwunden. Alles egal. Viel wichtiger, viel schlimmer: eine Hirnblutung. Morgen Nachmittag holt sie mich mit dem Auto ab, und wir besuchen ihn. Was bringt man jemandem mit, der im Koma liegt?

25. August: Adrian hat ein Rohr in Nähe des Kehlkopfes, einen Kopfverband und die Augen geschlossen. Ansonsten sieht er aus wie immer (von kleinen Schrammen am Kinn abgesehen). Die Chefärztin war mir sympathisch, aber von dem, was sie zu Adrians Mama sagte, habe ich nur einen Bruchteil verstanden. Meine Frage: „Wird er irgendwann mal wieder so sein wie früher" hat sie mit einem wortlosen Lächeln beantwortet, und ich fürchte, ich werde von diesem Lächeln träumen. Träume sind seit einer Woche sowieso so eine Sache.

26. August: Ich weiß, es hört sich total makaber an, aber ich wünsche mir in den letzten Tagen manchmal, Adrian wäre tödlich an Krebs oder so erkrankt. Dann hätten wir noch mal sprechen können, dann hätte ich ihm noch mal sagen können, wie gern ich ihn gehabt habe.
Christin war heute kurz bei mir, die Göttliche, die Allerbeste, die … weiß kein Wort für sie.

27. August: Habe gerade meinen Tagebucheintrag von gestern gelesen. Ja, bin ich denn wahnsinnig? Ich tue ja so, als wäre Adrian schon tot. Dabei hat ja die Chefärztin vorgestern angedeutet, jeder Tag erhöhe die Chancen auf irgendwas. Da kann ich doch optimistisch sein, oder?
Wikipedia: „Bei einem Straßenverkehrsunfall handelt es sich um ein Schadensereignis mit ursächlicher Beteiligung von Verkehrsteilnehmern im Straßenverkehr (öffentliche Straßen, Wege und Plätze)." Man sollte Sprache abschaffen. Echt. Morgen besuchen wir ihn wieder.

28. August: Adrian ist tot. Es war genauso wie im Fernsehen. Ein leeres Bett. Das Leben kann so unglaublich geschmacklos sein.

A AUFGABEN

1. Erläutere, was Elias dazu bewegt, ein Tagebuch zu schreiben.
2. Arbeite heraus, wie sich Gefühle und Stimmungen bei Elias während der Zeit, in der er Tagebuch schreibt, verändern. Verwende dazu das Modell eines Zeitstrahls, in den du einträgst, was er in verschiedenen Situationen oder verschiedenen Personen (Christin, Lehrerin, Adrians Mutter, Internet-User) gegenüber empfindet.
3. Setze den Inhalt des Textes „Scherenschnittfetzen" in Beziehung zu dem einleitenden Zitat von Judith Holofernes.
4. Stelle dar, inwiefern der Text das Thema „Sprachlosigkeit" behandelt, indem du entsprechende Passagen herausschreibst und interpretierst.
5. Elias schreibt: „Und NATÜRLICH kann mir nichts helfen, was ich bisher gelernt habe (in der Schule oder sonstwo)" (Z. 23). Erläutere diese Äußerung und, was man lernen müsste, um in solchen Situation nicht hilflos zu sein.

DENKRAUM D

A Elias trauert, Adrians Eltern trauern. – Christin sucht nach einer Form, Elias beizustehen. Sprecht darüber: Womit hilft sie ihm? Überlegt weitere Möglichkeiten, Anteilnahme und Unterstützung zum Ausdruck zu bringen, und stellt sie unter der Überschrift „Was Trauernden helfen könnte“ zusammen.

B Stelle eine Schreibmeditation zu den Versen von Judith Holofernes an.

C Stelle eine Schreibmeditation dazu an, wie Elias in Gedanken an Adrian die Tage und Wochen nach dem 28. August erleben wird.

M METHODEN

Schreibmeditation

Eine Schreibmeditation ist eine Meditation. Im Unterschied zu den sonst bekannten Formen, bei denen es auf einen schrittweisen Rückzug des Meditierenden auf sich selbst ankommt, öffnet die Schreibmeditation auch einen Weg des Gedankens in die Welt. Der Gedanke fließt über die Hand auf das Papier und wird in der Schrift lesbar. Dabei wird nicht einfach etwas aufgeschrieben. In der Schreibmeditation geht es vielmehr um den Fluss der Gedanken in ein anderes Medium, die Schrift. Die Hand spielt dabei die wichtigste Rolle. Sie führt den Gedanken, sie übersetzt ihn in Schrift. Die Art, in der du schreibst, drückt aus, wie du den Gedanken erlebst, wie er sich anfühlt. Die Herausforderung der Schreibmeditation besteht darin, dass du deiner schreibenden Hand vertraust. Sie „denkt“ den Gedanken, sie ist ganz nah am Gedanken und „fasst“ ihn buchstäblich. Vielleicht versetzt dich, was sie „gedacht“ hat, selbst in Erstaunen.

Weil die Meditation den Fluss deiner Gedanken auf das Papier bringt, sind das Papier und das Schreibwerkzeug wichtig. Eine außergewöhnliche Meisterschaft in der schreibenden Meditation haben japanische Künstler, Mönche und Samurai erlangt.

Sechs Schritte der Schreibmeditation:

1. Wähle das Papier und Stift(e) zum Meditieren so aus, dass du Lust bekommst auf das Schreiben.
2. Schreibe dein Thema (Stichwort, Satz, Frage) auf das Blatt. Verändere es, variiere es, aber streiche nichts durch.
3. Lass die Gedanken kommen und gehen und überlasse es der Hand, welchen sie zuerst zu Papier bringt. Größe, Farbe und Art der Schrift passen zum Gedanken, zu der Art, wie du den Gedanken erlebst und empfindest.
4. Lass dem ersten Gedanken weitere folgen, halte das Schreiben im Fluss und unterbrich es möglichst nicht.
5. Wenn der Fluss der Gedanken durch die Hand zum Versiegen kommt, ist deine Meditation beendet. Betrachte sie eine Weile.
6. Lies sie dir noch einmal durch und prüfe, ob du mit der Übersetzung deiner Hand einverstanden bist; ob sie einen neuen Gedanken beinhaltet, den du vorher noch nicht hattest.

Shod *(jap. Kalligrafie), wörtlich: Weg des Schreibens*

1

Sprache und Tod

Der Tod ist groß.
Wir sind die Seinen
lachenden Munds.
Wenn wir uns mitten im Leben meinen,
wagt er zu weinen
mitten in uns.
R.M. Rilke

Aus einem glücklichen Leben gerissen.

Torben Rainer [redacted]

* 20. Dezember 1984 † 1. September 2011

Er fehlt uns so sehr. In großem Schmerz

Johanna [redacted]
Kressen [redacted]
Ute [redacted]
Thomas [redacted]
sowie die Familien

Die Trauerfeier findet am Freitag, den 9. September 2011, um 12.00 Uhr im Dom zu Lübeck statt.
Die Beisetzung erfolgt im Anschluss vom Vorplatz der Kapelle des Burgtorfriedhofes.

Traueranschrift: [redacted]

Am Donnerstag, dem 1. September 2011, kam es auf der Bundesstraße B4 zwischen Hohegeiß und Braunlage, im Landkreis Goslar im Harz, zu einem Unfall, bei dem ein 26-jähriger Motorradfahrer aus Hannover tödlich verletzt wurde. Der Kradfahrer befuhr die Bundesstraße in Fahrtrichtung Braunlage und kam auf Höhe Kesselberg in einer scharfen Linkskurve aus bislang ungeklärter Ursache nach rechts von der Fahrbahn ab. Er prallte gegen eine Leitplanke. Ein Funkstreifenwagen der Polizeistation Braunlage erschien fast zeitgleich an der Unfallstelle und übernahm die Erstversorgung des Verunfallten. Der Fahrer wurde durch die informierten Rettungskräfte reanimiert und in ein Braunschweiger Krankenhaus gebracht, wo er später an seinen schweren Verletzungen starb. Die B4 wurde für die Zeit der Unfallaufnahme zeitweise voll gesperrt. Am Krad entstand Totalschaden, über die Höhe des Sachschadens ist nichts bekannt. (Polizeibericht)

A AUFGABEN

1. Vergleiche die Todesanzeige und den Polizeibericht, indem du eine Tabelle anlegst, in der du
   a) den Stil der beiden Texte durch Adjektive charakterisierst,
   b) die Wirkung beschreibst, die die Texte auf dich haben.
2. Nenne Gründe, warum es sinnvoll sein könnte, dass sich die Traueranzeige und der Polizeibericht unterscheiden.

D DENKRAUM

„Scherenschnittfetzen" ist eine Geschichte. Adrian, Elias und die anderen Personen sind literarische Figuren, die Karl Kalemba geschaffen hat. Nun, nachdem du die Geschichte gelesen hast, sind sie für dich wirklich, wenn auch nicht real geworden. Torben ist wirklich durch einen Unfall zu Tode gekommen. Nimmst du einen Unterschied in den Gefühlen für die fiktive und die reale Person wahr? Wenn ja, worin besteht er, wenn nein, wie ist das zu erklären?

Notiere deine Gedanken dazu in deinem Schreibheft und diskutiert anschließend in der Gruppe darüber.

Sterben und Tod

Noch mal leben vor dem Tod

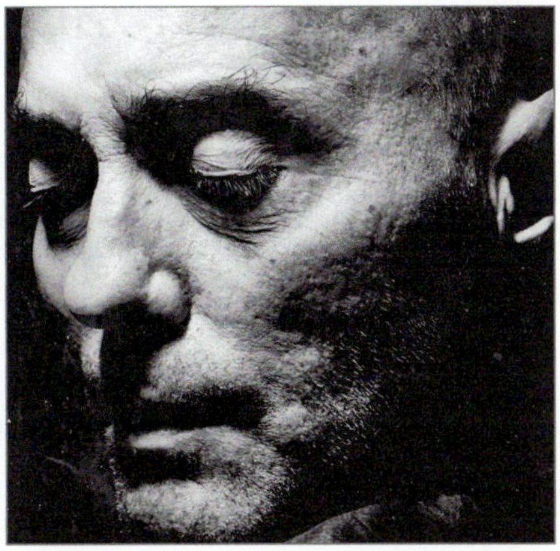

Heiner Schmitz, 52 Jahre, am 19. November 2003 und nach seinem Tod am 14. Dezember 2003: „Hey, das Leben ist vom ersten Moment an lebensgefährlich, das hab ich doch immer gesagt. Wenn man tot ist, geht man in den Zustand zurück, in dem man vor seiner Zeugung war. Wenn ich nicht gezeugt worden wäre, wäre ich jetzt praktisch tot. Also muss ich keine Angst davor haben. Mir fällt von niemandem der Abschied schwer, nur von mir selber. Trotzdem geht mir durch den Kopf, warum es gerade mich erwischt hat."

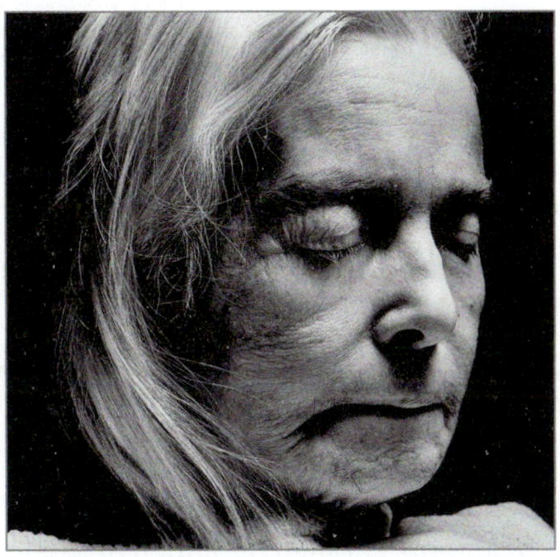

Edelgard Clavey, 67 Jahre, am 5. Dezember 2003 und nach ihrem Tod am 4. Januar 2004: „Der Tod ist ein ganz schweres Geschäft. Das können Sie mir glauben. Er hat die Herrschaft, ich kann es überhaupt nicht beeinflussen. Nur warten, warten, warten. Die Dinge geschehen, wie sie geschehen sollen. Ich habe mein Leben bekommen, ich musste es leben und gebe es wieder hin. Ich wurde in die Windel geboren und gehe in der Windel zurück. Die meisten Menschen wünschen sich einen edleren Abgang. Auch bei mir war der Schock sehr groß. Ich dachte: So soll es aussehen, das Ende meines Lebens. Aber es ist so, wie es ist."

Der Fotograf Walter Schels und die Autorin Beate Lakotta begleiteten in einem Hospiz sterbende Menschen, fotografierten und interviewten sie. Die Fotos zeigen kleine Kinder, Menschen im mittleren Lebensalter und alte Menschen. Das Buch, das daraus entstanden ist, trägt den Titel „Noch mal leben vor dem Tod. Wenn Menschen sterben".
Es erschien 2004.

Hospize *(von lat.* hospitium = *Herberge) sind Einrichtungen, die auf die medizinische, pflegerische und sozialpsychologische und spirituelle Begleitung Sterbender spezialisiert sind. In Deutschland gibt es Hospize seit 1986; das erste Kinderhospiz wurde 1998 eingerichtet.*

A AUFGABEN

1. Verfasse eine Schreibmeditation zu einem der beiden Bildpaare.
2. Beide Personen, Heiner Schmitz und Edelgard Clavey, machen sich Gedanken über den Tod, der ihnen unmittelbar bevorsteht. Beschreibe in deinen Worten die Haltung, die sie dem Tod jeweils entgegenbringen.
3. Nochmal leben vor dem Tod“ ist der Titel des Buchs, dem die Fotos und die Texte entnommen sind. Interpretiere diesen Titel.

D DENKRAUM

A Du hast Texte über den Tod von Menschen gelesen und Fotos von verstorbenen Menschen betrachtet. Haben die Medien Text und Bild eine unterschiedliche Wirkung auf dich? Versuche, diese Unterschiede zu benennen.

B Texte und Bilder zum Thema Tod und Sterben können unterschiedliche Gefühle bei Menschen auslösen. Das hängt auch von den persönlichen Erfahrungen des Einzelnen ab. Darf man Gefühle bewerten? Und wenn ja, was könnte ein Maßstab für die Bewertung sein? Stellt im Gespräch Überlegungen zu dieser Frage an.

Therapien am Lebensende

Selbstbestimmung und Fürsorge am Lebensende

Deutscher Ethikrat

➲ *Deutscher Ethikrat, Lexikon S. 211*

In seiner Stellungnahme „Selbstbestimmung und Fürsorge am Lebensende“ empfiehlt der Nationale Ethikrat, auf den Begriff „Sterbehilfe“ zu verzichten, der weitgehend an die Stelle des Wortes „Euthanasie“ (von griech. eu, *„gut“, und griech.* tanatos, *„Tod“) getreten sei. Das Wort „Hilfe“ sei positiv besetzt und drücke aus, dass etwas gerechtfertigt (legitim) und begrüßenswert sei. Hilfe sei aber in jeder Phase des Sterbens etwas, was man nur wünschen könne. „Sterbehilfe“ und „Hilfe zum Sterben“ seien „unangemessen und irreführend, ja geradezu beschönigend“, weil sie die wahren Tatbestände verschleierten.*
Der Nationale Ethikrat schlägt vor, die eingeführte, aber missverständliche und teilweise irreführende Terminologie von aktiver, passiver und indirekter Sterbehilfe aufzugeben. Entscheidungen und Handlungen am Lebensende, die sich mittelbar oder unmittelbar auf den Prozess des Sterbens und den Eintritt des Todes auswirken, können angemessen beschrieben und unterschieden werden, wenn man sich terminologisch an folgenden Begriffen orientiert: Sterbebegleitung, Therapie am Lebensende, Sterbenlassen, Beihilfe zur Selbsttötung, Tötung auf Verlangen.

1. Sterbebegleitung sollen als Maßnahmen zur Pflege und Betreuung von Todkranken und Sterbenden bezeichnet werden. Dazu gehören körperliche Pflege, das Löschen von Hunger- und Durstgefühlen, das Mindern von Übelkeit, Angst, Atemnot, aber auch menschliche Zuwendung und seelsorgerlicher Beistand, die dem Sterbenden und seinen Angehörigen gewährt werden. Ihr Ziel muss es sein, die Fähigkeit des Patienten, den eigenen Willen auch in der Sterbephase zur Geltung zu bringen, so lange zu erhalten, wie es medizinisch möglich, für den Betroffenen erträglich und von ihm gewollt ist.

2. Therapien am Lebensende bezeichnen alle medizinischen Maßnahmen, einschließlich palliativmedizinischer Maßnahmen, die in der letzten Phase des Lebens erfolgen mit dem Ziel, Leben zu verlängern und jedenfalls Leiden zu mildern. Dazu gehören auch Maßnahmen, bei denen die Möglichkeit besteht, dass der natürliche Prozess des Sterbens verkürzt wird, sei es durch eine hochdosierte Schmerzmedikation oder eine starke Sedierung, ohne die eine Beherrschung belastender Symptome nicht möglich ist. Auf den bisher in diesem Zusammenhang verwendeten Begriff der „indirekten Sterbehilfe" sollte verzichtet werden, weil der Tod des Patienten weder direkt noch indirekt das Ziel des Handelns ist.

***palliativ:** abgeleitet von lat. pallium, „Mantel, Decke". So wie Mantel und Decke schützen und wärmen, steht auch in der Palliativmedizin das Wohlergehen des Patienten im Vordergrund.*

3. Sterbenlassen statt „passiver Sterbehilfe", heißt es in dieser Stellungnahme, bedeutet, wenn eine lebensverlängernde medizinische Behandlung unterlassen wird und dadurch der durch den Verlauf der Krankheit bedingte Tod früher eintritt, als dies mit der Behandlung aller Voraussicht nach der Fall wäre. Das Unterlassen kann darin bestehen, dass eine lebensverlängernde Maßnahme erst gar nicht eingeleitet wird; es kann auch darin bestehen, dass eine bereits begonnene Maßnahme nicht fortgeführt oder durch aktives Eingreifen beendet wird. In manchen Fällen kann es sinnvoll sein, dies durch eine unterschiedlich tiefe palliative Sedierung zu begleiten.

***palliative Sedierung:** Beruhigung durch starke Schmerzmittel und Psychopharmaka.*

4. Tötung auf Verlangen: Wenn man jemandem auf dessen ernsthaften Wunsch hin eine tödliche Spritze gibt oder ihm eine Überdosis an Medikamenten verabreicht oder sonst auf medizinisch nicht angezeigte Weise eingreift, um seinen Tod herbeizuführen, der krankheitsbedingt noch nicht eintreten würde, handelt es sich um Tötung auf Verlangen. Im Unterschied zur Beihilfe zur Selbsttötung führt hier nicht der Betroffene selbst, sondern ein anderer die tödliche Handlung aus.

AUFGABEN A

1. Erklärt im Gespräch die vier Formen der Therapien am Lebensende anhand von konstruierten oder tatsächlichen Beispielen.
2. Führt ein sokratisches Gespräch zu den folgenden Themen:
   a) Gegen eine freizügige Handhabung der Sterbehilfe wird auch aus der Sorge heraus argumentiert, dass sie zu einer „Aufkündigung der Solidarität mit kranken, leidenden und sterbenden Menschen führen könnte

Tipp
Recherchiert auf der Seite des DRZE
***DRZE:** Deutsches Referenzzentrum für Ethik in den Biowissenschaften*

und vielleicht sogar zu einem Druck auf Kranke und Schwache, zur ‚Entlastung' ihrer Mitwelt von der Möglichkeit der Sterbehilfe Gebrauch zu machen".

b) Wie ernst die Bitte Sterbender um Hilfe zum Sterben gemeint ist und ob sie wirklich freiwillig ist, ist oft nicht zweifelsfrei festzustellen. Möglicherweise gibt es andere Formen der Hilfe, die nicht gesehen werden. Möglicherweise will der Sterbende seinen Mitmenschen nicht zur Last fallen.

Strafgesetzbuch

§ 216 Tötung auf Verlangen
(1) Ist jemand durch das ausdrückliche und ernstliche Verlangen des Getöteten zur Tötung bestimmt worden, so ist auf Freiheitsstrafe von sechs Monaten bis zu fünf Jahren zu erkennen.
(2) Der Versuch ist strafbar.

Bundesärztekammer

Die Mitwirkung des Arztes bei der Selbsttötung ist keine ärztliche Aufgabe. [...] Der Arzt ist verpflichtet, Sterbenden, d. h. Kranken oder Verletzten mit irreversiblem Versagen einer oder mehrerer vitaler Funktionen, bei denen der Eintritt des Todes in kurzer Zeit zu erwarten ist, so zu helfen, dass sie menschenwürdig sterben können. Die Hilfe besteht in palliativmedizinischer Versorgung und damit auch in Beistand und Sorge für die Basisbetreuung. Dazu gehören nicht immer Nahrungs- und Flüssigkeitszufuhr, da sie für Sterbende eine schwere Belastung darstellen können. Jedoch müssen Hunger und Durst als subjektive Empfindungen gestillt werden. Maßnahmen, die den Todeseintritt nur verzögern, sollen unterlassen oder beendet werden. Bei Sterbenden kann die Linderung des Leidens so im Vordergrund stehen, dass eine möglicherweise dadurch bedingte unvermeidbare Lebensverkürzung hingenommen werden darf.

3. Lege dar, wie du § 216 des Strafgesetzbuches der Bundesrepublik Deutschland verstehst.
4. Prüfe, ob die Grundsätze der deutschen Ärztekammer mit § 216 StGB vereinbar sind.

Das Meer in mir

DENKRAUM D

1

Der mehrfach mit Preisen ausgezeichnete Film des spanischen Regisseurs Alejandro Amenábar erzählt die auf wahren Begebenheiten beruhende Geschichte eines Mannes, der mit 25 Jahren einen Badeunfall erlitt. Bei einem Sprung ins flache Wasser brach sich Ramón Sampedro das Genick und war fortan vom Hals abwärts vollständig gelähmt. Sampedro wünscht sich sehnlichst zu sterben, aber seine Familie hat dafür kein Verständnis. Unterstützung findet er in einer Organisation, die sich für die Legalisierung der Sterbehilfe einsetzt. Sampedro liegt nicht im Sterben und doch erfüllt sich am Ende, nach 30 Jahren und unter Mithilfe einer Freundin, sein Verlangen durch die Einnahme des Giftes Zyankali.

Szenenfoto aus dem Film „Das Meer in mir“

A Prüfe anhand des Textes „Therapien am Lebensende“ (S. 30), um welche Form der Sterbehilfe es sich im Fall von Sampedro handelt.

B Wie beurteilst du den Wunsch Ramón Sampedros? Begründe deinen Standpunkt.

Philosophische Überlegungen zum Tod

Senecas Briefe an Lucilius

> *Der Tod ist kein Ereignis des Lebens.* Ludwig Wittgenstein

30. Brief: Unser Bassus aber ist geistig lebhaft: Das verbürgt die Philosophie, im Angesicht des Todes macht sie heiter und bei beliebigem Zustand des Körpers tapfer, fröhlich und unermüdlich, obwohl der Körper versagt. […] Töricht aber ist, wer fürchtet, was er nicht erleiden wird, wie er fürchtet, was er nicht

***Bassus:** Die Rede ist von Bassus Aufidius, alternder, im Sterben begriffener römischer Historiker.*

Qual: *Unannehmlichkeit, Kummer, Unglück*

Lucius A. Seneca (ca. 4 v. Chr. –65 nach Chr.), römischer Philosoph, Naturforscher und Politiker, verfasste 124 „Briefe über Ethik“ an seinen Freund Lucilius. Seneca wurde der Beteiligung einer politischen Verschwörung bezichtigt und kam dem Befehl Kaiser Neros, sich selbst zu töten, ohne zu zögern nach.

empfinden wird. Oder glaubt jemand, man werde den Tod, durch den man nichts empfindet, empfinden? „Also“, sagt er, „der Tod steht so sehr außerhalb alles Leidens, dass er auch außerhalb jeder Furcht vor Leiden steht.“ […] Bedeutung gaben bei mir (diejenigen), die zum Tode kommen ohne Hass auf das Leben und ihn kommen lassen, nicht herbeiziehen.

54. Brief: „So oft erprobt der Tod mich? Soll er es tun: *ich* habe ihn lange erprobt.“ „Wann?“ fragst du. Sogar bevor ich geboren wurde. Tod ist, nicht zu existieren. Wie das ist, weiß ich bereits: das wird nach mir sein, was vor mir gewesen ist. Wenn darin Qual enthalten ist, muss es sie auch gegeben haben, bevor wir hinaustraten in das Licht der Welt; und doch haben wir damals keine Qual empfunden.

A AUFGABEN

1. Formuliere in eigenen Worten:
   a) Bassus’ Argument im 30. Brief und nimm Stellung dazu.
   b) Senecas Argument im 54. Brief und nimm Stellung dazu.
2. Vergleiche die Äußerung von Heiner Schmitz (S. 29) mit der Auffassung Senecas.
3. Fasse in deinem Schreibheft, z.B. für einen Wikipedia-Eintrag zum Stichwort „Seneca über Sterben und Tod“, Senecas Haltung schriftlich zusammen. Beziehe auch die Informationen zu seiner Person mit ein.
4. Beurteile, ob das Zitat Ludwig Wittgensteins in der Überschrift zu Senecas Position passt.

Altern

Zeitenwende

von Heribert Prantl

Es ist Wundersames, es ist Ungeheuerliches geschehen: In nur einem Jahrhundert haben die Menschen 20 Jahre an Lebenszeit gewonnen. Die Lebenszeiten haben sich den Jahreszeiten angenähert. Früher bestand ein Leben aus Frühling, Sommer und Winter, also aus Kindheit, Arbeit und Sterben. Mit den geschenkten Jahren ist nun ein langer Herbst dazugekommen – noch eher öde für viele, schon golden für manche. Das große und lange Altern ist so neu, dass die Menschen es noch gründlich lernen müssen. Wenn sie es gut lernen, wird das die Gesellschaft grundlegend verändern. Es wird die Gesellschaft menschlicher machen, weil die älteren Menschen mehr Zeit haben – Zeit für Dinge, für die die Jungen keine Zeit haben. Es wird die Gesellschaft klüger machen, weil die älteren Menschen Erfahrung haben – Erfahrungen, die die jungen noch nicht haben. Der lange Herbst wird die Gesellschaft sozialer machen, wenn die geschenkten Jahre nicht nur Freizeit, sondern auch eine soziale Zeit sein werden. [...] Eine Vision? Ja, aber eine Gesellschaft ohne Vision geht zugrunde.

Bürger, die anderen helfen können, leben länger – das ist eine aufregende empirische Erkenntnis. Die Herbst-Menschen, also die Menschen in der dritten Lebensphase, können sich für die ihnen geschenkten Jahre dankbar zeigen, indem sie sich um die Winter-Menschen kümmern, um die Menschen in der vierten Lebenszeit. [...] Es werden im ganzen Land Nachbarschaftsvereine und Wohnpflegegruppen gegründet, in denen sich eine neue Kultur der Hilfe bewährt. Und die Menschen im dritten Lebensalter werden glücklicher sein als heute, weil sie spüren, dass sie gebraucht werden – und auch noch ganz andere Dinge planen können als ihre nächste Kreuzfahrt.

Früher hatten die Menschen Angst vor dem Sterben; heute haben sie Angst vor dem Altern. In den vergangenen Jahren haben Bedrohungsszenarien und Untergangsprophezeiungen die Debatten über das Altern beherrscht: Der Kampf der Generationen wurde vorhergesagt und die Diktatur der Rentner; die Alzheimerisierung des Landes wurde angekündigt und der Pflegenotstand – eine Zukunft also, in der Hunderttausende von Alten in ihrem Dreck liegen und sich dem Tod entgegenwindeln. Zukunft, das Wort bekam Druckgeschwüre. Und geredet wurde über den Umgang mit dem Alter wie über einen neuen Krieg. Dieser Krieg gegen das Massenaltern wurde mit Risperdal und Zopiclon geführt, mit Psychopharmaka und Neuroleptika; auf diese Weise sollte der Feind, das Alter, mit Festschnallgurten fixiert und niedergerungen werden. Das ist Irrwitz [...]. Die Gesellschaft muss ihren Frieden machen mit der Demenz, die eher Schicksal ist als Krankheit, nämlich eine bestimmte Variante des Lebens im hohen Alter.

Nicht die Demenz ist neu, die hohe Zahl der Dementen ist neu. Früher starben die meisten Menschen, lange bevor sie der Demenz nahe kamen. Heute erleben ganz viele, was früher nur ganz wenige erlebt haben. [...]

Klaus Dörner zitiert in seinem schönen Buch über das Altern die Erinnerungen von Eleonore von Rotenhan an ihre demente Mutter: „Als sie nicht mehr sprechen konnte, erreichte unsere Beziehung einen existenziellen Tiefgang wie zuletzt vielleicht in der Kindheit.“ Diese Erfahrung ist eine Erfühlung. Der demente Mensch ist Mensch mit Demenz und mit Leib und Seele, Sinnlichkeit, Kreativität und Emotion. [...]

Hilfebedürftigkeit ist dann keine Störung, die behoben werden muss, sondern gehört zum Mensch-Sein. Ein solcher Umgang mit den Zeiten an den Schwellen des Lebens wäre eine Zeitenwende.

empirische Erkenntnis: *durch Erfahrung bzw. durch wissenschaftliche*

AUFGABEN A

1. Finde Beispiele, inwiefern es die Gesellschaft „menschlicher“ und „klüger“ machen wird, wenn wir lernen, mit dem „langen Altern“ besser umzugehen.

2. a) Lege dar, welche Gründe der Text für die Furcht vor dem Altern anführt.
   b) Beurteile diese Gründe. Welche sind berechtigt, welche unberechtigt?
3. Diskutiert, inwiefern „Hilfebedürftigkeit keine Störung" zu sein braucht, die Erfahrung im Umgang mit Dementen „eine Erfühlung" sein könnte.
4. Nimm Stellung zu Heribert Prantls (Chefredakteur der Süddeutschen Zeitung) Vision. Ist sie realistisch?

D DENKRAUM

A Führe mit Herbst- und Winter-Menschen in deinem Umfeld ein Interview über deren Erwartungen und Wünsche angesichts des Alterns. Formuliere Interviewfragen und nutze dazu Informationen und Gedanken aus dem Artikel von Prantl.

B Viele Menschen schöpfen aus ihrem Glauben Zuversicht und Trost angesichts von Sterben, Tod und Krankheit. Interpretiere den Vers aus einer Arie der Matthäus-Passion von Johann Sebastian Bach.

> *Wird mir mein Leiden einst zu schwer, so hilfst du mir es selber tragen.*
> Johann Sebastian Bach, Matthäus-Passion

➲ *Schreibmeditaion S. 27*

C Fertige eine Schreibmeditation „Altern" zur Fotoarbeit von Miyako an.

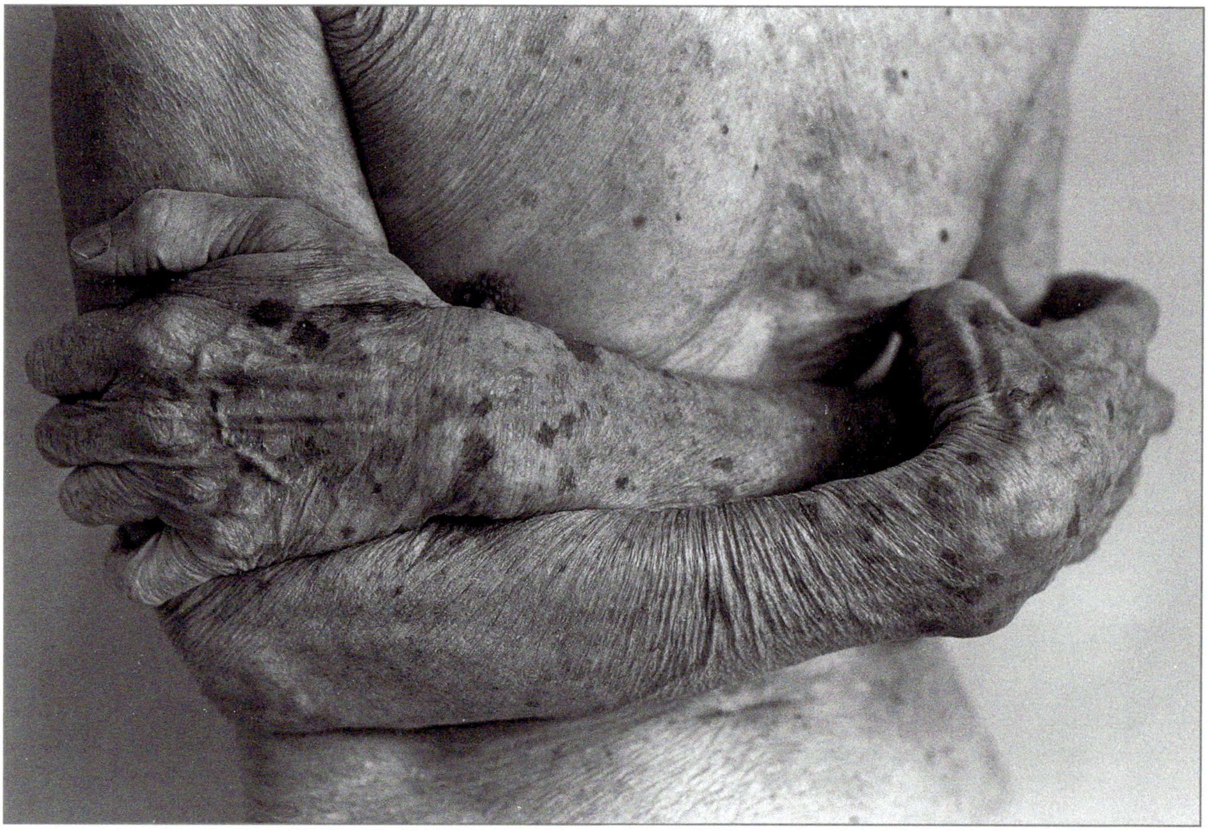

Miyako Ishiuchi: 1906 to the Skin Series, No. 17 (1993)

Rückblick

AUFGABEN A

1. Welchen Gedanken möchtest du aus dem Kapitel mitnehmen?
2. Lege dar, ob sich deine Einstellungen zu Sterben, Tod und Altern geändert haben.
3. Welche Fragen hat das Kapitel nicht beantwortet? Kannst du sie stellen und selber beantworten? Wer könnte eine Antwort wissen?

Tipp
Beantworte die Fragen schriftlich im Heft und stelle zusätzliche Fragen, die du beantworten möchtest.

Weiterdenken

Ai Weiwei: Remembering (2009)

Vielleicht wird man es nie herausfinden, wie vielen Schulkindern 2008 das Erdbeben in der chinesischen Provinz Sichuan das Leben gekostet hat. Der chinesische Künstler Ai Weiwei macht auch die chinesische Regierung verantwortlich, die offensichtliche Baumängel an Schulen ignoriert hatte und keine schnelle Hilfe schickte. Ai Weiwei veröffentlichte die Namen und Adressen von 5203 Kindern in seinem Blog. Die Arbeit ist noch lange nicht abgeschlossen. „Irgendjemand muss ja die Dreckarbeit machen“, sagt Ai Weiwei in einem Interview. Viele unterstützen ihn. 2009 installierte er am Haus der Kunst in München 9000 Schulranzen zur Erinnerung an die Kinder. Der chinesische Schriftzug bedeutet: „Sie lebte sieben Jahre glücklich auf dieser Welt“. Diesen Satz hatte eine Mutter Ai Weiwei geschickt. Er sagt: „Wenn Kunst nichts mit dem Leben zu tun hat, dann brauchen wir keine Kunst.“

Ai Weiwei (geb. 1957), chinesischer Künstler

4. Diskutiert über Ai Weiweis Arbeit und seine beiden Äußerungen.

2 Moralisch fühlen, urteilen und handeln

„Zwei Dinge erfüllen das Gemüt mit immer neuer und zunehmender Bewunderung und Ehrfurcht, je öfter und anhaltender sich das Nachdenken damit beschäftigt: Der gestirnte Himmel über mir und das moralische Gesetz in mir."

Immanuel Kant

„Werte sind mit Bojen vergleichbar, die wir auf unserer Lebensreise beachten, die uns Fahrrinnen zeigen, damit wir nicht stranden."

Friedrich Schorlemmer

Immer wieder geraten wir in Situationen, in denen wir uns Fragen wie zum Beispiel die folgenden stellen: Darf ich jetzt lügen? Muss ich das Versprechen, das ich neulich gegeben habe, wirklich einhalten? Sollte ich für Bedürftige spenden? Ist es erlaubt, X zu küssen, wenn ich mit Y zusammen bin? Ist es verwerflich, mich der Meinung einer Mehrheit anzuschließen, auch wenn ich vom Gegenteil dieser Meinung überzeugt bin?

Und warum soll ich überhaupt ständig andere berücksichtigen?

Für die Beantwortung solcher Fragen steht eine kräftige Helferin zur Verfügung: die Ethik. Oder vielleicht sollte es besser heißen: die Ethiken. Denn vielstimmig und zahlreich sind die Ansätze, die menschliches Handeln für gut oder schlecht, für verwerflich oder vertretbar, für moralisch erlaubt oder verboten einstufen.

Dieser Blickpunkt möchte dir das Angebot machen, einige dieser Ethiken kennenzulernen, damit du danach Fragen wie die oben erwähnten leichter beantworten kannst. Dafür wird es notwendig sein, sich mit weiteren Fragen zu beschäftigen:

Gibt es einen überzeugenden Grund, nicht egoistisch zu handeln?
Woher stammen Mitleid, Einfühlungsvermögen und schlechtes Gewissen?
Lohnt sich selbstloses Handeln? Und warum?
Kommt es auf das Motiv einer Tat oder auf deren Auswirkungen an?

Letztlich geht es also stets um die Frage: Was soll ich tun?

1 Warum überhaupt moralisch sein?

Momentaufnahmen

von Helmut Engels

1 „Stell dir vor, die Frau an der Kasse hat mir fünf Euro zu viel zurückgegeben.“ – „Und?“– „Hab ich natürlich behalten.“ – „Wieso?“
„Wenn die zu blöd ist, genau nachzuzählen, dann ist sie eben selber schuld.“

2 „In deinem Regal stehen viele Bücher von anderen Leuten.“
„Ja, die habe ich mir ausgeliehen.“ – „Gibst du sie nicht zurück?“
„Doch, aber nur, wenn sich der Eigentümer meldet. Zum Glück vergessen die meisten, wem sie was verliehen haben.“

3 „He, du solltest doch allen gleich viel geben. Linda hat aber mehr bekommen.“ – „Ja und? Ich kann sie einfach gut leiden.“

4 „Warum hast du Devin nicht verteidigt? Du weißt doch, dass er unschuldig ist und das Geld nicht gestohlen hat.“
„Wenn ich gesagt hätte, dass es Devin nicht war, dann hätte ich Schwierigkeiten mit Ron bekommen. Das wollte ich nicht.“

A AUFGABEN

1. Erläutere, was diesen vier „Momentaufnahmen“ gemeinsam ist.
2. Ordne den Verhaltensweisen stichwortartig eine Begründung zu.
3. Bewerte die Verhaltensweisen, indem du sie spontan den folgenden Einschätzungen zuordnest:
   A: Ich finde das Verhalten völlig einwandfrei.
   B: Ich hätte vielleicht anders gehandelt, finde das Verhalten aber nachvollziehbar.
   C: Ich halte das Verhalten zwar für unanständig, aber im Grunde für nicht sooo schlimm.
   D: Ich finde das Verhalten vollkommen verwerflich.
4. Gestaltet ähnliche Mini-Dialoge und stellt sie dem Kurs vor. Wiederholt nun (für die selbst erstellten Dialoge) gemeinsam den Arbeitsauftrag 3.

Was soll eigentlich so schlimm daran sein, vorwiegend an sich selbst zu denken und auf den eigenen Vorteil bedacht zu sein? Handeln denn schließlich nicht alle so? Oder gibt es überzeugende Gründe oder Erklärungen dafür, den eigenen Anspruch zurückzustellen und stattdessen auf andere zu achten? Und wo ist dabei die Grenze zwischen eigenen und fremden Interessen zu ziehen?

*Als Grundmethode des Argumentierens wirst du in diesem Kapitel den **praktischen Syllogismus** kennenlernen.*

Ausprägungen und Folgen von Egoismus und Altruismus

Warum es besser ist, ein Egoist zu sein, als sich immer nur auf die Hilfe anderer zu verlassen

von Josef Kirschner

[Die] Menschen haben nicht begriffen, dass wir alle Egoisten sind. Sie verstehen die Spielregeln nicht, die unser Zusammenleben bestimmen. Sie lauten:

- Jeder ist sich selbst am nächsten. Vor allem jene, die vorgeben, sich für uns verantwortlich zu fühlen.
- Alle versuchen ständig, andere für ihren Vorteil einzuspannen. Dazu gehören auch die Menschen, die uns besonders nahe stehen.
- Wer sich auf die Versprechungen seiner Mitmenschen verlässt, macht sich von ihnen abhängig. […]
- Niemandem wird etwas geschenkt. Alles, was wir erreichen wollen, hat seinen Preis, den jeder selbst bezahlen muss.

Obwohl wir alle Egoisten sind, haben nur wenige gelernt, das Beste für sich daraus zu machen. Die meisten Menschen klammern sich an die fixe Idee, diese Welt würde von Liebe und Freundschaft, von Fairness und Ehrlichkeit, Verständnis und gegenseitigem Respekt beherrscht. Der Gedanke allein, zu allererst an sich selbst zu denken, löst bei vielen schon Schuldgefühle aus. Sie sagen: „Wo kämen wir denn hin, wenn alle Menschen Egoisten wären?" Die Antwort lautet: Wenn sich jeder mehr um sich selbst kümmerte als um die anderen, gäbe es weniger unglückliche Menschen. Es gäbe nicht so viele, die ihre Zeit damit vergeuden, anderen die Verantwortung für ihre Unzufriedenheit in die Schuhe zu schieben. Niemand braucht diese Menschen zu bedauern. Sie sind selbst schuld an allem, was ihnen widerfährt. […]

Wer nicht bereit ist, sein Leben selbst zu bewältigen und das persönliche Glück mit Zähnen und Krallen gegen alle zu verteidigen, die ihn daran hindern wollen, hat nicht die geringste Chance, dass sein Leben ihm Erfüllung bringt. […] Weil so viele Menschen andere zu viel und sich selbst zu wenig respektieren, […] sitzen ganze Heerscharen von Bürokraten selbstherrlich hinter Schreibtischen, überzeugt davon, dass wir für sie da sind und nicht sie für uns; fällen Politiker Entscheidungen in der Gewissheit, dass keiner von denen, deren Interessen sie vertreten sollen, sie zur Rechenschaft ziehen wird. So groß der Schaden auch ist, den sie angerichtet haben. Keine noch so militante Revolution ist denkbar, die uns mehr nützt als die Revolution der entschlossenen Selbstbehauptung jedes einzelnen von uns. Nach seinen Möglichkeiten. Nach seinen Fähigkeiten. Nach dem Stand seiner Kenntnis über die Zusammenhänge, die zur bestmöglichen Selbstentfaltung führen. Weil niemand daran interessiert ist, uns die optimalen Voraussetzungen für die Selbstentfaltung zu schaffen, muss jeder Einzelne es selbst

„Die Kunst, ein Egoist zu sein" von Kirschner zählt zu den meistverkauften Sachbüchern des 20. Jahrhunderts. Innerhalb der ersten 15 Monate wurden allein in Deutschland 160.000 Exemplare verkauft.

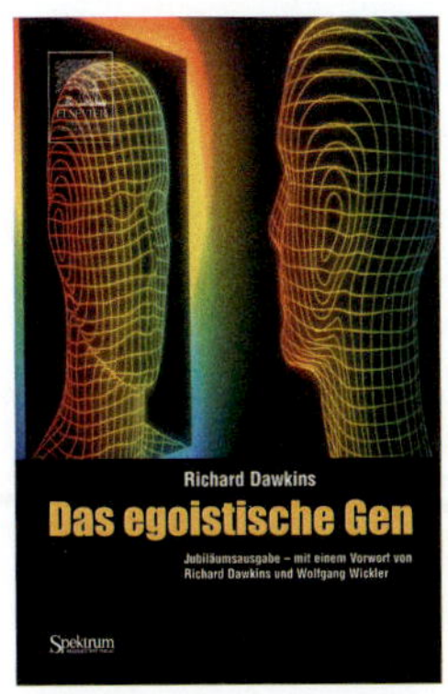

Bücher über die Rechtfertigung egoistischen Verhaltens wie z.B. Richard Dawkins Werk „Das egoistische Gen" sind auch im 21. Jahrhundert noch äußerst erfolgreich.

tun. Weil niemand für unser Glück die Verantwortung übernehmen kann und will, müssen wir sie selbst übernehmen. Weil es uns nicht weiterbringt, ständig anderen die Schuld für unser Unglück und unsere Unzufriedenheit in die Schuhe zu schieben, sollten wir unser Leben selbst in die Hand nehmen. Am besten beginnen wir mit dieser Revolution schon heute. Um nie wieder damit aufzuhören

A AUFGABEN

1. Fasse Kirschners Position in Form einer einzigen These zusammen.
2. Schildere, in welchen Situationen du in deinem Alltag den Egoismus deiner Mitmenschen spürst.
3. Erläutere Gemeinsamkeiten zwischen dem Text und der Karikatur von Jan Tomaschoff.

4. Erörtere, ob du den vier Spielregeln (vgl. Z. 4 ff.) aus eigener Erfahrung zustimmst. Belege deine Einschätzung durch lebensnahe Beispiele.
5. Begründe, woran es wohl liegt, dass sich ein Buch wie das von Kirschner zu einem solchen Verkaufsschlager entwickelt.
6. Angenommen, Kirschners Schlussappell würde dich restlos überzeugen: Schildere, inwiefern dies künftig Auswirkungen auf deinen Alltag (Freunde, Schule, Familie etc.) hätte.

Das Mutter-Teresa-Problem

von Stefan Klein

Altruismus *(von lat.* alter *– der andere): Gegenteil von Egoismus, also eine selbstlose, nicht auf Eigennutz bedachte Handlungseinstellung*

Klären wir zunächst, was Egoismus und Altruismus überhaupt sind. Im Alltag geben wir diesen Worten meist einen moralischen Beiklang und richten uns dabei nach den Motiven der Handelnden. »Egoist« schimpfen wir eine Person, von der wir glauben, dass sie nur an den eigenen Vorteil denkt. »Altruist« hingegen nennen wir jemanden, der nur das Beste für andere und für sich selbst gar nichts will. Wer einem Bettler sein letztes Hemd gibt, weil er sich gut dabei fühlt, wäre so gesehen kein Altruist. Denn selbst wenn der Spender nun nackt dasteht, hat er sich nicht für den Bettler, sondern um seiner guten Gefühle willen entkleidet.

Nach dieser Definition behält vordergründig fast immer recht, wer den Menschen als reinen Egoisten ansieht. Denn schließlich kann man jedem Wohltäter unterstellen, dass er Befriedigung, Stolz oder ein anderes erhebendes

Gefühl als Lohn für die gute Tat empfindet. Auch die Anerkennung der Mitmenschen dürfte in den meisten Fällen nicht ausbleiben. Und sagen nicht viele engagierte Zeitgenossen selbst, erst der Einsatz für andere gebe ihrem Leben einen Sinn? Menschen, die selbstlos handeln, scheinen demnach nur auf raffiniertere Weise egoistischer zu sein als andere.
Doch das ist zu oberflächlich gedacht. Denn erstens ist damit nicht beantwortet, warum wir uns gut fühlen, wenn wir etwas für andere tun. Und zweitens: Wenn jemand nach einer uneigennützigen Tat in Hochstimmung ist, heißt das schließlich nicht, dass er nur deswegen altruistisch gehandelt hat, weil er sich gut fühlen wollte. [...]
Zyniker behaupten gern, nicht einmal Mutter Teresa habe selbstlos gehandelt: Der Ordensschwester, die die Sterbenden von den Straßen Kalkuttas aufsammelte, den Leprakranken die Wunden wusch und aus freien Stücken im Slum wohnte, habe es einfach gutgetan, die Ärmsten zu versorgen. Nun wissen wir außergewöhnlich viel über die Psyche der Mutter Teresa. Denn jahrzehntelang hat diese Frau ihr Inneres schonungslos erforscht, und vor Kurzem gelangten ihre Tagebücher und vertraulichen Briefe an die Öffentlichkeit. Diese Dokumente zeigen, wie qualvoll die Friedens-Nobelpreisträgerin sich selbst und ihr Leben hinterfragte. Lange Jahre fühlte sie, die sich doch ganz in den Dienst Jesu gestellt hatte, sich von Gott verlassen und zweifelte, ob er überhaupt existiere. Und noch misstrauischer war sie gegenüber ihren eigenen Empfindungen. „In meinem Inneren ist es eiskalt", schrieb sie einmal. So verschaffen uns nicht einmal diese intimen Notizen Aufschluss darüber, was genau Mutter Teresa bewog – sie wusste es offenbar selbst nicht.
Es gibt allerdings Fälle, in denen man die Hoffnung auf Anerkennung und gute Gefühle fast sicher auszuschließen vermag. Sollte etwa Wesley Autrey für den Epileptiker sein Leben riskiert haben, weil er als Held gefeiert werden wollte? Schon das Tempo der Ereignisse macht dies wenig wahrscheinlich: Als er sich in Bruchteilen einer Sekunde zum Sprung auf das Gleisbett entschloss, hatte Autrey überhaupt keine Gelegenheit, sich auszumalen, wie er sich nach erfolgreicher Tat fühlen würde. Und selbst wenn er für solche Überlegungen Zeit gehabt hätte: Bei einem so hohen Risiko umzukommen ist die Aussicht, später vielleicht dem Präsidenten die Hand zu schütteln, eine schwache Motivation.

Die katholische Ordensschwester Anjezë Gonxhe Bojaxhiu (1910–1997), weltweit bekannt geworden unter dem Namen „Mutter Teresa", wurde 1979 (trotz massiver Kritik an ihren Behandlungsmethoden in den Slums Indiens) mit dem Friedensnobelpreis ausgezeichnet.

Im Januar 2007 sprang der damals 50-jährige Wesley Autrey vor eine einfahrende New Yorker U-Bahn, um einen Studenten zu retten, der während eines epileptischen Anfalls auf die Gleise gefallen war.

7. Gib in eigenen Worten die Gründe wieder, deretwegen altruistische Handlungen oft als „getarnte Egoismen" angesehen werden.
8. Erläutere, mit welchen Argumenten Klein sich gegen die These eines immerwährenden Egoismus wendet.
9. Nimm Stellung zu der Frage, ob die genannten Beispiele hinreichen, um einen Altruismus ohne egoistische Tendenzen zu begründen.
10. Gestalte einen Entwurf (z. B. eine Zeichnung, einen Dialog oder eine Kurzgeschichte) für eine realitätsnahe Situation mit dem Titel „Altruismus".

2

„Moral als Trotzdem und Deswegen“ – Begründungen für prosoziales Handeln

prosozial *(von lat.* pro = *für und* socialis = *gemeinschaftlich, kameradschaftlich): hilfreiches Verhalten gegenüber anderen Menschen*

Erst finden, dann suchen

von Karl Kalemba

El Conde Hey ... Hab grad im Stadtpark ne Geldbörse mit 400 Euro plus Ausweis gefunden.

Hunky Dory Glückwunsch! Lädst du mich zum Essen ein? Und danach ins Kino? Und dann zum Shoppen?

El Conde Darf ich dich kurz an die Gesetzeslage erinnern, Werteste? Frisch aus dem BGB kopiert: § 965: „Wer eine verlorene Sache findet und an sich nimmt, hat dem Verlierer oder dem Eigentümer oder einem sonstigen Empfangsberechtigten unverzüglich Anzeige zu machen.“

Jule Bambule Aber es gibt doch so was wie Finderlohn, oder?

El Conde BGB reloaded, Jule: § 971: „Der Finder kann von dem Empfangsberechtigten einen Finderlohn verlangen. Der Finderlohn beträgt von dem Wert der Sache bis zu 500 Euro fünf vom Hundert.“ In meinem Fall also 5 % von 400. Macht genau 20 Euro.

Hunky Dory Na super! Und sonst geht’s dir gut, ja?

El Conde Sehr gut sogar! Und ich habe mir gedacht, ich schenke die 20 Euro Finderlohn der- oder demjenigen, der mir die beste Begründung dafür liefert, weshalb ich die Geldbörse beim Besitzer abgeben soll.

Catch 22 Moin moin, El Conde! Bin bei der Diskussion gern dabei: Ich finde, dass du die Kohle zurückgeben solltest, weil du ja selbst wollen würdest, dass dir dein Portemonnaie zurückgegeben wird, wenn du’s mal verlierst. Was du nicht willst, das man dir tu, das füg auch keinem anderen zu. 20 Euro?

Hunky Dory Gefällt mir NICHT!!! Wenn jeder Mensch mal Geld verliert, findet jeder Mensch auch mal Geld. Insofern bleibt alles in einem gerechten Gleichgewicht. Yes!

You did @ Catch 22: Dieser „Was du nicht willst"-Satz steht sinngemäß schon in der Bibel. Apropos: Dort steht auch, dass man nicht stehlen soll. Für mich bedeutet das was. Immer noch. Steht im Koran übrigens ganz ähnlich: „Bringt euch nicht untereinander in betrügerischer Weise um euer Vermögen."

Hunky Dory @ Catch 22 und You did: Das meint ihr alles ernst, ne? Der liebe Gott sieht alles, oder was?

Jule Bambule Sorry, aber die religiösen Aspekte sind mir hier ziemlich egal. Den wichtigsten Punkt hat El Conde bereits selbst genannt, finde ich: Es gibt ein GESETZ, das den Finder dazu verpflichtet, das Gefundene zurückzugeben. Und wo kämen wir schließlich hin, wenn Gesetze nicht mehr gelten würden?

Hunky Dory Ich grusel mich grad total. Mit deiner Gesetzestreue wärest du in früheren deutschen Zeiten bestimmt groß rausgekommen, Jule Bambule ...

Jule Bambule Das ist sogar unter deinem Niveau, Hunky Dory ... Jeder, der sich an Gesetze hält, ist ein Nazi, oder was?

Viv Vacation Kein Streit, bitte! Gesetze hin oder her ... Ich käme mit meinem Gewissen einfach nicht klar, wenn ich die Kohle behalten würde. Das Geld muss ja kein Millionär verloren haben. Stell dir mal ne allein erziehende Mutter vor, die nur knapp über die Runden kommt. Und dann 400 Euro ...

Bor(i)sUssia Forever Ich weiß nicht genau, wie ich's ausdrücken soll, aber ich finde den Begriff „Gewissen" etwas zu schwach. Das hört sich so nach Egoismus an, so nach „Hoffentlich kann ich gut schlafen". Wäre es nicht besser, bei deinem Beispiel mit der Mutter von Mitleid zu sprechen?

Hunky Dory Könnt ihr diesen Unsinn jetzt bitte mal abbrechen? Ich fühl mich wie bei „Verstehen Sie Spaß". Echt. Oder wie im Ethikunterricht. Apropos: Was hatten wir da noch mal auf?

AUFGABEN A

1. Lege eine Tabelle an, in der du die Begründungen der einzelnen Diskussionsteilnehmer mit jeweils einem Stichwort benennst.
2. Entscheide an Elias' Stelle, wer die 20 Euro erhalten soll, und begründe deine Entscheidung in eigenen Worten.

2

I INFOBOX

Normative und deskriptive Sätze

Die beiden Sätze „Frank wiegt mehr als Thomas" und „Frank ist hübscher als Thomas" unterscheiden sich grundlegend, was ihre Überprüfbarkeit betrifft: Der Wahrheitsgehalt des ersten Satzes ist prinzipiell überprüfbar (z. B. mithilfe einer Waage), während der zweite Satz eine Wertung enthält. Und diese kann von Person zu Person unterschiedlich ausfallen (so findet zum Beispiel Nadja Frank hübscher als Thomas, Carla aber Thomas hübscher als Frank).
Sätze des ersten Typs werden „deskriptive Sätze" (von lat. *describere* = beschreiben), Sätze des zweiten Typs „normative Sätze" (von lat. *norma* = Richtschnur, Regel) genannt.

Deskriptive Sätze sind wahrheitsfähig, d.h., sie können wahr oder falsch sein. So hat zum Beispiel der deskriptive Satz „Stuttgart liegt an der Nordsee" den Wahrheitswert „falsch", während der deskriptive Satz „Immanuel Kant wurde im Jahr 1724 geboren" den Wahrheitswert „wahr" aufweist.
Normative Sätze hingegen entziehen sich dem Kriterium der Wahrheitsfähigkeit. Sie sind weder wahr noch falsch, sondern können die Angesprochene bzw. den Angesprochenen überzeugen oder eben nicht. Normative Sätze sind also Ratschläge, Empfehlungen, Gebote, Geschmacksurteile, Meinungen etc. Und natürlich auch auf Moral bezogene Argumente.

3. Entscheide, ob es sich bei den folgenden Sätzen um deskriptive oder normative Sätze handelt.

1 Am 11. September 2001 starben in New York Menschen.
2 Wien ist die Hauptstadt Bulgariens.
3 Liebe deinen Nächsten!
4 Im Restaurant isst man gefälligst mit Messer und Gabel.
5 Die Schiege ist eine Kreuzung zwischen Schaf und Ziege.
6 Weil die Schöpfung unantastbar ist, sollte die Klonierung von Lebewesen unterbleiben.
7 Ich fotografiere dich.
8 Quäle nie ein Tier zum Scherz, denn es fühlt wie du den Schmerz.
9 Herr Kellermann erscheint stets pünktlich zum Unterricht.
10 Folter verstößt gegen die Menschenwürde und sollte deshalb weltweit verboten werden.
11 Den Anweisungen des Schiedsrichters ist Folge zu leisten.
12 Schön ist es, auf der Welt zu sein!
13 „Schön ist es, auf der Welt zu sein", sagt die Biene zu dem Stachelschwein.
14 He, she, it – das „s" muss mit.
15 Wenn die Folgen der Transplantationsmedizin insgesamt positiv sind, muss sie gefördert werden.

4. Vergleiche deine Antworten mit denjenigen der anderen Kursteilnehmer. Wo gab es Unstimmigkeiten?
5. Untersuche die normativen Sätze auf Gemeinsamkeiten, ordne sie zu Gruppen und finde zu diesen entsprechende Überschriften.

M METHODEN

Argumentieren: Der praktische Syllogismus

Für jede Diskussion, für jedes Gespräch über Probleme sind **Argumente** wichtig. Das Wort „Argument" stammt aus dem Lateinischen und bedeutet dort „Beweisgrund" oder „Beweismittel". Argumente sind Gedanken, mit denen wir unsere Auffassungen zu begründen oder andere Auffassungen zu widerlegen versuchen. Wenn wir unseren Standpunkt mit einem oder mehreren Argumenten stützen wollen, um andere zu überzeugen, wird dieses Verfahren auch **„Argumentation"** genannt.
Eines der ältesten und nach wie vor berühmtesten Modelle, um die Gültigkeit von Argumenten bzw. Argumentationen zu überprüfen, hat der griechische Philosoph Aristoteles (384–322 v. u. Z.) entwickelt. Aristoteles ging davon aus, dass jedes gültige Argument aus Vorannahmen (den **Prämissen**) und dem daraus resultierenden Folgegedanken (der Schlussfolgerung oder **Konklusion**) besteht. Dieses Modell wird bis heute Syllogismus genannt (von gr. *syllogismos* = Zusammenrechnen). Die folgenden Beispiele zeigen zwei von vielen möglichen Syllogismen:

A	I. Erste Prämisse (Obersatz):	**Alle Menschen sind sterblich.**
	II. Zweite Prämisse (Untersatz):	**Alle Lehrer sind Menschen.**
	Schlussfolgerung (Konklusion):	**Alle Lehrer sind sterblich.**
B	I. Erste Prämisse (Obersatz):	**Kein Hund hat Federn.**
	II. Zweite Prämisse (Untersatz):	**Alle Hühner haben Federn.**
	Schlussfolgerung (Konklusion):	**Kein Huhn ist ein Hund.**

Die Schlussfolgerung eines Syllogismus geht also zwingend aus den beiden Prämissen hervor, ohne dass die Schlussfolgerung bereits in den Prämissen enthalten ist. Aristoteles formuliert dies so: „Der Syllogismus ist ein Gedanke, in dem, nachdem etwas gesetzt worden ist, sich dadurch, dass dieses ist, etwas von dem Gesetzten Verschiedenes mit Notwendigkeit ergibt."
Im Anschluss an diese Tradition hat der Philosophie-Lehrer Volker Pfeifer für den Ethik-Unterricht den sogenannten „praktischen Syllogismus" entwickelt. Ein praktischer Syllogismus nach Pfeifer enthält
I. einen normativen, allgemeinen Obersatz → **„Wer andere quält, handelt unmoralisch."**
II. einen deskriptiven Untersatz → **„X quält Y."**
eine normative Schlussfolgerung → **„X handelt unmoralisch."**

Natürlich treten praktische Syllogismen während eines alltäglichen Gesprächs höchst selten in Reinform auf. Meistens muss man sich die Mühe machen, sie genau zu rekonstruieren (von lat. *reconstruere* = wiederherstellen) Zum Beispiel ließe sich mit Blick auf den Beitrag von „Jule Bambule" aus dem vorangegangenen Chat-Gespräch (vgl. S. 45) der folgende Syllogismus rekonstruieren:

1. **Formuliere einen allgemeingültigen normativen Obersatz!**
   hier: normativer Obersatz: „Eine Handlung, die gegen die Gesetze verstößt, ist verwerflich."
2. **Formuliere einen auf die jeweilige Situation bezogenen deskriptiven Untersatz!**
   hier: deskriptiver Untersatz: „Elias verstößt bei Nichtabgabe der Geldbörse gegen Gesetze."
3. **Formuliere eine normative Schlussfolgerung, die sich aus Ober- und Untersatz ergibt!**
   hier: normative Schlussfolgerung: „Elias handelt dann verwerflich."

2

Gutes tun aus Angst vor Strafe

Das endzeitliche Weltgericht

Matthäus 25, 31–46

Im ersten Buch des Neuen Testaments, dem Matthäus-Evangelium, wendet sich Jesus wenige Tage vor seiner Kreuzigung an seine Jünger und schildert diesen das endzeitliche Weltgericht.

Wenn der Menschensohn in seiner Herrlichkeit kommt und alle Engel mit ihm, dann wird er sich auf den Thron seiner Herrlichkeit setzen. Und alle Völker werden vor ihm zusammengerufen werden und er wird sie voneinander scheiden, wie der Hirt die Schafe von den Böcken scheidet. Er wird die Schafe zu seiner Rechten versammeln, die Böcke aber zur Linken. Dann wird der König denen auf der rechten Seite sagen: Kommt her, die ihr von meinem Vater gesegnet seid, nehmt das Reich in Besitz, das seit der Erschaffung der Welt für euch bestimmt ist. Denn ich war hungrig und ihr habt mir zu essen gegeben; ich war durstig und ihr habt mir zu trinken gegeben; ich war fremd und obdachlos und ihr habt mich aufgenommen; ich war nackt und ihr habt mir Kleidung gegeben; ich war krank und ihr habt mich besucht; ich war im Gefängnis und ihr seid zu mir gekommen. Dann werden ihm die Gerechten antworten: Herr, wann haben wir dich hungrig gesehen und dir zu essen gegeben, oder durstig und dir zu trinken gegeben? Und wann haben wir dich fremd und obdachlos gesehen und aufgenommen, oder nackt und dir Kleidung gegeben? Und wann haben wir dich krank oder im Gefängnis gesehen und sind zu dir gekommen?

Darauf wird der König ihnen antworten: Amen, ich sage euch: Was ihr für einen meiner geringsten Brüder getan habt, das habt ihr mir getan.

Dann wird er sich auch an die auf der linken Seite wenden und zu ihnen sagen: Weg von mir, ihr Verfluchten, in das ewige Feuer, das für den Teufel und seine Engel bestimmt ist! Denn ich war hungrig und ihr habt mir nichts zu essen gegeben; ich war durstig und ihr habt mir nichts zu trinken gegeben; ich war fremd und obdachlos und ihr habt mich nicht aufgenommen; ich war nackt und ihr habt mir keine Kleidung gegeben; ich war krank und im Gefängnis und ihr habt mich nicht besucht.

Dann werden auch sie antworten: Herr, wann haben wir dich hungrig oder durstig oder obdachlos oder nackt oder krank oder im Gefängnis gesehen und haben dir nicht geholfen?

Darauf wird er ihnen antworten: Amen, ich sage euch: Was ihr für einen dieser Geringsten nicht getan habt, das habt ihr auch mir nicht getan.

Und sie werden weggehen und die ewige Strafe erhalten, die Gerechten aber das ewige Leben.

Hieronymus Bosch (um 1450–1516): Das Weltgericht (Ausschnitt)

AUFGABEN A

1. Gib den Inhalt des Bibeltextes eigenständig wieder.
2. Interpretiere die Metaphorik der „Böcke und Schafe". Fallen dir Beispiele für „bock-" bzw. „schafhaftes" Verhalten aus deinem Alltag ein?
3. Formuliere die Position Jesu in Form von praktischen Syllogismen. Nutze dabei die folgenden Vorlagen:

1. Normativer Obersatz: Alle Menschen, die ...	1. Normativer Obersatz: Alle Menschen, die ...
2. Deskriptiver Untersatz: Schafe haben ...	2. Deskriptiver Untersatz: Böcke haben ...
3. Normative Schlussfolgerung: Schafe ...	3. Normative Schlussfolgerung: Böcke ...

4. Vergleiche die Metaphorik des Textes mit dem Bild von Hieronymus Bosch.

DENKRAUM D

A Recherchiere, welche Verhaltensgrundsätze andere Religionen einfordern und wie das Befolgen dieser Grundsätze in der jeweiligen Religion belohnt bzw. das Nichtbefolgen bestraft wird.

B Erläutere, inwiefern nicht nur Religionen prosoziales Verhalten als „Strafinstanzen" motivieren können.

C Erörtere die Frage, ob prosoziales Verhalten eher aus Angst vor Strafe oder aber durch die Aussicht auf Belohnung resultiert. Belege deine Ausführungen durch Beispiele.

D Nimm differenziert Stellung zu der These, Ethik komme nicht ohne Religion aus.

Mitleidsethik

Fremdes Leid, eigenes Leid

von Arthur Schopenhauer

Hier also, in der unmittelbaren, auf keine Argumentation gestützten, noch deren bedürfende Teilnahme, liegt der allein lautere Ursprung der Menschenliebe, der caritas, also derjenigen Tugend, deren Maxime ist […] „Hilf allen, so viel du kannst" und aus welcher alles das fließt, was die Ethik unter dem Namen Tugendpflichten, Liebespflichten, unvollkommene Pflichten vorschreibt.

Diese ganz unmittelbare, ja instinkthafte Teilnahme am fremden Leiden, also das Mitleid, ist die alleinige Quelle solcher Handlungen, wenn sie moralischen Wert haben, d.h. von allen egoistischen Motiven rein sein […] sollen.

Wie ist es aber nun möglich, dass ein Leiden, welches nicht meines ist, nicht mich trifft, doch ebenso unmittelbar, wie sonst nur mein eigenes, Motiv für mich werden, mich zum Handeln bewegen soll? Wie gesagt, nur dadurch,

Arthur Schopenhauer (1788–1860), deutscher Philosoph, Autor und Hochschullehrer

2

dass ich es, obgleich mir nur als ein Äußeres, bloß vermittelst der äußeren Anschauung oder Kunde gegeben, dennoch empfinde, es als meines fühle, und doch nicht in mir, sondern in einem Andern, und also [...] zwischen leiden sehn und leiden kein Unterschied [ist].

Dies setzt aber voraus, dass ich mich mit dem Andern gewissermaßen identifiziert habe, und folglich die Schranke zwischen Ich und Nicht-Ich, für den Augenblick, aufgehoben sei. [...] Dieser Vorgang ist [...] mysteriös, denn es ist etwas, wovon die Vernunft keine unmittelbare Rechenschaft geben kann, und dessen Gründe auf dem Wege der Erfahrung nicht auszumitteln sind. Und doch ist er alltäglich. Jeder hat ihn oft an sich selbst erlebt, sogar dem Hartherzigsten und Selbstsüchtigsten ist er nicht fremd geblieben. Er tritt täglich ein, vor unseren Augen, im Einzelnen, im Kleinen, überall wo, auf unmittelbaren Antrieb, ohne viel Überlegung, ein Mensch dem Andern hilft und beispringt, ja, bisweilen sein Leben für Einen, den er zum ersten Male sieht, in die augenscheinlichste Gefahr setzt, ohne mehr dabei zu denken, als eben dass er die große Not und Gefahr des Andern sieht.

A AUFGABEN

1. Gib die Argumentation Schopenhauers in einer einzigen These wieder.
2. Schildere schriftlich eine Situation, in der du großes Mitleid verspürt hast. Wie fühlte sich dieses Mitleid an? Und hat es dein Handeln beeinflusst?
3. a) Gestalte einen Text, eine Theaterszene oder eine Pantomime, in der ein Mensch einem anderen Menschen aus Mitleid und selbstlos hilft.
   b) Diskutiert, ob eure Produktionen mit dem Ansatz von Schopenhauer vereinbar sind.
3. Urte, Schülerin einer zehnten Klasse einer Lübecker Gesamtschule, äußert sich zu Schopenhauers Ansatz wie folgt:
   Mich überzeugt das nicht. Wenn ich eine Person zum Beispiel ganz fies beleidigen will, dann versetze ich mich ja auch in diese Person hinein, um herauszufinden, welche Beleidigung sie ganz besonders treffen könnte. Und ganz ähnlich ist es doch mit der Folter: Um zu wissen, was den anderen schmerzt, brauche ich ja so etwas wie Anteilnahme. Außerdem finde ich Schopenhauers Ansatz auch gefährlich, denn er könnte Leute dazu verleiten, das Mitleid der anderen auszunutzen. Das Ergebnis wäre dann eine Gesellschaft voller Heulsusen und Jammerlappen.
   Erörtere die Stichhaltigkeit dieser Argumente.

D DENKRAUM

Auf diesem Bild aus dem Irakkrieg hält der US-Soldat Richard Bernett ein verletztes Kind auf dem Arm. Verfasse eine Schreibmeditation über die Wirkung solcher Fotos in der Kriegsberichterstattung.

➲ *Schreibmeditation S. 27*

Eigeninteresse als moralische Triebfeder

Warum es konsequent ist, keinen Regenschirm zu stehlen

von Thomas Nagel

Thomas Nagel (geb. 1937) US-amerikanischer Philosoph

Nun, es gibt ein allgemeines Argument dagegen, anderen Schaden zuzufügen. […] Sie haben es sicherlich schon einmal gehört. Es lautet ungefähr folgendermaßen: „Würde es Dir gefallen, wenn ein anderer Dir das antun würde?“ […]

Angenommen, Sie sind dabei, jemandes Regenschirm mitzunehmen, während Sie bei einem Gewitter ein Restaurant verlassen, und ein Augenzeuge sagt: „Würde es Ihnen Spaß machen, wenn Ihnen jemand das antun würde?“ […]

Die direkte Antwort auf diese Frage soll natürlich lauten: „Es würde mir überhaupt nicht gefallen!“ Doch wie geht es weiter? Angenommen, Sie sagten: „Es würde mir nicht gefallen, wenn mir jemand das antun würde. Doch glücklicherweise tut es mir niemand an. Ich tue es jemand anderem an, und das stört mich nicht im Geringsten!“

Diese Antwort geht am Ziel der Frage vorbei. Wenn man Sie fragt, wie es Ihnen gefallen würde, wenn ein anderer Ihnen das antäte, so will man, dass Sie über Ihre Gefühle nachdenken, die Sie hätten, wenn jemand Ihren Schirm stehlen würde. Diese Gefühle beinhalten mehr als ein bloßes „nicht gern haben“ […] Würde jemand Ihren Schirm stehlen, so würden Sie etwas gegen diese Tat haben. Und zwar würden Sie etwas gegen den Dieb haben, nicht bloß gegen den Verlust des Schirms. Sie würden denken „Wo steckt der Kerl, der mir den Regenschirm geklaut hat, den ich mir mit meinem sauer verdienten Geld gekauft habe und den ich in weiser Voraussicht mitnahm, nachdem ich den Wetterbericht gehört hatte? Warum hat er nicht seinen eigenen Schirm mitgebracht?“, und so weiter. […]

Wenn Sie zugeben, dass Sie etwas dagegen hätten, wenn ein anderer Ihnen das antäte, was Sie ihm gerade antun, so geben Sie zu, dass er einen Grund hätte, es Ihnen nicht anzutun. Und wenn Sie dies zugeben, so müssen Sie sich die Frage vorlegen, worin dieser Grund besteht. Er kann nicht einfach darin bestehen, dass ausgerechnet Sie es sind, der geschädigt wird. Der andere hat keinen speziellen Grund, ausgerechnet Ihren Schirm nicht zu stehlen, im Unterschied zu den Regenschirmen der anderen Leute. An Ihnen ist nichts Besonderes dran. Wie auch immer der Grund lauten mag, es muss ein Grund sein, der auch dagegen spricht, jedem anderen auf diese Weise Schaden zuzufügen. Und es muss ein Grund sein, den auch jeder andere in dieser Situation dagegen haben würde, Ihnen oder einem anderen auf diese Weise Schaden zuzufügen.

Wenn es sich jedoch um einen Grund gegen eine solche Tat handelt, den jeder haben würde, dann handelt es sich auch um einen Grund, den Sie

2

dagegen haben, einen anderen auf diese Weise zu schädigen. Also ist es ein Grund, auch jetzt nicht den Regenschirm des anderen zu stehlen.
Es ist einfach eine Frage schlichter Konsequenz.

A AUFGABEN

1. Gib in eigenen Worten Nagels Begründung dafür wieder, dass es moralisch nicht empfehlenswert ist, einen Regenschirm zu stehlen.
2. Formuliere Nagels Standpunkt in Form eines praktischen Syllogismus. Nutze dabei die folgende Vorlage:
   1. Normativer Obersatz: Jeder, der einen Regenschirm stiehlt, handelt deshalb verwerflich, weil ...
   2. Deskriptiver Untersatz: Person X ...
   3. Normative Schlussfolgerung: Person X ...
3. Erkläre, weshalb dem Satz „An Ihnen ist nichts Besonderes dran." (Z. 31 f.) innerhalb der Argumentation eine besondere Bedeutung zukommt.
4. Vergleiche Nagels Begründung mit der „Goldenen Regel".
5. Erläutere Gemeinsamkeiten und Unterschiede zwischen den Ansätzen von Nagel und Schopenhauer.

Der innere Gerichtshof des Gewissens

Zwei Ursprünge des Schuldgefühls

von Sigmund Freud

Sigmund Freud (1856–1939) begründete die Psychoanalyse.

Ein ursprüngliches, sozusagen natürliches Unterscheidungsvermögen für Gut und Böse darf man ablehnen. Das Böse ist oft gar nicht das [...] Schädliche oder Gefährliche, im Gegenteil auch etwas, was ihm erwünscht ist, ihm Vergnügen bereitet. Darin zeigt sich also fremder Einfluss; dieser bestimmt, was Gut und Böse heißen soll. Da eigene Empfindung den Menschen nicht auf denselben Weg geführt hätte, muss er ein Motiv haben, sich diesem fremden Einfluss zu unterwerfen. Es ist in seiner Hilflosigkeit und Abhängigkeit von anderen leicht zu entdecken, kann am besten als Angst vor dem Liebesverlust bezeichnet werden. Verliert er die Liebe des anderen, von dem er abhängig ist, so büßt er auch den Schutz vor mancherlei Gefahren ein, setzt sich vor allem der Gefahr aus, dass dieser Übermächtige ihm in der Form der Bestrafung seine Überlegenheit erweist. Das Böse ist also anfänglich dasjenige, wofür man mit Liebesverlust bedroht wird; aus Angst vor diesem Verlust muss man es vermeiden. [...]
Man heißt diesen Zustand „schlechtes Gewissen", aber eigentlich verdient er diesen Namen nicht, denn auf dieser Stufe ist das Schuldbewusstsein offenbar nur Angst vor dem Liebesverlust, „soziale" Angst. Beim kleinen Kind kann es niemals etwas anderes sein, aber auch bei vielen Erwachsenen

ändert sich nicht mehr daran, als dass an Stelle des Vaters oder beider Eltern die größere menschliche Gemeinschaft tritt. Darum gestatten sie sich regelmäßig, das Böse, das ihnen Annehmlichkeiten verspricht, auszuführen, wenn sie nur sicher sind, dass die Autorität nichts davon erfährt oder ihnen nichts anhaben kann, und ihre Angst gilt allein der Entdeckung.
Eine große Änderung tritt erst ein, wenn die Autorität durch die Aufrichtung eines Über-Ichs verinnerlicht wird. Damit werden die Gewissensphänomene auf eine neue Stufe gehoben, im Grunde sollte man erst jetzt von Gewissen und Schuldgefühl sprechen. Jetzt entfällt auch die Angst vor dem Entdecktwerden und vollends der Unterschied zwischen Böses tun und Böses wollen, denn vor dem Über-Ich kann sich nichts verbergen, auch Gedanken nicht. […] Auf dieser zweiten Entwicklungsstufe zeigt das Gewissen eine Eigentümlichkeit, die der ersten fremd war und die nicht mehr leicht zu erklären ist. Es benimmt sich nämlich umso strenger und misstrauischer, je tugendhafter der Mensch ist, sodass am Ende gerade die es in der Heiligkeit am weitesten gebracht, sich der ärgsten Sündhaftigkeit beschuldigen. […]
Wir kennen also zwei Ursprünge des Schuldgefühls, den aus der Angst vor der Autorität und den späteren aus der Angst vor dem Über-Ich.

AUFGABEN A

1. Gib in eigenen Worten die zwei Stadien wieder, mit denen Freud das Schuldgefühl gegenüber dem „Bösen“ erklärt.
2. Definiere, ausgehend von dem Textauszug Freuds, den Begriff „Über-Ich“.
3. Hugo (43, erfolgreicher Unternehmer) steht im Bäckerladen, hat wahnsinnigen Hunger und wird plötzlich vom Verkäufer gefragt: „Könnten Sie noch zwei Minuten warten. Ich muss ganz dringend auf die Toilette.“ Hugo bejaht. Kein anderer Mensch ist zugegen. Nur Hugo und der Hunger. Verfasse einen kurzen inneren Dialog zwischen Hugo und seinem Über-Ich.
4. Reduziere den Dialog aus der vorangegangenen Aufgabe auf einen praktischen Syllogismus.
5. Erläutere, inwiefern die Karikatur Kritik an dem Standpunkt übt, dass prosoziales Verhalten aus Gründen des Gewissens resultiert.

2

Moral als Glücksfaktor

Die Fähigkeit, eine Vorstellung des Guten zu entwickeln

von Martha Nussbaum

Martha Nussbaum (geb. 1947), Professorin für Ethik an der Universität Chicago

Ich werde jetzt [...] einige Grundfähigkeiten beschreiben, die jede Gesellschaft für ihre Bürger anstreben sollte und die bei Messungen der Lebensqualität eine Rolle spielen sollten. [...]

– Die Fähigkeit, ein menschliches Leben von normaler Länge zu leben, nicht vorzeitig zu sterben oder zu sterben, bevor das Leben so reduziert ist, dass es nicht mehr lebenswert ist.

– Die Fähigkeit, sich guter Gesundheit zu erfreuen, sich angemessen zu ernähren, eine angemessene Unterkunft und Möglichkeiten zu sexueller Befriedigung zu haben, sich in Fragen der Reproduktion frei entscheiden und sich von einem Ort zu einem anderen bewegen zu können.

– Die Fähigkeit, unnötigen Schmerz zu vermeiden und freudvolle Erlebnisse zu haben. [...]

– Die Fähigkeit, eine Vorstellung des Guten zu entwickeln und kritische Überlegungen zur eigenen Lebensplanung anzustellen. Dies schließt heutzutage die Fähigkeit ein, einer beruflichen Tätigkeit außer Haus nachzugehen und am politischen Leben teilzunehmen.

– Die Fähigkeit, mit anderen und für andere zu leben, andere Menschen zu verstehen und Anteil an ihrem Leben zu nehmen, verschiedene soziale Kontakte zu pflegen.

– Die Fähigkeit, in Verbundenheit mit Tieren, Pflanzen und der ganzen Natur zu leben und sie pfleglich zu behandeln.

– Die Fähigkeit, zu lachen, zu spielen, sich an erholsamen Tätigkeiten zu erfreuen.

– Die Fähigkeit, sein eigenes Leben und nicht das eines anderen zu leben. Das bedeutet, gewisse Garantien zu haben, dass keine Eingriffe in besonders persönlichkeitsbestimmende Entscheidungen wie Heiraten, Gebären, sexuelle Präferenzen, Sprache und Arbeit stattfinden. [...]

Ich meine, dass ein Leben, dem eine dieser Fähigkeiten fehlt, kein gutes menschliches Leben ist.

A AUFGABEN

1. a) Ordne die acht von Nussbaum angeführten „Grundfähigkeiten" für ein gutes Leben in einer persönlichen Hierarchie an.
   b) Benenne die Fähigkeiten, die mit prosozialem Handeln zu tun haben.
   c) Vergleicht eure Antworten anschließend im Kurs.
2. Welche „Grundfähigkeit(en)" würdest du ergänzen?
3. Erläutere, inwiefern sich Nussbaums Begründung für prosoziales Handeln von derjenigen Schopenhauers, Freuds und Nagels unterscheidet.

Rückblick

AUFGABEN A

1. Ordne die folgenden Zitate mit einer kurzen Begründung hinsichtlich ihrer gedanklichen Verwandtschaft den Texten von Kirschner (vgl. S. 41 f.), Schopenhauer (vgl. S. 49 f.), Nagel (vgl. S. 51 f.) oder Nussbaum (vgl. S. 54) zu.

Mag man den Menschen für noch so egoistisch halten, es liegen doch offenbar gewisse Prinzipien in seiner Natur, die ihn dazu bestimmen, an dem Schicksal anderer Anteil zu nehmen […], obgleich er keinen anderen Vorteil daraus zieht, als das Vergnügen, Zeuge davon zu sein.

Adam Smith

Wovon der Mensch zutiefst und zuletzt durchdrungen ist, ist […] ein Wille zum Sinn. Und auf Grund eben dieses seines Willens zum Sinn ist der Mensch darauf aus, Sinn zu finden und zu erfüllen, aber auch anderem menschlichen Sein in Form eines Du zu begegnen, es zu lieben. Beides, Erfüllung und Begegnung, gibt dem Menschsein einen Grund zum Glück und zur Lust.

Viktor E. Frankl

Somit ist denn mein Verhältnis zur Welt dieses: Ich tue für sie nichts mehr um Gottes willen, nichts um der Menschheit willen, sondern was ich tue, das tue ich um meinetwillen.

Max Stirner

Es gibt im Denken immer noch die Unvereinbarkeit von Egoismus und Altruismus. Das ist aber falsch. Ich muss etwas von der Moral haben, sonst werde ich mich auf Dauer nicht daran halten.

Christoph Lütge

Weiterdenken

Es gibt vielleicht keinen Menschen, und wäre er noch so tugendhaft, den die Umstände nicht eines Tages dazu bringen können, in nächster Nachbarschaft des Lasters zu leben, das er mehr als alles verdammt.

Marcel Proust

Wir klagen die Natur nicht als unmoralisch an, wenn sie uns ein Donnerwetter schickt und uns nass macht: Warum nennen wir den schädigenden Menschen unmoralisch? Weil wir hier einen willkürlich waltenden, freien Willen, dort Notwendigkeit annehmen. Aber diese Unterscheidung ist ein Irrtum.

Friedrich Nietzsche

2. Erläutere inhaltliche Parallelen zwischen den beiden Zitaten.
3. Nimm Stellung zu der Frage, ob sich vor dem Hintergrund dieser zwei Zitate ein schulischer Ethik-Unterricht überhaupt lohnt.

2 Nutzen oder Pflicht – Zwei berühmte ethische Modelle

Die Einladung

von Karl Kalemba

„Versprichst du's?", fragte Robert und schwang sich auf sein Mofa.
„Natürlich", entgegnete Elias und zwang sich zu einem Lächeln.
„Fein", lächelte Robert zurück, klappte das Visier seines Helms hinunter und rief noch „Dann bis Donnerstag", bevor er unter lautem Geknatter davonfuhr.
Na toll. Vor ein paar Minuten noch war der Tag sein Freund gewesen und jetzt ausgerechnet *das*: eine Geburtstagseinladung von Robert Rommel, diesem Langweiler, diesem Stubenhocker, diesem … Aber es brachte ja nichts, jetzt auf Robert zu schimpfen, ermahnte sich Elias. Immerhin war er es ja selbst gewesen, der vorhin zugesagt hatte. „Was ist nur manchmal mit uns los?", dachte er zornig. „Was sind das für Mächte, gegen die wir nicht ankommen?"

Eine SMS unterbrach seine Gedanken: „HI ELIAS!! NADESHDA UND ICH HABEN FÜR DONNERSTAGNACHMITTAG EIN BOOT GEMIETET. KÖNNTE DER LETZTE SCHÖNE HERBSTTAG SEIN, UND WIR SOLLTEN UNSEREM SEE ANGEMESSEN AUF WIEDERSEHEN SAGEN, ODER? ANDERE TAGE KLAPPEN LEIDER AUS TERMINGRÜNDEN NICHT. PICKNICKSACHEN BRINGEN WIR MIT. NISMIN"
Und das jetzt auch noch. Keine Vorstellung könnte schöner sein, als mit Nismin und seiner Freundin Nadeshda in mildem Herbstlicht Tretboot zu fahren. Aber er hatte Robert VERSPROCHEN, dass … Ach jetzt bräuchte man wirklich mal jemanden, der einen klaren moralischen Gedanken fassen könnte …

A AUFGABEN

1. Kommt dir Elias' Problem prinzipiell bekannt vor? Berichte von solchen Situationen.
2. Wie würdest du dich an Elias' Stelle mit Blick auf den Donnerstagnachmittag entscheiden? Begründe deine Antwort.

Moralisch klare Gedanken, wie sie sich Elias hier ersehnt, wünscht sich wohl jede und jeder von uns manchmal, denn im Alltag geraten wir allzu oft in Situationen, in denen wir uns fragen: Was soll ich jetzt tun? Sind die Folgen meines Handelns verantwortbar? Muss ich überhaupt an die Folgen denken, oder zählt nicht ausschließlich das Motiv meines Handelns?
Zur Beantwortung dieser Fragen steht eine Fülle ethischer Ansätze bereit. Zwei besonders berühmte davon wirst du in diesem Kapitel kennenlernen.

Als Methode wird in diesem Kapitel die ***Dilemma-Diskussion*** *vertieft.*

Was ist normative Ethik?

Vier Positionen der normativen Ethik

von Norbert Hoerster

Norbert Hoerster

Angenommen, A möchte sich von seiner Frau scheiden lassen, um seine Sekretärin zu heiraten. B, ein Freund des A, macht ihm deshalb Vorhaltungen; er hält A's Schritt für moralisch falsch. B macht sich also das moralische Urteil zu eigen: „A sollte sich nicht scheiden lassen". Im Zuge der von A geforderten Begründung dieses Urteils könnte B früher oder später (je nach seiner moralischen Grundüberzeugung) etwa die folgenden Sätze ins Treffen führen:

1. „Wenn du dich scheiden lässt, versündigst du dich; nach dem Willen Gottes darf eine gültig geschlossene Ehe zu Lebzeiten der Ehegatten nicht aufgelöst werden"; oder
2. „Du hast Deiner Frau durch die Eheschließung in bindender und feierlicher Form versprochen, zeitlich unbegrenzt eine enge Lebensgemeinschaft mit ihr zu führen. Ein solches Versprechen darf man nicht brechen, nur weil man jemanden kennen gelernt hat, den man momentan attraktiver findet"; oder
3. „Das Unglück, das du durch eine Scheidung über deine Frau und deine Kinder brächtest, würde das Glück, das du in deinem Alter noch für dich und deine neue Frau erwarten könntest, weit überwiegen. Man darf sein eigenes Glück nicht auf Kosten anderer verfolgen"; oder
4. „Auf die Dauer gesehen, würdest du dir in deiner Situation mit einer Scheidung und einer Wiederheirat nur schaden. Man sollte nie etwas tun, wodurch man auf lange Sicht die eigenen Interessen verletzt."

AUFGABEN A

1. Arbeite die Unterschiede der vier vorgestellten Antworten heraus.
2. a) Erstelle eine Rangliste, welche dieser Argumentationen dich am meisten überzeugt.
   b) Vergleicht eure Ranglisten und diskutiert unterschiedliche Einordnungen.
3. Gestalte schriftlich eine Antwort, in der Person B
   a) auf den Spuren Schopenhauers argumentiert (vgl. S. 49 f.),
   b) Bezugnahmen zu Freud (vgl. S. 52 f.) entwickelt,
   a) aus der Sicht Kirschners (vgl. S. 41 f.) Stellung nimmt.
4. **Normative Ethiken stellen Begründungen bzw. Rechtfertigungen für moralisch relevante Verhaltensweisen dar.**
   Prüfe, welche der normativen Sätze einen ethischen Gehalt aufweisen.

➲ *Ethik, Lexikon S. 212*

2

Der Utilitarismus – ethisches Argumentieren mit Jeremy Bentham

Ein fiktives Interview mit Jeremy Bentham – Teil 1
Leid und Freude als alternativlose Handlungsgründe

Die Auto-Ikone Jeremy Benthams (1748–1832)

WWW: Mr. Bentham, lassen Sie uns das Gespräch mit einem recht seltsamen Punkt beginnen: Auf Ihren eigenen Wunsch hin hat man Ihren Körper nach Ihrem Tode mumifiziert und in London öffentlich ausgestellt.

BENTHAM: Seltsam finde ich das überhaupt nicht. Ich wollte, dass mein Körper auch nach meinem Tod noch von Nutzen ist. Was nutzt ein toter Körper zwei Meter unter der Erde im Vergleich zu einem Leichnam, an dem die Menschen genau ersehen können, wie der berühmte Jeremy Bentham ausgesehen hat, nicht wahr? Fotos gab es ja damals noch nicht.

WWW: Stichwort „Nutzen". Dies ist ja ein Kernbegriff Ihrer ethischen Theorie des Utilitarismus. Können Sie uns dessen Grundzüge kurz erklären?

BENTHAM: Nun, zu diesem Zweck ist es hilfreich, sich mein Menschenbild vor Augen zu halten. Ich zitiere aus einem meiner Werke: „Die Natur hat die Menschheit unter die Herrschaft zweier souveräner Gebieter – Leid und Freude – gestellt. Es ist an ihnen aufzuzeigen, was wir tun sollen, wie auch zu bestimmen, was wir tun werden. Sowohl der Maßstab für Richtig und Falsch als auch die Kette der Ursachen und Wirkungen sind an ihrem Thron festgemacht." Wir sind also TOTAL davon dominiert, Leid zu vermeiden bzw. zu minimieren und stattdessen Freude zu erstreben bzw. zu maximieren.

WWW: Ansonsten leitet den Menschen nichts?

BENTHAM: Gar nichts, meine Freunde. Wer anderes behauptet, redet Unsinn.

A AUFGABEN

1. Bewerte, ob die folgenden Ausdrücke passend sind, um zu beschreiben, wie Bentham den Menschen sieht:
   RELIGIÖS • VERNUNFTORIENTIERT • EGOISTISCH • ALTRUISTISCH • HEDONISTISCH
2. Vergleiche Benthams Menschenbild mit demjenigen Kirschners (S. 41 f.).
3. Erläutere, unter welchen Umständen die Handlungen der folgenden Personen mit Benthams Menschenbild in Einklang gebracht werden könnten:
   A Ein Familienvater, der finanzielle Nöte leidet, spendet regelmäßig Geld für brasilianische Straßenkinder.
   B Ein magersüchtiges Mädchen, das fast am Ende seiner Kräfte ist, weigert sich nach wie vor zu essen.
   C Ein 16-jähriger Junge beendet die Beziehung zu seiner Freundin, obwohl er sie liebt und nach dem letzten Gespräch mit ihr sehr, sehr traurig ist.

2

Ein fiktives Interview mit Jeremy Bentham – Teil 2
Über das Prinzip der Nützlichkeit

WWW: Aber wie will man denn aus diesem Menschenbild eine ethische Theorie entwickeln, die nicht in einem hedonistischen Chaos endet?

BENTHAM: Nun, indem man einfach akzeptiert, dass dieses Menschenbild für ALLE gilt, die Schmerz und Freude empfinden können! Auch für Tiere, nebenbei bemerkt. Mein Utilitarismus zielt darauf ab, die Gesamtfreuden derjenigen Gruppe, die von einer bestimmten Handlung betroffen sind, zu maximieren. Ich nenne dies übrigens das „Prinzip der Nützlichkeit".

WWW: Wir können uns vorstellen, dass jetzt einige Schülerinnen und Schüler mit genervtem Geflüster zueinander sagen: „Das kapiere ich nicht."

BENTHAM: Dann mag vielleicht ein kleines Beispiel helfen: Angenommen, eine Schülerin der neunten Klasse hat sich an einem Freitagnachmittag im Sommer mit ihrer besten Freundin verabredet, um irgendwas Schönes zu unternehmen. Nennen wir die beiden Isabell und Luisa. Isabell schlägt vor, ins Kino zu gehen, denn dort läuft gerade ein Film mit ihrem absoluten Lieblingsschauspieler. Luisa hingegen findet Hollywoodfilme langweilig und würde lieber das Freibad besuchen. Doch Isabell schwimmt grundsätzlich nicht gern und hat zudem eine Chlorallergie. Sie würde also nach einem Freibadbesuch noch stundenlang leiden.

WWW: Ja, dann unternehmen die beiden halt was anderes. Weder noch.

BENTHAM: Und wenn es nur diese beiden Möglichkeiten gäbe?

WWW: Dann wohl eher Kino, oder?

BENTHAM: Aha? Und warum?

WWW: Ja, weil ein langweiliger Kinofilm für Luisa wohl weniger schlimm wäre als für Isabell stundenlanges Augenkratzen und fiese Atemknappheit.

BENTHAM: Sehen Sie? Sie bewerten die Folgen, die Konsequenzen der Entscheidung für die Betroffenen, in diesem Fall Isabell und Luisa. Und exakt dies strebe ich mit meiner Ethik an. Übrigens kann man den Wert einer Freude, eines Genusses einerseits oder eines Leides, eines Schmerzes andererseits in fast mathematischer Exaktheit beziffern.

WWW: Und wie funktioniert das bitte schön?

BENTHAM: Jede Freude und jedes Leid lässt sich hinsichtlich folgender sechs Umstände messen: Erstens Intensität, zweitens Dauer, drittens Gewissheit bzw. Ungewissheit, viertens Nähe bzw. Ferne, fünftens Folgenträchtigkeit und sechstens Reinheit. Konkret: Erstens: Wie intensiv wird die Freude oder das Leid empfunden? Zweitens: Wie lang dauert eine Freude bzw. ein Leid? Drittens: Ist die Freude bzw. das Leid gewiss, also wahrscheinlich? Viertens geht es darum, wie weit eine Freude bzw. ein Leid noch entfernt ist. Fünftens muss beachtet werden, ob auf eine Freude eine weitere Freude bzw. ob auf ein Leid ein weiteres Leid folgt. Spiegelbildlich dazu ist die sechste Kategorie: Folgt auf die zunächst empfundene Freude nicht vielleicht ein Leid? Bis in die Nacht hinein lustvoll tanzen, um dann am nächsten Tag schrecklich müde zu sein? Oder umgekehrt: Folgt auf ein Leid eine Freude? Wir alle kennen das: Eine Person nimmt zum Beispiel ein eklig schmeckendes Medikament, und danach geht es dieser Person gesundheitlich besser.

WWW: Und wenn alle diese sechs Kategorien beachtet sind, wird jede Freude bzw. jedes Leid messbar?

BENTHAM: Und dadurch jede Handlung ethisch bewertbar, ja.

4. Grenze den Utilitarismus Benthams in Form eines einzigen Satzes von einem Egoismus ab.
5. Untersuche detailliert, wie sich die sechs Kategorien auf die Alternativen „Freibad oder Kino“ für Isabell und Luisa auswirken.
6. Beurteile, ob sich der Wert einer Freude bzw. eines Leides mit den Kategorien Benthams exakt bemessen lässt.

Ein fiktives Interview mit Jeremy Bentham – Teil 3
Das hedonistische Kalkül

WWW: Ehrlich gesagt, wir finden Ihr Beispiel mit Luisa und Isabell ein bisschen platt, Mr. Bentham. Ob man ins Kino oder ins Freibad geht, hat mit Ethik und Moral doch nicht viel zu tun.

BENTHAM: Mein Utilitarismus betrifft zwar nicht nur moralische, sondern alle Handlungen, aber gut, dann nehme ich halt ein anderes Beispiel. Und zwar das Beispiel, das Sie Ihrem Kapitel vorangestellt haben. Sie wissen schon: Elias und die Einladung zu Roberts Geburtstag. Sie werden kaum bestreiten, dass die Frage „Muss ich ein Versprechen halten?“ eine zutiefst moralische ist, nicht wahr?

WWW: Ansonsten hätten wir sie nicht erwähnt, oder?

BENTHAM: Wie dem auch sei: Der Fall ist eindeutig zu klären. Sie brauchen dafür lediglich mein hedonistisches Kalkül. Dessen erster Schritt besteht darin, dass Sie eine der Handlungen, die als Alternative in Betracht kommt, formulieren. In diesem Fall zum Beispiel: Elias bricht sein Versprechen, Robert zu besuchen. Dann berechnen Sie in einem zweiten Schritt für jede beteiligte Person die Freude- und Leideinheiten mit Blick auf die vorher formulierte Alternative.

WWW: Und unter Berücksichtigung der vorhin erwähnten Kategorien: Dauer, Intensität usw.

BENTHAM: Genau. Danach addieren Sie Freude- und Leideinheiten und gelangen auf diesem Weg zu einer Freude-Leid-Bilanz. Im vorliegenden Fall könnte dergleichen zum Beispiel wie folgt aussehen:

Alternative: Elias bricht sein Versprechen, Robert zu besuchen.

Name	Freudeeinheiten	Leideinheiten
Elias	07	03
Robert	00	10
Nismin (Elias' bester Freund)	07	00
Nadeshda (Nismins Freundin)	02	01
Summe	**16**	**14**
Freud-Leid-Bilanz	+2	

Und nun kommt die Pointe: Wann immer die Freude-Leid-Bilanz positiv ausfällt, MUSS die eingangs formulierte Handlungsalternative durchgeführt werden. Wann immer sie negativ ausfällt, MUSS die formulierte Handlung unterbleiben. In unserem Fall also muss (nicht darf, wohlgemerkt!) Elias Robert absagen.

WWW: Und Sie glauben, dass dieses Verfahren immer und überall funktioniert?

BENTHAM: Es kann freilich nicht immer und überall streng angewendet werden. Oft fehlt uns die Zeit, oft auch der Überblick. Es sollte jedoch stets im Hinterkopf bleiben, denn nur so erhält die Moral ein sicheres Fundament.

7. Entwirf mögliche Begründungen für die Zahlen, die unser Interviewpartner in seinem hedonistischen Kalkül für die situativ Beteiligten ermittelt hat.
8. Inszeniert in Kleingruppen realistische Konflikt- oder Dilemmasituationen und wendet darauf das hedonistische Kalkül an. Berichtet anschließend von eventuellen Meinungsverschiedenheiten innerhalb der Gruppe.
9. Bentham erläuterte die Berechtigung seines Verfahrens einst mit dem Satz: „Wenn Kegeln und Poesie das gleiche Maß an Freude bereiten, dann sind sie auch gleich gut." John Stuart Mill hingegen, der den Utilitarismus Benthams weiterentwickelte, befand: „Es ist besser, ein unzufriedener Mensch zu sein als ein zufriedengestelltes Schwein." Erläutere den Unterschied zwischen diesen beiden Positionen.
10. Als großer Nachteil eines Utilitarismus à la Bentham wird das Fehlen eines Minderheitenschutzes angesehen. Erkläre mithilfe eines Beispiels, inwiefern diese Kritik eine Berechtigung hat.
11. Schreibe einen Essay zum Thema „Vor- und Nachteile des Utilitarismus von Bentham".

➲ *Essay S. 198*

2

Ethisches Argumentieren mit Immanuel Kant – I Der gute Wille

Uneingeschränkt
von Karl Kalemba

Immanuel Kant (1724–1804)

Plötzlich schaltete Elias den Fernseher aus und fragte: „Grundlegung zur WAS?"
„*Grundlegung zur Metaphysik der Sitten*", wiederholte Christin und griff beherzt in die Schale mit den Gummibärchen. „Herr Kalkbrenner meinte ja heute Morgen im Unterricht, dass Kant noch zu schwer für uns sei."
„Und das wolltest du natürlich nicht auf dir sitzen lassen", sagte Elias lächelnd.
„Genau! Das wollen wir nämlich erst mal sehen", entgegnete Christin und kramte in ihrem Rucksack herum. „Ich also zur Stadtbibliothek. Und hier ist sie: Die *Grundlegung zur Metaphysik der Sitten* von Herrn Immanuel Kant."
„Lass mal sehen", sagte Elias, schnappte sich das Buch, blätterte zum ersten Kapitel und las den ersten Satz vor:

Es ist überall nichts in der Welt, ja überhaupt auch außer derselben zu denken möglich, was ohne Einschränkung für gut könnte gehalten werden, als allein ein guter Wille.

„Ach du meine Güte… Hört sich ganz schön wuchtig an", sagte Christin.
„Ist aber, glaube ich, gar nicht so schwer zu verstehen", antwortete Elias mit zusammengekniffenen Augenbrauen. „Kant sagt ja hier, dass ein guter Wille das einzige sei, was …"
„… uneingeschränkt gut ist", unterbrach ihn Christin. „Ohne Einschränkungen gut ist nur ein guter Wille. Lies mal weiter vor!" Und Elias tat wie geheißen:

Verstand, Witz, Urteilskraft und wie die Talente des Geistes sonst heißen mögen, oder Mut, Entschlossenheit, Beharrlichkeit im Vorsatze, als Eigenschaften des Temperaments, sind ohne Zweifel in mancher Absicht gut und wünschenswert; aber sie können auch äußerst böse und schädlich werden, wenn der Wille, der von diesen Gaben Gebrauch machen soll und dessen eigentümliche Beschaffenheit darum Charakter heißt, nicht gut ist.

„Ein scharfer Verstand zum Beispiel ist nach Kant also nicht uneingeschränkt gut", sagte Christin und hielt nachdenklich ein Gummibärchen in die Luft. „Man kann ja mit seiner Intelligenz auch etwas anstellen, das nicht gut ist. Gummibärchen zum Beispiel. Oder chemische Waffen. Dafür wäre ich zum Beispiel viel zu doof."

„Oder man könnte mit kräftiger Urteilskraft einen anderen Menschen ungerecht bewerten oder sogar mobben“, antwortete Elias.

„Oder so“, entgegnete Christin kauend. „Aber da gibt es noch eine andere Stelle zum guten Willen. Hab ich eben im Bus gelesen. Irgendwas mit *Tauglichkeit* oder so …“

„Ich hab's“, rief Elias und las:

Der gute Wille ist nicht durch das, was er bewirkt oder ausrichtet, nicht durch seine Tauglichkeit zu Erreichung irgendeines vorgesetzten Zweckes, sondern allein durch das Wollen, d.i. an sich gut und ohne Vergleich weit höher zu schätzen als alles, was durch ihn zu Gunsten irgendeiner Neigung, ja wenn man will der Summe aller Neigungen, zustande gebracht werden könnte.

„Das würde Bentham nicht gefallen, oder?“, fragte Christin und rückte näher an Elias heran. „So ganz ohne Neigung?“

AUFGABEN A

1. Erläutere durch Beispiele, warum (als vorteilhaft angesehene) Eigenschaften wie „mutig“, „entschlossen“, „beharrlich“, „selbstbeherrscht“, „fleißig“ oder „sparsam“ laut Kant nicht als uneingeschränkt gut angesehen werden können.
2. Begründe, ob Christins Einschätzung am Ende des Textes stichhaltig ist.
3. Vorsicht, Fangfrage: Worin besteht laut Kant denn nun der gute Wille?

II Der Begriff „Pflicht“

Wettpflichten

von Karl Kalemba

„Ehrlich gesagt: Ich komme mir total albern vor …“, sagte Elias.

„Kneifen gilt nicht!“, rief Christin lächelnd. „Wettschulden sind Ehrenschulden!“

„Aber ein Referat über Kants Pflichtbegriff nur vor meiner Freundin, das ist so –“

„Egal, wie's ist!“, unterbrach ihn Christin strahlend und ließ sich direkt gegenüber auf dem Pult nieder. „Hättest ja beim Billard ein bisschen vorsichtiger sein können. So, los jetzt!“

„Und wenn ich absolut nicht WILL?“, fragte Elias.

„Sag mal, geht's noch?? Du hast es versprochen!! Oder drückst du dich, weil Herr Kalkbrenner etwa doch recht hat und du für Kant einfach zu doof bist?“

Elias räusperte seine Stimme und fing zu reden an:

2

„Um den guten Willen näher zu erläutern, führt Kant den Begriff der Pflicht ein. Der Mensch hat grundsätzlich zwei verschiedene Möglichkeiten, seine Pflicht zu erfüllen: Er kann pflichtmäßig oder aber aus Pflicht handeln."

„Das muss ich jetzt noch nicht sofort kapieren, ne?", wollte Christin wissen und runzelte die Stirn.

„Kannste auch noch gar nicht", erwiderte Elias ein wenig gereizt. „Du hast ja selbst gesagt, dass es bei berühmten Philosophen oft darauf ankommt, genau zu erforschen, wie sie bestimmte Begriffe verwenden. Außerdem ist das hier ein Referat, kein Unterrichtsgespräch. Also: Pflichtmäßig bedeutet in Kants Ethik, dass man zwar nicht unmoralisch bzw. pflichtwidrig handelt, aber zum Beispiel von Eigeninteresse bestimmt wird. Kant erwähnt hier das Beispiel eines Kaufmanns, der auch Kleinkindern das korrekte Wechselgeld herausgibt. Dies tut er aber nur, damit sein Laden nicht ins Gerede kommt. Andernfalls ginge er nämlich vielleicht pleite. Die Handlung geschieht hier also schlicht aus Eigennutz und ist laut Kant daher nur pflichtmäßig oder pflichtgemäß. Sie genügt der Pflicht, ist aber nicht moralisch."

„Sondern?"

„Sie ist legal, sie ist erlaubt. Denn natürlich ist es erlaubt, ein Kleinkind nicht zu betrügen. Der Kaufmann solle sich aber bitte schön nicht einbilden, hier moralisch gehandelt zu haben. Es war ja letztlich Egoismus. Meint Kant. Ein anderes Beispiel für pflichtmäßiges Handeln liegt nach Kant dann vor, wenn wir bei unseren Handlungen auch unabhängig vom Eigennutz etwas wie Sympathie oder innere Befriedigung verspüren. Spenden für arme rumänische Kinder und danach ein gutes Gewissen haben? Pflichtmäßig. Wertvoll. Der geliebten Großmutter was Tolles zum Geburtstag schenken? Erlaubt, klar. Legal, klar. Liebenswürdig, klar. Aber nicht moralisch. Pflichtmäßig halt. Von eigenen Interessen bestimmt."

„Heißt das, ich könnte … zum Beispiel dir gegenüber … gar nicht moralisch handeln, weil ich dich … ja weil ich dich halt mag und so?", fragte Christin und ruckelte unruhig auf ihrem Stuhl umher.

„Wie gesagt: Referat, nicht Unterrichtsgespräch", antwortete Elias mit dem leisen Anflug eines Lächelns.

„Dann sag mir wenigstens, welche Handlungen nicht nur pflichtmäßig sind, sondern aus Pflicht geschehen …"

„Das war nicht mehr Teil der Wette", entgegnete Elias. „Ich verrate nur so viel: Kant sagt, Pflicht sei ‚Notwendigkeit einer Handlung fürs Gesetz'."

„Na toll … Und was soll das sein, ein Gesetz?"

„Nach dem Pokern ist vor dem Pokern", antwortete Elias augenzwinkernd. „So, und jetzt lass uns hier bitte endlich verschwinden …"

A AUFGABEN

1. Gib in eigenen Worten wieder, worin für Kant der Unterschied zwischen „pflichtmäßig" und „aus Pflicht" besteht.
   BEISPIEL *Jonas geht am Ufer eines Sees entlang, erblickt eine Person, die zu ertrinken droht, und stürzt sich ins Wasser, um die Person zu retten.*

A Vor seiner Rettungstat hat Jonas am gegenüberliegenden Ufer des Sees Passanten gesehen und sich gedacht: „Bevor die mich wegen unterlassener Hilfeleistung anzeigen, greife ich lieber ein und rette die Person."

B Bevor er sich ins Wasser begibt, hat Jonas in der ertrinkenden Person seinen guten Schulfreund Julian erkannt.

2. Erläutere, weshalb Kant bei beiden Varianten von einer legalen, nicht aber von einer moralischen Handlung spräche.
3. Entwirf weitere Beispiele, die für Kant legales, aber nicht moralisches Handeln widerspiegeln.
4. Friedrich Schiller, einer der berühmtesten deutschen Dichter und grundsätzlich Befürworter der Ethik Kants, ersann mit Blick auf dessen Pflichtbegriff die folgenden Verse:
   Gerne dien' ich den Freunden, doch tu ich es leider mit Neigung,
   Und so wurmt es mich oft, dass ich nicht tugendhaft bin.
   Da ist kein anderer Rat, du musst suchen, sie zu verachten,
   Und mit Abscheu alsdann tun, wie die Pflicht dir gebeut.
   Interpretiere diese Verse Schillers.
5. Begründe vor dem Hintergrund der bisherigen Argumentation Kants, weshalb mit dem Begriff „Gesetz" nicht zwingend Gesetze gemeint sind, wie sie beispielsweise im Bürgerlichen Gesetzbuch (BGB) oder im Strafgesetzbuch (StGB) niedergeschrieben sind.

***suchen** (hier): versuchen*
***gebeuen:** befehlen*

III Verschiedene Formen von Handlungsgrundsätzen

Um *pflichtgemäße* (also legale) Handlungen von *moralischen* Handlungen aus Pflicht abzugrenzen, führt Kant verschiedene Formen von **Handlungsgrundsätzen** ein. Damit sind Vorsätze bzw. Prinzipien gemeint, nach denen wir unser Handeln grundsätzlich ausrichten wollen.
Diese Prinzipien unterteilt Kant zunächst in **Maximen** und **Imperative**.
Maximen (gebildet vom lat. Ausdruck *maximae propositiones* = höchste Aussagen) sind **subjektiv** gültige Handlungsgrundsätze. Ein Mensch könnte z.B. beschließen, im Frühling immer dann aufzustehen, wenn draußen die Vögel zu zwitschern beginnen. Oder immer sofort mit einer Beschwerde zum Rektor bzw. Direktor zu gehen, wenn eine Mitschülerin bzw. ein Mitschüler von einer Lehrkraft ungerecht behandelt worden ist. An diesen Beispielen wird deutlich, was Kant mit Subjektivität meint: Derartige Handlungsgrundsätze nämlich gelten nicht für alle. Denn es gibt Menschen, die auch im Frühling grundsätzlich lieber spät aufstehen oder die es sich zum Grundsatz gemacht haben, sich bei ungerechten Lehrkräften lieber wegzuducken und nichts zu unternehmen. Maximen sind also Regeln, nach denen jeder individuell (subjektiv) zu handeln beschließt.
Anders sieht es laut Kant mit den Imperativen (von lat. *imperare* = befehlen) aus. Diese gelten **objektiv**, sind also für alle Menschen in gleichem Maße gültig. Imperative können nach Kant **hypothetisch** oder

2

kategorisch sein: Hypothetische Imperative (von gr. *hypóthesis* = Voraussetzung, Bedingung) sind Handlungsgrundsätze, die für alle Menschen **unter einer bestimmten Bedingung** bzw. Absicht gelten. Wenn ich zum Beispiel ein guter Klavierspieler bzw. eine gute Klavierspielerin werden will, muss ich (wie alle Menschen, die dergleichen vorhaben) in regelmäßigen Abständen üben. Und wenn ich sparen will, muss ich darauf achten, nicht mehr Geld auszugeben, als mir (wöchentlich, monatlich, jährlich) zur Verfügung steht. Und dies gilt (objektiv) für alle Menschen. Hypothetische Imperative funktionieren also nach dem Muster: „Wenn man X will, muss man Y tun." Kant nennt solche Imperative **Vorschriften**.

Eine Vorschrift ist laut Kant aber noch kein **Gesetz**. Dieses gilt (genau wie die hypothetischen Imperative) zwar objektiv, ist aber nicht in eine Bedingung eingebunden, folgt also nicht dem „Wenn ich X will, dann Y"-Prinzip. Ein Gesetz gilt also ohne Bedingungen, uneingeschränkt, das heißt *kategorisch* (gr.). Kant schreibt: „Was kann das aber wohl für ein Gesetz sein, dessen Vorstellung [...] den Willen bestimmen muss, damit dieser schlechterdings und ohne Einschränkung gut heißen könne? Da ich den Willen aller Antriebe beraubt habe, so bleibt nichts als die allgemeine Gesetzmäßigkeit der Handlung überhaupt übrig, welche allein dem Willen als Prinzip dienen soll, d.h. ich soll niemals anders verfahren als so, dass meine Maxime ein allgemeines Gesetz werde." Ähnlich drückt es Kant in einem weiteren berühmten Werk (nämlich in der „Kritik der praktischen Vernunft" von 1788) aus: „Handle so, dass die Maxime deines Willens jederzeit zugleich als Prinzip einer allgemeinen Gesetzgebung gelten könne."

Der kategorische Imperativ ist also ein **Testverfahren**, mit dessen Hilfe sich laut Kant die Moralität von Handlungen bestimmen lässt.

A AUFGABEN

1. Stelle die verschiedenen Formen von Handlungsgrundsätzen in einem Strukturbild dar. Orientiere dich an den fett gedruckten Begriffen aus dem Text.
2. Entscheide, ob es sich bei den folgenden Grundsätzen um eine Maxime oder einen hypothetischen Imperativ handelt:
   - **A** Weil ich bereits morgens gute Laune haben will, lasse ich mich stets mit Musik von Lady Gaga wecken.
   - **B** Weil ich abnehmen will, werde ich künftig an jedem Tag mehr Kalorien verbrennen als zu mir nehmen.
   - **C** Weil ich das Risiko, an Lungenkrebs zu erkranken, reduzieren will, rauche ich weder Zigarren noch Zigaretten.
   - **D** Weil ich in möglichst entspannter Atmosphäre arbeiten will und Schneelandschaften mich beruhigen, habe ich mein Büro mit Bildern von der Antarktis plakatiert.

2

Über das Versprechen
von Immanuel Kant

Wie das Testverfahren funktionieren soll, erläutert Kant mit folgendem Beispiel:

[Jemand] sieht sich durch Not gedrungen, Geld zu borgen. Er weiß wohl, dass er nicht wird bezahlen können, sieht aber auch, dass ihm nichts geliehen werden wird, wenn er nicht festiglich verspricht, es zu einer bestimmten Zeit zu bezahlen. Er hat Lust, ein solches Versprechen zu tun; noch aber hat er so viel Gewissen, sich zu fragen: Ist es nicht unerlaubt und pflichtwidrig, sich auf solche Art aus Not zu helfen? Gesetzt, er beschlösse es doch, so würde seine Maxime der Handlung so lauten: Wenn ich mich in Geldnot zu sein glaube, so will ich Geld borgen, und versprechen, es zu bezahlen, ob ich gleich weiß, es werde niemals geschehen. [...] Allein jetzt ist die Frage: ob es recht sei? Ich verwandle also die Zumutung der Selbstliebe in ein allgemeines Gesetz, und richte die Frage so ein: wie es dann stehen würde, wenn meine Maxime ein allgemeines Gesetz würde. Da sehe ich nun sogleich, dass sie niemals als allgemeines Naturgesetz gelten und mit sich selbst zusammenstimmen könne, sondern sich notwendig widersprechen müsse. Denn die Allgemeinheit eines Gesetzes, dass jeder, nachdem er in Not zu sein glaubt, versprechen könne, was ihm einfällt, mit dem Vorsatz, es nicht zu halten, würde das Versprechen und den Zweck, den man damit haben mag, selbst unmöglich machen, indem niemand glauben würde, dass ihm was versprochen sei, sondern über alle solche Äußerung, als eitles Vorgeben, lachen würde.

*„**ob ich gleich weiß**“ = obgleich (obwohl) ich weiß*
***allein** (hier): aber*

***eitel** (hier): nichtig, leer*

3. Gib den Inhalt des kategorischen Imperativs in eigenen Worten wieder. Erläutere dann eigenständig das von Kant gegebene Beispiel. Fallen dir weitere Beispiele ein, in denen der kategorische Imperativ als Richtschnur brauchbar ist?
4. Erkläre, welche der vier Antworten in Hoersters Text auf S. 57 am ehesten der Ethik Kants entspringt.

DENKRAUM D

A Erschließe, welche Handlungen der kategorische Imperativ **a)** in den vier „Momentaufnahmen“ auf Seite 40, **b)** in den Texten „Erst finden, dann suchen“ und „Die Einladung“ auf den Seiten 44 f. und 56 nahe legt.

B Kants kategorischer Imperativ wird oft mit der „goldenen Regel“ gleichgesetzt. Begründe, weshalb es sich bei dieser Gleichsetzung um einen Irrtum handelt.

C An Kants Ethik wird oft kritisiert, sie beachte nicht genügend, dass verschiedene Pflichten miteinander in Konkurrenz treten können, z.B. das Lügenverbot und die Pflicht, Freunden in der Not zu helfen. Erläutere diese und evtl. weitere Pflichtenkollisionen durch Beispiele.

Goldene Regel:
„Was du nicht willst, das man dir tu, das füg auch keinem andern zu.“

2

METHODEN

Dilemma-Diskussion

In einem Dilemma (von gr. „zweigliedrige Annahme“; deutschsprachiger Plural: Dilemmata) steckt eine Person dann, wenn sich ihr in einer Situation zwei Handlungsmöglichkeiten bieten, die nicht miteinander vereinbar sind und die beide zu Ergebnissen führen, die aus Sicht der betroffenen Person nicht optimal sind.
Soll ich zum Beispiel in einer bestimmten Situation ehrlich sein und meinen besten Freund verletzen? Oder soll ich lügen bzw. heucheln und dabei den Grundsatz verletzen, möglichst immer die Wahrheit zu sagen?
Übrigens brauchen die beiden Handlungsmöglichkeiten nicht immer negativ besetzt zu sein, denn es gibt auch positive Dilemmata: Soll ich heute Abend in die letzte Aufführung unserer tollen Schul-Theater-AG gehen (und dafür das spannende Fußballspiel verpassen)? Oder soll ich das Fußballspiel schauen (und dadurch das Theaterstück versäumen)?

Zehn Schritte einer Dilemma-Diskussion:

1 **Benennung des Dilemma-Kerns einer bestimmten Situation**
→ Formulierung der beiden Handlungsalternativen in Frageform:
Sollte Person X Handlungsmöglichkeit A oder Handlungsmöglichkeit B wählen?

2 **Spontane Entscheidung durch Abstimmung und ohne argumentative Begründung:**
→ Wer tendiert zu Handlungsmöglichkeit A, wer zu Handlungsmöglichkeit B?

3 **Auswertung und Festhalten der Abstimmungsergebnisse**

4 **Sammlung von Argumenten (innerhalb der jeweiligen Meinungslager):**
→ Warum ist Handlungsmöglichkeit A, warum Handlungsmöglichkeit B die bessere?

5 **Wechselseitige Vorstellung der Argumente**

6 **Bewertung und Hierarchisierung der Stichhaltigkeit der Argumente des jeweils anderen Meinungslagers**
→ Welche Argumente der anderen Seite sind besonders einleuchtend, welche weniger?

7 **Gegenseitige Vorstellung der Ergebnisse aus Schritt 6**

8 **Erneute Abstimmung mit Festhalten der Ergebnisse**

9 **Vergleich der Ergebnisse zwischen 3 und 8**

10 **Reflexion der Dilemma-Diskussion:**
→ Haben sich die Meinungen geändert? Warum und warum nicht?
→ Wie haben die Beteiligten die Diskussion empfunden?
Als Gewinn oder als Zeitverschwendung?
→ Wie sind die Beteiligten kommunikativ miteinander umgegangen?
Welche Verbesserungen wären im Rahmen der nächsten Dilemma-Diskussion denkbar?

Bentham, Kant & Co auf dem Prüfstein des Alltags

Rainer Erlinger, Rechtswissenschaftler und Mediziner, beantwortet für die „Süddeutsche Zeitung“ Leserbriefe in der Kolumne „Die Gewissensfrage“. Nachfolgend siehst du einige der vielen Zusendungen, die bislang bei Erlinger eingegangen sind:

Rainer Erlinger

Da glimmt noch etwas

„Meine Freundin hat vor zwei Monaten aufgehört zu rauchen und ist fest entschlossen durchzuhalten. Ich selbst rauche noch, will sie aber natürlich beim Loskommen von dieser Sucht unterstützen. Vor Kurzem hat sie mich nun überraschend um eine von meinen Zigaretten gebeten, sie wolle ‚nur eine‘ rauchen. Natürlich ist die Gefahr groß, dass sich aus dieser einen ein Rückfall entwickelt. Darf ich ihr diese Zigarette verweigern? Muss ich es sogar oder wäre das eine unzulässige Bevormundung? Wenn sie noch rauchen würde, würde ich ihr natürlich eine Zigarette geben.“

Heiko R., Hamburg

Wer sich ewig bindet

„Eine Freundin von mir hat vor Kurzem geheiratet und mich als Trauzeugin gewählt. Kurz vor der Hochzeit haben wir einen ‚Junggesellinnenabend‘ veranstaltet. Meine Freundin hat den ganzen Abend mit einem fremden Mann geknutscht. Ich fühlte mich in einer dummen Situation: Hätte ich sie auffordern sollen, damit aufzuhören? Oder durfte ich ihr den Spaß lassen?“

Judith J., München

Erlesenes

„Neulich wollte ich ein Buch kaufen, das mir allerdings zu teuer erschien. Es war in einem großen Buchladen, wo es Sofas gibt, in denen die Leute in Büchern und Magazinen blättern können. Ich bin dann fünfmal dorthin gegangen und konnte so das Werk komplett durchlesen, ohne es zu kaufen. Das Buch habe ich nicht geklaut, wohl aber den Inhalt. Muss ich ein schlechtes Gewissen haben?“

Gerd S., Mainz

Kurskorrektur

„Um für eine Reise ein wenig Türkisch zu lernen, habe ich vor einiger Zeit einen Sprachkurs bei der Volkshochschule begonnen. Nun, nach der Reise, habe ich eigentlich keinen Grund mehr, weiter Türkisch zu studieren. Doch wenn ich aufhöre, sinkt die Teilnehmerzahl von fünf auf vier und der Kurs wird wahrscheinlich gestrichen – obwohl die anderen Teilnehmer entweder wegen ihres Berufs oder wegen eines türkischen Ehepartners darauf angewiesen sind. Ist es unmoralisch von mir aufzuhören?“

Corinna S., Wiesbaden

2

Keine Hoch-Zeit

„Vor einiger Zeit war ich auf die Hochzeit von guten Freunden eingeladen. Auf diesem Fest fühlte ich mich überhaupt nicht wohl. Die Stimmung war unterkühlt, das Essen reichte nicht, die Gespräche waren mühsam, die Örtlichkeit trist. Offensichtlich empfand nicht nur ich dies so – viele Freunde verließen die Feier relativ früh. Nur das Hochzeitspaar war von dem Fest restlos begeistert und sprach noch Tage danach sehr glücklich darüber. Auf Nachfragen der beiden, ob mir der Abend auch gefallen habe, äußerte ich mich, entgegen meiner eigentlichen Meinung, positiv, um sie nicht zu verletzen. Habe ich richtig gehandelt?“

Kai-Uwe W., Münster

Spenden nur für Spender?

„Sollten nicht nur diejenigen eine Organspende bekommen, die selbst schon einen Organspendeausweis hatten, als sie noch gesund waren? Warum sollten andere von dieser ‚ethischen Gemeinschaft‘ profitieren, ohne einen eigenen Beitrag geleistet zu haben? Versicherungen funktionieren doch auch nach diesem Prinzip: Ich zahle im Voraus – auch für andere –, um im Notfall von dieser Solidargemeinschaft zu profitieren. Wer sich gegen eine eigene Organspende entscheidet, sollte dann doch wohl auch bereit sein, auf den Erhalt fremder Organe zu verzichten, oder?“

Lisa-Maria R., Erlangen

A AUFGABEN

1. Schildere, welche der dargestellten Konflikte dir in ähnlicher oder vergleichbarer Form schon begegnet sind.
2. Bildet Arbeitsgruppen, in denen ihr zu je einem der Konflikte eine Dilemma-Diskussion durchführt.
3. Stelle dar, welche Antworten a) Bentham und b) Kant auf die moralischen Konflikte hätten formulieren können.
4. Welche Antworten wären mit Blick auf die im ersten Kapitel dieses Blickpunktes vorgestellten ethischen Positionen denkbar?
5. Begründe abschließend, welche der Positionen, die aus den Arbeitsaufträgen 3 und 4 hervorgegangen sind, dir am stichhaltigsten erscheint.

Rückblick: Wer wird Moralionär?

1. Ermittle den Lösungsbegriff, indem du die Buchstaben, die vor der jeweils richtigen Antwort stehen, aneinanderreihst. Erläutere dann, inwiefern der Lösungsbegriff in diesem Kapitel von Bedeutung war.

1 Welchen Namen trägt das Moralgesetz Immanuel Kants?
D Maxime
E hypothetischer Imperativ
A kategorischer Imperativ
H ethischer Akkusativ

2 Welcher Begriff zählt nicht zu den Umständen, mit denen sich laut Bentham eine Freude oder ein Leid bemessen lassen?
L Dauer
R Lust
A Intensität
O Gewissheit

3 Uneingeschränkt gut ist nach Kant …
G ein guter Wille.
N der kategorische Imperativ.
E ein moralisches Bewusstsein.
A eine Maxime.

4 Pflichtgemäßes Handeln ist laut Kant …
U erlaubt.
I hypothetisch.
O verboten.
C maximiert.

5 Eine Handlung ist nach Bentham verboten, wenn sie …
E der eigenen Lust widerstrebt.
A unsinnig ist.
M das hedonistische Kalkül negativ ausfällt.
O das hedonistische Kalkül positiv ausfällt.

6 Normative Ethik … moralisch relevante Handlungen.
F erklärt
G beschreibt
E begründet
I verhindert

7 Eigenschaften wie Intelligenz, Mut etc. bezeichnet Kant als …
N bedingt gut.
E aufgeklärt.
A unbedingt gut.
S verpflichtend.

8 Der Utilitarismus, wie ihn Bentham vertritt, blickt in erster Linie …
E auf Gottes Willen.
S auf das Handlungsmotiv.
A auf Rücksicht gegenüber Schwächeren.
T auf die Handlungsfolgen.

Weiterdenken

Patricia von Hahn, Ethik-Lehrerin an einem Gymnasium in Hamburg, findet mit Blick auf die Ethiken von Bentham und Kant:

Trotz ihrer unbestrittenen Berühmtheit und historischen Einflusskraft sind diese ethischen Ansätze aus dem ausgehenden 18. Jahrhundert für den Unterricht heutzutage nur noch eingeschränkt brauchbar, denn sie liefern doch im Grunde nur Anhaltspunkte für den zwischenmenschlichen Privatbereich. Mittlerweile gibt es aber viel dringlichere Probleme, z.B. Fragen zur Atomenergie, zur CO_2-Emission, zur Ausbeutung von Menschen in Entwicklungsländern, zur Überbevölkerung, zum demographischen Wandel, zur gesunden Ernährung, zum verantwortlichen Umgang mit Tieren etc. In all diesen Bereichen genügt es einfach nicht, à la Bentham die Folgen für alle Gesamtbeteiligten zu analysieren oder à la Kant zu ergründen, ob die zugrunde liegende Handlungsregel für alle wollbar ist. Die Welt ist zu komplex geworden, um Folgen und Verallgemeinerungen von Handlungen noch zuverlässig beurteilen zu können. Deshalb haben uns Kant und Bentham leider nur noch wenig zu sagen.

2. Recherchiere, inwiefern die in den Z. 4 bis 6 erwähnten Themen ethische Probleme darstellen. Erörtere daraufhin, ob dir die Kritik von Patricia von Hahn stichhaltig erscheint. Begründe deinen Standpunkt durch Beispiele.

3. Blättere das Inhaltsverzeichnis dieses Schulbuches durch. Erläutere vor dem Hintergrund deiner Ergebnisse aus der vorangegangen Aufgabe deine Erwartungshaltung bezüglich der noch folgenden Kapitel.

3 In der Gemeinschaft leben

1 Konflikte – Formen, Ursachen, Lösungen
2 Recht und Gerechtigkeit

„Das Ziel eines Konflikts oder einer Auseinandersetzung soll nicht der Sieg, sondern der Fortschritt sein.“

Joseph Joubert

Menschen treffen in unzählig verschiedenen Situationen und Konstellationen aufeinander. Nicht immer geht dieses Aufeinandertreffen harmonisch und unproblematisch vonstatten, denn gelegentlich stellen sich Konflikte ein. Zwar müssen oder können nicht alle dieser Konflikte gelöst werden, doch bei vielen Konflikten lohnen sich folgende Fragen:

- Welche Hintergründe hat der Konflikt?
- Und wie könnten Lösungen des Konflikts aussehen?
- Hält das geltende Recht eine Lösung für den Konflikt parat?
- Wie lässt sich der Konflikt nach Prinzipien der Gerechtigkeit lösen?

„Wenn die Gerechtigkeit untergeht,
so hat es keinen Wert mehr,
dass Menschen leben auf Erden."
Immanuel Kant

3 1 Konflikte – Formen, Ursachen, Lösungen

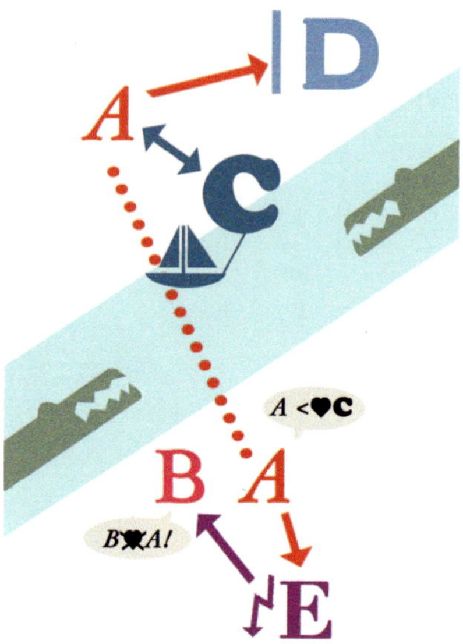

Uferlos

A und B lieben sich, sind aber durch einen ärgerlichen Zufall auf verschiedene Seiten eines Flusses gelangt, in welchem gefährlich hungrige Krokodile schwimmen. Dass es für A und B keine Möglichkeit zur Kommunikation gibt, macht die Lage nicht einfacher. Die einzige (wohlgemerkt: die allereinzige) Möglichkeit für A, ans andere Ufer zu kommen, besteht darin, Cs Boot zu leihen. A wendet sich daraufhin hoffnungsfroh an C, doch C verlangt für das Verleihen des Bootes eine sexuelle Gefälligkeit von A. Entsetzt und voller Ekel lehnt A Cs Angebot ab und beschwert sich bei D über Cs Verhalten. D hat einigen Einfluss auf C, sagt aber zu A: „Bitte lass mich mit deinem Problem in Ruhe, ja? Ich habe weiß Gott Wichtigeres zu erledigen." A, von Trauer und Sehnsucht getrieben, erweist C schließlich wider Willen die sexuellen Dienste. C hält daraufhin die Zusage ein und bringt A per Boot ans andere Ufer zu B. Tränenreiche Umarmungen, zärtliche Küsse. Wenige Minuten später verspürt A das Bedürfnis, B die Umstände der Bootsüberfahrt zu erläutern. Bs Reaktion ist blankes Entsetzen: „Wie konntest du nur?? Mit dir will ich nie, nie wieder etwas zu tun haben!!" Verstoßen und verzweifelt erzählt A wenige Stunden später E von der ganzen Geschichte. E rennt daraufhin wutentbrannt zu B. Das Knallen der Ohrfeige ist gewaltig …

A AUFGABEN

1. Erkläre, welche der beteiligten Personen sich aus welchem Grund in einem Konflikt befindet.
2. a) Bewerte das Verhalten der beteiligten Personen anhand der folgenden Skala: 1 = völlig verwerflich, 2 = verwerflich, aber entschuldbar, 3 = überhaupt nicht verwerflich.
   b) Vergleicht und diskutiert eure Ergebnisse.

Der Mensch sei, schrieb einmal der Philosoph Immanuel Kant, „aus so krummem Holze geschnitzt", dass daraus „nichts ganz Gerades gezimmert" werden könne. Aber darin hat Kant kein endgültiges Urteil über den Menschen sehen wollen, sondern ihm Humanität und Zivilisation zugetraut. Viel ist erreicht worden: die Menschen- und Grundrechte; die Gleichstellung von Männern und Frauen; die Forderung nach gewaltfreier Erziehung; das Recht auf Bildung; das Bemühen, Kriege zu vermeiden. Die Fortschritte dämmen Gewalt ein, aber sie bewahren uns nicht vor Konflikten. Sie bestehen vor allem darin, Strategien des Umgangs mit Konflikten im Blick auf Lösungen zu entwerfen und umzusetzen, die die Konfliktparteien annehmen können. Das Kapitel stellt Formen, Ursachen und Lösungen von Konflikten zur Debatte und setzt sie zu den Begriffen „Macht" und „Gewalt" in Beziehung.

Dazu passt die philosophische Methode, die vertieft wird. Denn der ***Diskurs*** *ist ein Verfahren der gewaltfreien Konfliktlösung.*

Konfliktszenarien

von Karl Kalemba

Szene 1: In der Bibliothek

Ich saß in der Bibliothek und versuchte, ein wenig zu arbeiten. Zwei Frauen führten eine wirklich laute Unterhaltung, die eine Menge Leute störte. Ich bat sie, leiser zu sein, aber sie ignorierten mich einfach. Fünf Minuten später bat ich sie erneut um Ruhe, sie unterhielten sich jedoch nur noch lauter. Schließlich sagte ich ihnen, dass sie beide dumme, hässliche Tratschen seien und wenn sie nicht gleich den Mund hielten, würde ich sie packen und aus der Bibliothek schmeißen. Das hat funktioniert.

Szene 2: Re-Aktion

„Wasnfüreine", nuschelte die Verkäuferin und begutachtete währenddessen ihre Fingernägel.

„Nur für zehn Euro, bitte", antwortete Christin lächelnd. „Dann habe ich meine Ausgaben besser im Blick."

Wortlos wurde die Handy-Karte auf den Kiosktresen gelegt.

„Dankeschön", sagte Christin und schob zwei 5-Euro-Scheine neben die Karte. „Und einen schönen Tag noch."

Ohne etwas zu erwidern, nahm die Verkäuferin das Geld an sich und zog die Scheibe wieder zu.

„Die Dame hatte heute wohl nicht ihren besten Tag, was?", fragte Elias.

„Nö, die ist immer so", antwortete Christin und öffnete das Gehäuse ihres Handys. „Ich kaufe schon seit Jahren bei diesem Kiosk, und sie war leider noch nie anders als heute."

„Und du? Bist du zu ihr immer so freundlich wie vorhin?", wollte Elias wissen.

„Na klar", entgegnete Christin und legte die Karte ein.

„Aber warum? Ich an deiner Stelle würde ja –"

„Weil ich mir mein Verhalten von niemandem aufzwingen lassen will", unterbrach ihn Christin. „Ich möchte agieren, nicht reagieren, weißt du?"

1. Inszeniert in unterschiedlichen Gruppen jede der beiden Szenen als Rollenspiel und spielt euch die Szenen vor.
2. Analysiere das Verhalten der beteiligten Personen in Szene 1 und in Szene 2: Welche Interessen und welche Motive stehen jeweils dahinter?
3. Arbeite heraus, warum es in Szene 1 zu einem Konflikt kommt, nicht aber in Szene 2.
4. Erörtere, ob sich aus Szene 2 eine allgemein taugliche Strategie zur Vermeidung von Konflikten entnehmen lässt.

3

D DENKRAUM

Man kann grundsätzlich zwischen *interpersonellen Konflikten* zwischen mindestens zwei Personen und *intrapersonellen Konflikten*, die eine Person innerlich ausficht, unterscheiden.
Diskutiert mögliche Beispiele für interpersonelle und intrapersonelle Konflikte und prüft, ob sich die Unterscheidung überhaupt anwenden lässt.
Bezieht in eure Überlegung die beiden Szenen ein.

Hintergründe von Konflikten

Ein Blick unter die Oberfläche: Das Eisberg-Modell

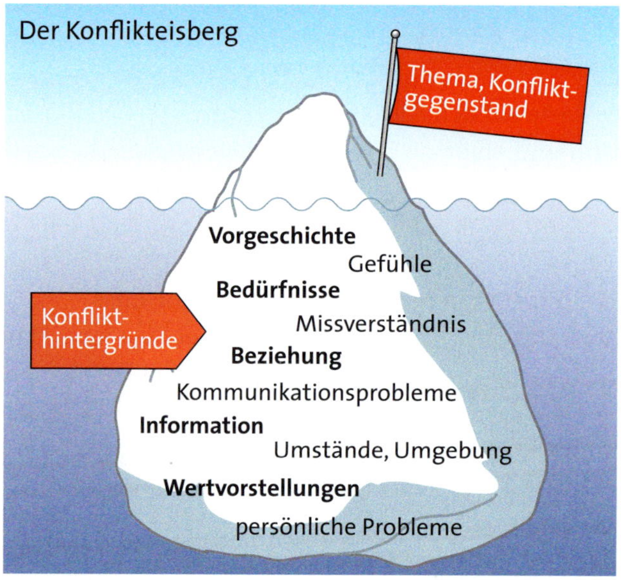

A AUFGABEN

1. Erläutere anhand der Abbildung, was der Eisberg in Bezug auf einen Konflikt veranschaulicht.
2. Entwickelt in Gruppen ein Konfliktbeispiel, bei dem
   a) unterschiedliche Wertvorstellungen,
   b) Informationen im Hintergrund des Konfliktes stehen.
3. a) Zeigt an diesen Beispielen Möglichkeiten auf, wie der untere Teil des „Eisbergs“ sichtbar gemacht werden kann.
   b) Diskutiert die verschiedenen Möglichkeiten.
4. Entwickelt in Form eines Plakats ein alternatives Modell zum „Eisberg“-Modell, das veranschaulicht, wie sich Hintergründe von Konflikten zu ihrer konkreten Erscheinung verhalten.

Lösungen von Konflikten

M METHODEN

DISKURS

Konflikte entstehen dann, wenn die Beteiligten eine Situation unterschiedlich wahrnehmen, unterschiedliche Interessen oder Wertvorstellungen haben und in der Bewertung von Normen unterschiedliche Standpunkte vertreten.
In einem Diskurs werden diese Unterschiede zur Sprache gebracht und gegeneinander abgewogen. Der Diskurs dient dazu, dass die Teilnehmer und Teilnehmerinnen sich über die Geltung von Standpunkten oder Normen verständigen, die sie alle anerkennen können.
Das Wort „Diskurs“ leitet sich vom lateinischen *discursus* (von *discurrere*) her, was „hin und her laufen“ bedeutet. Mit „Diskurs“ ist also ein Gespräch oder eine Erörterung gemeint, in der sich mehrere Personen über ein strittiges Thema oder einen Konflikt auseinandersetzen, Klarheit finden wollen und sich um Einigung bemühen.

Jürgen Habermas (geb. 1929) hat eine Ethik des Diskurses, die **Diskursethik**, entwickelt, deren Grundsatz lautet:
„Nur die Normen [dürfen] Geltung beanspruchen [...] , die die Zustimmung aller Betroffenen als Teilnehmer eines praktischen Diskurses finden [oder finden] könnten.“

Für den Diskurs selber gelten **Diskursregeln:**

1. Jede sprach- und handlungsfähige Person darf an Diskursen teilnehmen.
2. Jeder darf: a) jede Behauptung problematisieren, b) jede Behauptung in den Diskurs einführen, c) seine Einstellungen, Wünsche und Bedürfnisse äußern.
3. Es darf niemand unter Druck gesetzt werden. Im Diskurs herrscht „ausschließlich der eigentümlich zwanglose Zwang des besseren Arguments“.
4. Kein Sprecher darf sich widersprechen.
5. Jeder Sprecher darf nur das behaupten, wovon er selbst überzeugt ist.

Diskursschritte

1. **Problem** – Formuliert das Problem bzw. den Konflikt, indem ihr feststellt, welche unterschiedlichen Meinungen, Interessen und Hintergründe miteinander in Konflikt stehen.
2. **Argumentation** – Prüft und gewichtet Argumente, indem ihr den Diskursregeln folgt.
3. **Einverständnisbildung** – Formuliert ein Ergebnis des Diskurses: Welches Einverständnis konnte in Bezug auf den Konflikt hergestellt werden?
4. **Qualitätsprüfung** – Bewertet die Qualität des Diskurses: Wurden die Diskursregeln eingehalten?

AUFGABEN A

1. Gib den diskursethischen Grundsatz in eigenen Worten wieder.

2. Erläutere, wie die Formulierung „zwangloser Zwang des besseren Arguments“ verstanden werden kann.
3. Interpretiere folgende Äußerung:
   Nachdem wir A, B, C .... von der Diskussion ausgeschlossen (bzw. zum Schweigen gebracht, bzw. ihnen unsere Interpretation aufgedrängt) hatten, konnten wir uns endlich davon überzeugen, dass N [die Norm] zu Recht besteht.
4. Habermas behauptet, dass die Diskursregeln „ethischen Gehalt“ haben. Überprüfe diese Behauptung.
5. a) Beurteile, ob die Methode „Diskurs“ eine Methode sein könnte, Konflikthintergründe sichtbar zu machen und zur Sprache zu bringen.
   b) Erkläre, inwiefern die Diskursmethode zur Konfliktlösung beitragen könnte.

Konflikt-Eskalation

Eskalation (frz. escalier = Treppe): *Verschärfung und/oder Ausweitung eines Konflikts.*

Dynamik: *Eine auf Veränderung gerichtete Kraft.*

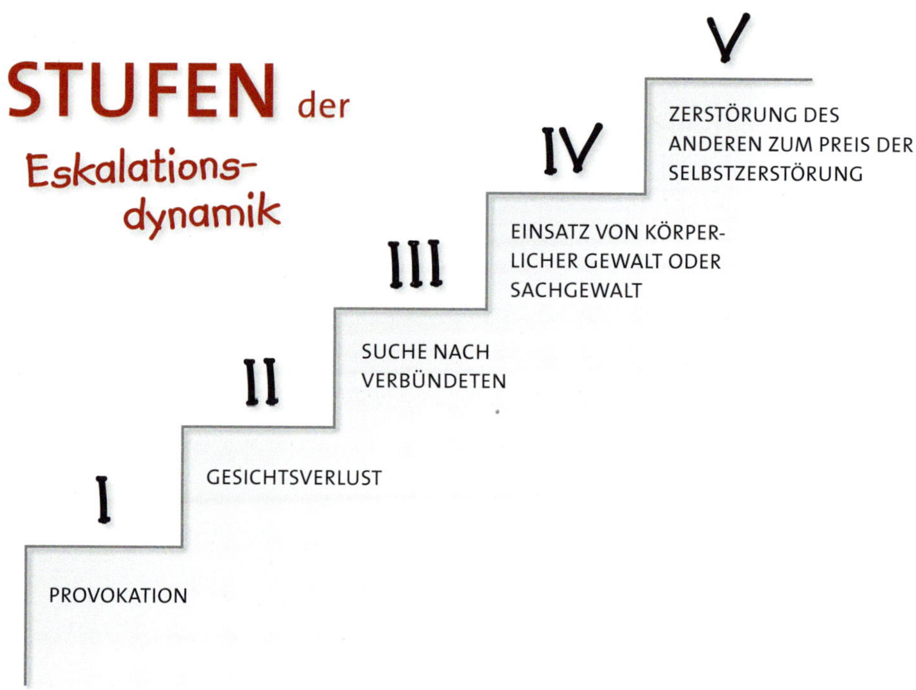

A AUFGABEN

1. Erkläre das Modell, indem du jede Stufe anhand von Beispielen konkreter Situationen erläuterst.

2. a) Tauscht euch über eure Ergebnisse aus und prüft dabei, welche Stufen der Eskalationsdynamik erreicht werden.
   b) Bringt Beispiele zur Sprache.
3. Prüft, ob die Methode „Diskurs“ auch angesichts einer weiteren Eskalation des Konflikts zu einer einvernehmlichen Lösung führt.

The Robber's Cave – Das Ferienlagerexperiment

Im Jahre 1954 brachte Sherif insgesamt 22 Jungen in einem Ferienlager zusammen, die sich vorher noch nicht kannten. Nach ersten Tagen des Kennenlernens teilte Sherif die Jugendlichen in zwei gleich große Gruppen, wobei er dafür sorgte, dass Freunde jeweils getrennt wurden. Nun unternahmen die Gruppen unabhängig voneinander Ausflüge, bis sich jeweils ein Gruppengefühl unter den Jugendlichen entwickelt hatte. In der folgenden Phase traten die beiden Gruppen bei insgesamt 15 Wettbewerben gegeneinander an. Die Folge: Der Zusammenhalt in der Gruppe wuchs, die jeweils andere Gruppe wurde herabgesetzt und zunehmend aggressiv bekämpft.
Mit diesen beiden rivalisierenden Gruppen begann nun das eigentliche Experiment: Sherif wollte versuchen, die Gruppen wieder friedlich aufeinander zugehen zu lassen. Gemeinsame Aktionen genügten dafür nicht aus; die Rivalitäten und Aggressionen blieben. Erst als Sherif beiden Gruppen Aufgaben stellte, die sie nur gemeinsam lösen konnten, wurden die Feindseligkeiten langsam abgebaut.
Sherifs Experiment belegt die friedensfördernde Wirkung gemeinsamer, übergeordneter Ziele. Es gehört zu den Klassikern der Psychologie.

4. Erläutere die vier Phasen, in denen Sherif sein Experiment mit den Jugendlichen im Ferienlager durchgeführt hat.
5. a) Sammle Beispiele für Aufgaben, die die Jungen nur alle gemeinsam lösen können.
   b) Begründe, warum gerade gemeinsame Herausforderungen zu einer Entschärfung und Wiederannäherung der Jungengruppen geführt haben.
6. Erörtere anhand von Beispielen, welche Konsequenzen sich aus diesen Erkenntnissen für eine Übertragung auf Gruppen in anderen Lebensbezügen ergeben.
7. Sherifs Experiment basiert auf einer künstlich aufgebauten Rivalität. Diskutiert darüber, ob und inwiefern Rivalität immer negativ gewertet werden muss.

3

Macht und Gewalt

Formen der Gewalt

B

Hamburger Morgenpost:
Im Schanzenviertel hatten Randalierer am Wochenende Polizisten mit Steinen, Flaschen und Feuerwerkskörpern beworfen. Daraufhin setzten die Beamten Wasserwerfer ein. Unter anderem wurde der Laden einer Drogeriekette geplündert. Bei mehreren Geschäften im Viertel gingen ebenfalls Fensterscheiben zu Bruch. Insgesamt 32 Polizisten wurden verletzt und 78 Randalierer festgenommen. „Es macht einfach Spaß, gegen die Bullen Randale zu machen. Auch wir haben Flaschen geworfen", sagten zwei 15 Jahre alte Randalierer.

A

Frankfurter Rundschau:
Digitales Mobbing – Immer mehr Schüler müssen im Internet lesen, was ihre Klassenkameraden über sie denken. Dabei ist in vielen Kommentaren die Grenze zur Beleidigung längst überschritten.

C

Freiburger Zeitung:
Wie die Polizei Emmendingen und die Staatsanwaltschaft Freiburg mitteilten, ist die Entführung eines knapp zweijährigen Kindes ohne Blutvergießen zu Ende gegangen. Drei Täter, die das Kind entführt und mehrere Millionen Lösegeld verlangt hatten, wurden von Spezialeinsatzkräften in der Nacht festgenommen, das Kind konnte wohlbehalten den Eltern zurückgebracht werden.

D

n-tv.de
Bei einem Blutbad in der syrischen Provinz Hama sind rund 100 Menschen getötet worden. Regierungskräfte sollen dafür verantwortlich sein, sagt die Opposition. Unter den Opfern sind etwa 20 Frauen und ebenso viele Kinder. Das syrische Staatsfernsehen hingegen hat „Verbrecher" für die Ermordung von Zivilisten in der Region Hama verantwortlich gemacht.

A AUFGABEN

1. Vergleiche diese Kurzmeldungen im Hinblick auf Formen von Gewalt. Nutze für die Unterscheidung folgende Fragen:
   - Wer übt gegen wen Gewalt aus?
   - Wie wird Gewalt ausgeübt?
   - Welche Ursachen, Ziele oder Motive hat der Gewalt Ausübende?

Geil auf Gewalt. Unter Hooligans

von Bill Buford

Schon während der ganzen letzten Phase des Spiels hatte ich immer wieder einen neuen Spruch gehört: „Gleich geht's los."

Gleich geht's los, sagte jemand, und seine Augen waren glasig, als hätte er eine Droge genommen.

Wenn das so weitergeht, hörte ich einen anderen sagen, dann geht's gleich los. Und der Satz kehrte immer wieder – gleich geht's los, gleich geht's los –, leise und ohne viel Nachdruck gesprochen, aber mit jeder Wiederholung gewann er an Gewicht. […]

Gleich geht's los.

Leute flüsterten.

Ich hörte: „Nimm dich vor den Messern in Acht! Mach deinen Mantel zu!"

Ich hörte: „Füll dir die Taschen!"

Ich hörte: „Gleich geht's los. Bleibt zusammen! Gleich geht's los." […]

Die Energie, sagte er (Sammy), während er immer noch rückwärtsrannte, ohne zu jemand Bestimmtem zu sprechen, die Energie ist sehr hoch. Er war hellwach, entschlossen, stets in Bewegung, blickte in alle Richtungen. Er hob die Hände mit gestreckten Fingern.

Spürt mal die Energie! sagte er. […]

Direkt vor mir – so nah, dass ich fast sein Gesicht hätte berühren können – war ein junger Italiener, fast noch ein halbes Kind, zu Boden geschlagen worden. Als er aufstehen wollte, stieß ein Engländer ihn wieder um, indem er ihm die flache Hand ins Gesicht rammte. Der Junge fiel rückwärts aufs Pflaster, und der Hinterkopf hüpfte ein wenig nach dem Aufprall.

Zwei weitere United-Fans kamen hinzu. Der eine trat dem Jungen in die Rippen. Es gab ein überraschend gedämpftes Geräusch. Man hörte, wie der Schuh auf dem Stoff des Jacketts auftraf, das der Junge trug. Er bekam noch einen Tritt ab – diesmal mit voller Wucht –, und das Geräusch war immer noch leise und gedämpft. Der Junge nahm die Arme herunter, um die Rippen zu schützen, und dann trat ihm der andere Engländer ins Gesicht. Auch das gab ein gedämpftes Geräusch, aber es klang anders: man konnte hören, dass das Gesicht getroffen war und nicht der Rumpf oder ein Teil des Körpers, der durch Kleidung geschützt war. Es knirschte. Der Junge versuchte hochzukommen und wurde wieder zu Boden gestoßen – lässig, ohne viel Kraftaufwand. Noch ein Manchester-United-Fan kam hinzu, und noch einer, und noch ein dritter. Sie waren nun zu sechst, und alle begannen auf den Jungen, der am Boden lag, einzutreten. Der Junge bedeckte sein Gesicht mit den Händen. Zu meiner Überraschung konnte ich am Klang erkennen, ob ein Schuh sein Ziel verfehlt hatte oder die Finger traf und nicht Stirn oder Nase.

Ich war wie gelähmt. Wenn ich den Vorfall jetzt überdenke, bilde ich mir ein, ich sei nah genug gewesen, um dem Ganzen ein Ende zu machen. Kei-

3

ner stand ganz sicher auf seinen Füßen – weil sie mit dem einen Bein immer wieder ausholten –, und es wäre nicht viel dabei gewesen, den Jungen zu retten. Aber ich tat es nicht. Ich glaube, ich kam gar nicht auf den Gedanken. [...]

An der Spitze der Fahrzeugschlange stand ein Bus. Einer der Fans trat von vorn heran und schmiss aus etwa zwei Metern Abstand mit großer Wucht einen Gegenstand – es war kein Stein, sondern etwas Großes, metallenes, vielleicht der Verteiler von einem Automotor – in die Windschutzscheibe vor dem Fahrer. [...] Er war aus der dahineilenden Gruppe ausgetreten, und in den Sekunden nach dem Wurf, bis er sich wieder unter seine Kameraden eingereiht hatte, zeigte sein Gesicht einen eigentümlichen Ausdruck. Er wusste, dass er etwas getan hatte, was bisher noch keiner getan hatte, dass dadurch die Gewalt eskaliert war und dass eine weitere Grenze des Erlaubten überschritten worden war. Er hatte einen Gegenstand geworfen, der mit Sicherheit schwere Verletzungen bewirken musste. Er hatte etwas Schlimmes getan – etwas sehr Schlimmes –, und seine Miene verriet zwar, dass er sich dessen bewusst war, drückte aber eigentlich etwas Komplizierteres aus. Sie besagte, so schlimm sei es nun auch wieder nicht gewesen; in Anbetracht dessen, was sich den ganzen Tag über abgespielt hatte, war es doch nichts so Extremes, oder? Was sein Gesicht ausdrückte, so wurde mir klar – er schien dabei zu zwinkern –, war einfach nur: Ich bin eben mal unartig gewesen.

Unartig war er also gewesen, und das wusste er und war mit sich zufrieden. Er war glücklich – noch einer, der glücklich war. Er ist ein Wicht, dachte ich. Er ist ein kleines Stück Scheiße, dachte ich. Ich hätte ihn schlagen mögen.

Tipp
Verwende dabei treffende Adjektive und Verben.

2. Beschreibe die Stimmung, die durch den wiederkehrenden Satz „Gleich geht's los“ zum Ausdruck kommt.
3. Bufords Schilderung enthält ungewöhnlich viele Hinweise auf Geräusche im Zusammenhang mit Körperverletzungen.
   a) Beschreibe, welche Wirkung dieses literarische Mittel auf dich als Leser bzw. Leserin hat.
   b) Überlege, welche Wirkung der Autor damit erzielen will.
4. Stelle eigene Überlegungen dazu an, warum der Autor nicht in das Geschehen eingegriffen hat.
5. Beurteile, ob Rittbergers These, Konflikte seien ein „Lebenselixier“, mit Bufords Schilderungen verträglich ist.

Da Konflikte zum Definitionsmerkmal von Gesellschaft gehören, kann Frieden nicht die Abwesenheit von Konflikten bedeuten. Das Auftreten von Konflikten in und zwischen Staaten und Gesellschaften ist damit gewissermaßen deren Lebenselixier und steht mit [...] Frieden nicht in Widerspruch. Nur der gewaltsame Austrag dieser Konflikte kennzeichnet die Abwesenheit von Frieden.

Volker Rittberger, Vorsitzender der Deutschen Stiftung Friedensforschung

I INFOBOX

Gewalt und Macht

Der Begriff Gewalt betrifft in erster Linie Beziehungen und Verhaltensweisen zwischen Menschen. Durch die Medien ist Gewalt auch in sehr drastischen Formen in unserem Alltag präsent. Dabei unterscheidet man zwischen körperlicher und verbaler Gewalt bzw. zwischen direkter (personaler) und indirekter (struktureller) Gewalt, die aufgrund von gesellschaftlichen Strukturen oder Lebensbedingungen entsteht, ohne dass dafür Gewalt ausübende Personen direkt verantwortlich gemacht werden können. Bei der direkten Form sind konkrete Personen Gewalt ausübend. Indirekte Gewalt kann z.B. durch staatliche oder religiöse Instanzen ausgeübt werden, indem etwa das Rechtssystem eines Staates Homosexuellen das Zusammenleben verbietet.

Wo Gewalt auftritt, spielt oft auch Macht eine Rolle. Macht beschreibt Abhängigkeits- oder Überlegenheitsverhältnisse, bei denen wiederum Personen, Gruppen oder Organisationen, Staaten betroffen sein können. Wissenschaftlich lassen sich beide Phänomene aus der Sicht unterschiedlicher Disziplinen beleuchten, z.B. aus dem Blickwinkel der Psychologie, der Soziologie und der Philosophie. Daher sind die Begriffe nicht eindeutig bestimmbar.

Beispiele für Definitionen von Macht und Gewalt:

Macht

Eine klassische Definition hat 1922 der Soziologe Max Weber gegeben:
Macht bedeutet jede Chance, innerhalb einer sozialen Beziehung den eigenen Willen auch gegen Widerstreben durchzusetzen, gleichviel worauf diese Chance beruht.

Eine andere stammt von der Philosophin und Politikwissenschaftlerin Hannah Arendt (1970):
Macht entspricht der menschlichen Fähigkeit, nicht nur zu handeln oder etwas zu tun, sondern sich mit anderen zusammenzuschließen und im Einvernehmen mit ihnen zu handeln. Über Macht verfügt niemals ein Einzelner; sie ist im Besitz einer Gruppe und bleibt nur so lange existent, als die Gruppe zusammenhält. Wenn wir von jemandem sagen, er „habe die Macht", heißt das in Wirklichkeit, dass er von einer bestimmten Anzahl von Menschen ermächtigt ist, in ihrem Namen zu handeln.

Gewalt

Eine soziologische Definition der Gewalt stammt von Heinrich Popitz (1986):
Der Mensch muß nie, kann aber immer gewaltsam handeln, er muß nie, kann aber immer töten [...] – jedermann. Gewalt überhaupt und Gewalt des Tötens im besonderen ist [...] kein bloßer Betriebsunfall sozialer Beziehungen, keine Randerscheinung sozialer Ordnungen und nicht lediglich ein Extremfall oder eine ultima ratio [letztes Mittel]. Gewalt ist in der Tat [...] eine Option menschlichen Handelns, die ständig präsent ist.

Gewalt ist nach Hannah Arendt ein Werkzeug, um (politische) Ziele zu erreichen. Macht ist ihr zufolge sozial und politisch legitimiert (gerechtfertigt), Gewalt kann nie legitim sein.
Gewalt kann Macht vernichten; [aber] sie ist gänzlich außerstande, Macht zu erzeugen. Was niemals aus den Gewehrläufen kommt, ist Macht.

Janusgesicht: Der römische Gott Janus versinnbildlicht Anfang und Ende. Mit seinen zwei Gesichtern kann er zugleich nach hinten und nach vorne blicken.

6. Vergleiche Max Webers und Hannah Arendts Verständnis von Macht.
7. Bewerte die beiden Definitionen. Beziehe dabei eigene Erfahrungen mit ein.
8. Erläutere den Satz „Gewalt kann Macht vernichten; [aber] sie ist gänzlich außerstande, Macht zu erzeugen".
9. In den Filmen der Serie „Star Wars" ist von der „dunklen Seite der Macht" die Rede. Demnach müsste es auch eine „helle Seite der Macht" geben.
   a) Diskutiert, ob Macht ein Janusgesicht (Doppelgesicht) hat.
   b) Prüft, inwiefern sich das Janusgesicht der Macht in den Definitionen wiederfindet.
10. Setze die Definitionen von Gewalt in Beziehung zu dem Textausschnitt „Geil auf Gewalt".

D DENKRAUM

Ulrike Myrzik und Manfred Jarisch: Architektur der Obdachlosigkeit, Bangkok (2002)

Ulrike Myrzik und Manfred Jarisch haben Obdachlose und ihre Schlaf- und Wohnplätze in Städten fotografiert. Ihre zwölfteilige Fotoreihe dokumentiert Schlafplätze von Wohnungslosen in Japan, Hongkong und Thailand und zeigt dabei, wie sich die Obdachlosen einen Wohnraum erschaffen und in die bestehende Architektur der Großstädte einpassen. Wasserabweisende blaue Mülltüten und brauner Karton dienen dabei als elementare Baumaterialien; Materialien, wie sie Obdachlose auch in Europa und in den USA für ihre Unterkünfte heranziehen.

Tipp
Berücksichtige den Begriff „strukturelle Gewalt".

Führt ein Schreibgespräch oder eine Diskussion, inwiefern man obdachlose Menschen als Opfer von Macht und Gewalt ansehen kann.

Friedens- und Konfliktforschung

Gerechter Krieg oder gerechtfertigter Krieg?

Nach Reinold Schmücker, Philosoph in Münster, müssen zur Rechtfertigung eines Krieges sieben Kriterien erfüllt sein:

***Kriterien:** Bedingungen*

Krieg

1 beruht auf der Entscheidung legitimer Autorität (z.B. des Parlaments)
2 ist an einen berechtigten Grund gebunden
3 geschieht um des moralisch Guten willen
4 setzt eine moralisch legitime Kriegsführung voraus, d.h. die Einhaltung von Standards des Kriegsrechts
5 wird als taugliches Mittel angesehen, um den erwarteten Erfolg zu erreichen
6 ist die „ultima ratio", d.h. Krieg ist das letzte Mittel; es ist keine Alternative vorhanden
7 vollzieht sich unter dem Prinzip der Verhältnismäßigkeit, d.h. die Übel des Krieges müssen zum beabsichtigten Guten in einem vernünftigen Verhältnis stehen

AUFGABEN A

1. Informiert euch über internationale Konflikte oder Bürgerkriege, zu deren Lösung ein Krieg von außen (Interventionskrieg) in Erwägung gezogen wurde bzw. wird. (z.B. Libyen 2011, Iran 2012, Syrien 2012, Afghanistan 2001).
2. Nehmt Stellung zu Schmückers sieben Kriterien.
3. Beurteilt die Frage, die die Überschrift aufwirft: „Gerechter Krieg oder gerechtfertigter Krieg?" – macht das einen Unterschied?

Friedensforschung

Johan Galtung, 1930 in Oslo geboren, Mathematiker, Politologe und Soziologe, bezeichnet sich selbst gerne scherzhaft als „Gründungsurvater" der Friedens- und Konfliktforschung. Wenn er heute auf sein bewegtes Leben zurückblickt, dann kann er sagen, dass darin eines immer eine Rolle gespielt hat: die Beschäftigung mit der Frage, welche Bedingungen notwendig sind, um einen friedlichen Umgang mit Konflikten zu realisieren. Und sich für den Frieden einzusetzen, das war und ist für Galtung nicht nur ein theoretisches Anliegen. Nach der Verweigerung des Kriegsdienstes in Norwegen, leistete er den stattdessen dafür vorgesehenen Zivildienst. Neben seiner aktiven Tätigkeit als Konfliktberater, z.B. während des Kalten Krieges oder im Zusammenhang mit dem Nahost-Konflikt, hat er 1959 das erste in einer Universität beheimatete

3

Johan Galtung

Friedensforschungsinstitut in Europa gegründet, das „Peace Research Institute Oslo". Hier werden – ebenso wie in anderen Friedens- und Konfliktforschungsinstituten – Konflikte analysiert. Ziel der Forschung ist es, die Ursachen von Konflikten frühzeitig erkennbar zu machen, so der Anwendung von Gewalt vorzubeugen und Lösungsvorschläge zu entwickeln. Dabei geht es darum, nicht nur das Offensichtliche zu beleuchten, wie den aktuellen Gegenstand der Auseinandersetzung und die konkret zu beobachtenden Handlungen der Konfliktparteien, z.B. den Kampf zweier Staaten um Land. Die Forscher suchen darüber hinaus nach tiefer liegenden und weniger offensichtlichen Faktoren, die mit dem Konflikt in Zusammenhang stehen: Warum beanspruchen beide das Land, geht es nur um die Vergrößerung des Staatsgebiets, oder spielen andere Interessen eine Rolle? Welche gemeinsame Geschichte haben die Konfliktbeteiligten? Wie ist die Vorgeschichte des konkreten Konfliktes verlaufen?

Was ein Konflikt überhaupt ist, darüber hat Galtung eine genaue Vorstellung. Er definiert Konflikt als eine „Eigenschaft eines Systems, in dem es miteinander unvereinbare Zielvorstellungen gibt, sodass das Erreichen des einen Zieles das Erreichen des anderen ausschließen würde". Und nicht selten war er selbst als Vermittler an der Bearbeitung von Konflikten beteiligt. So auch bei dem folgenden Fall: Über fünfzig Jahre stritten Ecuador und Peru um ein 500 km^2 großes Stück Land in 5000 m Höhe. Sowohl Peru als auch Ecuador erhoben Besitzansprüche und waren nicht bereit, von diesen zum Vorteil des Gegners zurückzutreten. Galtung schlug deshalb vor, das Gebiet zu einem Naturschutzgebiet zu erklären und unter gemeinsame Verwaltung zu stellen. Da keiner der beiden Staaten darin eine Bevorteilung des jeweils anderen sah, schloss man 1998 Frieden und setzte die Idee Galtungs um. Galtung betont, dass man aber noch heute „wie in einer Ehe an der Erhaltung des Friedenszustandes arbeiten muss".

Auch wenn nicht alle Konflikte, bei denen Galtung als Berater hinzugerufen wurde, konstruktiv bearbeitet, d.h. gewaltfrei ausgetragen, beendet oder gelöst wurden, so hat seine Arbeit dennoch weltweit Gehör gefunden. 1987 erhielt Johan Galtung für sein Engagement in der Friedens- und Konfliktforschung den alternativen Nobelpreis.

4. Erläutere Galtungs Arbeit als Konfliktberater und Konfliktforscher.
5. Prüfe, ob Galtungs Definition eines Konfliktes mit den Konfliktbeispielen aus diesem Kapitel übereinstimmt.

Rückblick und Weiterdenken

Gewaltlosigkeit bedeutet keineswegs Ablehnung jeglicher Konfrontation mit dem Bösen. Sie ist meiner Auffassung nach im Gegenteil eine Form eines sehr aktiven Kampfes – echter als der gewalttätige Gegenschlag, dessen Wesen im Grunde die Vermehrung der Boshaftigkeit ist.

Mahatma Gandhi

Mahatma Gandhi (1869–1948)

Waffen kann man nicht mit Küssen und Kugeln nicht mit Blumen besiegen.

Isabel Allende

Isabel Allende (geb. 1942), chilenisch-amerikanische Schriftstellerin und Journalistin

Ihr habt gehört, dass gesagt ist: „Auge um Auge und Zahn um Zahn." Ich aber sage euch, dass ihr dem Bösen nicht widerstehen sollt; sondern wer dich auf den rechten Backen schlägt, dem biete auch den anderen dar, und dem, der gegen dich den Richter anruft und dir den Rock nehmen will, dem lass auch den Mantel, und wer dich nötigt, eine Meile weit zu gehen, mit dem gehe zwei! Gib dem, der dich bittet, und wende dich nicht von dem ab, der von dir borgen will!
Ihr habt gehört, dass gesagt ist: „Du sollst deinen Nächsten lieben" und deinen Feind hassen. Ich aber sage euch: Liebet eure Feinde und bittet für die, welche euch verfolgen, damit ihr Söhne eures Vaters in den Himmeln seid! Denn er lässt seine Sonne aufgehen über Böse und Gute und lässt regnen über Gerechte und Ungerechte. Denn wenn ihr (nur) die liebt, die euch lieben, was habt ihr für einen Lohn?

Jesus in der Bergpredigt nach Matthäus 5, 38-46

AUFGABEN A

1. Erkläre, welche Formen des gewaltlosen Kampfes für Humanität nach Gandhi, Allende und Jesus denkbar sind.
2. Ordne einen Konflikt dieses Kapitels einem der drei Zitate zu.
3. Führt ein sokratisches Gespräch darüber, wo für euch die Grenze zwischen Kampf, Engagement und Auseinandersetzung einerseits und Gewalt andererseits verläuft.

3

2 Recht und Gerechtigkeit

A AUFGABEN

1. Notiere, was du mit den Begriffen „Recht", „Gerechtigkeit" und „Freiheit"verbindest.

Übrigens
Alle Textausschnitte auf dieser Seite stammen aus Beiträgen, die im Rahmen des Schülerwettbewerbs 2009 des Philosophieforums Kelkheim e.V. entstanden sind.

Zweifellos, der Begriff „Gerechtigkeit" strahlt etwas Warmes, Tröstendes aus. Die Frage allerdings, was Gerechtigkeit konkret sei, werden die meisten Menschen aus dem Stegreif wohl nicht beantworten können.
Kein Wunder: Eine umfassende Definition des Begriffes „Gerechtigkeit" aufzustellen, bedeutet nicht weniger, als das Fundament der idealen menschlichen Gesellschaft definieren zu müssen.

Christian Kipp, 19 Jahre

Recht und Gerechtigkeit sind nicht dasselbe, aber sie gehören zusammen. Das Recht sollte bei allen Menschen, ob schwarz, weiß oder gelb, gleich sein. [...] Damit komme ich zur Gerechtigkeit. Es ist gerecht, wenn jeder und jede das gleiche Recht hat.

Kim Salmon, 10 Jahre

Wenn ich mich mit der Frage auseinandersetze, „Was ist Recht?", führt mich diese Überlegung zu dem Wort „Freiheit". Freiheit ist: alles tun zu können, was man will, Recht grenzt die Freiheit in das ein, was man darf.

Can Canatti, 16 Jahre

2. Erläutere, inwiefern die drei Textausschnitte Gemeinsamkeiten zu deinen Gedanken aus der ersten Aufgabe aufweisen. Setze dich kritisch mit einem der drei Textausschnitte auseinander.
3. a) Schreibe zu den drei Begriffen „Recht", „Gerechtigkeit" und „Freiheit" eine Definition für ein Lexikon.
   a) Entscheidet anschließend, welche Vorschläge die besten sind, und begründet eure Wahl.
4. Veranschauliche mithilfe einer Mindmap, in welcher Beziehung die Begriffe Recht, Gerechtigkeit und Freiheit deiner Meinung nach zueinander stehen.

➲ *Mindmap S. 236*

In diesem Kapitel geht es darum zu klären, was es eigentlich mit dem Recht auf sich hat – wozu es den Menschen dient, warum es besondere Rechte wie die Menschenrechte gibt und was Recht mit Gerechtigkeit und Freiheit zu tun hat.

Als Methode steht das ***Gedankenexperiment*** *im Zentrum des Kapitels.*

3

Funktionen und Formen des Rechts

Das Recht als Kunst des Guten und Gerechten

von Ulpian

Wer sich um das Recht bemühen wird, muss zuvor wissen, woher der Begriff „Recht" abstammt. Es wird nach der Gerechtigkeit benannt: Denn [...] das Recht ist die Kunst des Guten und Gerechten.

Man könnte uns zu Recht als deren Priester bezeichnen: Denn wir pflegen die Gerechtigkeit und wir lehren die Erkenntnis des Guten und des Gerechten, indem wir das Gerechte vom Ungerechten trennen, das Erlaubte vom nicht Erlaubten unterscheiden, Menschen nicht nur durch die Angst vor Strafen, sondern auch durch Ermunterung zu Belohnungen gut zu machen wünschen, die wahre – wenn ich mich nicht täusche – Philosophie erstreben, nicht eine scheinbare.

In dieser Aufgabe gibt es zwei Bereiche, das Öffentliche und das Private. Das öffentliche Recht ist, was den Zustand des [...] Staates betrifft, das Private, was dem Nutzen der Einzelnen dient: denn manches ist öffentlich nützlich, manches privat. Das öffentliche Recht besteht aus Heiligtümern, den Priestern, den Beamten. Das private Recht ist in drei Teile geteilt: es ist nämlich aus den natürlichen Verordnungen oder denen der Völker oder im bürgerlichen Recht gesammelt. [...]

Die Grundsätze des Rechts sind diese: Ehrlich leben, niemanden schädigen und jedem das Seine zukommen lassen.

Der römische Jurist Ulpian (ca. 170–223 n. Chr.) wird oft als „Vater des abendländischen Rechts" bezeichnet.

AUFGABEN A

1. Erläutere, wie Ulpian das Verhältnis zwischen Recht und Gerechtigkeit ansieht.
2. a) Gib den Unterschied zwischen öffentlichem und privatem Recht in eigenen Worten wieder.
   b) Informiere deinen Kurs darüber, inwiefern die Trennung zwischen öffentlichem und privatem Recht auch hier und heute noch eine große Rolle spielt.
3. Interpretiere den Rechtsgrundsatz „jedem das Seine zukommen lassen" (vgl. Z. 19).
4. Erörtere, ob die drei Rechtsgrundsätze Ulpians hinreichen, damit eine Rechtsgemeinschaft (ein Staat z. B.) funktionieren kann.
5. Recherchiere, welche Rolle dem Bundesverfassungsgericht mit Blick auf das Thema des Kapitels zukommt.

➲ *Internetrecherche S. 234*

Erster Senat des Bundesverfassungsgerichts in Karlsruhe (2012)

3

I INFOBOX

Recht, staatliches Gewaltmonopol und Gewaltenteilung

Formal versteht man unter **Recht** alle Ordnungssysteme, deren Ziel es ist, das Zusammenleben in einer Gesellschaft verbindlich und auf Dauer zu regeln, ein friedliches Miteinander zu gewährleisten und die Freiheit des Einzelnen zu schützen. Das von Menschen „gemachte" und in Gesetzen niedergeschriebene Recht, nennt man positives Recht. Für die Einhaltung des Rechtes, das u.a. in Gesetzen seinen Ausdruck findet, sorgt in Deutschland der Staat. Er allein besitzt das sogenannte **Gewaltmonopol**, das heißt, er darf bei der Verletzung von Recht (notfalls) Zwang in Form von Strafe ausüben, um die Einhaltung des Rechtes „zu erzwingen".

In modernen Demokratien hat sich bei der Ausübung staatlicher Gewalt grundsätzlich das Prinzip der **Gewaltenteilung** bewährt. Für Deutschland ist diesbezüglich Artikel 20 des Grundgesetzes maßgebend. Dort heißt es u.a.:
„Alle Staatsgewalt geht vom Volke aus. Sie wird vom Volke in Wahlen und Abstimmungen und durch besondere Organe der Gesetzgebung, der vollziehenden Gewalt und der Rechtsprechung ausgeübt."
Die gesetzgebende Gewalt wird **Legislative**, die vollziehende Gewalt **Exekutive** und die Recht sprechende Gewalt **Judikative** genannt.

In der politischen Realität gibt es die beschriebene strikte Gewaltenteilung allerdings nicht. Um politisch handlungsfähig zu sein, sind die organisatorisch und personell voneinander getrennten Staatsorgane, die für die Ausübung der drei Gewalten zuständig sind, miteinander verschränkt. Zum Teil sind Abweichungen vom Prinzip der Gewaltenteilung sogar gesetzlich vorgesehen. So benötigt beispielsweise die Exekutive eine von der Legislative geschaffene gesetzliche Grundlage, um dem Recht entsprechend handeln zu können. Und in der BRD besitzt z.B. die Bundesregierung, die eigentlich Teil der Exekutive ist, das sogenannte Gesetzesinitiativrecht, das zur legislativen Gewalt gehört. Obwohl man also in der politischen Realität in der Regel eine **Gewaltenverschränkung** und keine strikte Gewaltenteilung vorfindet, wird dem Prinzip grundsätzlich Rechnung getragen. Denn die Staatsorgane „kontrollieren und hemmen" sich im Rahmen der Gewaltenverschränkung und wahren gleichzeitig ihre prinzipielle organisatorische und personelle Trennung voneinander.

6. Vergleiche die Definition des Begriffes „Recht", wie sie im ersten Satz der Infobox notiert ist, mit deiner eigenen und verdeutliche Gemeinsamkeiten und Unterschiede.
7. Nimm Stellung zu der Frage, welche Vorteile es hat, wenn
   a) das Gewaltmonopol ausschließlich dem Staat zugestanden wird.
   b) die staatliche Gewalt geteilt wird.
8. Erkläre, inwiefern das Recht nur wirksam werden kann, wenn die Mitglieder der jeweiligen Rechtsgemeinschaft es akzeptieren.

Tipp
Beziehe dich auf die Ergebnisse der Aufgaben 5–7.

Recht im Internet

Mordfall Lena: Zwei Wochen Arrest wegen Lynchaufrufs

Der mehrfach preisgekrönte Spielfilm „Homevideo“ aus dem Jahre 2011 schildert das Schicksal eines Hamburger Schülers, von dem ein intimes Video ins Internet gerät.

Emden (dpa) – Für seinen Internet-Aufruf zur Lynchjustiz muss ein 18-Jähriger aus dem ostfriesischen Emden zwei Wochen in den Jugendarrest. Nach dem Mord an der elfjährigen Lena hatte der Auszubildende im sozialen Netzwerk Facebook dazu aufgerufen, die Polizeiwache zu stürmen. Dort wurde gerade ein Tatverdächtiger verhört. Später stellte sich heraus, dass dieser nichts mit dem Mord zu tun hatte.

Der 18-Jährige hatte nach dem Mord an der Schülerin auf seiner Pinnwand im sozialen Netzwerk Facebook gepostet: „Aufstand! Alle zu den Bullen. Da stürmen wir. Lass uns das Schwein tothauen.“ Danach versammelten sich Dutzende Menschen vor der Emder Polizeiwache und forderten die Herausgabe des 17-Jährigen, der gerade verhört wurde. Kurz darauf stellte sich jedoch dessen Unschuld heraus. Ein anderer 18-Jähriger gestand später den Mord. […]

Nach dem Aufruf bei Facebook hatte die Polizei schnell den heute 18-Jährigen als Täter ermittelt. 33 von 923 Nutzern seiner Facebook-Seite hatten seinen Aufruf zur Lynchjustiz mit dem Kommentar „Gefällt mir“ versehen, sagte Oberstaatsanwalt Klaus Visser. Der Angeklagte habe sich mit dem Aufruf wichtig machen wollen. Niemand dürfe aber das Recht in die eigene Hand nehmen oder das staatliche Gewaltmonopol und die Unschuldsvermutung in Frage stellen, sagte Visser.

AUFGABEN A

1. Erkläre, inwiefern der Verurteilte gegen das Gewaltmonopol des Staates verstoßen hat.
2. Nimm Stellung zu der Frage, ob dir das Urteil angemessen erscheint.
3. Begründe, ob deine Stellungnahme anders ausfiele, wenn die irrtümlich inhaftierte Person tatsächlich der Täter gewesen wäre?

3 Recht und Internet-Zensur

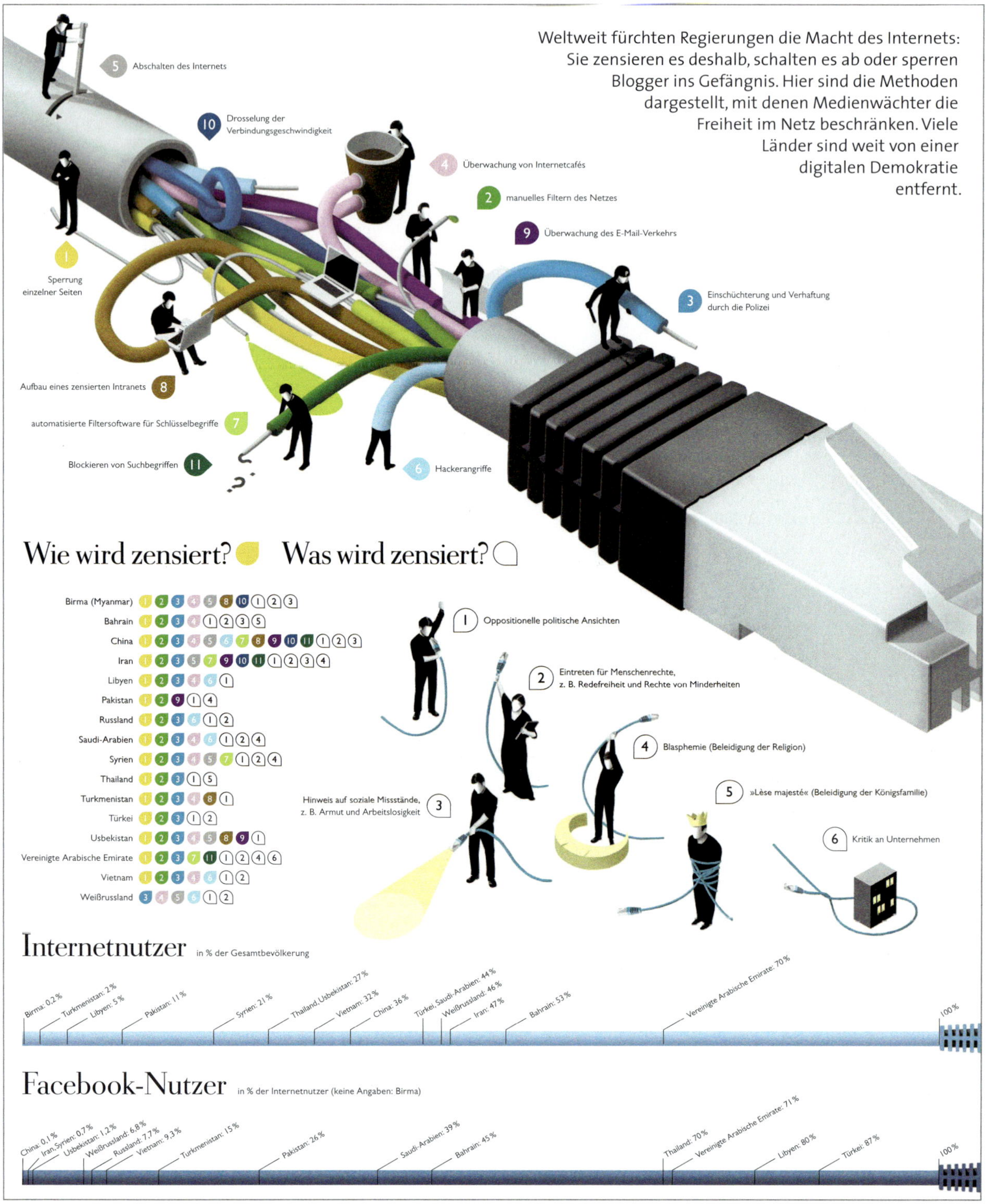

4. Erläutere, aus welchen Gründen manche Regierungen die Macht des Internets fürchten könnten.
5. Beurteile, welche Art der Zensur du aus welchen Gründen besonders schlimm findest.

6. a) Führe ein Gedankenexperiment zu folgendem Thema durch:
Eine Gruppe Informatiker und Informatikerinnen hat das Internet erfunden. Die Gruppe ist sich einig: Nur wenn ihre Erfindung größtmögliche Freiheit und größtmögliche Gerechtigkeit sicherstellt, kann sie veröffentlicht werden. Welche Regeln des Gebrauchs könnten sie in ihre Erfindung einbauen? Stelle Regeln zu **Inhalten** und **Nutzungsbedingungen** des Internets auf.
b) Vergleicht die Ergebnisse eurer Gedankenexperimente und benennt Gemeinsamkeiten und Unterschiede.
c) Diskutiert, wo die Regeln zur Einschränkung von Freiheit führen und welchen Nutzen sie haben.

M METHODEN

Gedankenexperiment

Das Gedankenexperiment als Methode kennen sowohl die Naturwissenschaften als auch die Geisteswissenschaften. Grundlegend ist der Experiment-Charakter, der auf einer Versuchsanordnung basiert. Im Gegensatz zu einem real durchgeführten Experiment besteht diese Versuchsanordnung beim Gedankenexperiment aus Vorstellungen, genauer: aus Annahmen. Diese können nicht nur fiktiv (fingiert, erfunden, prinzipiell aber realistisch), sondern auch kontrafaktisch (erfunden und zugleich irreal/unrealistisch) sein.
Gedankenexperimente bilden im Bereich der Ethik oft die Grundlage für den Entwurf von gesellschaftlichen Utopien (gr. *ou'* = nicht- und *tópos* = Ort, also „Nichtort"). Utopien sind vorgestellte Szenarien, die meist als wünschenswert betrachtet werden und mit deren Hilfe der reale Ist-Zustand beleuchtet und nach Möglichkeit verbessert werden soll.

Die Durchführung eines Gedankenexperiments verfolgt ein bestimmtes Erkenntnisinteresse: Mit seiner Hilfe kann man eine übergeordnete ethische Problemstellung auf konkret-anschauliche Weise zu lösen versuchen. Dazu sind folgende Schritte zu berücksichtigen:

1 **Ausgangspunkt ist eine übergeordnete Frage oder Problemstellung**
Beispiel: Ist Gerechtigkeit in einer Gesellschaft wünschenswert?

2 **Formulierung einer Annahme (Prämisse)**
Beispiel: Stelle dir vor, du könntest dich als Einzige(r) nach Belieben unsichtbar machen. (kontrafaktische Annahme)

3 **Formulierung der Leitfrage, auf die das Gedankenexperiment antworten soll**
Beispiel: Würdest du dich in bestimmten Situationen anders verhalten? Wie würdest du handeln und warum so? oder: Würdest du diese Fähigkeit einsetzen oder grundsätzlich darauf verzichten? Warum?

4 **Durchführung des eigentlichen Gedankenexperiments**
Ausformulierung von Überlegungen, die die Leitfrage beantworten. Diese sollten möglichst präzise und argumentativ entwickelt werden.

5 **Einschätzung und Beurteilung der Antwort auf die Leitfrage**
mit Blick auf den Ausgangspunkt, die übergeordnete Problemstellung.

Funktionen des Rechts

Aufgaben des Rechts

von Uwe Wesel

Nimmt man das Recht von heute, so kann man sagen, es habe im Wesentlichen vier Funktionen. Eine Definition wird hier bewusst vermieden. Sie wäre genauso fruchtlos, wie wenn man Wahrheit oder Kunst, Wissenschaft oder Religion definieren wollte. Die vier sind:

Ordnungsfunktion – Gerechtigkeitsfunktion – Herrschaftsfunktion – Herrschaftskontrollfunktion

A AUFGABEN

1. Erläutere die vier Funktionen des Rechts, indem du
   a) die Bilder jeweils einer der vier Funktionen zuordnest,
   b) erläuterst, ob und inwiefern es bei den Zuordnungen Probleme gibt,
   c) weitere Bildbeispiele für die vier Funktionen findest und sie in Form einer Collage zusammenstellst.
2. Nimm Stellung zu der Frage, ob eine Definition des Begriffs Recht „fruchtlos“ (vgl. Z. 3) ist.

Die Pflicht des Richters

von Gustav Radbruch (1932)

Gustav Radbruch (1878–1949), deutscher Jurist und Rechtsphilosoph

Für den Richter ist es Berufspflicht, den Geltungswillen des Gesetzes zur Geltung zu bringen, das eigene Rechtsgefühl dem [...] Gesetzesbefehl zu opfern und nur zu fragen, was rechtens ist, und niemals, ob es auch gerecht sei. [...] Wie ungerecht immer das Recht seinem Inhalt nach sich gestalten möge – es hat sich gezeigt, dass es einen Zweck stets, schon durch sein Dasein, erfüllt, den der Rechtssicherheit. Der Richter, indem er sich dem Gesetze ohne Rücksicht auf seine Gerechtigkeit dienstbar macht, wird also trotzdem nicht bloß zufälligen Zwecken der Willkür dienstbar.
Auch wenn er, weil das Gesetz es so will, aufhört, Diener der Gerechtigkeit zu sein, bleibt er noch immer Diener der Rechtssicherheit. Wir verachten den Pfarrer, der gegen seine Überzeugung predigt, aber wir verehren den Richter, der sich durch sein widerstrebendes Rechtsgefühl in seiner Gesetzestreue nicht beirren lässt.

3. Erkläre, in welchem Verhältnis Recht und Gerechtigkeit für Radbruch stehen.
4. Erläutere, welche Konsequenzen es haben könnte, wenn ein Richter oder eine Richterin ihrem „eigenen Rechtsgefühl“ nach urteilen würde.
5. Beschreibe, welchen Unterschied Radbruch zwischen dem Beruf eines Pfarrers und dem Beruf eines Richters zieht.
6. Nimm kritisch Stellung zu Radbruchs Position.

Felder und Formen von Gerechtigkeit

AUFGABEN A

1. Rufe dir in Erinnerung, aus welchen Gründen die altrömische Gerechtigkeitsgöttin Justitia mit den Kennzeichen Schwert, Waage und Augenbinde versehen ist (vgl. die Skulptur rechts).
2. Beurteile, ob die Darstellung der Justitia utopisch ist.
3. Die klassische Darstellung der Justitia hat Zeichnerinnen und Zeichner seit jeher zu Persiflagen inspiriert. Wähle eine der zwei abgebildeten Persiflagen aus und interpretiere sie. Belege deine Interpretation durch Beispiele.

Persiflage *(von frz.* persifler = *lächerlich machen): verspottende, meist kritische Nachahmung*

Ein Ferienjob

von Susanne Fromm

Spätsommer. Die Jungen mussten nicht lange überlegen, wie sie ihr Taschengeld aufbessern konnten: Die Apfelernte stand an!

Überall an den Rändern der Wiesen waren von den Bauern Pappschilder angebracht worden: „Hilfskräfte gesucht!“ [...], „Pflücken bringt Geld!“

Ein Bauer, bei dem die Jungen schließlich fragten, konnte sie alle drei gebrauchen. Tim, Adrian und Johann waren glücklich, verabredeten die genauen Arbeitszeiten und ihren Lohn.

„6 € die Stunde“, sagte der Bauer.

Die drei sahen sich an, drucksten etwas; es war ihnen peinlich. Adrian, der Kräftigste und Älteste, brachte dann doch hervor:

„Auf dem Schild stand aber 9 € für die Arbeiter!“

„Ja doch, klar. Das gilt für Erwachsene, für die richtigen Arbeiter. Die sind ja auch kräftiger und schneller als ihr. Und noch was: Du da“, der Bauer zeigte auf Johann, „du kriegst 5 € die Stunde. Abgemacht!?“

Johann war in der Tat der Jüngste von den dreien, nicht sehr groß und sah immer so aus, als bekäme er nicht genügend zu essen; dabei war gerade Johann zäh, ausdauernd und sehr gut in Sport.

„Aber“, sagte Adrian noch, „wir tun doch alle die gleiche Arbeit. Das ist nicht gerecht!“

Der Bauer war längst irgendwo hinter der Scheune verschwunden.

Im Jahre 2006 formierten sich rumänische Street-Art-Künstler, um in der Hauptstadt Bukarest mit Graffiti gegen die Bestechlichkeit der Staatsbeamten vorzugehen.

4. Entscheide, ob du dich an Tims und Adrians Stelle dazu entscheiden würdest, den Ferienjob auch ohne Johann anzunehmen.
5. Setze die Geschichte von Susanne Fromm in Beziehung zu dem Graffiti der rumänischen Street-Art-Künstler.
6. Nimm Stellung zu der Frage, ob das Verhalten des Landwirts gerecht ist.
7. Erarbeite Argumente, die den Landwirt davon überzeugen könnten, dass er seine Meinung ändert.

Religionskurskorrektur?
Ein Leserbrief an Dr. Erlinger

➲ *Erlinger S. 69*

An unserer Schule gibt es zwei Religionskurse. In dem einen, in dem auch ich bin, werden anspruchsvolle Klassenarbeiten geschrieben, im andern lässt der Lehrer seit Jahren dieselben Fragen bearbeiten, sodass es recht leicht ist, eine gute Note zu bekommen. Unser Kurs findet das ungerecht, wir überlegen nun, über die Schulleitung dafür zu sorgen, dass der andere Kurs ebenfalls echte Prüfungen schreibt. Allerdings würden sich unsere Noten dadurch nicht ändern, nur die der anderen würden wohl schlechter. Sollen wir etwas unternehmen? (Alexander M., Berlin)

➲ *Dilemma-Diskussion S. 68*

8. Führt eine Dilemma-Diskussion zu dem vorliegenden Problem durch.
9. Verfasse eine ausführliche Antwort auf den Leserbrief. Lasse in die Antwort auch Bezugnahmen auf die Positionen von Kapitel 3.1 einfließen.

Was ist gerecht?

Über die Gerechtigkeit
von Chaim Perelman

Unter allen anspruchsvollen Begriffen erscheint der der Gerechtigkeit als einer der hervorragendsten und als der am heillosesten verwirrte. Es ist illusorisch, alle möglichen Sinngehalte des Gerechtigkeitsbegriffs aufzählen zu wollen. Geben wir stattdessen einige Beispiele von den geläufigsten Konzeptionen der Gerechtigkeit, deren unvereinbaren Charakter man sogleich ersehen wird.

1. **Jedem das Gleiche.**
2. **Jedem gemäß seinen Verdiensten.**
3. **Jedem gemäß seinen Werken.**

Tipp
Mit „Verdienst" ist hier nicht der Verdienst (im Sinne von „Einkommen"), sondern das Verdienst (im Sinne von „sich um etwas verdient gemacht haben") gemeint.

4. Jedem gemäß seinen Bedürfnissen.
5. Jedem gemäß seinem gesellschaftlichen Rang.
6. Jedem gemäß dem ihm durch Gesetz Zugeteilten.

Jeweils für sich, hat sich herausgestellt, ist keine dieser Konzeptionen zufriedenstellend. Es muss stattdessen eine Gerechtigkeitsformel gefunden werden, die den verschiedenen Konzeptionen gemeinsam ist. Diese Formel muss – in der Mathematik Variable genannt – ein unbestimmtes Element enthalten, dessen Bestimmung bald durch die eine, bald durch die andere Gerechtigkeitskonzeption erbracht wird.

AUFGABEN A

1. Verdeutliche jeden der sechs Gerechtigkeitsgrundsätze, indem du jeweils ein Beispiel skizzierst, in dem er angewendet wird.

Marcus, dessen Gattin beruflich unterwegs ist, hat für seine drei Töchter Tabea (14), Carlotta (8) und Christiane (17) zum Abendessen Tortillas gebacken. Eine Tortilla ist versehentlich bedeutend größer geworden als die beiden anderen. Als Marcus die Tortillas aus dem Ofen zieht, beginnt Tabea bereits zu nörgeln: „Also damit eines mal klar ist: Die größte Tortilla bekomme ja wohl ich! Immerhin war ich heute insgesamt fünf Stunden beim Sport und habe kein Frühstück gegessen ... Also habe ich auch am meisten Hunger, nicht wahr?" Carlotta protestiert: „Nein! Ich habe Papa geholfen, als du beim Sport warst ... Gemüse geschnibbelt, Teig geknetet und so was. Deshalb krieg ich das größte Stück." Mild lächelnd meldet sich nun Christiane zu Wort: „Lasst mal gut sein, Mädels ... Die größte Tortilla wurde gestern bereits mir versprochen."

2. a) Ordne die Positionen jeweils einem Gerechtigkeitsgrundsatz zu.
   b) Entscheide, welcher Tochter die größte Tortilla zusteht.
3. Interpretiere vor dem Hintergrund der beiden vorangegangenen Aufgaben Perelmans Aussage, dass eine gültige Gerechtigkeitsformel immer Variablen enthalten müsse.

Gerechtigkeitsformen und -prinzipien nach Aristoteles

Eine differenzierte Theorie der Gerechtigkeit hat erstmals Aristoteles (384–322) entworfen. Zunächst unterscheidet Aristoteles die **Allgemeine Gerechtigkeit** (iustitia universalis) von der **Besonderen Gerechtigkeit** (iustitia particularis): Die Allgemeine Gerechtigkeit, von Aristoteles als „oberster Vorzug des Charakters" gepriesen, lässt sich am besten mit dem Begriff „Rechtschaffenheit" umreißen und meint die ständige Bereitschaft des einzelnen Menschen, nach Moral und Gesetz zu leben.

Dadurch, dass Menschen in Gemeinschaften leben, kommt es jedoch immer wieder zu Situationen, in denen als „oberste Tugend im Staat" die Besondere Gerechtigkeit angewendet werden muss. Diese unterteilt Aristoteles in die **austeilende Gerechtigkeit** (iustitia distributiva) einerseits und in die **ausgleichende Gerechtigkeit** (iustitia commutativa) andererseits.

Die austeilende Gerechtigkeit regelt die gerechte Verteilung von Gütern, Ehren, Pflichten und Belastungen. Hier gilt nach Aristoteles das **Leistungs- bzw. Würdeprinzip**: Wer mehr für die Gesellschaft leiste, solle auch mehr bekommen.

Die ausgleichende Gerechtigkeit regelt den fairen Austausch von Gütern, Ersatzansprüche bei Schäden und die Verhängung von Strafen. Hier gilt, anders als bei der austeilenden Gerechtigkeit, der **Gleichheitsgrundsatz**: Für alle Menschen müssen also die gleichen Chancen bestehen; es darf keine Benachteiligung oder Bevorzugung stattfinden.

4. Stelle die aristotelische Gerechtigkeitstheorie in Form eines Schaubildes dar.
5. Beurteile, ob die klassische Darstellung der Justitia sich eher auf die ausgleichende oder die austeilende Gerechtigkeit bezieht.
6. Erläutere, welche Auffassung Aristoteles zu den Problemen in den Texten „Ein Ferienjob" (S. 95) und „Kurskorrektur" (S. 96) vertreten hätte.

Was ist gerecht?
Ein berühmtes Gedankenexperiment

von Richard David Precht

Richard David Precht (geb. 1964), dt. Philosoph und Publizist, umschreibt hier ein Gedankenexperiment des US-amerikanischen Philosophen John Rawls (1921–2002).

Machen wir ein Spiel: Wir versuchen uns eine wirklich gerechte und völlig faire Gesellschaft auszudenken! Wir haben ein Spielbrett und einen Satz von Spielfiguren. Sie und ich, wir sind die Spielleiter und können die Regeln bestimmen, damit das Bestmögliche für alle dabei herauskommt. Unsere Ausgangsposition ist die: Eine Gruppe von Leuten lebt gemeinsam in einem bestimmten abgeschlossenen Gebiet, unserem Spielbrett. Die Gegend bietet alles, was die Menschen brauchen. Genug zu essen und zu trinken, warme Schlafplätze und ausreichend Raum für jeden. Es gibt Männer und Frauen, junge Menschen und alte. Damit wir mit unserer bestmöglichen Gesellschaft auch tatsächlich bei null anfangen können, wird festgelegt, dass die Personen auf unserem Spielbrett nichts über sich selbst wissen. Sie wissen nicht, ob sie intelligent oder dumm sind, nicht, ob sie schön oder hässlich sind, stark oder schwach, alt oder jung, Männer oder Frauen. Über ihren Eigenschaften, Vorlieben und Fähigkeiten liegt ein „Schleier der Unwissenheit". [...] Diese Menschen müssen nun sehen, wie sie miteinander klarkommen. Dafür brauchen sie Regeln.

7. Erläutere die zentrale Metapher des Textes und erkläre ihre große Bedeutsamkeit für dieses Gedankenexperiment.
8. Führt das Gedankenexperiment in Kleingruppen durch und einigt euch auf Grundregeln für eine gerechte Gesellschaft.
9. Erörtert, ob eure Grundsätze durchsetzbar oder utopisch sind.

Menschenrechte

AUFGABEN A

1. Erläutere, weshalb das Bekenntnis zur „Würde des Menschen“ an erster Stelle im deutschen Grundgesetz steht.
2. Nenne Beispiele für „menschenwürdewidriges Verhalten“ im privaten Bereich.

Inschrift am Landgericht in Frankfurt am Main

Die Würde des Menschen ist die Voraussetzung dafür, dass ihm besondere Rechte, die Menschenrechte, zukommen. Sie schützen die Menschenwürde. Im GG wird darauf in Art.1 Abs.1 ausdrücklich hingewiesen (vgl. oben). Die Menschenrechte werden nicht von einem Staat zuerkannt, der Mensch besitzt sie, sie stehen ihm nach dem Grundgesetz „von Natur aus“ zu. Deshalb bezeichnet man die Menschenrechte auch als natürliche oder vorstaatliche Rechte. Niemand darf deshalb einem Menschen die Menschenrechte absprechen, auch der jeweilige Mensch sich selbst nicht. Denn die Menschenrechte sind unveräußerlich – und das bedeutet, dass auch ein freiwilliger Verzicht auf diese Rechte nicht möglich ist. Die erste Menschenrechtserklärung wurde 1776 (Virginia Bill of Rights) formuliert. Darin wird unter anderem festgehalten, dass „alle Menschen von Natur aus frei und unabhängig sind“. Seit 1776 sind die Menschenrechte immer wieder neu formuliert und vertraglich festgehalten worden.

3. Informiert euch in (euren) Geschichts- und Sozialkundebüchern, Lexika oder im Internet über die Hintergründe zur Entstehung der Menschenrechte und erstellt eine Zeitleiste.

Auszug aus der ALLGEMEINEN ERKLÄRUNG DER MENSCHENRECHTE (UN 1948)

Artikel 1: Alle Menschen sind frei und gleich an Würde und Rechten geboren. Sie sind mit Vernunft und Gewissen begabt und sollen einander im Geist der Brüderlichkeit begegnen.
Artikel 2: Jeder hat Anspruch auf die in dieser Erklärung verkündeten Rechte und Freiheiten ohne irgendeinen Unterschied, etwa nach Rasse, Hautfarbe, Ge-

UN (United Nations): zwischenstaatlicher Zusammenschluss von 193 Staaten mit den Zielen, den Weltfrieden zu sichern und die Menschenrechte zu schützen.

schlecht, Sprache, Religion, politischer oder sonstiger Überzeugung, nationaler oder sozialer Herkunft, Vermögen, Geburt oder sonstigem Stand.

Artikel 3: Jeder hat das Recht auf Leben, Freiheit und Sicherheit der Person.

Artikel 5: Niemand darf der Folter oder grausamer, unmenschlicher oder erniedrigender Behandlung oder Strafe unterworfen werden.

Artikel 7: Alle Menschen sind vor dem Gesetz gleich und haben ohne Unterschied Anspruch auf gleichen Schutz durch das Gesetz. Alle haben Anspruch auf gleichen Schutz gegen jede Diskriminierung, die gegen diese Erklärung verstößt, und gegen jede Aufhetzung zu einer derartigen Diskriminierung.

Artikel 9: Niemand darf willkürlich festgenommen, in Haft gehalten oder des Landes verwiesen werden.

4. Stelle dar, inwiefern die hier abgedruckten Artikel dem Schutz der Menschenwürde verpflichtet sind.
5. a) Informiere dich im Internet über die anderen Artikel der Allgemeinen Erklärung der Menschenrechte.
   b) Gibt es Menschenrechte, die du für wichtiger hältst als die anderen? Begründe deine Meinung.
   c) Durch welche Rechte würdest du die genannten Menschenrechte ergänzen? Formuliere selbst entsprechende Artikel.

Innerhalb der Europäischen Union hat man sich auf eine Erklärung der Menschenrechte geeinigt und sie in der Europäischen Menschenrechtskonvention (EMRK) bzw. der Konvention zum Schutze der Menschenrechte und Grundfreiheiten formuliert. Sie wurde 1950 unterzeichnet und trat 1953 in Kraft. Die Umsetzung überwacht der Europäische Gerichtshof für Menschenrechte in Straßburg.

Menschenrechte vor deiner Tür

Eleonor Roosevelt, die 1948 Vorsitzende der Menschenrechtskommission der UN war, formulierte zur Frage, wie – außer durch die Regierungen von Staaten – die Umsetzung der Menschenrechte Wirklichkeit werden kann:

An den kleinen Plätzen, nahe dem eigenen Heim. So nah und so klein, dass diese Plätze auf keiner Landkarte der Welt gefunden werden können. Und doch sind diese Plätze der Welt die Welt des Einzelnen: die Nachbarschaft, in der er lebt, die Schule oder die Universität, die er besucht, die Fabrik, der Bauernhof oder das Büro. Das sind die Plätze, wo jeder Mann, jede Frau, jedes Kind gleiche Rechte, gleiche Chancen und gleiche Würde ohne Diskriminierung sucht. Solange diese Rechte dort keine Geltung haben, sind sie auch woanders nicht von Bedeutung. Wenn die betroffenen Bürger nicht selbst aktiv werden, um diese Rechte in ihrem persönlichen Umfeld zu schützen, werden wir nach Fortschritten in der Welt vergeblich suchen.

6. Erläutere, weshalb E. Roosevelt die Verantwortung für die Realisierung der Menschenrechte nicht allein bei den Staaten/Regierungen sieht.
7. Formuliere fünf Vorschläge zum Thema:
   Der Einzelne und Menschenrechte – was kann ICH tun?

DENKRAUM D

Obwohl die Bedeutung der Menschenrechte allgemein anerkannt und in zahlreichen Erklärungen dokumentiert sind, gehören Verletzungen der Menschenrechte – nicht nur im Internet – zum Alltag. Organisationen wie z. B. Amnesty International oder Human Rights Watch (HRW) setzen sich dafür ein, dass Menschenrechtsverletzungen öffentlich gemacht und dagegen vorgegangen wird. 1977 wurde Amnesty International für seinen Einsatz mit dem Friedensnobelpreis geehrt. Auch die UN hat einen speziellen Beauftragten für Menschenrechte, den Hochkommissar für Menschenrechte.

A Informiere dich in den Medien über aktuelle Berichte bezüglich der Verletzung von Menschenrechten in aller Welt.
B Menschenrechtsverletzungen finden nicht nur weit weg statt, sondern auch in deiner unmittelbaren Umgebung. Inszeniert entsprechende Beispiele.
C Informiere dich über die Arbeit von Amnesty International, HRW oder ähnlicher Organisationen und über die Aufgaben des „Hochkommissars für Menschenrechte“ der UN (= UNHCHR) und des Europäischen Gerichtshofs für Menschenrechte in Straßburg. Präsentiert euch eure Arbeitsergebnisse in Kurzreferaten.

Recht, Gerechtigkeit und Strafe

AUFGABEN A

1. Führe ein Gedankenexperiment zu den folgenden Themen durch:
   a) Wie sähe eine Gesellschaft ohne Strafen aus?
   b) Wie müsste eine Gesellschaft aussehen, in der es keine Strafen gibt, in der die Menschen aber trotzdem friedlich leben?

➲ *Gedankenexperiment S. 93*

Strafe und Strafzwecke

Unter Strafe im rechtlichen Sinn versteht man eine bewusst ausgeführte Handlung, die negative Folgen für eine Person hat, die Gesetze gebrochen und damit das Recht verletzt hat.
Voraussetzung für eine Strafe ist dabei die Feststellung der **Schuld** und der **Schuldfähigkeit** der Täterin bzw. des Täters. Eine Schuld im rechtlichen Sinn besteht dann, wenn gegen geltendes Recht (Gesetze) verstoßen wurde.

3

Über den Sinn und den Zweck von Strafen gibt es kontroverse Auffassungen. Grundsätzlich wird zwischen der **Vergeltungstheorie** und der **Präventivtheorie** unterschieden:
Die Vergeltungstheorie folgt dem Grundsatz, dass ein Verbrechen deswegen und nur deswegen bestraft werden muss, weil es begangen worden ist.
Die Präventivtheorie hingegen verfolgt Strafzwecke, die in der Zukunft angesiedelt sind: Gelten diese Zwecke der gesamten Gesellschaft, wird von **Generalprävention** gesprochen. Generalpräventive Zwecke von Strafe dienen also der allgemeinen Vorbeugung von Straftaten, z. B. in Form einer Abschreckung der Öffentlichkeit, die sehen soll: „Wenn man Verbrechen X begeht, folgt Strafe Y."
Die **Spezialprävention** hingegen ist speziell auf die Täterin bzw. den Täter gemünzt. Der Strafzweck einer **positiven Spezialprävention** liegt darin, dass die Täterin bzw. der Täter durch die Bestrafung lernen soll, sich in Zukunft so zu verhalten, wie es rechtlich korrekt ist. Ziel ist also hier eine Wiedereingliederung in die Gesellschaft, gegen deren Regeln sie bzw. er verstoßen hat (**Resozialisierung**).Sollte dies dauerhaft nicht gelingen, tritt ein weiterer, **negativer Aspekt der Spezialprävention** in Kraft, nämlich der Schutz der Öffentlichkeit vor genau dieser Täterin bzw. diesem Täter (durch Haft oder Sicherungsverwahrung).

2. Erläutere in Form von alltagsnahen Beispielen, inwiefern die Schuldfähigkeit eines Täters unabdingbare Voraussetzung für eine Bestrafung ist.
3. Stelle die unterschiedlichen Strafzwecke (S. 102) als Schaubild dar.
4. Ordne die folgenden Zitate den genannten Strafzwecken zu.

Selbst wenn sich die bürgerliche Gesellschaft mit allen Gliedern in Einstimmung auflöste (z. B. das eine Insel bewohnende Volk beschlösse, auseinanderzugehen und sich in aller Welt zu zerstreuen), müsste der letzte im Gefängnis befindliche Mörder vorher hingerichtet werden, damit jedermann das widerfahre, was seine Taten wert sind.

Immanuel Kant

Der Sinn des Strafrechts sollte nicht mehr darin erblickt werden, dem Rechtsbrecher ein Übel anzutun. [...] Der Zielgedanke sollte vielmehr sein, den besserungsfähigen Täter wieder für die Gesellschaft zurückzugewinnen.

Gustav Heinemann, Bundespräsident der BRD von 1969–1974

5. Nimm Stellung zu der Frage, welcher Strafzweck dir am sinnvollsten erscheint.
6. Bildet Kleingruppen und bereitet jeweils ein Referat zu den folgenden Prozessen vor:
   John Demjanjuk • **Marianne Bachmeier** • **Sokrates** • **Jean-Marc Bosman** • **Murat Kurnaz** • **Magnus Gäfgen** • **Wolfgang Daschner**
   Informiert die übrigen Kursmitglieder im Verlauf eures Referates auch über den Hintergrund der jeweiligen Anklage und über den Prozessverlauf.
7. Bewerte, welche Strafzwecke bei den Prozessen aus Aufgabe 6 maßgeblich waren.
8. Welches der Urteile, die ihr in Aufgabe 6 erarbeitet habt, hältst du am ehesten für ein Fehlurteil? Begründe.

Rückblick

1. Erstelle, ausgehend von den Themen dieses Kapitels, eine Gedankenlandkarte zum Thema „Recht und Gerechtigkeit".

AUFGABEN A

➲ *Gedankenlandkarte S. 11*

Weiterdenken

In Goethes weltberühmtem Schauspiel „Faust. Der Tragödie erster Teil" trifft ein umherfahrender Schüler, der auf der Suche nach einem geeigneten Studiengang ist, auf Mephistopheles, einen teuflischen Abgesandten, und gerät mit diesem in einen Dialog über verschiedene Möglichkeiten zum Studieren:

Gustav Gründgens als Mephistopheles

SCHÜLER:
Zur Rechtsgelehrsamkeit kann ich mich nicht bequemen.
MEPHISTOPHELES:
Ich kann es Euch so sehr nicht übel nehmen,
Ich weiß, wie es um diese Lehre steht.
Es erben sich Gesetz' und Rechte
Wie eine ew'ge Krankheit fort;
Sie schleppen von Geschlecht sich zum Geschlechte,
Und rücken sacht von Ort zu Ort.
Vernunft wird Unsinn, Wohltat Plage;
Weh dir, daß du ein Enkel bist!
Vom Rechte, das mit uns geboren ist,
Von dem ist, leider! nie die Frage.

2. Gib Mephistopheles' Kritik an „Gesetz' und Rechten" eigenständig wieder.
3. Erläutere den Vers „Vernunft wird Unsinn, Wohltat Plage".
4. Erörtere in Form eines philosophischen Essays, ob es in der Welt, in der du lebst, rechtliche Regelungen gibt, die dir nicht mehr zeitgemäß erscheinen.

4 Mensch, Natur und Technik

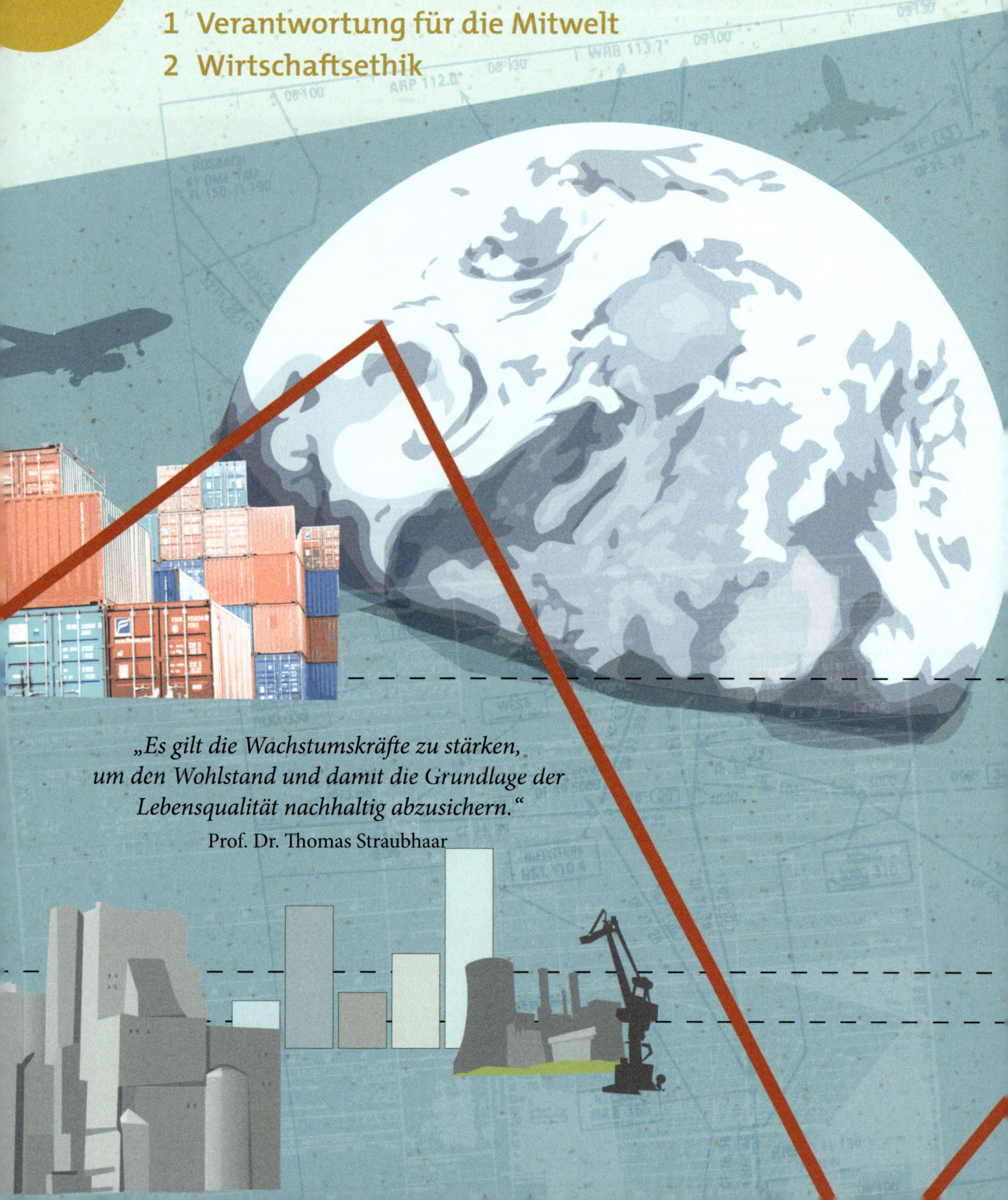

„Es gilt die Wachstumskräfte zu stärken, um den Wohlstand und damit die Grundlage der Lebensqualität nachhaltig abzusichern.“

Prof. Dr. Thomas Straubhaar

Alle 7 Milliarden Menschen auf der Erde benötigen Nahrung, Unterkunft, Sicherheit, medizinische Versorgung, materielle Güter und soziale Kontakte. Unser natürlicher Lebensraum und unsere Kultur stellen Ressourcen bereit, die das sicherstellen können.
Unter ethischer Perspektive fragen wir nach Maßstäben für unser Handeln im Umgang mit Natur und anderen Lebewesen: Tragen wir Verantwortung dafür, wenn in einem anderen Erdteil radikal in die Natur eingegriffen wird, um Rohstoffe zu fördern, die wir für unsere moderne Technik benötigen? Hat die Natur, haben andere Lebewesen Rechte, die sie uns gegenüber geltend machen könnten und die wir beachten müssen?
Diese und ähnliche Fragen berühren auch ökonomische Bereiche: Ist das Prinzip der Gewinnmaximierung die einzig sinnvolle Leitlinie wirtschaftlichen Handelns? Wohin führt eigentlich die Forderung nach immer mehr Wachstum? Brauchen wir tatsächlich so viele Verbrauchsgüter, wie wir sie täglich nutzen? Gibt es Verantwortung im wirtschaftlichen Handeln?
Wir müssen entscheiden, was uns letztlich wichtig ist.

„Wachstum ohne Ende
ist der Irrsinn der Moderne.“
Hartmut Rosa

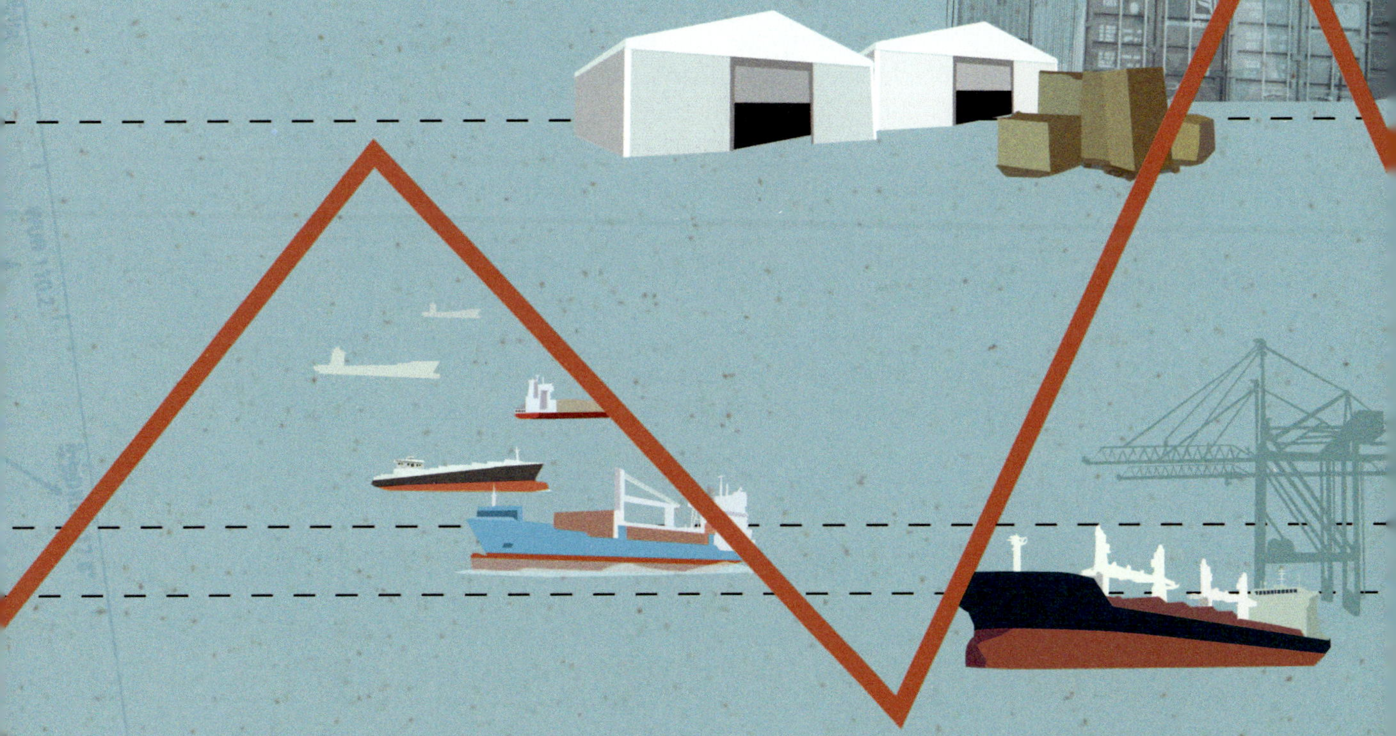

4 1 Verantwortung für die Mitwelt

Info
Derzeit gibt es nach Hochrechnungen von Experten im All etwa 600.000 Raumfahrtrückstände, die größer als ein Kubikzentimeter sind. Dazu zählen Raketenstufen, ausrangierte Satelliten, aber auch verlorene Schraubenzieher, Arbeitshandschuhe und abgesprengte Halterungen.

geostationäre Umlaufbahn:
In ca. 36.000 km Entfernung zur Erde umkreist z.B. ein Satellit unseren Planeten in genau derselben Geschwindigkeit, die die Erde zur Rotation um die eigene Achse benötigt.

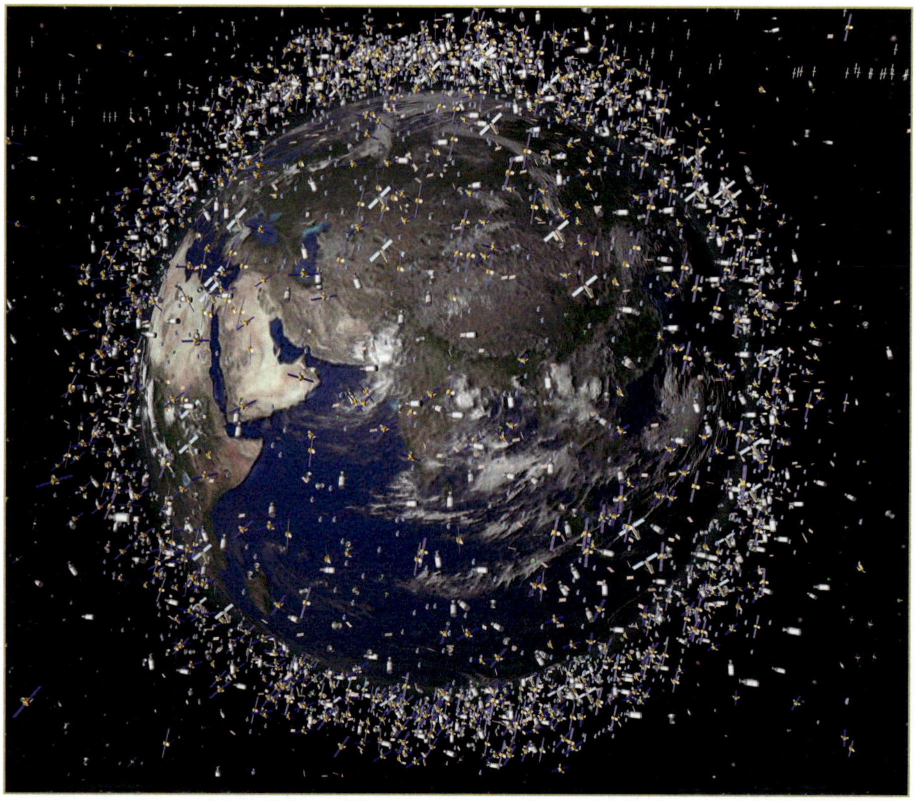

ESA (europäische Raumfahrtbehörde): Darstellung des Weltraummülls in übertriebener Größe

A AUFGABEN

1. Astronauten umkreisen die Erde oberhalb der geostationären Umlaufbahn: Beschreibe anhand dieses Bildes, welche menschlichen Spuren sie in dieser Entfernung erkennen können.
2. Versetze dich in die Beobachtungsperspektive einer der Astronauten: Erläutere deine Gedanken und Gefühle bei diesem Blick auf die Erde.
3. a) Sammelt gemeinsam Beispiele für weitere Spuren der Spezies Mensch, welche die Astronauten bei immer größerer Annäherung an die Erde entdecken könnten – auf der Tag- und auf der Nachtseite des Planeten.
   b) Deute diese Spuren auf dem Planeten Erde: Was sagen sie über ihren Urheber, den Menschen, aus?
   c) Leite daraus ethische Fragen ab und halte sie schriftlich fest.

In diesem Kapitel erweitern wir unsere Perspektive: Wir wollen das Verhalten des Menschen gegenüber seiner natürlichen Umwelt und gegenüber anderen Lebewesen ethisch beleuchten. Inwiefern tragen wir als Menschen Verantwortung für das Ökosystem der Erde? Haben Tiere (Menschen-)Rechte?

Die Methode, die du hier vertiefen kannst, ist die ***Begriffsbestimmung****.*

Der Mensch und sein natürlicher Lebensraum: Die ökologisch-ethische Perspektive

Vom Weltall aus betrachtet liegt ein durchschnittlich großer Stern am Rande einer Galaxis, die den Namen „Milchstraße" trägt. Er wird umkreist von mehreren ganz unterschiedlichen Planeten.

Venus		**Erde**	heute	**Mars**	
Temp.	459 °C	Temp.	15 °C	Temp.	–53 °C
CO_2	96,5 %	CO_2	0,035 %	CO_2	96,2 %
N_2	2 %	N_2	78,08 %	N_2	2,5 %
CH_4	0,0 %	CH_4	1,7 ppm	CH_4	0,0 %
O_2	0,006 %	O_2	20,95 %	O_2	0,15 %

chemische Elemente:
CO_2 = Kohlendioxid
N_2 = Stickstoff
CH_4 = Methan
O_2 = Sauerstoff

AUFGABEN A

***terrestrisch:** erdähnlich*

1. Beschreibe die Besonderheiten der Erde im Vergleich mit den beiden anderen terrestrischen Planeten unseres Sonnensystems. Werte dazu die angegebenen Daten aus.
2. Was hat der Lebensraum Erde seinen Bewohnern noch zu bieten? Sammelt Beispiele und kategorisiert sie mit geeigneten Oberbegriffen.
3. Betrachte die folgende Fotografie: Was könnte hier dargestellt sein? Wie wirkt es auf dich?

4

J. Henry Fair

J. Henry Fair, ein berühmter Fotograf, hat im Flug über South Carolina im Südosten der USA diese Aufnahme gemacht. Maya findet das Bild im Internet und zeigt es ihrem Bruder David.

David: „Keine Frage, ein wirklich geniales Bild!"
Maya: „Findest du? Für mich sieht es einfach gruselig aus!"
David: „Wieso das denn? Das sieht wirklich schön aus: Die Linien sind wie lebendige Adern. Und dann der Kontrast zwischen Dunkel und Hell. Einfach genial! Das Bild könnte gemalt nicht besser sein! Toller Typ, dieser Henry Fair!"
Maya: „Du Spinner! Es ist ein Foto, das ziemlich nackte Tatsachen zeigt! Das sind Abfälle, die du da siehst! Ziemlich giftige sogar! Aus dem Kohlekraftwerk in Pineville, South Carolina. Und die fließen da einfach so in einen See hinein."
David: „Konnte ich doch nicht wissen."
Maya: „Das ist doch eine riesige Umweltkatastrophe, was da passiert. So darf man mit der Natur nicht umgehen!"
David: „Trotzdem, ich finde, das Bild hat was ..."

4. Erläutere die Standpunkte, die Maya und David hier vertreten.
5. Beurteile Davids Meinung: Darf man dieses Bild „schön" finden?

J. Henry Fair dokumentiert seit Jahren mit seinen Fotografien den menschlichen Eingriff in die Natur, die Umweltverschmutzung, den Klimawandel und die Nebenwirkungen der Energiegewinnung. Die blanke Zerstörung bekommt aus der Vogelperspektive ein anderes Gesicht: Farben, Muster und Formen bilden abstrakte Kompositionen, die Fair mit regelmäßigen Flugzeugausflügen auf der ganzen Welt einfängt. Industrial Scars *nennt er sein Projekt. Verseuchter Abfall aus Kläranlagen, Braunkohlewerke, Schwefelflüsse: Die Narben, welche die Industrie in der Natur hinterlässt, spürt Fair auf.*

6. Stelle Vermutungen darüber an, welche Gründe Henry Fair dazu bewegen könnten, das Projekt *Industrial Scars* durchzuführen.
7. Beurteile das Vorhaben.

M **METHODEN**

Begriffsbestimmung

Wir benutzen täglich eine Fülle von sprachlichen Begriffen, ohne genauer darüber nachzudenken. Meistens sind diese Begriffe im Alltagsgebrauch auch leicht verständlich und führen zu keinen Missverständnissen. Wer allerdings über Sachverhalte genauer nachdenkt, Fachbegriffe verwenden und argumentieren will, muss sich oft über scheinbar einfache Begriffe erst einmal Klarheit verschaffen. Einige Möglichkeiten der Begriffsbestimmung kennst du schon:

- spontane Gedanken (Assoziationen) sammeln
- Gegenbegriffe nennen
- Beispiele aufzählen
- sprachliche Bilder formulieren
- ähnliche Begriffe finden

M METHODEN

Besonders bei Fachbegriffen lassen sich weitere Bestimmungsmöglichkeiten sinnvoll anwenden.

So lässt sich die Bedeutung eines Begriffes zum Beispiel durch eine etymologische Analyse, also durch die Bestimmung seiner sprachlichen Herkunft und seiner Grundbedeutung (Etymologie), konkreter erfassen und anschaulicher erklären. Oft bestehen Fachbegriffe aus zwei oder mehreren Wortbestandteilen (häufig aus dem Griechischen oder Lateinischen), die man auf diese Art entschlüsseln kann. Ein Beispiel:
Ökologie → griechisch *oikos* „Haus", „Haushalt" und *logos* „Lehre"; ursprünglich also „Lehre vom Haushalt" → Wissenschaft von der Beziehung zwischen Lebewesen untereinander und zwischen ihnen und ihrem Lebensraum

Die **Definition** ist eine der üblichsten Formen der Begriffsbestimmung. Man kann drei Verfahren unterscheiden:

Definitionsverfahren	Erläuterung	Beispiel
klassifikatorische Definition	erfasst einen Begriff, indem sie einen Oberbegriff (*genus proximum*) nennt und dazu ein besonderes Merkmal (*differentia specifica*) angibt	**A** Ein Stuhl ist ein **Sitzmöbel** mit einer Rückenlehne. **B** Ein Parallelogramm ist ein **Viereck**, dessen gegenüberliegende Seiten parallel verlaufen.
genetische Definition	erfasst einen Begriff, indem Bedingungen und Ursachen der Entstehung des benannten Gegenstands oder Sachverhaltes angegeben werden	**A** Lampenfieber tritt auf, unmittelbar bevor man (zumeist allein) vor einer Gruppe anderer Menschen etwas präsentiert, z.B. ein Musikstück oder einen Vortrag. **B** Eine Sonnenfinsternis entsteht, wenn zur Zeit des Neumondes der Kernschatten des Mondes auf die Erde fällt.
operationale Definition	bestimmt einen Begriff durch Angabe von (beobachtbaren) Tätigkeiten bzw. (messbaren) Verfahrensweisen, durch die das mit dem Begriff Bezeichnete erfasst wird	**A** Nimm eine Bratpfanne, erhitze darin Butter bzw. Öl, schlage dann ein rohes Ei über der Bratpfanne entzwei: Das, was du nach wenigen Sekunden siehst, ist ein SPIEGELEI. **B** Du erreichst den Sprint-WELTREKORD, wenn du bei einem Leichtathletik-Wettkampf die Entfernung von 100 Metern schneller als in der bisher bei einem Läufer gemessenen Zeit zurücklegst (bei den Männern 2009: 9,58 sec. durch U. Bolt, bei den Frauen 1988: 10,49 durch F. Griffith-Joyner).

4

I INFOBOX

Ökologische Ethik (Umweltethik, Naturethik)

Im Bereich der Ethik, die generell nach dem richtigen, guten Handeln des Menschen fragt, beschäftigt sich die ökologische Ethik mit der Problematik des richtigen Umgangs des Menschen mit Natur und anderen Lebewesen. Es gibt zwei grundsätzlich verschiedene Auffassungen:

ANTHROPOZENTRISMUS (von gr. *anthropos* = Mensch): Natur hat keinen eigenen moralischen Wert, sondern ist nur für den Menschen und dessen Bedürfnisse da.

PHYSIOZENTRISMUS (von gr. *physis* = Natur): Natur hat einen eigenen moralischen Wert; daher muss der Mensch auf sie Rücksicht um ihrer selbst willen nehmen.

Da der Begriff „Natur“ unterschiedlich verstanden werden kann, lässt sich der Physiozentrismus untergliedern in drei Varianten:

- Pathozentrismus (von gr. *pathos* = Leid, Gefühl)
- Biozentrismus (von gr. *bios* = Leben)
- Holismus (von gr. *holos* = ganz)

8. Erläutere die drei Varianten des Physiozentrismus mithilfe der Infobox. Nutze dafür die Methode der etymologischen Analyse.

9. Welche Person oder Personengruppen könnten die genannten Auffassungen vertreten? Begründe deine Einschätzung.
10. Analysiere diese Äußerungen und ordne sie den ökologisch-ethischen Positionen zu.
11. „Ökologisch-ethisch argumentieren kann jeder, aber entsprechend zu handeln ist die Herausforderung!“ Diskutiert über diese These anhand von Beispielen.

Die Verantwortung des Lebewesens „Mensch“

Der Umgang mit Ressourcen

AUFGABEN A

1. Wo entsorgst du dein altes Handy? Oder andere elektronische Geräte? Tauscht euch aus.
2. Recherchiere möglichst konkrete Hintergrundinformationen zu diesem Plakat:
   - Was haben Handys mit Umweltschutz zu tun?
   - Welches sind „die richtigen Hände“?
3. Tragt eure Informationen auf einem Plakat zusammen und präsentiert euer Ergebnis.
4. Bestimme den Begriff „Ressource“ mithilfe geeigneter Verfahren der Begriffsbestimmung.
5. Diskutiert Chancen und Schwierigkeiten für nachhaltige Ressourcen-Nutzung.

➲ *Begriffsbestimmung S. 108*

I INFOBOX

Nachhaltigkeit

Eine nachhaltige Nutzung von Ressourcen berücksichtigt, dass natürliche Rohstoffe nicht unbegrenzt zur Verfügung stehen. Daher soll nur so viel verbraucht oder genutzt werden, wie sich von selbst wieder regenerieren oder nachwachsen kann (z.B. Wald, Luft, Wasser, Boden). Damit soll gewährleistet werden, dass Natur und Umwelt auf lange Sicht erhalten bleiben.

Hab' keine Ahnung, was meine Lieblingsschokolade so alles enthält. Interessiert mich auch nicht. Hauptsache, sie schmeckt!

Ich würde ja gerne helfen, Rohstoffe durch Recycling zu sparen, aber ich weiß ja nicht, bei welchen Produkten. Man kann ja nicht über alles Bescheid wissen ...

Tipp
Gängige Schokoladensorten enthalten zu einem großen Teil Palmöl, das in Ländern der Dritten Welt in großen Mengen angebaut wird. Dadurch werden dort Lebensräume wild lebender Tiere (z.B. Orang-Utan auf Borneo) zerstört und Anbauflächen für Grundnahrungsmittel der einheimischen Bevölkerung stark eingeschränkt.

6. Führt ein kommentierendes Schreibgespräch zu einer dieser Aussagen.
7. Tauscht euer Schreibgespräch anschließend mit einer anderen Gruppe und diskutiert dann gemeinsam über Herausforderungen ökologischen Handelns.

➲ *Schreibgespräch S. 238*

4

D DENKRAUM

Viele Alltagsgegenstände enthalten Rohstoffe, die selten geworden sind oder deren Gewinnung Natur und Umwelt teilweise extrem schädigen.
Versuche herauszufinden, welche Alltagsgegenstände, die du täglich oder sehr häufig benutzt, aus seltenen Rohstoffen hergestellt werden.
Präsentiere deine Ergebnisse anschaulich.
Erstellt in Gruppen einen kurzen Werbespot für die nachhaltige Nutzung von Ressourcen. Wählt dazu ein Produkt, das möglichst viele Menschen verwenden, zum Beispiel ein Handy.

Unser Umgang mit Lebensmitteln

Lebens-Mittel?

Szene aus dem Dokumentarfilm „Taste the Waste" (2011) von Valentin Thrown

A AUFGABEN

1. Tauscht zu diesem Bild eure spontanen Eindrücke, Gedanken und Gefühle in einem Blitzlicht aus.

2. Nach einer Schätzung der Welternährungsorganisation FAO landet in den Wohlstandsgesellschaften täglich fast die Hälfte der Lebensmittel im Müll.
   a) Stellt gemeinsam Vermutungen darüber an, wie es zu dieser hohen Entsorgungsrate kommen könnte.
   b) Führt selbst eine Schätzung durch, welche und wie viele Lebensmittel in eurem eigenen Haushalt in einer Woche entsorgt werden. Vergleicht eure Ergebnisse.

Von den weltweit heute produzierten Lebensmitteln könnten problemlos die mittlerweile rund 7.000.000.000 Menschen auf der Erde ernährt werden. Stattdessen verhungern täglich 20.000 Menschen.
Jean Ziegler, ehemaliger UN-Kommissar für Welternährung

Allein das in Wien täglich weggeworfene Brot könnte 250.000 Menschen ernähren.
Felicitas Schneider, Expertin für Abfallwirtschaft an der Universität Wien

3. Erläutere, auf welche Problematik in beiden Zitaten hingewiesen wird.
4. Erörtere, inwieweit diese Problematik ethische Fragen aufwirft.

Alles frisch? Sonst weg!

von Kerstin Krupp

Die Verschwendung beginnt auf dem Feld. Regelmäßig bleiben nach der Ernte zentnerweise Kartoffeln, Möhren oder Kohl auf den Äckern liegen. Die Handelsklassen geben die Standards vor. „Bis zu 50 % werden da im schlimmsten Fall aussortiert“, sagt Friedrich-Wilhelm Graefe zu Baringdorf, Landwirt und Grünen-Politiker. Ist die Kartoffel zu klein, fällt sie, kaum ist sie ausgegraben, durch den Rüttler zurück in die Erde. Auf dem Hof werden die geernteten Feldfrüchte nach Schönheit sortiert. Flecken, abweichende Formen, abweichende Größen oder Farben sind unerwünscht. Was aussortiert wird, verfault auf dem Feld oder wandert bestenfalls in die Futtertröge von Kühen und Schweinen.

Grüne Bohnen aus Ägypten, Äpfel aus Argentinien, Ananas von der Elfenbeinküste – Waren aus aller Welt müssen jederzeit verfügbar sein. Ein durchschnittlicher Supermarkt wie Kaiser's, Rewe oder Netto bietet auf 1500 Quadratmetern etwa 20.000 verschiedene Produkte an. Egal wie viele Kilometer die Ware hinter sich hat, sie muss immer frisch und makellos in der Kühltheke liegen. Ist das Salatblatt angeknittert, hat die Kiwi eine weiche Stelle oder die Salatgurke eine Macke, werden sie aussortiert. Auch Backwaren werden oft weggeschmissen. Die Brotshops in den Märkten sind verpflichtet, bis zum Feierabend das volle Sortiment vorzuhalten. Ohne enormen Ausschuss ist das nicht möglich. Dabei gibt es Alternativen. Die optisch nicht einwandfreie Ware könnte günstiger angeboten werden. Stattdessen landet sie in Containern im Hinterhof.

„Wenn ich 250 Gramm Garnelen wegwerfe, schmeiße ich genau genommen auch fünf Kilo anderen Fisch in die Tonne“, gibt Jürgen Knirsch von Greenpeace zu bedenken. Denn für jedes Kilo der gefangenen Schalentiere fallen bis zu 20 Kilo Beifang an. Das sind unerwünscht mitgefangene Fische, Schildkröten oder Meeressäuger, die tot über Bord geworfen oder später zu Fischmehl verarbeitet werden. „Das ist ein unfassbarer Raubbau“, sagt Knirsch. Ähnlich düster sieht die Bilanz eines nicht gegessenen Stücks Rindfleisch aus. Landen 200 Gramm Boulette im Müll, gehören genau genommen 1,5 bis 2,5 Kilogramm Getreide dazu, meist Soja oder Mais, die nötig waren, diese Portion zu erzeugen.

5. Entwickelt auf Grundlage dieses Textes Rollen-Profile/-Karten für
   a) einen Landwirt, der großflächig Kartoffeln anbaut, um sie an Supermarktketten zu verkaufen;
   b) eine Filialleiterin eines Supermarktes;
   c) eine alleinstehende Frau, die sich vegetarisch ernährt;
   d) einen Mann, der mit seinen vier Kindern und seiner alten Mutter zusammenlebt;
   e) einen Politiker, der die Verschwendung von Nahrungsmitteln gesetzlich unterbinden will.
6. Lasst diese fünf Personen in einer Gesprächsrunde aufeinandertreffen, in der jeder ihre Interessen durchzusetzen und zu legitimieren versucht. Wertet dieses rollenbezogene Gespräch aus:
   - Wie überzeugend war die Darstellung der einzelnen Personen?
   - Worin liegen Konflikte zwischen den unterschiedlichen Interessen?
   - Welche Lösungsansätze wurden angedeutet oder erscheinen euch prinzipiell sinnvoll und realisierbar?
7. Bestimme den Begriff „Nahrung“ mithilfe geeigneter Verfahren der Begriffsbestimmung.

➲ *Begriffsbestimmung S. 108*

8. Erörtere, inwiefern Nahrung und Essen aus eurer Sicht wertlos oder wertvoll ist.

Verantwortungsethik

Verantwortlichkeit als Auszeichnung des Menschen

von Hans Lenk

Der Mensch selbst ist Teil der Natur. Ausgezeichnet ist er allerdings dadurch, dass er diese erkennen und zum Teil verändern, in seinem Sinne manipulieren kann – womit er eine erweiterte Verantwortlichkeit auch für die Natur auf sich nimmt. Die Natur jedenfalls ist nicht nur für den Menschen da: Dies hat eine abgewogene, faire Beurteilung nach allen Erkenntnissen der biologischen Evolution und der „Schicksalsgemeinschaft" von Menschen und nicht menschlicher Natur zuzugestehen. [...]. Der Mensch ist ein zutiefst soziales Wesen; er ist auf Unterstützung durch andere, auf das Zusammenleben angewiesen: Niemand kann allein aufwachsen.

Es zeichnet den Menschen spezifischer aus – ist m.E. Teil seiner viel beschworenen Menschenwürde –, dass er nicht nur für seine eigenen Handlungen, die auf Mitmenschen gerichtet sind, Verantwortungen und Pflichten hat, sondern dass er auch gegenüber anderen lebendigen Naturwesen und für Natursysteme und Naturwesen Verantwortung übernehmen kann und heute sogar muss – schon aufgrund seines langfristigen Eigeninteresses und entsprechender Klugheitsregeln. Als ein ausgezeichneter Teil des Naturganzen, als ein besonders eingriffsmächtiger Akteur hat er im Verhältnis zu seiner technischen Macht eine stellvertretende Verantwortung für das Ganze zu übernehmen – geradezu auch moralisch. Spezifisch menschlich ist es nämlich – und dies macht eben auch einen Teil der Sonderstellung und Würde aus –, dass er symbolisch, ja moralisch anderen Wesen und Arten auch Existenzberechtigung, Erhaltungsberechtigung, sozusagen „Quasirechte", zuerkennen kann. Dies bedeutet, dass er ohne Gegendienst oder Gegenpflicht Schutzpflichten für sie bzw. gegenüber ihnen auf sich nehmen kann und soll. Er ist nicht nur das Wesen, das Einsicht in den Gesamtzusammenhang haben kann, sondern er kann und soll (so eine Grundeinsicht der ökologischen Ethik) über seinen anthropozentrischen (bloß menschengebundenen) Gesichtskreis hinaus dem Gesamtsystem sowie ökologischen Teilsystemen der Natur als auch lebendigen Partnern Existenzberechtigung zuerkennen. Noblesse oblige, sagesse oblige: Herausgehobenheit und Wissen verpflichten. Diese übergreifende Moral berücksichtigt die wechselseitige Angewiesenheit, ja eine gleichsam, wenn nicht gerade „partnerschaftliche", so doch rücksichtsvolle, stellvertretende, repräsentativ mitdenkende, mitsorgende, „fürsorgliche" Beziehung zwischen Mensch und Natur. Sie erscheint eher dem Menschen würdig, sozusagen „ehr-würdiger", geradezu „humaner" als die traditionelle strikte Selbstbeschränkung auf menschliche Interessen und Herrschaft über alle Natur.

Allem Lebendigen, das auf einen relativ integrierten Systemzusammenhang und eine Kontinuität im ständigen Austausch mit der Umwelt angewiesen ist und diese Wechselbeziehung auch mit aufrechterhält, dem in gewisser Weise Selbsterhaltung, Selbstsein und eine funktionale Rolle in einem natürlichen System zuzusprechen ist, könnte also im Sinne einer säkularisierten „Ehrfurcht" vor der Naturentwicklung und einer Einheit des Lebendigen eine Existenzberechtigung zugesprochen werden. Der Urwalddoktor und Philosoph Albert Schweitzer, der erste Bioethiker, hat dies schon zur Zeit des Ersten Weltkrieges in seiner „Ehrfurcht vor dem Leben" vorausgedacht. Lebensberechtigung ist ein moralisches Grundrecht, das nicht ohne beson-

Hans Lenk (geb. 1935 in Berlin)

Kontinuität: *Fortdauer, ununterbrochener Zusammenhang*

Übrigens
Albert Schweitzer (1875–1965) gründete ein Krankenhaus in Lambaréné im zentralafrikanischen Gabun. Er veröffentlichte theologische und philosophische Schriften, Arbeiten zur Musik. 1953 wurde ihm der Friedensnobelpreis für das Jahr 1952 zuerkannt.

4

dere Begründung verletzt werden darf – selbst dann, wenn es sich auf nichtmenschliches Leben bezieht. Bei den Güterabwägungen sind künftig also moralische Quasi-Eigenrechte der natürlichen Wesen zu berücksichtigen, nicht nur aus Klugheit und erzieherischen Gründen (z.B. Erhalt der Artenvielfalt und der natürlichen genetischen Ressourcen in Bioreservaten, etwa in tropischen Regenwäldern), sondern auch allgemein moralisch und besonders „ökoethisch“. Der Mensch ist auch das ethische und allgemein-wertende Wesen. Das Moralisch-Ethische ist – wie das vernünftige Erkennen – sein bestes Teil.

A AUFGABEN

Begriffsnetz S. 229

1. Erschließe mithilfe eines Begriffsnetzes Lenks Kernaussage in diesem Text.
2. Lenk fordert, dass der Mensch „Quasi-Eigenrechte“ anderer Lebewesen „nicht nur aus Klugheit [...], sondern auch allgemein moralisch“ (Z. 55–59) zu berücksichtigen habe.
   a) Erläutere diese Unterscheidung textgestützt und anhand eigener Beispiele.
   b) Benenne Konsequenzen, die sich aus dieser Forderung für dein Handeln im Umgang mit Natur und anderen Lebewesen ergeben würden.
   c) Beurteile auf Grundlage dieser Konsequenzen Lenks Forderung.
3. Begründe auf Grundlage des Textes, ob Lenk einen Anthropozentrismus oder Physiozentrismus vertritt.

D DENKRAUM

Michelangelo: Die Erschaffung Adams (Sixtinische Kapelle, 1508–1512)

A „Verantwortlichkeit als Auszeichnung des Menschen“
Schreibe eine kurze Rezension zu diesem Textauszug von Hans Lenk, in der du zu seiner Auffassung begründet Stellung beziehst.

B Vergleiche Lenks Auffassung von der Sonderrolle des Menschen mit der im Schöpfungsbericht der Bibel dargestellten (1. Mose 1,28). Du kannst dazu auch die berühmte Abbildung von Michelangelo hinzuziehen.

C „Ökologische Ethik ist notwendigerweise anthropozentristisch!“
Verfasse zu dieser These einen Essay.

Haben Tiere (Menschen-)Rechte?

AUFGABEN A

1. Wann warst du das letzte Mal im Zoo? Berichte kurz von einem besonders eindrucksvollen Erlebnis während dieses Besuchs.
2. Erörtere, was ein Zoobesuch für ein Schulprojekt zu ökologischem Handeln beitragen könnte.

Beobachtungen im Zoo

Im Rahmen einer Projektwoche fährt die 10c in den Zoo. Vor der gemeinsamen Abfahrt haben die Schülerinnen und Schüler noch Zeit für selbstständige Erkundungen. Josh und Maik sind auf dem Weg zum Gorillagehege.

„Komm schnell, die Fütterung bei den Gorillas fängt gleich an!" Maik zieht mich im Slalom um die vor uns gehenden Familien mit Bollerwagen herum. Vor dem Freigehege hat sich schon eine große Menschentraube versammelt: Kinder drängen sich am Geländer, ihre Eltern im Rücken. Auf dahinter liegenden Steinblöcken postieren sich Jugendliche, einige Väter tragen ihre Jüngsten auf den Schultern, um ihnen ein freies Blickfeld auf die Tiere zu verschaffen. Für einen guten Aussichtsposten kommen wir eindeutig zu spät. „Ein Fernglas wäre jetzt auch nicht schlecht ...", stellt Maik ernüchtert fest. Immerhin können wir von einem etwas zurückgelegenen Platz aus ganz gut eine Gruppe junger Gorillas beobachten, die sich auf einer größeren Rasenfläche tummelt. Sie balgen spielerisch miteinander, manchmal läuft einer von ihnen plötzlich los, hangelt sich an dem einzigen Baum im Gehege hoch, um kurz darauf wieder auf die anderen zuzustürmen. Ein Weibchen sitzt mit ihrem Nachwuchs auf dem Schoß auf einem am Boden liegenden Baumstamm und schaut erwartungsvoll in eine bestimmte Richtung.

Ich spüre, wie die Erwartung der beginnenden Fütterung bei den Menschen um mich herum langsam in eine gewisse Anspannung übergeht. Das Gemurmel nimmt zu, Kinder nörgeln, Eltern beruhigen. Plötzlich taucht unmittelbar hinter der Absperrung zum Gelände der Gorillas der Silberrücken auf: Er kommt auf allen vieren auf uns zugerannt, greift mit einer Hand in den Rasen und schleudert aus vollem Lauf einen Klumpen aus Rasen und Erde auf uns. Kurzes Erschrecken – dann Gelächter! Die Menschenmenge lacht! Mir bleibt die Luft weg. Der Gorilla hockt noch immer vorne, zwischen seiner Gruppe und uns und starrt uns an. Erneut greift er in den Rasen und wiederholt seine Geste. Das Publikum, nun darauf vorbereitet, lacht noch lauter.

Ich kann nicht lachen – vor Scham.

Und als wäre das nicht schon genug, beginnt nun die Fütterung: Eine Pflegerin hat sich mittlerweile auf einem ca. 8 m hohen Berg, der das Gelände abgrenzt, postiert und spricht per Mikrofon über unseren Köpfen zu uns. Sie nennt die Namen der Gorillas unter ihr und beginnt dabei, Möhren, Kohl, Paprika und Obst von oben herab auf die Tiere zu werfen. Das Weibchen beugt sich schützend über ihr Junges, eine Hand abwehrend über dem eigenen Kopf. Die halbstarken Gorillas weichen den Geschossen geschickt aus und schnappen sich das nächstliegende, um damit in einen hinteren Winkel des Geländes zu verschwinden. Der Silberrücken sitzt noch immer, starrt uns an und wartet …

Erschüttert wende ich mich ab.

3. Stell dir vor, du hättest mit Josh und Maik das geschilderte Geschehen beobachtet. Wie hättest du reagiert?
   a) Erläutere, worüber Josh Scham empfindet.
   b) Begründe, ob du seine Empfindung nachvollziehen kannst.
4. „Das sind doch bloß Tiere! Die können sich ja nicht zum Essen an einen Tisch setzen!"
   a) Benenne, auf welches von Josh geschilderte Verhalten sich diese Äußerung bezieht.
   b) Nimm begründet Stellung dazu.
5. Haben Tiere ein Recht darauf, wie Menschen respektvoll behandelt zu werden?
   a) Bestimme die Begriffe „Recht" und „respektvoll" mithilfe geeigneter Verfahren.
   b) Formuliere zu dieser Frage positive Argumente aus Sicht des Pathozentrismus. Führe dabei weitere Beispiele an.
   c) Bewerte deine Argumente hinsichtlich ihrer Überzeugungskraft.

➲ *Begriffsbestimmung S. 108*

I INFOBOX

Mitwelt

In der ökologischen Diskussion hat sich der Begriff Mitwelt – eingeführt von Klaus Michael Meyer-Abich – etabliert. Im Unterschied zum Begriff Umwelt, der den Menschen ins Zentrum rückt und ihn damit von der ihn umgebenden belebten und unbelebten Natur abgrenzt, hebt der Begriff Mitwelt die naturgeschichtliche Gleichheit zwischen Menschen und anderen Lebewesen hervor. Der Mensch ist Teil der ihn umgebenden natürlichen Welt, in der er gemeinsam mit anderen Lebewesen lebt. Klaus Michael Meyer-Abich: „Unserer Mitwelt suchen wir in ihrem Eigenwert gerecht zu werden, unserer Umwelt hingegen nur in ihrem Wert für uns und die Unsrigen."

Wie man Rechte für Tiere begründet

von Tom Regan

Nehmen wir [...] an, Sie und ich hätten einen Wert als Individuen. Und nennen wir diesen Wert inhärenten Wert. Zu sagen, wir hätten einen solchen Wert, bedeutet, dass wir etwas mehr und etwas anderes sind als bloße Behälter. Um außerdem sicherzustellen, dass wir nicht Ungerechtigkeiten wie Sklaverei oder geschlechtlicher Diskriminierung Tür und Tor öffnen, müssen wir davon ausgehen, dass alle, die inhärenten Wert besitzen, gleich viel davon besitzen, ungeachtet ihres Geschlechts, ihrer Rasse, ihrer Religion, ihres Geburtsortes und so weiter. Ebenso als irrelevant erachten müssen wir Talente oder Fertigkeiten, Intelligenz und Reichtum, Persönlichkeit oder Krankheit, ob jemand geliebt und bewundert oder verachtet und verabscheut wird. Das geniale und das zurückgebliebene Kind, der Prinz und der Bettelknabe, der Gehirnchirurg und der Obstverkäufer, Mutter Teresa und der skrupelloseste Gebrauchtwagenhändler – alle haben inhärenten Wert, alle besitzen ihn gleichermaßen. Und alle haben das gleiche Recht, mit Respekt behandelt zu werden, auf eine Weise behandelt zu werden, die sie nicht auf den Status von Dingen, von Ressourcen für andere reduziert. Mein Wert als Individuum ist unabhängig von meiner Nützlichkeit für sie. Ihr Wert ist unabhängig von Ihrer Nützlichkeit für mich. Für beide von uns gilt: Wenn wir den anderen auf eine Art behandeln, die keinen Respekt für den unabhängigen Wert des anderen zeigt, handeln wir unmoralisch, verletzen wir die Rechte eines Individuums. [...]

Es ist wahr, Tieren fehlt es an vielen Fähigkeiten, die Menschen besitzen. Sie können nicht lesen, sind nicht zu höherer Mathematik befähigt, können keinen Bücherschrank bauen oder ein „baba ghanoush" zubereiten. Aber das können auch viele Menschen nicht, gleichwohl würden (und sollten) wir nicht sagen, dass sie (diese Menschen) deswegen einen geringeren inhärenten Wert, ein geringeres Recht, mit Respekt behandelt zu werden, besäßen als andere. Worauf es vor allem ankommt, sind die Gemeinsamkeiten zwischen den Menschen, die offensichtlich und völlig unumstritten einen solchen Wert besitzen, und nicht die Unterschiede zwischen ihnen. Und die wirklich entscheidende, die grundlegende Gemeinsamkeit ist schlicht die: Jeder von uns ist das empfindende Subjekt eines Lebens, eine bewusste Kreatur mit einem individuellen Wohl, das für uns von Bedeutung ist, unabhängig davon, wie nützlich wir für andere sein mögen. Wir wollen und bevorzugen Dinge, glauben und fühlen Dinge, erinnern uns an und erwarten Dinge. Und alle diese Dimensionen unseres Lebens – unsere Lust und unser Schmerz, unsere Freude und unser Leiden, unsere Befriedigung und unsere Frustration, unser Weiterleben oder unser frühzeitiger Tod – all das macht einen Unterschied für die Qualität unseres Lebens, wie wir es als Individuen erleben und erfahren. Und da dasselbe für Tiere gilt, die uns etwas angehen (die, die wir essen und fangen, zum Beispiel), müssen auch sie als empfindende Subjekte eines Lebens mit inhärentem Wert angesehen werden.

6. Gib Regans Begründung für Tierrechte in diesem Text wieder. Erläutere dabei den Begriff „inhärenter Wert".
7. a) Formuliere 5 Grundrechte, die auf Grundlage von Regans Auffassung für Nutz-, Haus- und Wildtiere gesetzlich verankert werden sollten.
   b) Diskutiert darüber, ob solche Tierrechte deutschland- oder sogar weltweit gelten könnten.
8. Ordne Regans Argumentation einer ökologisch-ethischen Position zu und nimm Stellung dazu.

D DENKRAUM

A Prüfe, ob Hans Lenk (Text S. 114 f.) sich Tom Regans Auffassung vom inhärenten Wert der Tiere anschließen würde.

B Prof. Volker Sommer, Professor für Evolutionäre Anthropologie am University College London, fordert, den *Pan troglodytes* in ***Homo** troglodytes* umzubenennen. Nimm in einem Text oder durch die Gestaltung eines Plakates Stellung zu dieser Forderung. Recherchiere dazu, welche Bedeutung die Fachbezeichnung des Schimpansen hat.

Homo
~~Pan~~ troglodytes
(Schimpanse)

4

Rückblick

AUFGABEN A

1. Was war für dich in diesem Kapitel besonders wichtig? Worüber hättest du gerne noch mehr erfahren oder diskutiert? Tauscht euch darüber aus.
2. Der Philosoph Hans Jonas formulierte in Anlehnung an den kategorischen Imperativ Immanuel Kants:
   Handle so, dass die Wirkungen deiner Handlung verträglich sind mit der Permanenz echten menschlichen Lebens auf Erden.
   Interpretiere dieses Zitat mit Blick auf die in diesem Kapitel vorgestellten Themen.

➲ *zu Kants kategorischem Imperativ vgl. die Seiten 60ff.*

Permanenz: *Dauerhaftigkeit*

Weiterdenken

3. Beschreibe die Darstellung und erläutere die Aussage des Cartoons.
4. Kein anderes Wildtier weckt bei Menschen so zwiespältige Gefühle wie der Wolf.
   Benenne mögliche Gründe dafür.
5. „Der Wolf steht für das schwierige Verhältnis des Menschen zur Natur." Diskutiert diese These.

Dieser Cartoon von Gabriel Rusu wurde bei einem Wettbewerb eingereicht, der anlässlich der Rückkehr des Wolfes nach Deutschland vom Naturschutzbund NABU im Jahr 2007 ausgerichtet wurde.

4 2 Wirtschaftsethik

Jan Müllers Universum

von Silke Janovsky

Jan Müller ist kein Junge mehr, aber auch noch kein Mann. Vielleicht riecht es deshalb in seinem Zimmer so penetrant nach den Moschusnoten seines Axe-Deos. Sein Äußeres – es beschäftigt ihn in letzter Zeit. Kapuzenshirts, Jeans und T-Shirts mit Retro-Aufdruck, das sind Klamotten, die er mag. Die Hemden, die seine Mutter ihm gekauft hat, hängen hingegen wie eine abgestreifte Haut im Schrank. Jan verändert sich, vielleicht schneller als je zuvor. Manchmal, wenn er in seinem Bett aus Kiefernholz liegt und sein Blick sich in den Unregelmäßigkeiten der Raufasertapete „Erfurt Classico" verliert, denkt er an Julia, seine erste richtige Freundin. Er war 15, als er seine Unschuld verlor. Jetzt ist er zwar wieder Single, aber vorbereitet. Neben einem Auto-Quartett und einem Nasenspray liegen Taschentücher und Kondome in seinem Nachtschrank. Das Leben, so denkt Jan Müller, liegt noch vor ihm. Was insofern seltsam ist, weil Jan Müller gar kein Leben hat.

Jan Müller ist kein Mensch aus Fleisch und Blut, sondern ein Konstrukt aus Zahlen, Umfragen und Studien. Die Hamburger Werbeagentur Jung von Matt hat ihn aus soziodemografischen Daten des Statistischen Bundesamtes, aus JIM- und Shell-Studien, aus Analysen von Bravo Faktor Jugend, aus Umfragen, Doktorarbeiten, Büchern, Interviews und Bestsellerlisten erschaffen. Weil die Idee von einem Menschen schlecht zu verlebendigen ist, hat die Agentur ihrem Schützling in den Räumen ihrer Stuttgarter Dependance ein Jugendzimmer eingerichtet. Jan Müllers Universum. Die Harry-Potter-Bände im Regal, die Spielkonsole auf dem Boden, der zerknautschte Teddy in der Matratzenritze – in jedem Detail steckt der Versuch, die wahrscheinlichste Realität der deutschen Jugend zu ermitteln. Im Werbesprech heißt das „lebendige Zielgruppenforschung".

A AUFGABEN

1. Erläutere die Strategie „lebendige Zielgruppenforschung".
2. Analysiere, welche Konsumgüter der Standard-Jugendliche Jan Müller zum Leben benötigt, und vergleiche sie mit deinen eigenen Bedürfnissen.
3. Beurteile Intention und Vorgehen der Werbeagentur Jung von Matt.

Alle Menschen leben in wirtschaftlichen Verhältnissen: Wir benötigen materielle Güter, um Grundbedürfnisse, aber auch soziale Bedürfnisse und Luxusbedürfnisse zu befriedigen. Unter Wirtschaft oder Ökonomie versteht man einen Handlungszusammenhang zur planmäßigen Befriedigung dieser Bedürfnisse. Was aber heißt „wirtschaften" – für eine Person oder für ein Unternehmen? Wie stehen Wirtschaft und Moral zueinander?

Als Methode wirst du in diesem Kapitel ***das Szenario*** *kennenlernen.*

Was tun wir, wenn wir wirtschaften?

In der Adam-Smith-Schule hängt eines Morgens ein Plakat aus.

AUFGABEN A

1. Stelle dir vor, du bist Schülerin bzw. Schüler dieser Schule.
   a) Notiere, wie du spontan den Aufruf verstehst.
   b) Erörtert in kleinen Gruppen, wie ihr diesem Aufruf sinnvoll nachkommen könnt.

Eine Gruppe aus der 10a diskutiert:

Sven: „Jeder Schüler kann doch im Monat € 1,- spenden. Das müsste doch reichen für Kopien und Kreide."

Annika: „Und was ist mit Strom- und Heizkosten? Oder willst du im Winter in der Kälte hocken und Mathe machen?"

Cem: „Das schaffen wir doch nie! Wenn wir mal überlegen, was alles in dieser Schule Geld kostet! Wie sollen wir das alles bezahlen?"

Sara: „Wirtschaften bedeutet doch, dass wir erst einmal Geld einnehmen müssen, um es für unsere Bedürfnisse wieder auszugeben. Und dabei denke ich nicht an unseren Geldbeutel, sondern an unsere Arbeitskraft – muskelmäßig und geistig!"

Cem: „Genau. Dabei müssten wir möglichst effektiv vorgehen: So wenig Einsatz wie nötig und so viel Gewinn wie möglich!"

Annika: „Das sagst du so leicht. Wir müssen schon etwas anbieten, was auch von anderen gebraucht und damit gekauft wird. Zu einem Preis, den die Leute auch bereit sind zu zahlen!

Cem: „Ok, das heißt aber auch, dass wir sorgfältig überlegen müssen, wofür wir das eingenommene Geld wieder ausgeben …"

Unsere Schule muss sich selber retten!

Aufgrund radikaler Einsparungen der Stadt und des Landes wird unsere Schule ab dem kommenden Schuljahr keinerlei finanzielle Zuwendung mehr erhalten. Dadurch wären laufende Kosten sowie Anschaffungen aller Art grundsätzlich nicht mehr möglich.

!!!!!!!

Alle am Schulleben Beteiligten sind hiermit aufgefordert, Ideen und Anregungen einzubringen, wie wir unsere Schule wirtschaftlich erhalten können!

2. Lege eine Mindmap oder eine Tabelle an, in der du verschiedene „Bedürfnisse" der Schule festhältst. Nutze die Hinweise aus dem Gespräch der vier Jugendlichen und ergänze eigene Stichworte.

➲ *Mindmap S. 236*

3. a) Erörtert in kleinen Gruppen konkrete Möglichkeiten, wie die Schüler ihre Arbeitskraft für die Schule wirtschaftlich nutzen könnten.
   b) Entwickelt in Kleingruppen jeweils ein Szenario zu einer der von euch entwickelten Möglichkeiten, die Schule wirtschaftlich zu unterstützen.

4

M METHODEN

Szenario

In einem Szenario werden verschiedene mögliche Entwicklungen einer gegenwärtigen Situation in der Zukunft gestaltet. Dadurch lassen sich unterschiedliche Handlungsmöglichkeiten konkret erproben und bewerten. Ziel ist es, die voraussichtlich beste Handlungsoption zu finden, um sie dann auch tatsächlich durchzuführen.

Das Szenario kann ein rein sprachlich ausformuliertes Zukunftsbild einer Situation sein oder auch Elemente der Inszenierung aufnehmen. Wichtig ist eine möglichst genaue Analyse der Ausgangslage, damit für den Entwurf möglicher Zukunftsentwicklungen vergleichbare Grundlagen gelegt sind. Das Szenario beschreibt die Ausgangssituation, wichtige Schritte der Entwicklung und die entsprechende Endsituation.

Merkmale von Szenarien

Drei Grundtypen lassen sich unterscheiden:

A „Best-case"-Szenario (extrem günstige Entwicklung)

B „Worst-case"-Szenario (extrem negative Entwicklung) und

C das sogenannte „Trendszenario" (Weiterentwicklung der gegenwärtigen Situation in der Zukunft).

Szenarien sind insofern realistisch, als sie von den gegenwärtigen Fakten und Rahmenbedingungen ausgehen. Szenarien entwerfen systematisch unterschiedliche hypothetische Zukunftsbilder (meist in sozioökonomischen Problemfeldern), die Orientierung für tatsächliches Handeln bieten sollen.

Schritte zur Durchführung des Szenarios

Beispiel: Wenn eine Schule plant, dass künftig bei der Berufsberatung in Jahrgang 10 ehemalige Schülerinnen und Schüler als Referenten eingeladen werden sollen und nicht wie bisher ältere „Profis" aus Wirtschaft und Verwaltung, dann können die Schritte zur Entwicklung unterschiedlicher Szenarien so aussehen:

1. Ausgangssituation analysieren
2. unterschiedliche Endsituationen (Hypothesen) aufstellen: „Best-case", „Worst-case", „Trend"
   - A **„Best-case"** Es werden für unterschiedliche Berufsfelder ausreichend und hoch motivierte Ehemalige gewonnen, die sich einen Vormittag lang für Beratungen und Plenumsgespräch in der Schule zur Verfügung stellen.
   - B **„Worst-case"** Kein Ehemaliger wird für das Vorhaben gewonnen; es müssen ganz kurzfristig wieder die „alten Profis" aktiviert werden.
   - C **„Trendszenario"** Die Berufsberatung wird sowohl durch Ehemalige als auch durch „ältere Profis" durchgeführt.
3. Teilschritte, die zu jeder der unterschiedlichen Endsituationen führen, realistisch angeben, z.B.:
   - Auswahl infrage kommender Ehemaliger, je nach beruflicher Tätigkeit
   - Kontaktaufnahme
   - Einigung über Terminierung und zeitlichen Rahmen ...
4. Bewertung der unterschiedlichen Szenarien bezüglich Praktikabilität und Übereinstimmung mit zugrunde gelegten Werten und Zielsetzungen.

4. Bewertet eure unterschiedlichen Szenarien (S. 123, Aufgabe 3b) und entscheidet, welches für euch die optimale Lösung darstellt.
5. Beurteile eure Durchführung dieser Methode „Szenario“: Inwieweit hat sich euer Vorgehen bewährt? Was würdet ihr beim nächsten Mal anders machen und warum?

I INFOBOX

Prinzipien wirtschaftlichen Handelns

Ökonomisches (wirtschaftliches) Handeln zielt auf die Befriedigung menschlicher Bedürfnisse durch die Versorgung mit zumeist materiellen Gütern. Zweck des Wirtschaftens ist zunächst die Existenzsicherung, darüber hinaus die Steigerung von Lebensqualität. Auf dem Wirtschaftsmarkt herrscht das Prinzip von Leistung und Gegenleistung: Produzenten und Konsumenten stehen in einem Tauschverhältnis zueinander. Jedes Produkt wird mit einem bestimmten **Wert** gehandelt, der Konsument muss einen bestimmten Gegenwert (zumeist in Form von Geld) aufbringen, um das Produkt zu erwerben. Umgekehrt muss auch der Produzent für die Produktion seiner Ware Kapital einsetzen. Die Höhe des Wertes von Produkten wird durch das Verhältnis von **Angebot und Nachfrage** bestimmt (Marktprinzip). Als Wirtschaftsfaktoren gelten Produktionsmittel (Geld, Maschinen, Fabriken), Arbeitskräfte, Energie und Fachwissen (Know-how). Mit der Entwicklung der Marktwirtschaft haben sich **Nutzenmaximierung**, **Effizienz** und **Gewinnorientierung** als ökonomische Prinzipien durchgesetzt. Zur Kennzeichnung einer nach diesen Prinzipien ausgerichteten Handlungsweise, die zunächst keinen ethisch-moralischen Grundsätzen verpflichtet ist, wurde der Begriff „**ökonomische Rationalität**“ geprägt. Bis in unsere Zeit lässt sich eine zunehmende Dominanz dieses wirtschaftlichen Denkens und Handelns in nahezu allen Lebensbereichen feststellen. Doch wer ökonomisch rational wirtschaftet, agiert immer auch in einem Gefüge sozialer Abhängigkeiten. Hinter Kostenkalkulationen und Gewinnspekulationen stehen letztlich Personen als Akteure sowie vom Wirtschaftsprozess indirekt Betroffene. Das bedeutet, dass der **Homo oeconomicus** als typischer Repräsentant der ökonomischen Rationalität niemals in einem moralisch neutralen Raum auftreten kann. Sein Streben, ökonomischen Nutzen und Gewinn zu maximieren, kann ethisch beurteilt und kritisiert werden, wenn z.B. Grundsätze der Gerechtigkeit verletzt werden. Solche Beurteilungen sind Aufgabe der **ökonomischen Ethik** (Wirtschaftsethik). Sie hinterfragt Prinzipien wirtschaftlichen Handelns, die bei der Herstellung, bei der Verteilung und dem Verbrauch von Gütern Geltung beanspruchen, hinsichtlich ihrer ethischen Begründbarkeit und leitet daraus moralisch wirksame Handlungsnormen im Bereich des Wirtschaftens ab. Moderne Wirtschaftswissenschaftler und Unternehmer sehen daher die Orientierung ausschließlich an ökonomisch rationalen Prinzipien des Homo oeconomicus, wie z.B. die kompromisslose Forderung nach Wachstum, zunehmend kritisch.

6. Stelle aus dem Gespräch der Gruppe aus der 10a verschiedene wirtschaftliche Prinzipien zusammen.
   a) Vergleiche diese Prinzipien mit denen in der Infobox genannten.
   b) Erkläre das Rationalitäts- und das Marktprinzip anhand von Beispielen.

7. Erläutere, inwiefern der Homo oeconomicus nach utilitaristischen Prinzipien handelt.

D DENKRAUM

A Die Adam-Smith-Schule ruft zu einem Wettbewerb auf: Gesucht wird der vielversprechendste Werbespot als Aufruf für Spenden an die Schule. Entwickelt in eurer Gruppe das Storyboard eines solchen Spots. Klärt vorher, welche Beurteilungskriterien ihr für einen gelungenen Spot ansetzt.

TIPP

Das Storyboard ist das Skizzenbuch des Regisseurs. Er verwendet es, um sich genauer vorstellen zu können, wie die Handlung in Bilder umgesetzt aussehen wird. Hier können gestalterische Mittel und Anweisungen für Schauspieler(-innen), Kamerafrau(-mann) und Beleuchter(-in) festgehalten werden. Gehe bei der Gestaltung des Storyboards in zwei Schritten vor:

1. Teile die Handlung in Filmszenen.
2. Male zu jedem Handlungsschritt mehrere Skizzen. Überlege genau, welche Kameraeinstellung zur Handlung und zum Dialog passt.

Kameraeinstellungen:

Weit | Totale | Halbtotale | Halbnah | Nah | Groß | Detail

B Der prämierte Werbespot wird ohne Wissen der beteiligten Schüler und Schülerinnen einem Fernsehsender zugespielt. Der Spot kommt groß raus und spielt viel Geld in die Kassen des Senders. Schreibe eine pointierte Stellungnahme über diesen Fall, die du in einer überregionalen Zeitung veröffentlichen könntest.

C Der Künstler-Fotograf Andreas Gursky gestaltete mit seinem fotografischen Diptychon einen Eindruck von der Warenflut moderner Industrienationen. Lass dich davon zu einem Essay mit dem Titel „Das 99-Cent-Prinzip regiert die Welt" anregen.

Diptychon: *in der Malerei ein zweigeteiltes Gemälde, häufig in religiöser Kunst als Andachts- oder Altarbild; ursprünglich eine zweigeteilte Wachstafel, deren Hälften durch ein Scharnier verbunden und zuzuklappen sind.*

Andreas Gursky: 99-cent II-Diptychon (2001)

Wachstum ohne Grenzen?

Die lange Reise einer Jeans

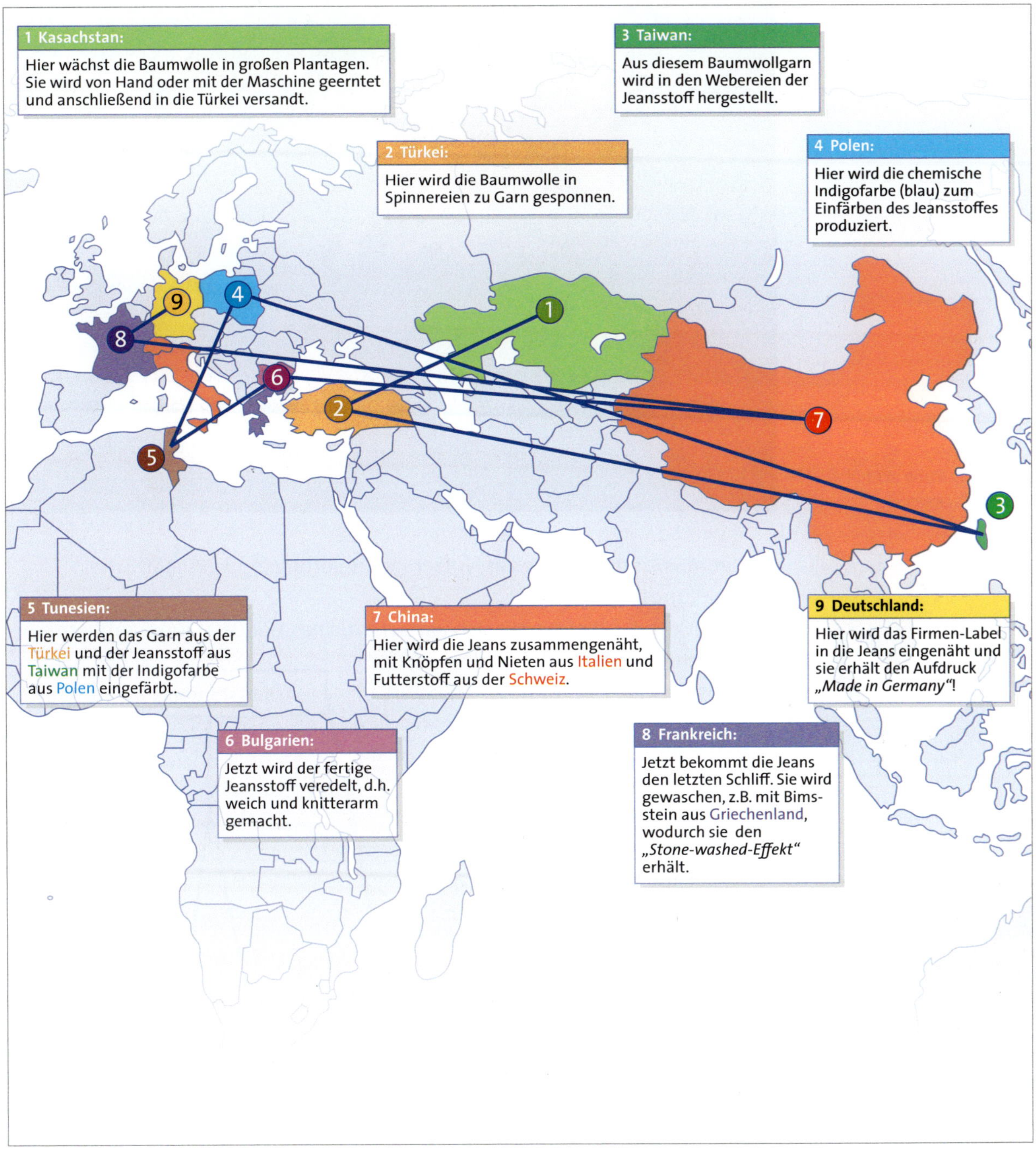

AUFGABEN A

1. a) Beschreibe anhand der Grafik den Produktionsweg einer Jeans.
   b) Begründe aus Sicht des Homo oeconomicus, warum dieser Produktionsweg so lang ist.

2. Recherchiere die Arbeitsbedingungen der an der Produktion von Jeans beteiligten Arbeiter z.B. in der Türkei, in Tunesien oder in China.

Jeansproduktion in Chinas Provinz Guangdong

3. Nimm kritisch Stellung zur Nutzenmaximierung als wirtschaftlichem Handlungsprinzip.
4. Diskutiert darüber, woran sich wirtschaftliches Handeln eurer Auffassung nach orientieren sollte.
5. Hans Lenk fordert Fairness – im Sport und in der Wirtschaft. Entwirf ein Best-case-Szenario zur Realisierung dieser Forderung und beurteile es.
6. *„Es ist mir in letzter Zeit vorgeworfen worden, ich hätte an die Ellenbogen Sporen geschnallt. Die, die ich dabei verletzt habe, bitte ich, nach Erreichung meiner Ziele, nachträglich um Entschuldigung.“*
(junger Industriedirektor)
Beurteile diese Äußerung des Industriedirektors im Hinblick auf Fairness.

➲ *zu Hans Lenk siehe auch S. 114 f.*

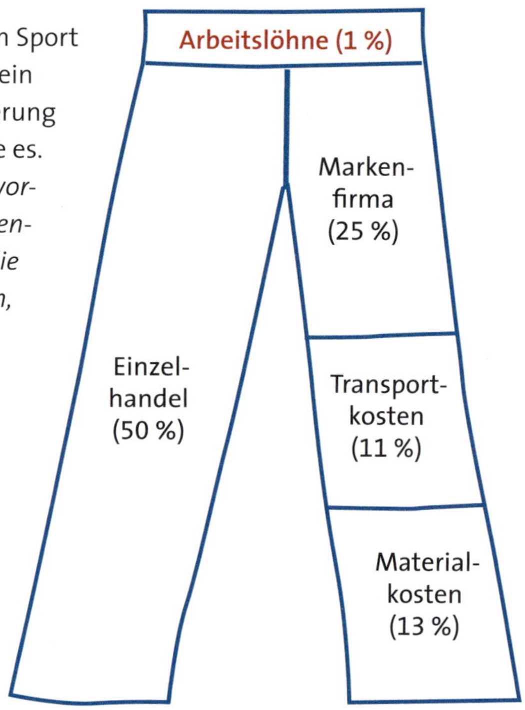

4

Unternehmensethik – verantwortlich wirtschaften

Ansprüche der Gesellschaft

von Thomas Beschorner

Aktivisten vor der Ölplattform Brent Spar

Die Aktivitäten von Unternehmen werden in zunehmendem Maße von einer kritischeren Öffentlichkeit begleitet. Als Musterbeispiel für diese „Macht" der Öffentlichkeit kann die Kontroverse um die Ölplattform „Brent Spar" vor einigen Jahren dienen. Nebensächlich ist in diesem Zusammenhang, dass die von Greenpeace behaupteten Verunreinigungen nicht in dem Maße vorlagen, wie es zunächst verbreitet wurde. Viel entscheidender ist die „negative Aufmerksamkeit", die der Shell-Konzern europaweit auf sich zog, weil die Öffentlichkeit die Versenkung der Ölplattform als nicht-hinnehmbare Praxis empfand und dem Konzern erhebliche Umsatzeinbußen drohten.
Das Beispiel veranschaulicht, dass sich die gesellschaftliche Stellung von Unternehmen nicht allein auf das Prinzip der Gewinnmaximierung reduzieren lässt. Angestoßen durch die „business-ethics-Bewegung" aus den USA setzt sich zunehmend auch hierzulande die Einsicht durch, dass komplexere Modelle vonnöten sind, um das Verhältnis von Unternehmen zu ihrer sozialen Umwelt zu beschreiben: hier hat sich bisher das sogenannte „Stakeholder-Modell" als angemessenes Instrumentarium erwiesen. Diesem Modell liegt die Idee zugrunde, dass Unternehmen in ein Beziehungsgeflecht unterschiedlicher sogenannter Anspruchsgruppen eingebunden sind, die neben den traditionellen wirtschaftlichen Akteuren – also den Kunden, Lieferanten, Konkurrenten – auch eine kritische Öffentlichkeit beinhalten. [...]
Auf der Grundlage dieser alle relevanten Gruppen berücksichtigenden Betrachtungsweise unterscheidet man nun zwei unternehmensethische Argumentationen: den „strategischen" und den „normativ-kritischen" Ansatz.
Der „strategische Stakeholder-Ansatz" berücksichtigt die Ansprüche auch nicht-marktlicher Akteure [...]. Anders, als bei einer rein defensiven Haltung von Unternehmen, bei der die Interessen der Öffentlichkeit nur berücksichtigt werden, um eine „negative Aufmerksamkeit" zu vermeiden, können aus den Ansprüchen der Öffentlichkeit darüber hinaus auch konstruktive Impulse für Unternehmensentwicklungen abgeleitet werden und so nützlich sein. [...] Eine normativ-kritische Konzeption des Stakeholder-Modells hingegen fragt von einem moralischen Standpunkt aus, wer berechtigte An-

*Anspruchsgruppen oder **Stakeholder** sind einzelne Personen, Gruppen oder Institutionen und ihre Vertreter, die persönliche, gesellschaftliche, politische, soziale oder ökologische Interessen vertreten oder rechtliche Anforderungen an ein Unternehmen stellen. Sie versuchen deshalb die Handlungen eines Unternehmens und seiner Manager direkt oder indirekt zu beeinflussen. Sie können umgekehrt selbst direkt oder indirekt von den Aktivitäten des Unternehmens beeinflusst sein.*

4

sprüche gegenüber dem Unternehmen erheben können soll – also nicht: wer wirkungsmächtige Ansprüche erheben kann. Damit geht es nicht, wie im strategischen Management, um „Verhandlungslösungen", sondern um eine „argumentative Verständigung" zwischen dem Unternehmen und seinen Stakeholdern, und zwar auch jenseits ökonomischer Erwägungen. Eine solche Perspektive betrachtet ausdrücklich nicht empirisch vorfindbare soziale Wirklichkeiten, sondern greift auf ethische Theorien zurück, um den beteiligten Akteuren (Unternehmen und ihren Stakeholdern) eine Handlungsorientierung anzubieten, wie sie vernünftigerweise handeln sollen.

1. a) Recherchiere zur Kontroverse um die Ölplattform „Brent Spar".
   b) Erläutere daran, welchen Einfluss die Öffentlichkeit auf Wirtschaftsunternehmen haben kann.
2. a) Stelle die beiden von Beschorner genannten unternehmensethischen Ansätze einander gegenüber.
   b) Für welchen Ansatz sind die Ereignisse um die „Brent Spar" exemplarisch?
3. Erörtere aus Sicht eines Mastbetriebs (z.B. Wiesenhof), welche Konsequenzen der strategische Stakeholder-Ansatz für das Unternehmen bedeuten würde.

Das System Wiesenhof: Die Hähnchenaufzucht für den Geflügelproduzenten *Wiesenhof* bei Visbek (Kreis Vechta). Nach rund 34 Tagen sind die Tiere schlachtreif.

4. Beurteile das gleiche Unternehmen nach dem normativ-kritischen Ansatz. Nutze dafür die Argumentation unterschiedlicher ethischer Positionen, die du bereits kennengelernt hast (z.B. Kant, Hans Lenk).

> *Nur Personen können ethisch handeln. Organisationen, z.B. Unternehmen, koordinieren immer „nur" die individuellen Handlungen von Personen.*
>
> Th. Beschorner

5. Diskutiert, welche Bedingungen in einem Unternehmen gewährleistet sein sollten, damit ethisches Handeln von Führungskräften und Mitarbeitern ermöglicht und gefördert wird.

Wirtschaft und Moral – eine notwendige Verbindung?

Die „unsichtbare Hand“

von Adam Smith

Die Arbeitsteilung, die so viele Vorteile mit sich bringt, ist in ihrem Ursprung nicht etwa das Ergebnis menschlicher Erkenntnis, welche den allgemeinen Wohlstand, zu dem erstere führt, voraussieht und anstrebt. Sie entsteht vielmehr zwangsläufig, wenn auch langsam und schrittweise, aus einer natürlichen Neigung des Menschen, zu handeln und Dinge gegeneinander auszutauschen. […]

Der einzelne ist stets darauf bedacht, herauszufinden, wo er sein Kapital, über das er verfügen kann, so vorteilhaft wie nur irgend möglich einsetzen kann. Und tatsächlich hat er dabei den eigenen Vorteil im Auge und nicht etwa den der Volkswirtschaft. Aber gerade das Streben nach seinem eigenen Vorteil ist es, das ihn ganz von selbst oder vielmehr notwendigerweise dazu führt, sein Kapital dort einzusetzen, wo es auch dem ganzen Land den größten Nutzen bringt. […]

Tatsächlich fördert er in der Regel nicht bewusst das Allgemeinwohl, noch weiß er, wie hoch der eigene Beitrag ist. Wenn er es vorzieht, die nationale Wirtschaft anstatt die ausländische zu unterstützen, denkt er eigentlich nur an die eigene Sicherheit und wenn er dadurch die Erwerbstätigkeit so fördert, dass ihr Ertrag den höchsten Wert erzielen kann, strebt er lediglich nach eigenem Gewinn. Und er wird in diesem wie auch in vielen anderen Fällen von einer unsichtbaren Hand geleitet, um einen Zweck zu fördern, den zu erfüllen er in keiner Weise beabsichtigt hat.

Adam Smith (1723–1790), schottischer Philosoph und Nationalökonom, begründete die Idee der freien Marktwirtschaft. Sein bekanntestes Werk dazu ist „Der Wohlstand der Nationen“ von 1776.

AUFGABEN A

1. a) Erläutere auf Grundlage des Textes, wie nach Adam Smith der Wohlstand einer Gesellschaft zustande kommt.
   b) Interpretiere die Metapher der „unsichtbaren Hand“.
2. *„Denkt jeder an sich, ist an alle gedacht.“* – Erörtere, inwiefern dieser Satz Smiths Auffassung wiedergibt.
3. Für Adam Smith ist das eigennützige Handeln des Einzelnen nicht unmoralisch, sondern führt im gesellschaftlichen Miteinander zu einer „natürlichen Ordnung“. Beurteille die Position von Smith.
4. Interpretiere Die Installation MANIFEST vor dem Hintergrund von Smiths Theorie.

Thomas Feuerstein: MANIFEST (Detail, 2009)

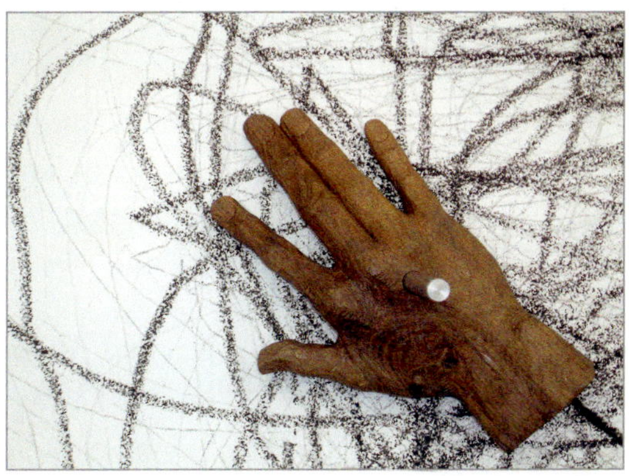

Eine überlebensgroße geschnitzte Hand fährt wie von Zauberhand bewegt über die Wand des Kunstraums und hinterlässt Spuren eines Kohlestiftes. Die endlose Linie an der Wand resultiert aus Börsendaten, die in Echtzeit umgerechnet werden.

4

Es geht um Werte statt Wachstum

Interview mit Tomás Sedláček, von Hans Sedlmaier

Tomas Sedláček (geb. 1977), tschechischer Ökonom. Mit seinem Buch „Die Ökonomie von Gut und Böse" (2009, dt. 2012) wurde er schlagartig bekannt.

FOCUS Online: Herr Sedláček, in Ihrem Buch behaupten Sie, in der Wirtschaft sei nichts wertneutral. Warum?

Tomás Sedláček: Weil es in der Wirtschaft nicht nur um Bewertungen, sondern um Werte geht. Und Werte haben mit Moral zu tun. Jeder Apfel, den Sie kaufen, schließt eine ethische Entscheidung mit ein: Glauben Sie etwa an Fair Trade oder nicht? Wenn Sie an der Tankstelle Benzin in den Tank füllen, hat das Konsequenzen für die nachfolgenden Generationen. Wir sollten uns darüber Gedanken machen.

FOCUS Online: Ein Kauf ist also nicht einfach ein Kauf ...

Sedláček: ... nein, er ist eine Abstimmung mit Geld für oder gegen etwas. Es ist wie bei einer politischen Wahl: Ich stimme bei meinem Kauf für Coca-Cola oder Pepsi, ich stimme für eine Cola mit oder ohne Zucker.

FOCUS Online: Glauben Sie wirklich, die Mehrheit der Apfelkäufer im Supermarkt denkt über mehr als den Preis nach?

Sedlaçek: Nein, natürlich tun die meisten das nicht. Aber, mal hart formuliert: Wenn Sie jemanden töten, ohne darüber nachzudenken, sind Sie deshalb unschuldig? Es geht einfach ums Abwägen der Konsequenzen.

FOCUS Online: Ein lobenswerter Appell. Aber gab es das nicht immer schon – im Alten Testament und bis heute: Mahner der Menschheit, die Besinnung und Umkehr fordern? Sie blieben ohne dauerhaften Erfolg.

Sedláček: Wenn wir wollen, dass die Wirtschaft besser funktioniert, dann müssen wir über Ziele debattieren. Jeder Mensch, ob er nun gut oder schlecht ist, hat eigene Wertvorstellungen, denen er folgt. So gibt es linke und rechte, konservative und liberale Wertkategorien. Jeder trifft für sich in seinem Rahmen täglich Entscheidungen – gute und schlechte.

FOCUS Online: Wie sollte die Debatte geführt werden?

Sedláček: Wir brauchen mehr Wissen. Ein Beispiel: Leuten, die hungern, etwas zu essen zu geben, ist zunächst moralisch gut. Es kann aber auch schlecht sein, wenn es sie in Abhängigkeit bringt und ihre einheimische Nahrungserzeugung zerstört. Es braucht also immer Wissen, wenn etwas Gutes entstehen soll. [...]

FOCUS Online: Sie kritisieren Ihre Disziplin, die Ökonomie?

Sedláček: Wir haben jede Debatte über Gefahren ignoriert. Und wir waren dumm. Ökonomen beklagen ja gern, dass die meisten Leute keine Ahnung von Wirtschaft haben. Aber das ist unfair. Schließlich hatten bei der letzten Krise auch die Top-Spekulanten keine Ahnung von den Papieren, die sie gekauft haben.

FOCUS Online: Also führte eine fatale Mischung aus falschen Entscheidungen und Ahnungslosigkeit zur Krise?

Sedláček: Ich sehe uns in etwas gefangen, das ich die „sündhafte Struktur" nenne.

FOCUS Online: Das müssen Sie näher erläutern.

Sedláček: Eine Struktur, in der zwar die meisten gute Absichten haben, die aber so gestaltet ist, dass am Ende oft etwas Schlechtes dabei herauskommt. Es ist eine Art Gegenstück zur berühmten unsichtbaren Hand, die laut Adam Smith den Markt steuern soll – auch so eine Glaubensfrage – und bei der das egoistische Handeln der Einzelnen zum Wohl für die Gemeinschaft werden soll.

FOCUS Online: So wie Michael Douglas alias Gordon Gekko im Film „Wall Street“ sagt: „Gier ist gut. Gier funktioniert.“

Sedláček: Ja, und wir merken alle, dass Gier nicht gut funktioniert – jedenfalls nicht für die Mehrheit.

FOCUS Online: Ist Gier nicht ein starker Motor?

Sedláček: Ich denke, es ist weniger die Gier als die Unzufriedenheit, die die Menschen antreibt. Unzufriedenheit mit der Gegenwart ist der Motor des Fortschritts wie des Konsums. Schon als Adam und Eva im Paradies dazu verführt werden, vom Baum der Erkenntnis zu essen, tun sie es aus Unzufriedenheit.

FOCUS Online: Damit sind wir bei der Frage des Menschenbilds der Ökonomie.

Sedláček: Ja, und es liegt schon Ironie darin, dass sich die Wissenschaft, die versucht, sich jeder Wertung zu enthalten, auf Adam Smith beruft. Denn die Wurzeln der Ökonomie liegen in Moraldebatten, und Adam Smith war ein Moralphilosoph, der nicht nur „Der Wohlstand der Nationen“ geschrieben hat, sondern auch die „Theorie der ethischen Gefühle“, die bis heute an den Universitäten gelesen wird.

FOCUS Online: Was können wir von Adam Smith heute lernen?

Sedláček: Adam Smith propagierte einerseits den Gedanken von Effizienz und Arbeitsteilung. Aber er war auch der Meinung, dass eine gewisse Sympathie für den Mitmenschen – man könnte auch sagen, ein bisschen Liebe – die Grundlage der Moral und die Triebfeder der Arbeit sei. In seinem Denken gab es die starke Liebe innerhalb enger Freundes- und Familienkreise, darüber hinaus aber eine Grundsympathie – so wie in der Physik die starke Anziehungskraft von Elementarteilchen einerseits und die Erdanziehungskraft auf der anderen Seite. Letztere ist geringer, wirkt aber viel weiter. Diese Grundsympathie, die uns aneinanderbindet und die Gesellschaft zusammenhält, müssten wir wieder stärker suchen.

FOCUS Online: Sehen Sie positive Veränderungen innerhalb der Marktwirtschaft, wo Werte eine Rolle spielen?

Sedláček: Durchaus. Nehmen Sie zum Beispiel eine Fabrik in einer freien Marktwirtschaft, die den Fluss verschmutzt. Die Kosten für die Verschmutzung finden sich nicht im Preis der Firmenprodukte wieder. Die Regierung sorgte bisher mit Steuergeldern dafür, den Fluss wieder sauber zu kriegen. Heute sagen immer mehr Firmen: Wir sind für den Fluss verantwortlich. Wir sorgen dafür, dass er wieder sauber wird und es auch so weit möglich bleibt. Es ist ein Zeichen von Evolution in einer Firma, wenn sie solche Prinzipien anwendet und immer mehr Menschen in den Unternehmens-Egoismus einbezieht. Während es lange Zeit nur um Gewinn ging, trägt sie nun auch Verantwortung – für ihre Mitarbeiter, ihre Umwelt und so weiter. [...]

FOCUS Online: Wie können wir die ausgetretenen Diskussionspfade verlassen und Neuland betreten?

Sedláček: Die Kernfrage, die wir uns stellen müssen, ist nicht: „Läuft die Wirtschaft?“, so wie wir das seit Jahrzehnten tun. Sondern: „Läuft die Wirtschaft so, wie wir es wollen?“ Das Bruttoinlandsprodukt allein kann künftig kein Maßstab mehr für Fortschritt sein.

FOCUS Online: Warum nicht?

Sedláček: Weil es zu wenig aussagt. Wenn Sie in Deutschland alle Bäume abholzen und ins Ausland verkaufen, haben Sie einen tollen Effekt aufs BIP. Und wenn Sie die Kinder nicht in die Schule, sondern in die Fabrik schicken würden, ebenfalls. Aber wäre das gut?

5. a) Gib die aus deiner Sicht wichtigsten Aussagen von Tomás Sedláček in diesem Interview wieder.
   b) Vergleicht eure Bewertungen und einigt euch auf die Kernaussage.
6. Erläutere, inwiefern Adam Smith für Sedláček heute noch wichtige Hinweise für wirtschaftliches Handeln geben kann.
7. Bewerte, welche Chancen Sedláčeks Appell für verantwortliches Wirtschaften in heutiger Zeit nach deiner Einschätzung hat.
   a) Prüfe, welche Möglichkeiten du selbst hast, als Konsument verantwortlich zu handeln.
   b) Sammelt Beispiele und beurteilt sie realistisch.

D DENKRAUM

Wirtschaft hat grundsätzlich nicht Selbstzweckcharakter, sondern ist immer bezogen auf Individuen, die gesellschaftliche Ziele verfolgen und damit in moralisch relevanten Situationen handeln.

Dagmar Fenner

Analysiere und beurteile eine der beiden Aussagen, indem du die zum Ausdruck gebrachte Auffassung von wirtschaftlichem Handeln herausstellst.

Rückblick

Das Wirtschaftsmagazin „brand eins“ veröffentlichte im Monat September 2011 eine Ausgabe mit zwei verschiedenen Titelbildern.

AUFGABEN A

1. Erkläre im Rückblick auf das Kapitel, weshalb sich die Redaktion zu zwei verschiedenen Titelbildern entschlossen haben könnte.
2. Begründe, welches Titelbild dir für ein aktuelles Wirtschaftsmagazin angemessener erscheint.
3. Entwirf ein eigenes Cover zum Thema „Wirtschaft und Moral“, in das du für dich zentrale Aspekte dieses Kapitels integrierst.

Weiterdenken

Die Unternehmen A und B produzieren Arzneimittel und konkurrieren seit Jahren um die Monopolstellung auf dem Markt. Erfolge in der medizinischen Forschung ermöglichen nun dem Unternehmen A die Entwicklung eines neuen Präparates gegen eine bestimmte Form von Alzheimer, das auf dem Markt stark nachgefragt ist. Die Kosten dafür sind allerdings sehr hoch, und die Unternehmensführung weiß nicht, ob B die gleichen Pläne schmiedet oder sogar teilweise schon umgesetzt hat.

		Unternehmen B	
		investiere	investiere nicht
Unternehmen A	investiere		
	investiere nicht		

4. a) Ergänze die Matrix in deinem Heft oder deiner Mappe: In welcher Konstellation hat Unternehmen A mit den besten bzw. schlechtesten Gewinnchancen zu rechnen?
   b) Führe ein Szenario zu dieser (fiktiven) Situation aus Sicht von Unternehmen A durch.
5. Erläutere, welche Strategien Unternehmen A anwenden kann, um die Bestcase-Situation für sich zu ermitteln.
6. Sammelt weitere Beispiele für strategische Interaktion in der Wirtschaft und problematisiert sie im Hinblick auf moralische Kriterien.

5 Wahrheit und Wirklichkeit

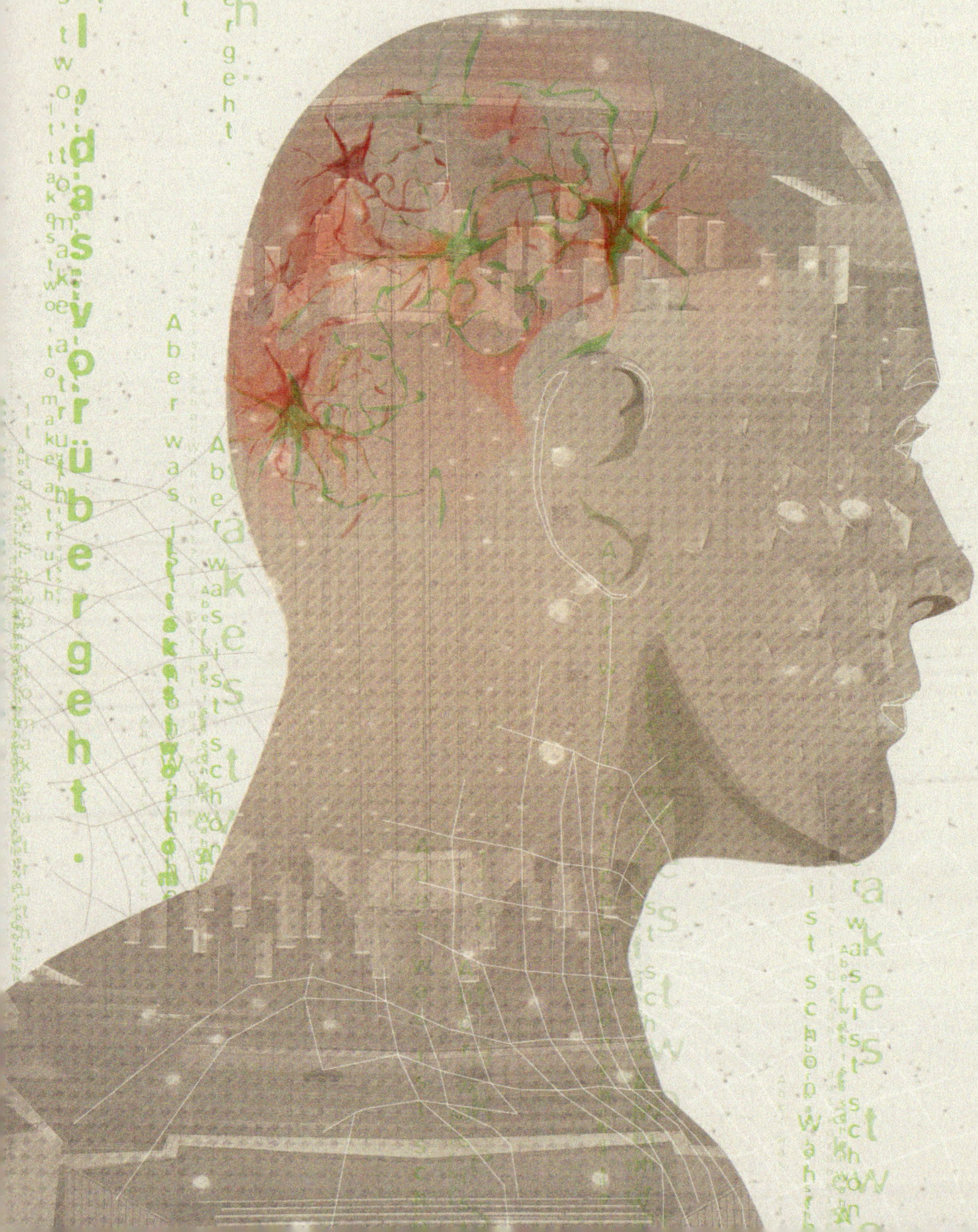

Die Wörter „wahr" und „wirklich" begleiten unseren Alltag in unzähligen Zusammenhängen:

„Das darf doch wohl nicht wahr sein!"
„Er ist ein wahrer Freund."
„Die Niederlage war wirklich verdient."
„Ich habe mich nicht wirklich auf die Mathe-Klassenarbeit vorbereitet."

Doch was bedeuten diese beiden Begriffe und inwiefern unterscheiden sie sich voneinander? Gibt es Wahrheiten außerhalb der Wirklichkeit und existieren Wirklichkeiten unabhängig von Wahrheit? Auf welche Lebensbereiche beziehen sich unsere Urteile über Wahres und Wirkliches? Und was hemmt unser Erkennen von Wahrheiten und Wirklichkeiten?

„Besser als die Wahrheit kennen ist:
die Wahrheit lieben.
Besser als die Wahrheit lieben ist:
Freude an ihr zu haben."

Konfuzius

„Truth is an arrow and the gate is narrow
that it passes through."

Bob Dylan

5

1 Wahrheit und Vorstellung

Aus dem Deutschen Wörterbuch der Gebrüder Grimm

wahrheit, f. was der wirklichkeit gemäsz ist, der wirkliche sachverhalt, die richtige auffassung der dinge, ein wahrer satz, wirklichkeit, wahrhaftigkeit u. s. w. […] **wahrheit** geht also auf die übereinstimmung der wirklichkeit, des thatsächlichen sachverhalts, mit der menschlichen rede und dem menschlichen denken. […] **wahrheit** erscheint so als etwas das vom menschen zu erstreben und hochzuhalten ist und wird zu einem ideal und leitstern für das menschliche leben.

alétheia, griech. die Wahrheit: Was nicht verborgen, unbekannt, unerkannt, sondern unverborgen, erschlossen, offensichtlich, bekannt und erkannt ist. Wahrheit im Sinne von alétheia *wird darum mit Ausdrücken des Sehens, Wahrnehmens und Suchens verbunden.*

A AUFGABEN

1. Gestalte ein Gespräch der betrachtenden Figuren über den „Wahrheitsträger".
2. Prüfe, inwiefern dein Verständnis von „Wahrheit" und „wahr" mit den Einträgen im grimmschen Wörterbuch bzw. mit der Worterklärung von *alétheia* übereinstimmt.
3. Kommt die Frage nach der „Wahrheit" in deinem Leben vor? Mache dir Notizen und schildere Situationen, in denen du einmal mit der Frage nach der Wahrheit konfrontiert warst.

In diesem Kapitel geht es um die Wahrheit. Ist eine Definition möglich? Worauf bezieht sich Wahrheit überhaupt – auf Dinge, Ereignisse, Situationen, Aussagen, Wörter? Und wie verhält sich die Wahrheit zu Wahrnehmungen und Vorstellungen? Können Vorstellungen wahr sein?

Die Methode, die in diesem Kapitel vorgestellt wird, ist die ***ethische Deutung von Bildern.***

Wahrnehmung und Vorstellung

„Fische faszinieren mich. Ich kann nicht einmal sagen, warum. Es ist nicht die Tatsache, dass sie leise sind, das find ich unerheblich. Es sind vielmehr ihre Bewegungen im Wasser, die ich liebe, und die Vorstellung, dass sie schweben und mit nichts verbunden sind. Manchmal ertappe ich mich dabei, minutenlang vor einem Aquarium zu stehen. Einfach so, wie ein Idiot. es ist eben schön, das ist alles."

Sophie Calle: Fisch, aus der Serie: Les Aveugles (Die Blinden, 1986)

Ich begegnete auf der Straße einer Gruppe blinder Menschen und einer von ihnen sagte zu seinen Freunden „Ich habe gestern einen schönen Film gesehen". Ich brauchte zwei Jahre, um diese Arbeit zu beenden. Ich hatte Angst vor dem grausamen Element, das enthalten ist, wenn man einen blinden Menschen fragt, was Schönheit ist. Sophie Calle

Sophie Calle (geb. 1953 in Paris)

AUFGABEN A

1. Untersuche den Ausschnitt des Interviews mit dem Blinden auf Hinweise, aus denen hervorgeht, dass der Sprecher blind ist.
2. Lege dar, worin der Unterschied zwischen der visuellen Wahrnehmung von etwas, was man schön findet, und der Vorstellung von etwas, was man schön findet, besteht.
3. Versuche zu erklären, wovor die Künstlerin Angst hatte.
4. Führt ein Experiment durch: Beschreibt euch gegenseitig, was ihr schön findet, und teilt euch mit, ob ihr in eurem Urteil übereinstimmt. Erläutert auch, worauf die Übereinstimmung genau beruht.

Tipp
Ihr könnt zum Beispiel Dinge, Personen, Gerüche, Gefühle, Situationen oder Ereignisse beschreiben.

5

Haben Vorstellungen Streifen?

nach Zeno Vendler

Du hast den Nachmittag im Zoo verbracht, um deinen Kopf einmal wieder frei zu bekommen. Stunden hast du dich auf die Mauer am Gehege der Tiger gestützt und einen von ihnen beobachtet; wie er in der Sonne lag, wie er ein paar Schritte ging, wie er majestätisch in eine versperrte Ferne blickte. Was für ein Tier, so nah, so fremd zugleich!
Auf dem Weg nach Hause triffst du einen Freund, der fragt, was du so gemacht hast.
„Ob du es glaubst oder nicht, ich war im Zoo und habe stundenlang einen Tiger beobachtet", sagst du.
„Cool!", meint der Freund, „Und – wie viele Streifen hat er?"
Die Frage verblüfft dich, eigentlich müsstest du es doch wissen, so aufmerksam, wie du den Tiger angeschaut hast.
„Na, dann zähl doch mal nach. Du hast doch bestimmt ein Bild im Kopf", sagt der Freund.
Das verblüfft dich noch mehr. Du setzt an: „Also …"

5. Prüfe, ob du der Aufforderung des Freundes nachkommen kannst.
   a) Wenn du tatsächlich „im Geiste" nachzählen würdest, und „28" antwortest, dein Freund aber sagt: „Da hast du dich bestimmt verzählt. Zähl noch einmal nach!" – prüfe, ob du dieser Aufforderung nachkommen kannst.
   b) Überlege, was die Voraussetzung wäre, die Frage des Freundes zu beantworten.
6. Stelle Vermutungen an, wodurch sich das Zählen der Streifen des Tigers im Zoo und das Zählen der Streifen „im Geiste" unterscheiden.
7. Ziehe Schlussfolgerungen aus dem Gedankenexperiment und beziehe die Behauptung des Philosophen Franz von Kutschera ein.

> *Wir können unsere eigenen Vorstellungen nicht direkt mit den Tatsachen vergleichen, sondern immer nur Vorstellungen mit anderen Vorstellungen.*
>
> Franz von Kutschera

8. Formuliere eine Frage, auf die das Gedankenexperiment eine Antwort gibt.
9. Führe weitere Gedankenexperimente dieser Art durch.

   BEISPIELE:
   Welche Augenfarbe hat Iris? / Stelle dir eine Skihütte vor und schau nach, ob auf der Rückseite eine Hundehütte ist. / Welches Kennzeichen hatte das Fahrzeug, mit dem Fahrerflucht begangen wurde?

M METHODEN

Bilder ethisch deuten

Anders als im Kunstunterricht ist die ethische Deutung von Bildern ausdrücklich wertend und bewertend. Die Bildelemente werden nicht neutral beschrieben, sondern auf ihre ethischen Aussagen hin untersucht und gedeutet. Die Bewertungen sollen selbstverständlich nicht willkürlich und rein subjektiv, also persönlich sein, sondern zustimmungsfähig. Das heißt, Bewertungen werden zur Diskussion gestellt und sollen sich in der Diskussion behaupten.
Die Methode verlangt also mindestens zwei Interpreten bzw. Interpretinnen.
Geeignet ist eigentlich jedes Bild, sowohl solche, die bewusst ethisch bedeutsame Sachverhalte darstellen als auch solche, die es nicht tun.

Schritte der Methode:

1. Jedes Mitglied der Gruppe bekommt Gelegenheit, sich zu äußern:
   „Ich verstehe etwas, was ihr vielleicht nicht versteht, und zwar ..."
2. Auf jede Äußerung hin haben die anderen Gruppenmitglieder Gelegenheit, dazu Stellung zu nehmen und auf Elemente hinzuweisen, die sie selbst zu verstehen meinen.
3. Wenn es keine Deutungen mehr gibt, werden die Ergebnisse zusammengefasst.
   BEISPIELE:
   „Das Bild (die Karikatur) ... wendet sich kritisch gegen ... wahrt unkritisch Neutralität (Unparteilichkeit) angesichts einer Menschenrechte verletzenden Situation, indem es ... fordert direkt / indirekt dazu auf, sich zu engagieren, indem es ... nimmt klar Stellung in dem Konflikt, indem es ... konfrontiert die Betrachter mit unangenehmen Wahrheiten, indem es ... zeigt schonungslos Konsequenzen auf, indem es ..."

Ismail Cogan: Confrontations

1. Gib eine ethische Deutung des Cartoons auf Seite 138 und der Karikatur von Ismail Cogan.

5

Wahrheitstheorien

Ein Gespräch mit Aristoteles

Vera: Können Sie uns etwas zum Thema Wahrheit sagen? Was bedeutet „wahr", was bedeutet „falsch"? Sie haben doch angeblich Bahnbrechendes zu diesem Thema geschrieben.

Aristoteles: Zu sagen, dass das Seiende nicht ist oder dass das Nichtseiende ist, ist falsch; zu sagen, dass das Seiende ist oder das Nichtseiende nicht ist, ist wahr.

Vera: Na toll! Also ehrlich gesagt, habe ich schon etwas mehr erwartet. Das ist doch ziemlich banal, was Sie sagen. Natürlich trifft es nicht zu, dass ich hier sitze und nicht mit Ihnen spreche (ich spreche ja mit Ihnen); natürlich trifft es nicht zu, dass ich nicht hier sitze, aber dennoch mit Ihnen spreche; natürlich stimmt es, dass ich hier sitze und mit Ihnen spreche, und natürlich stimmt es, dass ich hier sitze und nicht mit ihnen fechte - wir reden schließlich miteinander. Klar ist der Mount Everest kein Pottwal. Klar ist eine Blume, die keine Rose ist, keine Rose. Ist doch logisch!

Aristoteles: Sehr scharfsinnig gedacht! Trotzdem ist das nicht so banal wie es aussieht. Ich habe noch etwas anderes gemeint.

Vera: Was denn?

Aristoteles: Ich habe nicht über dich oder den Mount Everest oder Pottwale oder Blumen, geschweige Rosen gesprochen. Erinnerst du dich, wie ich angefangen habe? „Zu sagen, dass …"

Vera: Ach, Sie meinen, die Sachen selbst sind nicht wahr oder falsch, nur das, was wir über sie sagen?

Aristoteles: Ja, genau das meine ich! Ein Stein ist nicht wahr, sein Herumliegen an einem Strand ist nicht wahr oder falsch. Aber Aussagen wie „Da liegt ein Stein" oder „Der Stein ist hungrig" oder „Der Mount Everest ist schwer zu erklimmen" – die können wahr oder falsch sein.

Vera: Genial!

A AUFGABEN

1. Erkläre, was Vera genial findet.
2. Fügt in die Tabelle Beispiele ein, die zu Aristoteles' Definition passen.

Aussage	ist …	ist nicht …	Wahrheitswert der Aussage
			wahr
			falsch

Später denkt Vera noch einmal darüber nach, was Aristoteles' Theorie bedeutet. Dann liegt die Wahrheit in den Aussagen über Dinge und Ereignisse, nicht in den Dingen und Ereignissen selbst? Und woher weiß man dann, wann eine Aussage wahr ist? Wenn der Gegenstand tatsächlich die Eigenschaft hat, die man ihm mit der Aussage zuschreibt, anders kann es nicht sein. Und wie stellt man fest, ob der Gegenstand die Eigenschaft hat, die man ihm zuschreibt (oder abspricht)?

I INFOBOX

Der Philosoph **Wolfgang Künne** versteht Aristoteles' Definition folgendermaßen:
Ein Aussagesatz, in dem einem Gegenstand, z.B. dem Mount Everest, eine Eigenschaft zu- oder abgesprochen wird, ist genau dann wahr, wenn der Gegenstand (z.B. der Mount Everest) diese Eigenschaft hat bzw. nicht hat.

Beispiel

Wahr ist: Der Mount Everest ist 8848 Meter hoch.
Wahr ist: Der Mount Everest ist kein Raumschiff.
Falsch ist: Der Mount Everest liegt in Norddeutschland.
Falsch ist: Der Mont Everest liegt nicht in Nepal.

3. Diskutiert verschiedene Möglichkeiten, wie man herausfinden kann, ob eine Aussage wahr oder falsch ist, anhand von Beispielen und sortiert eure Vorschläge.
   BEISPIELE:
   Das Konzert war total daneben.
   Ina wird morgen 17.
   Der Nachtisch schmeckt nach Knoblauch.
4. Prüft, ob die folgenden Aussagen „wahr" bzw. „falsch" sein können. Findet danach weitere Beispiele.
   a) Emilie hat sich völlig danebenbenommen!
   b) Das kannst du doch nicht machen!
   c) Das war eine richtig gute Idee von dir.
   d) Was du nicht willst, das man dir tu', das füg auch keinem andern zu.
   e) Komm mir bloß nicht in die Quere!

Wahrheit lebt zum größten Teil vom gegenseitigen Kredit. Unsere Gedanken und Überzeugungen zirkulieren, solange sie nicht infrage gestellt werden, ebenso wie Banknoten zirkulieren, solange sie niemand zurückweist. [...] Wir nutzen unsere Wahrheiten gegenseitig. [...] Das Wahre ist, um es kurz zu sagen, nur das Förderliche im Prozess unseres Denkens.

William James

5. Erläutere W. James' Idee der Wahrheit und suche nach Beispielen, die sie bestätigen oder widerlegen können.

5

I INFOBOX

Wahrheit

Wahrheit ist ein **Anspruch**, den wir in unterschiedlichen Situationen erheben: Wenn wir mit anderen sprechen, wenn wir etwas lernen oder etwas lesen. Wenn jemand etwas behauptet, gehen wir zuerst einmal davon aus, dass es „wahr“ ist, was er sagt. Wir glauben nicht, dass das, was wir gerade lesen, falsch ist. Wenn wir uns nicht sicher sind, fragen wir: „Ist das wahr?“ oder „Tatsächlich?“ oder „Stimmt das?“ oder „Ist das Tatsache?“. Manchmal sind wir auch nur erstaunt über Behauptungen. Dann sagen wir z.B.: „Das ist doch nicht die Wahrheit!“ Der andere ist dann aufgefordert, seine Behauptung zu begründen. Aber was macht die Begründung wahr?
Die Frage ist nur: Was macht eine Behauptung wahr? Die Philosophie hat mehrere Antworten auf die Frage nach den **„Wahrmachern“** von Behauptungen gefunden:

WAHRHEIT

Von Wahrheit kann man sprechen, wenn eine Aussage oder ein Gedanke mit einer Tatsache in der Welt übereinstimmen. → KORRESPONDENZTHEORIE

Von Wahrheit kann man sprechen, wenn Menschen sich über eine Sache einig sind, „Konsens“ besteht oder wenn eine Behauptung sich mit verwandten Behauptungen verträgt. Beispiel: „Heute ist es kalt draußen!“ und „Es sind –10 Grad Celsius“ → KONSENSTHEORIE (von lat. *consensus* = Übereinstimmung)

Von „wahr“ oder von „Wahrheit“ zu sprechen ist meistens entbehrlich. Wenn etwas ausgesagt wird, wird mitgesagt, dass es wahr ist: „Es ist wahr, dass Cäsar ermordet wurde“ besagt „Cäsar wurde ermordet“. Dass es wahr ist, fügt der letzten Äußerung nichts hinzu. Dennoch kann man die Wörter „wahr“ oder „Wahrheit“ natürlich sinnvoll benutzen. Sie sind nicht überflüssig, wenn wir miteinander sprechen. Beispiel: „Das ist doch nicht die Wahrheit!“ → REDUNDANZTHEORIE (von lat. *redundare* = überlaufen; im Überfluss vorhanden sein)

Wiefelsfelde liegt im Landkreis Ammerland.

6. Ordne die Illustrationen den verschiedenen Wahrheitstheorien zu.
7. Erörtere die Frage, ob eine der vorgestellten Wahrheitstheorien zur Klärung des Begriffes „Wahrheit“ immer und überall ausreicht. Belege deine Meinung durch Beispiele.

Wahrheit und Leben

Das zweite Leben des Cassiel Roadnight

von Jenny Valentine

1. Exzerpiere aus dem folgenden Romanauszug Textstellen, in denen es um „Wahrheit" geht.

AUFGABEN A

exzerpieren: *„herauspflücken", Auszüge aus Texten wörtlich abschreiben*

Es war nicht meine Absicht, er zu werden. Ich suchte mir Cassiel Roadnight nicht aus einer Reihe von Kandidaten aus, die genauso aussahen wie ich. Ich ließ es einfach geschehen. Ich wünschte mir, es wäre die Wahrheit. Mehr habe ich nicht falsch gemacht, zu Anfang jedenfalls.

Ich war in einer Notunterkunft für schwierige Kinder irgendwo in Ostlondon. Ich war schon einige Tage dort, halb verhungert von der Straße reingelaufen, ich wusste nicht mehr weiter. Sie versuchten immer noch herauszufinden, wer ich war.

Das wollte ich ihnen nicht sagen.

Es war ein erschöpftes Haus, das von erschöpften Typen geleitet wurde. Es roch nach Zigaretten und Bohnerwachs und Suppe. Sie gaben mir abgetragene Klamotten, verwaschen und geflickt und beinahe passend. Ich bekam zwei Mahlzeiten und einen trockenen Schlafplatz, aber dafür musste ich eine Menge Fragen beantworten.

Ich versuchte, dankbar zu sein, aber mit ihnen reden, das tat ich nicht.

Sie sperrten mich in einen Abstellraum, weil ich mich geprügelt hatte. [...]

Der Junge, mit dem ich mich geprügelt hatte, war verletzt. Eigentlich war das der Grund, weshalb sie mich einschlossen. Weil ich gewonnen hatte. Das darfst du nämlich nicht. Ich weiß nicht mehr, wie der Junge hieß. Ich weiß nicht mal mehr, um was es bei der Prügelei gegangen war.

Ich war seit über zwei Stunden da drin. Ich wollte alles kurz und klein schlagen. Ich sah mir zu, wie ich es tat, irgendwo in meinem Kopf. [...]

Sie schlossen die Tür auf und stürzten herein, mit einem Plastikbecher, halb gefüllt mit Wasser. Ich trank es in einem Zug aus. Es war nicht genug. [...]

„Warum willst du uns nicht deinen Namen nennen?", sagte er.

Ich tat, als ob er nicht da wäre, als würde er nicht sprechen.

„Ich bin Gordon", sagte er. „Und die Frau heißt Ginny."

„Gut gemacht", sagte ich. „Schön für Sie."

„Und du bist?"

Ich blickte auf meine Schuhe, die Schuhe von jemand anderem, schwarz und klobig und zerkratzt. Ich fragte mich, wie viele Niemande sie getragen hatten. Ich spürte den Stoff des Hemdes von jemand anderem auf meiner Haut, der Hose noch so eines Niemands. Woher sollte ich das wissen?

Ich lächelte. „Ich bin niemand", sagte ich.

„Nun komm schon", sagte er. „Jeder ist jemand."

Es war wirklich verblüffend, wie er sich da so sicher sein konnte.

Jenny Valentine (geb 1970), britische Jugendbuchautorin

Es war der fünfte November, als ich herausfand, dass ich nicht der war, der ich zu sein glaubte. Ich erinnere mich noch genau an den Moment. Ich kannte mich nicht mehr.

2. Lege dar, wie du den Satz „Ich kannte mich nicht mehr“ verstehst.

Ich fragte einen Mann nach der Zeit, damit ich sie mir einprägen konnte. Er blickte auf seine Uhr und sagte mir, dass es fünfundzwanzig Minuten nach sieben sei. Dann sah er gleich wieder in seine Zeitung.

Ich sagte: „Kennen Sie mich? Wissen Sie, wer ich bin?“

Nein, das war mir klar, aber ich wollte unbedingt, dass er ja sagte. Ich wusste, dass er sich nicht mehr darauf konzentrierte, was er las. Er starrte nur auf die Zeilen, während er wartete, dass ich verschwand. Er hatte Angst.

Diese Ginny kam zurück, mit etwas in der Hand, einem Blatt Papier. „Kann ich dich mal kurz sprechen?“, sagte sie.

Gordon stand auf und sie ließen mich wieder allein in diesem Raum zurück. Ich konnte sie draußen vor der Tür hören. Sie flüsterten, aber ich konnte sie hören.

Sie sagte: „Ich hab das erst heute Morgen gesehen. Reiner Zufall.“

„Zum Teufel noch mal.“

„Er wird seit fast zwei Jahren vermisst.“

„Also. Mensch. Nicht zu fassen.“

„Glaubst du, er ist es?“

„Schau dir das an. Er muss es sein.“

Der Türknauf bewegte sich. Ich schloss die Augen und wollte vorbereitet sein. Ich versuchte, die Zeit anzuhalten. Als sie reinkamen, waren sie anders, behutsam, als wäre ich eine Bombe, die hochgehen könnte, ein schlafender Tiger, eine kostbare Vase, die gleich runterfallen könnte.

Ich dachte, sie hätten mich gefunden. Ich fragte mich, wie weit ich kommen würde, wenn ich einfach losrannte.

Ginnys Hand schwebte über meiner, ohne sie zu berühren. Gordon versuchte zu lächeln. Ich hatte Angst. War's das?

„Cassiel?“, sagte sie.

Ich sah sie direkt an. Ich wusste nicht, was los war. „Was?“

„Cassiel Roadnight?“, fragte sie.

Ich heiße nicht Cassiel Roadnight. So habe ich nie geheißen. Ich heiße Chap. So hat mich mein Großvater genannt. Ich habe das immer für einen guten Namen gehalten. Ich fand immer, er würde zu mir passen.

„Wer, ich?“, sagte ich.

Gordon gab mir das Blatt. Es war ein Computer-Ausdruck, ein Foto von einem Jungen mit dem Wort VERMISST über der Stirn.

Ein Bild von mir.

„O mein Gott“, sagte ich und atmete ein und hielt die Luft an.

Es war ein altes Bild. Ich war da vielleicht um die vierzehn. Braune Haare, nicht lang und nicht kurz. Blaue Augen, gleiche Form wie meine, gleiche Helligkeit und Hautfarbe. Genau mein Gesicht – meine Nase, mein Mund und mein Kinn.

Ich fragte mich, ob es das letzte Foto war, das jemand von mir gemacht hatte.

Ich fragte mich, weshalb ich lächelte. Ich lächelte nicht, als ich vierzehn war. Weshalb hätte ich lächeln sollen?

„O mein Gott", sagte ich erneut. [...]

Etwas daran stimmte nicht.

Hier sind einige Dinge, die ich genau über mein Gesicht weiß. Ich sehe es jedes Mal, wenn ich in den Spiegel schaue. Ich weiß, sie sind da, ohne dass ich noch nachsehen muss.

Erstens. Ich habe zwei Narben. [...] Zweitens. Ich habe drei Piercings in meinem linken Ohr und zwei in meinem rechten. Ich habe sie mir selbst gemacht. [...]

Drittens. Ich habe schlechte Zähne. Vorne ist einer angesplittert und drei von den hinteren fallen bald aus, dabei sollen sie mir doch ein Leben lang erhalten bleiben. Ich habe fürchterliche Zähne.

Auf dem Bild hatte mein Gesicht keine Narben, keine Piercings. Ich hatte perfekte Zähne. Ich war glücklich und wohlgenährt und gesund.

Mit anderen Worten, das war ich nicht.

Ich versuchte, es ihnen zu sagen. Ich blickte von dem Bild auf und sagte: „Nein."

„Cassiel", sagte Gordon. Er kreuzte die Beine. Seine Hose und sein Mund machten ein zischelndes Geräusch.

Ich schüttelte den Kopf. „Bin ich nicht."

„Nun komm schon", sagte Ginny. [...] „In welchen Schwierigkeiten du auch immer steckst, Cassiel", sagte sie, „aus welchem Grund auch immer du weggelaufen bist, wir können dir helfen."

„Nein, können Sie nicht", sagte ich. [...]

„Wie groß ist die Wahrscheinlichkeit", sagte Gordon zu Ginny, als ob ich gar nicht da wäre, „dass es zwei identische vermisste Jungen gibt?"

„*Milliarden* zu eins", sagte Ginny, als ob die Sache damit erledigt wäre.

„Es ist mir egal, wie wahrscheinlich das ist", sagte ich. „Ich bin es nicht."

„Na schön, wie heißt du dann?" [...]

„Jedenfalls nicht Cassiel", sagte ich. „Nie und nimmer."

Sie warfen sich Blicke zu.

„Schau noch mal hin", sagte Gordon und Ginny fügte hinzu: „Lass dir Zeit."

Sie glaubten mir nicht. Sie wollten recht haben, das spürte ich. Sie würden darauf beharren. Du kannst solchen Leuten sagen, was du willst. Wenn sie sich einmal etwas in den Kopf gesetzt haben, dann hören sie nicht mehr zu.

Ich holte tief Luft und betrachtete den Jungen auf dem Bild. Ich überlegte, wie unglaublich es war, einen solchen Doppelgänger zu haben, irgendwo draußen in der Welt, genauso auszusehen wie ein völlig Fremder. Ich betrachtete Cassiel Roadnights glückliches, makelloses, furchtloses Gesicht. Und dann kam mir der Gedanke, ich könnte, wenn ich nur wollte. Er schlich sich ein. Ich sah ihn kommen und gab mir solche Mühe, ihn zu ignorieren. Ich könnte.

3. Stelle Vermutungen darüber an, was es mit dem Doppelgängertum auf sich hat.

Und wenn ich Cassiel Roadnight wäre, fragte der Gedanke, dann müsste ich nicht mehr ich sein, wer immer das war.
Du wirst nicht existieren, sagte er. Du könntest dich in einer Sekunde vom Erdboden verschwinden lassen. Du könntest dich in Luft auflösen, während deine Verfolger zusehen.
Ich versenkte mich in diesen Gedanken. Was hatte ich zu verlieren?
Es gab Menschen, die nach Cassiel Roadnight suchen, aber das waren Menschen, denen er wichtig war. Er hatte eine Familie und Freunde. Er hatte seine Lieben. Er hatte ein Leben, in das ich ohne Weiteres eintreten konnte.
Und was hatte ich?
Niemanden. Nichts, außer der Angst, sie würden mich finden. Die Leute, die nach mir suchten, sie würden mich am liebsten in Stücke reißen.
Ich wollte immer schon ein anderer sein. Will das nicht jeder?
„Gut", sagte ich zu dem Gedanken, so leise, dass ich es fast nicht sagte.
„Was?", sagte Gordon.
Sie tauschten kurze Blicke und wandten sich dann wieder mir zu. Es war, als ob sie den Atem angehalten hätten. Plötzlich war es zu hören in diesem Raum, das Geräusch ihrer Atemzüge.
„Gut", sagte ich.
„Schön", sagte Ginny und Gordon sagte: „Dein Name ist Cassiel Roadnight?"
„Ja", bestätigte ich. „Mein Name ist Cassiel Roadnight", und ich sah, wie sich ein Lächeln auf seinem Gesicht ausbreitete und darauf haften blieb.
Ich log. Das war das Falsche, was ich tat.
Ich fühlte mich nicht großartig dabei. Jeder lügt gelegentlich. Und nur für den Fall, dass es meiner Verteidigung nützt, ich wünschte, ich wünschte wirklich, es wäre die Wahrheit gewesen.

4. Erläutere, inwiefern der Erzähler Falsches tat, als er log.
5. Beurteile, ob diese Lüge moralisch verwerflich ist.
6. Der Erzähler in Jenny Valentines Thriller verwendet häufig das Wort „Wahrheit". Diskutiert, was für eine Wahrheit oder was für Wahrheiten gemeint sind oder sein können.

DENKRAUM D

A Jenny Valentines Thriller beginnt mit dem abgedruckten Text. Wie mag er ausgehen? Schreibe einen möglichen Schlussdialog mit Personen deiner Wahl.

B Setzt einen möglichen Schluss in Szene.

In Szene setzen S. 239

Denk-Raum? – Das Höhlengleichnis

Sokrates diskutiert mit Freunden und Kollegen über die Erkenntnis des Wahren, über Alltagswissen und philosophisches Wissen. Er gibt ein Gleichnis, das als Höhlengleichnis berühmt geworden ist. Den Originaltext des Höhlengleichnisses findest du in: Platon, Politeia (Der Staat), 7. Buch, 514a–517a. Bei dem folgenden Text handelt es sich um eine Zusammenfassung:

Platons Höhlengleichnis

Stelle dir vor, der alltägliche Lebensraum der Menschen sei eine Höhle. Es ist dunkel. Die Menschen können nichts wirklich erkennen. Hinzu kommt, dass sie gefesselt sind mit Blickrichtung auf die Höhlenwand vor sich und den Kopf nicht wenden können. Die einzige Lichtquelle ist ein Feuer im hinteren Teil der Höhle. Zwischen dem Feuer und den gefesselten Menschen gibt es eine Art Bühne, wie beim Puppenspieltheater. Auf der Bühne tragen andere Menschen, die miteinander sprechen, Gegenstände hin und her, es werden Szenen gespielt. Die gefesselten Menschen sehen die Schattenbilder der Gegenstände und Szenen auf der Höhlenwand. Sie glauben, die Stimmen, die sie hören, kommen von den Schattenbildern. Diese sind alles, was die Menschen sehen und wahrnehmen können. Sie halten, was sie sehen, für das Wirkliche.

Stelle dir nun vor, ein Gefesselter wird von einem nicht gefesselten Menschen befreit, blickt sich um und sieht, was er zuvor nie gesehen hat. Das Feuer blendet ihn zunächst, aber dann erkennt er, was Sache ist. Aber nicht nur das, der Befreier nimmt ihn an die Hand und führt ihn aus der Höhle ans Tageslicht. Nachdem er sich an die Helligkeit gewöhnt hat, sieht er auch dort Gegenstände und Szenen, auch Spiegelungen der Dinge im Wasser zum Beispiel. Er sieht auch den unendlich weiten Himmel, die Sterne, Sternbilder. Am meisten aber fasziniert ihn die Sonne, das Zentralgestirn. Er erkennt in der Sonne das Urbild alles Guten: des Lebens, der Gerechtigkeit, des Schönen und der Wahrheit. Der befreite Mensch ist ein anderer geworden, er denkt ganz anders als in seinem früheren Höhlenleben. Er fühlt, dass er die Aufgabe hat, in die Höhle zurückzukehren und die Menschen aufzuklären, sie das in Wahrheit Wirkliche, das wahrhaft Seiende zu lehren, denn er ist nun zum Freund der Weisheit geworden.

5

A AUFGABEN

In Szene setzen S. 239

1. Fertigt gemeinsam ein Poster zum Höhlengleichnis an.
2. Stelle Überlegungen an, wofür die unterstrichenen, gleichnishaften Ausdrücke stehen könnten, und fertige eine Tabelle an.
3. Setzt das Höhlengleichnis in Szene.
4. Übersetze das „Höhlengleichnis" in ein „Schulgleichnis".
5. Nimm Stellung, ob Platon die Situation des „Höhlen-Menschen" in Bezug auf Wissen und Bildung angemessen beschreibt. Ist der Fall, was in der Höhle „Sache" ist?
6. Überlege, ob Platon dir eine solche Beurteilung überhaupt zutrauen würde.
7. Für „Idee" im platonischen Sinne kann man auch „Urform" oder „Urbild" sagen. Finde einen Begriff für das, was auf der Höhlenwand zu sehen ist.
8. Stelle eigene Überlegungen an, worin der Bezug des Gleichnisses zum Thema Wahrheit besteht.

D DENKRAUM

DENKRAUM HÖHLE

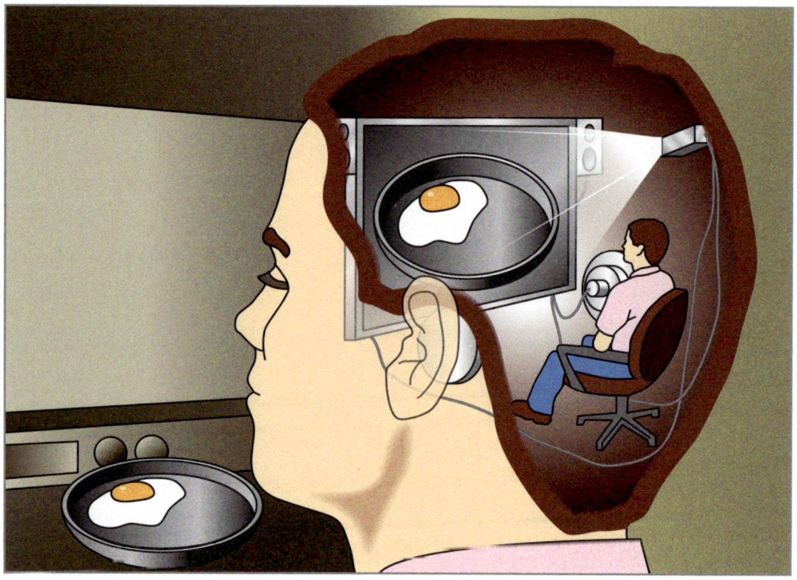

A Betrachte die Abbildung und stelle Verbindungen zu Platons Höhlengleichnis her. Ist der Geist auch eine „Höhle"? Ist Denken etwas Räumliches? Gestalte eine eigene Vorstellung der Metapher „Denken als ‚Raum'" oder wähle eine ganz andere Metapher. Zum Beispiel: Denken als „Zeit", als „Berührung", als „Empfindung", als „Schall", als „Bewegung".

AN DEN KETTEN DER MEDIENWELT?

B Übertragt das platonische Höhlengleichnis in die moderne Medienwelt und gestaltet eine bildliche Darstellung. Diskutiert, wo Übereinstimmungen und wo Unterschiede bestehen.

5

Bennys Höhle

Bennys (12) Zimmer gleicht einer Medien-Höhle. Seine wohlhabenden Eltern statten ihn mit den neuesten Medien aus. Der Bildschirm vor dem Fenster gibt das Geschehen auf der Straße wieder, ein direkter Ausblick ist nicht möglich. Der Blick aus dem Fenster ist durch einen großen Bildschirm verstellt. Das Zimmer ist mit Kameras bestückt, die alle Vorgänge in dem Raum aufnehmen. Benny geht sehr kreativ mit seinen elektronischen Werkzeugen um.

Als Benny eines Tages Besuch von einer Freundin hat, spielen sie mit einer Pistole zum Töten von Schweinen bei der Schlachtung, die Benny von seinem Onkel hat. Dort hat er auch eine Schlachtung aufgenommen, die er sich mit dem Mädchen ansieht. Benny fordert das Mädchen auf, auf ihn zu schießen, doch sie weigert sich. Als sich das Spiel umgekehrt, hat das tödliche Folgen für das Mädchen. Die Szene wird von den Kameras in Bennys Zimmer aufgenommen.

Bennys Eltern versuchen alles, die Tat zu verbergen. Sie wollen sich in ihrer „Familienhöhle“ und ihrem Haus mit vielen modernen Bildern an den Wänden nicht aufscheuchen lassen. Zum Schluss ist es Benny, der zur Polizei geht. Er zeigt tiefe Reue und ist sich bewusst, dass er die Tat nicht rückgängig machen kann.

Regie: Michael Haneke (Österreich, 1992)

9. Denke zurück an Platons Höhlengleichnis: Ist Benny nach deinem Verständnis ein Gefesselter in einer Medienhöhle? Begründe deine Ansicht.
10. Prüfe, ob und inwiefern man Bennys Eltern als Gefesselte begreifen könnte.
11. Führt ein sokratisches Gespräch zum Thema: Folgt aus „Bennys Video“ eine Abwertung oder gar ein (Teil-)Verbot elektronischer Medien?
12. Gib eine ethische Deutung des Szenenausschnitts.

➲ *sokratisches Gespräch S. 158*
➲ *Bilder ethisch deuten S. 141*

5

Rückblick

It takes two, to make a truth. John L. Austin

Aber was ist schon Wahrheit? Ein Gefühl, das vorübergeht. Helmut Krausser

A AUFGABEN

1. Am Anfang des Kapitels hast du dir etwas zu der Frage notiert, ob die Wahrheit in deinem Leben vorkommt. Nun soll diese Frage wieder aufgegriffen werden: Prüfe, ob und inwiefern die Antwort auf diese Frage jetzt anders ausfällt. Gib ggf. eine Begründung für diese Veränderung.
2. Interpretiere vor dem Hintergrund der vorangegangenen Aufgabe die Zitate von John L. Austin und Helmut Krausser.

Weiterdenken

Eine Meinung ist eine subjektive Vorstellung, ein beliebiger Gedanke, eine Einbildung, die ich so oder so und ein anderer anders haben kann – eine Meinung ist mein, das, was der Meinung gegenübersteht, ist die Wahrheit. Wahrheit ist es, vor der die Meinung erbleicht. G.W.F. Hegel

Meinung und Wahrheit

3. Interpretiere den Satz „Wahrheit ist es, vor der die Meinung erbleicht".
4. Nimm Stellung zu dem Zitat vor dem Hintergrund persönlicher Erfahrungen.
5. Interpretiere die Karikatur von Giacomo.
6. Nimm Stellung zu der Frage, ob die Nutzung von Medien dazu führt, die „Wirklichkeit" aus dem Blick zu verlieren.
7. Wenn du noch einmal an Cassiel Roadnight zurückdenkst: Wie viel Wahrheit braucht der Mensch?

➲ *Bilder ethisch deuten S. 141*

Tipp
Es gibt neben den sogenannten neuen Medien auch traditionelle Medien wie Bücher, Zeitungen, Telefon, Radio.

2 Wirklichkeiten, Wahrheitssuchen

5

Idole, Masken, Schattenbilder
von Francis Bacon

*Francis Bacon unterscheidet in seinem berühmten Werk „Novum Organum" vier verschiedene Formen von Missverständnissen bei der Suche nach Wahrheit. Diese Missverständnisse nennt Bacon **„Idole"**. Damit sind **nicht** Idole im Sinne von Fußballspielern oder Popstars gemeint, sondern – so Bacon – „falsche Begriffe, welche vom menschlichen Verstand schon Besitz ergriffen haben und tief in ihm wurzeln".*

***Idol:** von lat.* idolum = *Abgott, Schattenbild; entlehnt aus gr.* eidolon = *Trugbild, Idee, Erscheinung, Gespenst*

Es gibt vier Arten von Idolen, die den menschlichen Geist beherrschen: Die Idole des Stammes haben ihren Grund in der menschlichen Natur, im Stamm oder im Geschlecht der Menschen selbst. […] Der menschliche Verstand gleicht einem unebenen Spiegel zur Auffassung der Gegenstände, welcher ihrer Natur die seinige beimengt, sie entstellt und verfälscht.
Die Idole der Höhle sind die subjektiven Standpunkte der einzelnen Menschen. Denn jeder hat […] eine besondere Höhle oder Grotte. Dies folgt […] aus der Erziehung und dem Verkehr mit anderen, aus den Büchern, die er gelesen hat, sowie daraus, dass er Autoritäten verehrt und bewundert. [...]
Auch aus der gesellschaftlichen Verbindung der Menschen untereinander erwachsen Idole, die ich daher Idole des Marktes nenne. Das verbindende Medium zwischen den Menschen ist die Sprache; aber die Worte werden den Dingen gemäß der Fassungskraft der Menge zugewiesen, und so wird der Verstand durch unpassende und schiefe Wortbezeichnungen irregeführt. […]
Endlich gibt es noch Idole, die durch verschiedene philosophische Richtungen […] in den menschlichen Geist eingedrungen sind; ich nenne sie Idole der Bühne.

Der englische Philosoph Sir Francis Bacon (1561–1626), auf den übrigens der berühmte Ausspruch „Wissen ist Macht" („Knowledge is power") zurückgeht, wird oft als „Gründungsvater der modernen Naturwissenschaften" bezeichnet.

AUFGABEN A

1. Gib die Charakterisierungen der einzelnen „Idole" in eigenen Worten wieder. Erkläre dann Bacons Bezeichnungen für die einzelnen „Idole".
2. Das nun folgende Kapitel wird sich chronologisch den vier Idolen widmen. Erläutere deine vier diesbezüglichen Erwartungshaltungen in Stichworten.

Die Themen, um die es in diesem Kapitel in erster Linie gehen soll, kreisen um die Fragen: Welche „Idole" trüben meine Auffassungen von Wahrheit? Auf welche Weise kann ich den Einfluss dieser Trugbilder zu vermindern oder gar zu eliminieren versuchen?

*Zudem wirst du in diesem Kapitel die Methode des **sokratischen Gesprächs** vertiefen.*

5

Kognition (von lat. cognoscere = erkennen, erfahren, kennenlernen): gedankliche Informationsverarbeitung im Gehirn

Kognitive Verzerrungen – Idole des Stammes

Der bescheidene Sklave

nach einem alten persischen Märchen

In Persien lebte einst ein König, der einem Sklaven die Rettung seines Sohnes verdankte. Deshalb wollte er ihm einen Wunsch erfüllen. Der Sklave überlegte kurz und sagte dann: „Schenkt mir Reis entsprechend der Zahl der Felder eines Schachbrettes. Legt mir ein Reiskorn auf das erste Feld, zwei Reiskörner auf das zweite und dann jeweils die doppelte Anzahl von Körnern auf das nächste Feld. Also vier auf das dritte, acht auf das vierte und so weiter."
Der König lächelte, versprach, auf das Angebot einzugehen, und dankte dem Sklaven für dessen Bescheidenheit …

A AUFGABEN

1. Interpretiere das Verhalten des Sklaven.
2. Ein Schachbrett hat 64 Felder. Errechne, wie viele Reiskörner der Sklave insgesamt erhält. Ermittle zudem (unter der Vorausgabe, dass ein Reiskorn 0,3 Gramm wiegt) die Masse der Reiskörner, die der Sklave am Ende als Belohnung davonträgt. Hat sich dein Urteil über das Verhalten des Sklaven geändert?
3. Unsere mangelnde Begabung, exponentielles Wachstum ähnlich klar wie lineares zu durchdenken, hat nach Ansicht vieler Wissenschaftler entwicklungsgeschichtliche Gründe. Erkläre diese These.
4. Der Philosophieprofessor Herbert Schnädelbach schreibt über Bacons Idole des Stammes: *„Unter den Idolen des Stammes versteht Bacon allgemeine Dispositionen der menschlichen Gattung, anthropologische Konstanten, die das adäquate Erfassen der Gegenstände erschweren."* Erläutere dieses Zitat vor dem Hintergrund des persischen Märchens und deinen Überlegungen zu Aufgabe 3.
5. Erkläre, ausgehend von deiner Antwort auf die vorangegangene Aufgabe, inwiefern auch die Bilder dieser Seite „Idole des Stammes" darstellen.

Disposition (von lat. disponere = einteilen, anordnen): zeitweise auftretende Eigenschaft

adäquat (von lat. adaequare = gleichmachen): angemessen, passend

Pareidolie (von gr. para = daneben, vorbei und eidolon): Tendenz des Gehirns, Strukturen und Ordnungen in rein zufälligen Begebenheiten zu sehen

Thatcher-Illusion (benannt nach der ehemaligen britischen Premierministerin): Wahrnehmungsphänomen, bei dem es schwierig ist, Veränderungen in einem Gesicht zu erkennen, wenn es auf dem Kopf steht

Pareidolie

Thatcher-Illusion

The Swimmer's Body Illusion

von Rolf Dobelli

Die beiden Textauszüge stammen aus Rolf Dobellis Buch „Die Kunst des klaren Denkens", das im Jahre 2012 wochenlang die Bestsellerliste der Sachbücher anführte.

Als der […] Börsenhändler Nassim Taleb den Entschluss fasste, etwas gegen seine hartnäckigen Kilos zu unternehmen, schaute er sich bei den verschiedensten Sportarten um. Die Jogger machten ihm einen dürren und unglücklichen Eindruck. Die Bodybuilder sahen breit und dümmlich aus. Die Tennisspieler, ach, so gehobene Mittelklasse! Doch die Schwimmer gefielen ihm. Sie hatten diese gut gebauten, eleganten Körper. Also entschloss er sich, zweimal die Woche in das chlorhaltige Wasser des lokalen Schwimmbades zu steigen und richtig hart zu trainieren. Es dauerte eine ganze Weile, bis er merkte, dass er einer Illusion auf den Leim gekrochen war. Die professionellen Schwimmer haben diesen perfekten Körperbau nicht, weil sie ausgiebig trainieren. Es ist andersherum: Sie sind gute Schwimmer, weil sie so gebaut sind. Ihr Körperbau ist ein Selektionskriterium, nicht das Resultat ihrer Aktivitäten. […]

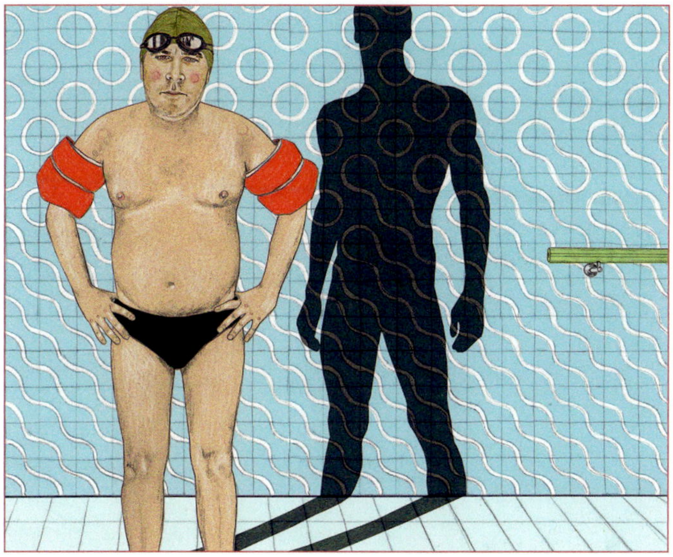

The Association Bias

von Rolf Dobelli

bias *(engl.): Verzerrung*

Schon drei Mal hatte Kevin vor dem Aufsichtsrat die Ergebnisse seines Geschäftsbereichs präsentiert. Jedes Mal lief es perfekt. Und jedes Mal hatte er seine grün getüpfelten Unterhosen getragen. Klarer Fall, denkt er: Das sind meine Glücksunterhosen. […] Unser Hirn ist eine Verknüpfungsmaschine. Das ist grundsätzlich auch gut so: Wir essen eine unbekannte Frucht, uns wird schlecht, also meiden wir die entsprechende Pflanze künftig und bezeichnen ihre Früchte als giftig oder zumindest ungenießbar. So entsteht Wissen. Nur: So entsteht auch falsches Wissen. Untersucht hat dies zum ersten Mal Iwan Pawlow. Ursprünglich wollte der russische Forscher bloß den Speichelfluss bei Hunden messen. Die Versuchsanordnung war so gebaut, dass eine Glocke bimmelte, bevor die Hundenahrung geliefert wurde. Bald reichte allein die Glocke, um bei den Hunden die Speichelproduktion in Gang zu setzen. […] Pawlows Methode funktioniert bei Menschen ebenso gut. […]

In den Zeiten vor Telemarketing und E-Mail gingen Handelsreisende von Tür zu Tür und priesen ihre Waren an. Eines Tages kam der Handelsreisende George Foster an einem Haus vorbei, das unbewohnt war – was er nicht wissen konnte. Ein winziges Gasleck hatte das Haus über Wochen mit entflammbarem Gas gefüllt. Unglücklicherweise war die Klingel beschädigt. Als Foster auf den Knopf drückte, sprang ein Funke, und das Haus explodierte. Foster musste ins Spital eingeliefert werden. Zum Glück war er bald wieder auf seinen Beinen – was ihm allerdings nicht viel nützte, denn seine Panik vor Klingelknöpfen war so stark, dass er seinen Job viele Jahre lang nicht mehr ausüben konnte. Er wusste durchaus, wie unwahrscheinlich die Wiederholung eines solchen Vorfalls war. Doch sein Verstand schaffte es beim besten Willen nicht, die (falsche) emotionale Verknüpfung zu überschreiben.

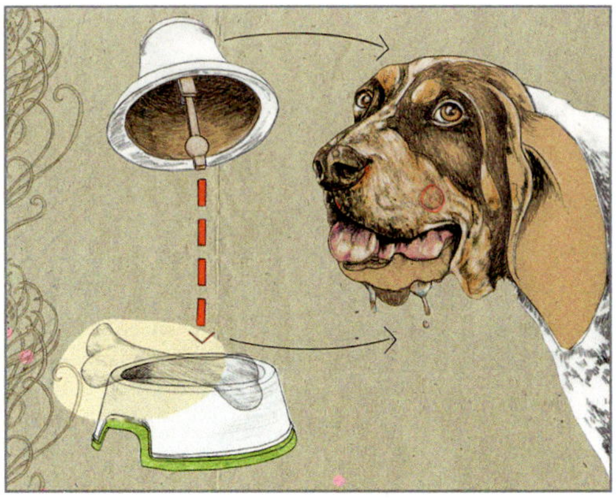

Illustrationen von Birgit Lang für „Die Kunst des klaren Denkens“

6. Gib in eigenen Worten wieder, auf welchen Fehlannahmen „The Swimmer's Body Illusion“ und „The Association Bias“ jeweils beruhen.
7. Stelle dar, inwiefern die Denkfehler, die Dobelli schildert, nach der Idolenlehre Bacons Beispiele für die „Idole des Stammes“ sind.
8. Bist du einem dieser Denkfehler selbst schon einmal aufgesessen? Falls ja: Schildere deine Erlebnisse.

D DENKRAUM

A Erläutere, inwiefern sich die Werbung die „Swimmer's Body Illusion“ zunutze machen könnte. Finde passende Beispiele.

B Im Probe-Durchlauf zu diesem Schulbuch befand eine Schülerin: „Und was will uns Rolf Dobelli mit The ‚Swimmer's Body Illusion‘ mitteilen? Etwa, dass wir uns um Fitness und gutes Aussehen nicht mehr kümmern müssen? Dann fände ich diesen Artikel in einem Lehrbuch recht bedenklich ...“ Nimm zu diesem Einwand Stellung.

C Mark Twain bemerkte einst: „Wir sollten darauf achten, einer Erfahrung nur so viel Weisheit zu entnehmen, wie in ihr steckt – mehr nicht.“ Beziehe dieses Zitat auf „The Association Bias“.

D Gestalte mit zwei oder drei weiteren Kursmitgliedern eine kurze, alltagsnahe Inszenierung zu „The Association Bias“.

E Informiere deinen Kurs in Form eines Kurzreferates über den genauen Ablauf der Experimente von Iwan Pawlow. Erkläre im Laufe deines Referates die Begriffe „Konditionierung“ und „Behaviorismus“.

F Informiere deinen Kurs über weitere Denkfehler, die den „Idolen des Stammes“ zugerechnet werden können (wie z.B. den „Mc-Gurk-Effekt“, den „Placebo-Effekt“ bzw. den „Nocebo-Effekt“, „Social Proof“, „The Zero-Risk Bias“, den „Halo-Effekt“ oder das „Ankern“).

Das Beste zum Schluss

Ein Stück Schokolade schmeckt dann am besten, wenn man weiß, dass es das letzte sein wird. Die beiden Psychologen Ed O' Brien und Phoebe Ellsworth von der University of Michigan ließen für ein Experiment 52 Studenten fünfmal aus einem Sack voller Süßigkeiten ziehen. Nur die Hälfte der Probanden bekam jedoch vor dem fünften Griff in den Sack gesagt, danach ende der Versuch. Als die Forscher die Teilnehmer im Anschluss befragten, zeigte sich: Wer wusste, dass er sein letztes Stück Schokolade isst, fand dieses besonders lecker. Die meisten gaben sogar an, dieses sei das beste der fünf gewesen – unabhängig davon, ob sie Karamell-, Creme- oder Milchschokolade gezogen hatten. Wie ein Erlebnis bewertet wird, hängt davon ab, ob man sich seiner Endlichkeit bewusst sei, schreiben die Forscher in der Fachzeitschrift „Psychological Sience“. So erscheint die Schulzeit umso schöner, je näher der Abschluss rückt. Dieser Effekt sei im Alltag durchaus bedeutsam, schreiben die Wissenschaftler: Ein Chef zum Beispiel dürfte einen Bewerber dann besonders gut bewerten, wenn er weiß, dass er den letzten Kandidaten vor sich hat.

Ethik-Lehrkraft beim Korrigieren der letzten Klassenarbeit

9. Interpretiere das Foto mit Bezug auf den Text.
10. Hast du das, was in dem Text geschildert wird, selbst schon einmal erlebt? Wenn ja, dann berichte davon.
11. Thomas hat sich anlässlich seines dreißigsten Geburtstages vorgenommen, endlich mit dem Rauchen aufzuhören. Während seiner Geburtstagsfeier steht er mit Freunden auf seinem Balkon, holt eine Zigarette hervor und kündigt an, die letzte Zigarette seines Lebens zu rauchen. Stelle auf Grundlage des Textes Mutmaßungen über den Erfolg dieses Vorhabens an.
12. Am Vorabend ihrer Abitur-Entlassungsfeier steigen Anke und Friederike auf das Dach ihres Gymnasiums und schwören: „Wenn eine von uns jemals sagt, dass die Schulzeit eine wunderschöne Phase unseres Lebens war, dann darf sie ‚elende Heuchlerin‘ genannt werden!“ Zwanzig Jahre später treffen sich die beiden bei einem Jahrgangstreffen wieder und müssen sich eingestehen, dass ... ja dass die Schulzeit eine wunderschöne Phase ihres Lebens war. Erkläre, warum sich ihre Einschätzungen geändert haben.
13. Ermittle Gemeinsamkeiten und Unterschiede zwischen der Situation aus Aufgabe 12 und dem Gehalt des Textes „Das Beste zum Schluss“.

Uns begegnende Erscheinungen sollen reflektiert werden, sodass wir zu Einsichten kommen, die tiefer liegen als unsere bisherigen.
nach Gustav Heckmann

14. Eine gute Methode, um sich über mögliche kognitive Verzerrungen gemeinsam klarzuwerden, ist das sokratische Gespräch. Übt die Methode unter folgenden Fragestellungen ein:
Was ist Lebensqualität? Denken wir zu viel? Macht das Internet dumm? Worin besteht der Unterschied zwischen Wahrscheinlichkeit und Wahrheit? Kann es in einer Gesellschaft zu viel Toleranz geben?

➲ *sokratisches Gespräch S. 158*

M METHODEN

Das sokratische Gespräch

Das sokratische Gespräch ist ein moderiertes Gruppengespräch, das auf der Gleichberechtigung aller am Gespräch Beteiligten sowie auf deren Bereitschaft basiert, erstens ehrlich zu sein und zweitens Kritik an der eigenen Position zuzulassen.
Die Übereinstimmung heißt wohlgemerkt nicht, dass am Ende des Gesprächs alle der gleichen Meinung sein müssen. Die angestrebte Übereinstimmung bezieht sich vielmehr darauf, dass sich die Gesprächsteilnehmer darüber einig werden, ihren jeweils eigenen Standpunkt von bisherigen Unklarheiten, Vorurteilen, fehlenden Beispielen und schiefen Beweislagen bereinigt zu haben.
Damit dies sichergestellt ist, schließt sich dem Gespräch über die jeweilige Fragestellung (Sachgespräch) ein Gespräch über dieses Gespräch (**Meta-Gespräch**, von gr. *meta* (μετά) = nach, hinter) an. Im Meta-Gespräch können dann zum Beispiel die folgenden Fragen aufgegriffen werden: Welche Aspekte des Gesprächs habe ich als gelungen, welche als weniger gelungen erlebt? Haben sich die Gesprächsteilnehmer/innen und der Moderator oder die Moderatorin an die Regeln des sokratischen Gesprächs gehalten? Hat das Sachgespräch zu einem Erkenntnisgewinn beigetragen? Wenn ja, warum? Wenn nicht, warum nicht?

Als methodisch hilfreich hat es sich erwiesen, wenn ein sokratisches Gespräch nach folgenden Schritten abläuft:

1 Nähert euch dem Thema bzw. der Fragestellung durch konkrete Beispiele aus eurem Alltag.
2 Sucht, nachdem die Alltagsbeispiele vorgetragen worden sind, nach Ähnlichkeiten bzw. Gemeinsamkeiten dieser Beispiele mit Blick auf die Fragestellung.
3 Helft der moderierenden Person, die Ergebnisse aus 2 stichwortartig zusammenzufassen.
4 Führt ein Meta-Gespräch über das Sachgespräch.

Regeln für die Teilnehmer:

1. Rede nur dann, wenn dich die Moderatorin bzw. der Moderator dazu auffordert.
2. Sage eigenständig deine Meinung. Sage z.B. nicht „Schon Immanuel Kant sagte ...“ oder versuche, die vermeintliche Position der Lehrkraft zu vertreten, sondern habe Mut, dich deines eigenen Urteilsvermögens zu bedienen.
3. Sprich klar, kurz und verständlich.
4. Höre den anderen genau zu. Frage bei Unverständlichkeit der Beiträge nach.
5. Nimm im Rahmen des Meta-Gesprächs Stellung zu dem Sachgespräch.

Regeln für die Moderatorin oder den Moderator:

1. Sorge für die Gleichberechtigung aller am Sachgespräch beteiligten Personen.
2. Äußere keinen eigenen Standpunkt und versuche nicht, die Teilnehmerinnen und Teilnehmer zu manipulieren.
3. Lasse kein Abschweifen vom Thema zu.
4. Rege am Ende des Sachgesprächs ein Meta-Gespräch an.
5. Halte die Ergebnisse sowohl des Sachgesprächs (Schritte 2 und 3) als auch des Metagesprächs stichwortartig und für alle sichtbar fest (z.B. über Tafel, Whiteboard oder Flipchart).

Subjektive Standpunkte – die Idole der Höhle

Déformation professionnelle – beruflich bedingte Missbildung

von Julia Bönisch

Arzt, Anwalt oder Lehrer: Im heiteren Beruferaten liegen Fremde meistens richtig, wenn sie die Profession des Gegenübers erraten sollen. Arbeit formt den Charakter.

Irgendwann trifft es jeden. Der Unterschied ist nur, wer fragt. Manchmal sind es die Eltern, die einen darauf aufmerksam machen, oft der Partner oder die eigenen Kinder. „Musst du immer so reden? Wieso bist du so?", lauten die entscheidenden Fragen. „Warum? Wie bin ich denn?" „Na, so wie ein Lehrer eben." Oder Polizist, Politiker, wahlweise auch Arzt, Anwalt oder Vertriebler.

Das, was wir machen, prägt unser Denken und Handeln. Der Beruf beeinflusst Entscheidungen, Argumente in Diskussionen und unsere komplette Lebenseinstellung. Wenn der Lehrer auf der Party zum Dozieren neigt oder den längst erwachsenen Kindern immer noch Grundschul-Scherze erzählt, nennt man das *déformation professionnelle*. Er hat seine soziale Rolle so sehr verinnerlicht, dass er sie auch im Privatleben nicht mehr ablegen kann.

Deshalb erkundigt sich der Umweltbeauftragte im Small Talk sofort nach dem Verbrauch des Autos, sieht der Polizist überall Verbrecher und löst der Mathematiker auch in seiner Freizeit mathematische Probleme. [...]

Manchmal jedoch können Berufskrankheiten auch etwas Positives haben: Sie schaffen Loyalität. „Wir Lehrer", „wir Ärzte", „wir Journalisten" heißt es dann, und man stöhnt gemeinschaftlich über die Arbeitsbelastung, den Stress oder vielleicht auch sich selbst. Die Macken der Berufsgruppen verbinden, man erklärt sich mit seinesgleichen solidarisch. Gemeinsam ist es leichter, sich der Lächerlichkeit preiszugeben.

Nicht von der *déformation professionnelle* befallen werden nur diejenigen, die ihrem Beruf vollkommen leidenschaftslos nachgehen. Oder solche, die ihren Job jährlich wechseln – Persönlichkeiten, die nach dem Studium erst mal Animateur auf Teneriffa sind, danach Praktikant in einer Werbeagentur, dann Schafhirte in Neuseeland werden und schließlich als Gitarrist in einer unterdurchschnittlichen Cover-Band enden. Schaut man sich solche Lebensläufe an, ist die Charakter-Missbildung dank des Berufes doch die bessere Alternative.

AUFGABEN A

1. Erschließe aus dem Text die Vor- und die Nachteile, die von der Autorin mit Blick auf eine *déformation professionnelle* angerissen werden.
2. Gestaltet selbst ein „heiteres Beruferaten" (vgl. Z. 1), indem ihr in Kleingruppen ein Rollenspiel inszeniert, in welchem eine Person unter einer *déformation professionnelle* leidet. Achtet darauf, dass ihr diese Person nicht allzu eindeutig gestaltet, damit die anderen Kursmitglieder es beim Raten nicht zu leicht haben ...
3. Erörtere die Frage, ob auch Schülerinnen und Schüler von einer *déformation professionnelle* befallen sein können.
4. Nimm begründet Stellung zu dem letzten Satz der Autorin.
5. Führt ein sokratisches Gespräch zu der Frage:
   Inwiefern bestimmt unser Alltag unsere Auffassung von Wahrheit und Wirklichkeit?

5 Eingeschränkter Blick

Wir nehmen wahr, was wahr ist? Von wegen: Unsere Sicht der Welt hängt immer von unserer kulturellen Prägung ab.

Angenommen, ein Fahrgast in der U-Bahn bietet seinen Platz einem alten Mann an. Ein Beobachter aus unserem westlichen Kulturkreis würde denken: „Ein freundlicher Mensch." Ganz anders wäre die Einschätzung eines asiatischen Zeugen, sagt der Psychologe Shinobu Kitayama von der Universität Michigan: Er könnte eher denken: „Vielleicht ist der Chef dieses Hilfsbereiten auch im Zug, und deshalb benimmt er sich, wie es sich eben gehört." Denn im Westen betrachte man jede Handlung aus der Perspektive des Individuums, im Osten dagegen eher mit Blick auf den sozialen Kontext. Die unterschiedliche kulturelle Prägung hat Konsequenzen bis hin zur neuronalen Ebene. So entdeckte Kitayama etwa, dass die Hirnaktivität von Testpersonen aus den USA Befremden anzeigte, wenn ihnen im Versuchslabor von einer Frau erzählt wurde, die jeden Abend die Feuermelder in ihrem Haus kontrolliert. Die Probanden unterstellten der Frau sofort individuell-neurotisches Verhalten. Bei Asiaten blieb diese messbare Hirnreaktion aus – sie vermuteten wohl, es gäbe nachvollziehbare äußere Zwänge für das Handeln der Frau. Ein weiteres Beispiel für den Einfluss der Kultur aufs Gehirn liefert Jamal Sobeh von der Universität Aachen. Deutsche und syrische Kinder sollten in einem Reaktionstest Tasten drücken, sobald eine bestimmte Figur auf einem Bildschirm auftauchte. Trotz vergleichbarer körperlicher Voraussetzungen reagierten syrische Kinder mehrheitlich langsamer als die deutschen; am stärksten fiel der Unterschied zwischen älteren, in die Gesellschaft eingebundenen Jugendlichen aus. „In der arabischen Kultur spielen Zeitvorgaben im Sinne von ‚so schnell wie möglich' keine so große Rolle wie in Deutschland", sagt Sobeh. „Zudem ist die westlich-individualistische Kultur leistungsorientierter als die arabisch-kollektivistische." Kultur hat also messbaren Einfluss auch auf unsere Sicht der Dinge.

6. Erläutere, inwiefern sich die die jeweiligen „Prägungen" in den Texten „The Association Bias" (vgl. S. 155 f.), „Déformation professionelle" (vgl. S. 159) und „Eingeschränkter Blick" grundsätzlich voneinander unterscheiden.
7. Finde weitere Beispiele für den Einfluss, den „Kultur (...) auf unsere Sicht der Dinge" haben könnte (vgl. Z. 20 f.).
8. Der Ansatz, den der Text „Eingeschränkter Blick" vorstellt, ist nicht unumstritten. Kritisiert werden vor allem zwei Aspekte: Erstens, dass der Ansatz Stereotypen, Klischees und Vorurteile über andere Kulturen befördere, und zweitens, dass die vermeintlichen Unterschiede zwischen den Kulturen durch die Globalisierung (und hier vor allem durch das weltweit geteilte Internet) zunehmend verschwimmen.
   a) Erläutere diese zwei Kritikpunkte durch Beispiele.
   b) Erörtere die Stichhaltigkeit dieser Kritikpunkte.
9. Lege dar, inwiefern sich Bacons „Idole der Höhle" in der Tradition Platons bewegen (vgl. S. 149 f.).

Die Höhle der Sprache – Sprachliche Erscheinungen

Ein Tisch ist ein Tisch

von Peter Bichsel

apparition: *Erscheinung*
nuage: *Wolke*
horizon: *Horizont*
fauteuil: *Sessel*
cheval: *Pferd*
fusil: *Gewehr*

René Magritte: L´Apparition (Die Erscheinung, 1928)

Ich will von einem alten Mann erzählen, von einem Mann, der kein Wort mehr sagt, ein müdes Gesicht hat, zu müd zum Lächeln und zu müd, um böse zu sein. Er wohnt in einer kleinen Stadt, am Ende der Straße oder nahe der Kreuzung. Es lohnt sich fast nicht, ihn zu beschreiben, kaum etwas unterscheidet ihn von anderen. […] Bestimmt war er einmal ein Kind, aber das war zu einer Zeit, wo die Kinder wie Erwachsene angezogen waren. Man sieht sie so im Fotoalbum der Großmutter. In seinem Zimmer sind zwei Stühle, ein Tisch, ein Teppich, ein Bett und ein Schrank. Auf einem kleinen Tisch steht ein Wecker, daneben liegen alte Zeitungen und das Fotoalbum, an der Wand hängen ein Spiegel und ein Bild. Der alte Mann machte morgens einen Spaziergang und nachmittags einen Spaziergang, sprach ein paar Worte mit seinem Nachbarn, und abends saß er an seinem Tisch.

Das änderte sich nie, auch sonntags war das so. Und wenn der Mann am Tisch saß, hörte er den Wecker ticken, immer den Wecker ticken.

Dann gab es einmal einen besonderen Tag, einen Tag mit Sonne, nicht zu heiß, nicht zu kalt, mit Vogelgezwitscher, mit freundlichen Leuten, mit Kindern, die spielten – und das Besondere war, dass das alles dem Mann plötzlich gefiel.

Er lächelte. „Jetzt wird sich alles ändern“, dachte er. Er öffnete den obersten Hemdknopf, nahm den Hut in die Hand, beschleunigte seinen Gang, wippte sogar beim Gehen in den Knien und freute sich. Er kam in seine Straße, nickte den Kindern zu, ging vor sein Haus, stieg die Treppe hoch, nahm die Schlüssel aus der Tasche und schloss sein Zimmer auf.

Aber im Zimmer war alles gleich, ein Tisch, zwei Stühle, ein Bett. Und wie er sich hinsetzte, hörte er wieder das Ticken, und alle Freude war vorbei, denn nichts hatte sich geändert. Und den Mann überkam eine große Wut. Er sah im Spiegel sein Gesicht rot anlaufen, sah, wie er die Augen zukniff; dann verkrampfte er seine Hände zu Fäusten, hob sie und schlug mit ihnen auf die Tischplatte, erst nur einen Schlag, dann noch einen, und dann begann er auf den Tisch zu trommeln und schrie dazu immer wieder:

„Es muss sich etwas ändern.“ […]

„Immer derselbe Tisch“, sagte der Mann, „dieselben Stühle, das Bett, das Bild. Und dem Tisch sage ich Tisch, dem Bild sage ich Bild, das Bett heißt Bett, und den Stuhl nennt man Stuhl. Warum denn eigentlich?“ Die Franzosen sagen dem Bett „li“, dem Tisch „tabl“, nennen das Bild „tablo“ und den Stuhl „schäs“, und sie verstehen sich. Und die Chinesen verstehen sich auch. „Warum heißt das Bett nicht Bild“, dachte der Mann und lächelte, dann lachte er, lachte, bis die Nachbarn an die Wand klopften und „Ruhe“ riefen.

„Jetzt ändert es sich“, rief er, und er sagte von nun an dem Bett „Bild“.

„Ich bin müde, ich will ins Bild“, sagte er, und morgens blieb er oft lange im Bild liegen und überlegte, wie er nun dem Stuhl sagen wolle, und er nannte den Stuhl „Wecker“. Hie und da träumte er schon in der neuen Sprache, und dann übersetzte er die Lieder aus seiner Schulzeit in seine Sprache, und er sang sie leise vor sich hin.

Er stand also auf, zog sich an, setzte sich auf den Wecker und stützte die Arme auf den Tisch. Aber der Tisch hieß jetzt nicht mehr Tisch, er hieß jetzt Teppich. Am Morgen verließ also der Mann das Bild, zog sich an, setzte sich an den Teppich auf den Wecker und überlegte, wem er wie sagen könnte.

1. Setze den Textauszug von Bichsel in Beziehung zu dem Gemälde „L' Apparition“ von René Magritte (S. 161).
2. Erkläre, warum du weißt, was bestimmte Begriffe in deiner Sprache bedeuten.
3. Warum heißt der Horizont nicht „Kühlschrank“ und ein Taschenrechner nicht „Glont“?
4. Gestalte eine Fortsetzung zu der Geschichte von Bichsel.
5. Erläutere, welche Gedanken dir bei der Fortsetzung der Geschichte wichtig waren.

Aufwachsen und Sprache – Kulturrelativismus

Die Zukunft im Rücken

Gespräche mit Angehörigen der Aymara könnten schnell in allgemeiner Verwirrung enden. Das Indianervolk, das in den Anden in Bolivien, Peru und Chile lebt, hat nämlich eine grundlegend andere Anschauung von Zeit als alle anderen bekannten Kulturen: Die Zukunft liegt hinten, die Vergangenheit ist vorn. Dies haben amerikanische Forscher um Rafael Nunez von der University of California in San Diego in stundenlangen Gesprächen mit 30 Aymara in Nord-Chile herausgefunden. So werde das Wort „nayra", das sich mit „Auge", „Stirn" oder „Sicht" übersetzen lässt, gleichzeitig auch für „Vergangenheit" verwendet. „Qhipa" hingegen bedeutet sowohl „zurück" oder „hinten" als auch „Zukunft".

Die Gestik unterstreicht das einzigartige Zeitkonzept: Sprechen Aymara von der Zukunft, zeigen sie oft mit dem Daumen über ihre Schultern. Erinnern sie sich an Vergangenes, machen sie eine Handbewegung nach vorn. „Die Wahrnehmung von so alltäglichen abstrakten Begriffen wie Zeit ist also zumindest teilweise ein kulturelles Phänomen", folgert Linguist Nunez.

AUFGABEN A

1. Erläutere, was sich in unserer Weltwahrnehmung ändern würde, wenn wir die Sprache der Aymara sprächen.
2. Stelle dar, inwiefern Magrittes Gemälde, der Beginn von Bichsels Text und der Text über die Aymara Belege für Bacons These der „Idole der Höhle" sind.
3. Auf die US-amerikanischen Sprachwissenschaftler Benjamin Lee Whorf und Edward Sapir geht die sogenannte Sapir-Hypothese zurück, die auch als „linguistisches Relativitätsprinzip" weltberühmt wurde. Dieses Prinzip besagt, dass die Struktur unserer Sprache die Struktur unseres Denkens forme. Erkläre, inwiefern der Text „Die Zukunft im Rücken" als Beleg für das „linguistische Relativitätsprinzip" dient.
4. Kennst du noch weitere Beispiele für das „linguistische Relativitätsprinzip"?
5. Führt ein sokratisches Gespräch zu der Frage:
   Inwiefern beeinflusst unsere Muttersprache unsere Auffassungen von Wahrheit und Wirklichkeit?

Linguistik: *Sprachwissenschaft*
Relativität: *Verhältnismäßigkeit*

5

Sprache und Alltag – Idole des Marktes

Implikaturen und Konversationsmaximen bei H. P. Grice

Der sprachtheoretische Ansatz des englischen Philosophen Herbert Paul Grice geht davon aus, dass sprachliche Äußerungen oft eine **nicht-natürliche** Bedeutung haben. **Natürliche** Bedeutung ist zum Beispiel bei Rauch gegeben, der auf Feuer hindeutet, oder bei Körperflecken, die Masern signalisieren.

Bei sprachlichen Äußerungen kann dies grundlegend anders sein. Hier ist es nämlich möglich, dass **Bedeutung und Gemeintes verschieden** sind. Wenn beispielsweise Person A Person B fragt „Wie ist denn der Mathe-Unterricht bei Frau Megglenstein?" und Person B daraufhin antwortet: „Frau Megglenstein ist sehr freundlich und hat eine saubere Schrift", dann könnte Person B damit meinen, dass Frau Megglenstein (trotz der erwähnten Vorzüge) als Mathe-Lehrerin nicht viel taugt. Niemand käme hingegen auf die Idee, dem Rauch oder den Maserflecken ein beabsichtigtes und über die Bedeutung hinausreichendes Gemeintes zu unterstellen.

Mit einer sprachlichen Äußerung können wir also mehr (und manchmal auch weniger) meinen wollen, als diese Äußerung bedeutet. Wenn Person C am Frühstückstisch den Salzstreuer zwar sieht, aber von diesem weit entfernt sitzt und deshalb zu Person D sagt: „Salz wäre jetzt gut", dann meint Person C mit ihrer Frage natürlich die Aufforderung (den Befehl, die Bitte): „Gib mir (bitte, gefälligst, schleunigst) das Salz."

Die Differenz zwischen ursprünglicher Bedeutung und tatsächlich Gemeintem nennt Grice **Implikatur**. Implikaturen werden meist als solche erkannt: Wenn Person E einen Raum mit geöffneten Fenstern betritt und äußert: „Es ist kalt hier!", dann wird Person F dies als Aufforderung verstehen, die Fenster zu schließen.

Grice spricht sich deshalb nicht grundsätzlich gegen Äußerungen aus, die Implikaturen enthalten. Er betont aber, dass bestimmte Bedingungen erfüllt sein müssen, damit Implikaturen sinngemäß erkannt werden und Konversation gelingen kann. Diese Bedingungen nennt Grice (in Anlehnung an Immanuel Kant) **Konversationsmaximen** und unterscheidet vier verschiedene Kategorien:

Implikatur *(von lat.* implicare *= hineinwickeln) ist ein von Grice erschaffener Fachbegriff und darf nicht mit dem mathematisch-logischen Ausdruck „Implikation" gleichgesetzt werden.*

Konversation *(von lat.* conversatio *– Umgang, Verkehr): Gespräch unter Beachtung von Umgangsformen*

➲ *Maxime, Lexikon S. 218*

1 **Kategorie der Quantität:** Gestalte deinen Beitrag so informativ wie für die gegebenen Zwecke nötig (und nicht informativer als nötig)!
2 **Kategorie der Qualität:** Versuche deinen Beitrag so zu gestalten, dass er wahr ist!
3 **Die Kategorie der Relation:** Sei relevant! (Realisiere Beiträge, die nötig sind!)
4 **Die Kategorie der Modalität:** Vermeide Mehrdeutigkeiten, Dunkelheiten, Weitschweifigkeit, halte dich an die Reihenfolge!

A AUFGABEN

1. Benenne weitere Beispiele für natürliche Bedeutungen.

2. Erläutere die Implikatur, die in dem Beispiel mit der Mathematik-Lehrerin Frau Megglenstein enthalten ist, in eigenen Worten.
3. Entwirf Minidialoge, in denen eine Sprecherin bzw. ein Sprecher etwas über die eigentliche Bedeutung seiner Äußerung „meint“. Lasse die Minidialoge von deinen Kursmitgliedern interpretieren.
4. Person A fragt: „Können Sie mir vielleicht sagen, wie spät es ist?“ – Person B antwortet mit „Ja“ und geht vorüber. Erkläre unter Verwendung der Begrifflichkeiten von Grice, aus welchen Gründen diese Konversation als gescheitert bezeichnet werden kann.
5. Wiederhole den Arbeitsauftrag der vorangegangenen Aufgabe für die folgende Situation: Timo fragt den Erdkundelehrer: „Wann geben Sie uns denn mal die mündlichen Noten?“ Der Erdkundelehrer schaut Timo ernst an und sagt dann: „Bei Ebbe sollten Muscheln nicht um Sonne betteln. So, und jetzt schlagt die Bücher auf.“
6. Beurteile, ob die Einhaltung der vier griceschen Konversationsmaximen eine gelungene Konversation garantiert oder ob dafür noch weitere Maximen notwendig sind.
7. Erläutere, inwiefern sich die Gedanken von Grice eher der dritten Idolart Bacons zuordnen lassen als die (ja ebenfalls auf Sprache bezogenen) Texte „Ein Tisch ist ein Tisch“ (vgl. S. 161 f.) und „Die Zukunft im Rücken“ (vgl. S. 163).
8. Führt ein sokratisches Gespräch zu der Frage:
   Aus welchen Gründen kann es unter Menschen Kommunikationsschwierigkeiten geben?

➲ *sokratisches Gespräch S. 158*

Herr Lehmann regt sich auf
von Sven Regener

Der folgende Textauszug stammt aus dem Roman „Herr Lehmann“ von Sven Regener. Titelheld ist der knapp 30-jährige Frank Lehmann, der in einer Berliner Kneipe arbeitet und zu seinem großen Ärger von allen nur „Herr Lehmann“ genannt wird. Eines Tages lernt Herr Lehmann in einem benachbarten Restaurant die Köchin Katrin kennen. Nachdem Katrin von Herrn Lehmanns beruflicher Tätigkeit erfahren hat, sagt sie:

Sven Regener, geboren 1961, ist Sänger, Gitarrist und Trompeter der Berliner Band „Element of Crime“. Sein Debütroman „Herr Lehmann“ erschien im Jahre 2001.

„Hinterm Tresen stehen und die Leute abfüllen. Das ist doch kein Lebensinhalt!“
„Moment mal“, sagte Herr Lehmann. „Was soll das heißen, Lebensinhalt? Lebensinhalt ist doch ein total schwachsinniger Begriff. Was willst du damit sagen, Lebensinhalt? Was ist der Inhalt eines Lebens? Ist das Leben ein Glas oder eine Flasche oder ein Eimer, irgendein Behälter, in den man was hineinfüllt, etwas hineinfüllen muss sogar, denn irgendwie scheint sich ja die

ganze Welt einig zu sein, dass man so etwas wie einen Lebensinhalt unbe-dingt braucht. Ist das Leben so? Nur ein Behältnis für was anderes? Ein Fass vielleicht? Oder eine Kotztüte?"

Sie starrte ihn verblüfft an […]: „Was weiß ich, das sagt man halt so."

Das reicht jetzt, dachte Herr Lehmann, ich sollte damit aufhören. Ich überfahre sie, dachte er, das geht nicht gut. „Lebensinhalt ist doch eine Scheißmetapher, das steht ja wohl mal fest", fuhr er dennoch fort, „aber selbst wenn man sie verwendet, was soll das denn dann sein? […] Kann ich jetzt zu […] den Leuten hier an den Tisch gehen und fragen: Entschuldigung, kannst du mir mal ein, zwei Lebensinhalte nennen? Nix! Nix! Aber alle glauben, es gibt so was. Und keiner denkt darüber nach. Wenn man von Lebensinhalt spricht, dann sieht man das Leben nur als Gefäß, als Mittel zum Zweck, in das es etwas hineinzufallen gilt, statt dass man sich vielleicht mal darüber klar wird, dass das Leben einen Wert an sich hat, und dass man, wenn man sich dauernd damit beschäftigt, es mit Inhalt zu füllen, das vielleicht überhaupt nicht kapiert. Aber bleiben wir ruhig beim Bild des Lebens als Gefäß", konnte er sich nicht bremsen. „Ein Gefäß, in das man etwas hineinfüllen muss, kann es so lange nicht sein, wie mir keiner sagen kann, was genau dieses Hineinzufüllende eigentlich sein soll. Dann kann man es nur noch anders herum sehen, wenn man an der Metapher festhalten will: Dann ist das Leben ein Gefäß, das man gefüllt hingestellt bekommt, und zwar gefüllt mit Zeit. Und in diesem Gefäß ist ein Loch drin und die Zeit fließt unten raus […]. Und Zeit, das ist das Blöde daran, kann man nicht nachfüllen."

„Ich habe doch gar nicht von einem Gefäß gesprochen."

„Das ist doch jetzt mal eben egal", sagte Herr Lehmann. Romantisch ist das nicht, dachte er, romantisch ist was anderes. „Du hast mit Lebensinhalt angefangen. Und wenn man von Lebensinhalt spricht, dann muss man das auch zu Ende denken. So ein Wort will durchdacht sein. Was also hat die Tatsache, dass man in einer Kneipe arbeitet, mit Lebensinhalt zu tun? […]" Gleich steht sie auf und geht, dachte er, und dann habe ich's verkackt auf lange Zeit.

Die schöne Köchin wirkte aber nicht verärgert, eher erstaunt. „Mein Gott, wie kann man sich über ein einzelnes Wort so aufregen. Ist doch egal, ob ich Lebensinhalt sage oder was anderes, du weißt doch, was gemeint ist."

„Nein, weiß ich nicht. Ich weigere mich zu wissen, was gemeint ist, wenn man mir Dinge, die mein Leben betreffen, madig machen will, ohne dass man darüber nachdenkt, was man eigentlich sagt."

„Jedenfalls ist das kein vernünftiger Beruf. Man kann doch nicht nur in einer Kneipe arbeiten."

„Aha!" Herr Lehmann reckte einen Zeigefinger in die Höhe und nahm ihn gleich wieder runter. Jetzt auch noch der Zeigefinger, dachte er, das wird ja immer schlimmer. „Da kommen wir der Sache schon näher. Man kann also nicht nur in einer Kneipe arbeiten. Was ist denn so schlimm daran? Wieso kann man nicht nur in einer Kneipe arbeiten?"

„Weil das doch viel zu öde ist. [...] Machst du denn nicht noch was anderes?"

„Wieso fragt einen dauernd einer, ob man noch was anderes macht?"

Ich rede gar nicht mit ihr, dachte Herr Lehmann bedauernd, eigentlich rede ich mit dem Rest der Welt, und sie bekommt es ab. „Und die meisten, die ich kenne, sagen dann: Ja, ich arbeite in einer Kneipe, aber eigentlich mache ich Kunst, eigentlich mache ich Musik in einer Band, eigentlich studiere ich, eigentlich, eigentlich, und alle meinen damit, dass sie das nicht auf Dauer machen werden, dass irgendwann das richtige Ding losgeht. […] Was ist das für ein trauriger Umgang mit dem, was man tut, wenn man es immer nur als Zwischenlösung ansieht, als nichts Richtiges! […] Wenn ich jetzt sagen würde, eigentlich bin ich Künstler, dann würde doch jeder sagen: Ach so, na dann, alles klar. Aber was ist so schlimm daran, einfach nur hinterm Tresen zu stehen, und das auch noch gerne zu tun? Die ganze Stadt ist voller Kneipen, warum denn? Es gibt mehr Kneipen als Kirchen oder Galerien oder

Konzerthäuser oder Clubs oder Discos oder was weiß ich was. Die Leute mögen das, sie gehen gerne in Kneipen. Es ist gut und nützlich, in einer Kneipe zu arbeiten. Es macht den Leuten genauso viel Spaß, in eine Kneipe zu gehen, wie in ein Museum oder in ein Konzert. Warum wollen dann immer alle Künstler sein oder sonst was, aber keiner will jemand sein, der nur in einer Kneipe arbeitet. Würdest du einen Künstler fragen, warum er nicht mal was anderes macht? Zum Beispiel in einer Kneipe arbeiten?" […]

„An Kunst habe ich überhaupt nicht gedacht. Was hat denn jetzt die Kunst damit zu tun. Ich habe bloß gesagt …"

„Die Leute gehen in eine Kneipe und besaufen sich", unterbrach Herr Lehmann sie. Das ist nicht gut, dachte Herr Lehmann, es ist nicht gut, wenn ich sie unterbreche. „Manche mehr, manche weniger. Und das macht ihnen Spaß. […] Was ist gegen eine Arbeit zu sagen, die darin besteht, den Leuten etwas zu bieten, was sie gerne haben? Lebensinhalt! Vielleicht sind die Leute hinterm Tresen die Einzigen, die so was wie Lebensinhalt geben. Vielleicht füllen wir ja den Lebensinhalt in die Leute rein, Mund auf, Lebensinhalt rein, fertig."

„Moment mal, das ist jetzt ganz schön primitiv …"

9. Bildet Dreiergruppen und übt eine szenische Lesung des Textes ein: Gruppenmitglied A übernimmt die Sprechbeiträge von Herrn Lehmann, Gruppenmitglied B dessen innere Monologe, Gruppenmitglied C die Sprechbeiträge Katrins.
   Bewertet die vorgestellten szenischen Lesungen der anderen Dreiergruppen unter den Leitfragen „Was fandet ihr gelungen?" und „Was habt/hättet ihr weshalb anders gestaltet?".
10. Charakterisiere das Verhältnis zwischen Katrin und Herrn Lehmann.
11. Erkläre, was Herrn Lehmann an dem Begriff „Lebensinhalt" stört.
12. Schildere, welche Begriffe **dir** aus welchen Gründen unsympathisch sind.
13. Erläutere, inwiefern das Gespräch zwischen Katrin und Herrn Lehmann ein Beispiel für Bacons „Idole des Marktes" darstellt.

Im Netzfang der Systeme – die Idole der Bühne

Verlierer

von Karl Kalemba

„Wegen Unterricht? Wegen Schule?? Das darf ja wohl nicht wahr sein!" Elias wusste nicht, wohin mit seinem Blick. Weinen begann bei ihm seltsamerweise immer im linken Auge. Am liebsten hätte er so etwas wie „Aber ich liebe dich doch" gesagt. Gut, dass links von ihnen der Fernseher stand. Blick dorthin, Blick nirgendwohin. Irgendein Volldiot sang, er müsse nur noch schnell die Welt retten.

5

„Ja warum denn nicht wegen Unterricht und Schule?", erwiderte Christin, und Elias verbot sich prompt den Eindruck, er habe das Fauchen eines Raubtiers gehört. Das hier war immerhin kein billiger Spielfilm, kein klischeetriefender Roman, das hier war ... Christin. Und er erkannte sie nicht wieder.

„Immerhin ist das Leben hier kein billiger Spielfilm", riss ihn Christin aus seinen Gedanken. „Wir können nicht einfach mal auf PAUSE stellen, damit jemand Chips und Cola holt, verstehst du? Und wenn eine Hauptfigur uns befremdet, dann können wir nicht einfach sagen: ‚Jaja, für die Spannung des Films ist diese Figur total wichtig' oder ‚Na gut, diese Hauptfigur ist spätestens dann vergessen, sobald der nächste Film beginnt' oder so ..."

„Ich weiß nicht, was du mir sagen willst, Christin. Ich ahne nur Schreckliches."

„Dann sag ich's mal ein wenig konkreter, mein lieber Elias: Wir sitzen jetzt seit knapp sechs Jahren in Ethik nebeneinander. In den ersten Jahren war's mir vergleichsweise egal, was du im Unterricht gesagt hast. Ich fand dich sympathisch, dich wichtig, nicht den Unterricht. Und ehrlich gesagt: In den ersten Jahren Ethik ging's ja auch nur um Pillepalle ... Identität, Wünsche, Lebenswege und so."

„Halte ich übrigens nicht für Pillepalle", unterbrach sie Elias leise. „Aber mach nur weiter."

„Wird gemacht", fuhr Christin fort. „Danach wurden die Themen wichtiger. Ernster. Du würdest wahrscheinlich hochgestochen sagen: Relevanter. Und du, du hast ..."

Bei den letzten Worten brach Christins Stimme. Zu Boden schauend, hielt sie sich die linke Hand vor die Augen. Eine gefühlte Ewigkeit verstrich.

„Ich habe?", hakte Elias leise nach.

„Du hast so, so oft Meinungen gehabt und Positionen vertreten, die meinen Meinungen und Positionen widersprachen", antwortete Christin und betonte fast jede Silbe dieses Satzes.

„Aber das hat doch nichts mit uns zu tun, oder?", rief Elias.

„Mit wem und womit denn sonst, bitte? Ich kann nicht mit jemandem zusammen sein, der sich auf die Seite der Utilitaristen stellt. Kannste dich noch an das Versprechen erinnern, das du Robert gegeben und dann mit der Begründung gebrochen hast, die Nutzensumme sei dann für alle Beteiligten größer? Speiübel ist mir damals geworden, und speiübel wurde mir auch, als du den Rechtspositivismus verteidigt hast. Am schlimmsten war, als du Physiozentristen als weltfremde Spinner bezeichnet hast."

„Das war so schlimm?", fragte Elias. „Und ich dachte, über so etwas sind wir für immer erhaben."

„In der Liebe gibt es kein Immer oder Ewig. Nur ein Wenn", sagte Christin.

„Kein Und?"

„Wohl nicht. Übrigens wäre dein Freund Grice mit seinen Konversationsmaximen wohl gerade nicht sehr stolz auf uns, was? Wir drücken uns dunkel aus, Süßer! Wir sind weitschweifig, Bester!"

„Und wir sind dabei, uns endgültig zu verlieren, nicht wahr?", flüsterte er.

„Ich glaube schon", antwortete Christin und zog sich ihre Jacke an.

Und dann – noch einmal – fast tonlos: „Ich glaube schon, Elias."

1. Interpretiere den Titel des Textes.
2. Erläutere, inwiefern sich das Streitgespräch zwischen Elias und Christin den „Idolen der Bühne" von Francis Bacon zuordnen lässt.
3. Für Bacon sind Idole Hemmnisse der Erkenntnis. Erörtere vor dem Hintergrund der Auffassungen Bacons und Christins, ob du eine Person gern haben kannst, die deine Auffassung zu Unterrichtsthemen oft nicht teilt.

Rückblick

In dem zu Beginn des Kapitels erwähnten Werk „Novum Organum“, in welchem Francis Bacon seine „Idolenlehre“ entwickelt, heißt es:

> *Der menschliche Geist setzt vermöge seiner Natur leicht eine größere Regelmäßigkeit und Gleichheit in den Dingen voraus, als er später findet.*

1. Veranschauliche dieses Zitat, indem du es zu einem Text aus diesem Kapitel in Beziehung setzt. Wähle dafür die Form eines philosophischen Essays.

AUFGABEN A

Weiterdenken

2. In diesem Kapitel eines **Ethik**-Lehrbuches tauchte der Begriff „Moral“ bislang kein einziges Mal auf. Belege anhand selbst ausgewählter Passagen, inwiefern moralische Erwägungen hier dennoch eine Rolle spiel(t)en.
3. Interpretiere vor dem Hintergrund der Aufgabe 2 das Bild „Die Moral“ von Ludvik Glazer-Naude.

➲ *Bilder ethisch deuten S. 141*

Ludvik Glazer-Naudé: Die Moral (2008)

6 Religionen und Weltanschauungen

„Die menschliche Vernunft hat das besondere Schicksal in einer Gattung ihrer Erkenntnisse: Dass sie durch Fragen belästigt wird, die sie nicht abweisen kann, denn sie sind ihr durch die Natur der Vernunft selbst aufgegeben, die sie aber auch nicht beantworten kann, denn sie übersteigen alles Vermögen der menschlichen Vernunft."

Immanuel Kant

Was bedeutet Religion für den Einzelnen?
Und für das Zusammenleben der Menschen?
Kann man die Existenz oder die Nicht-Existenz Gottes beweisen?
Ist das Böse in der Welt ein Argument gegen die Annahme eines wohlwollenden Gottes?
Mit welchen Argumenten kritisieren Philosophen die Religion?
Ist die Religion eine Hilfe oder ein Hindernis für die Durchsetzung moralischer Normen?

6

1 Religion und Religionen

„Wie hältst du's mit der Religion?“ – Ein Fragebogen

Wie hälst du's mit der Religion?

1. Hältst du dich für einen religiösen Menschen?
2. An welchen deiner Gedanken, Hoffnungen und Verhaltensweisen erkennst du, dass du religiös bzw. nicht religiös bist?
3. Gibt es eine bestimmte Ursache für deine positive bzw. kritische Einstellung zur Religion?
4. Bist du der Auffassung, dass einen der Glaube zu einem besseren Menschen macht?
5. Spielt für dich die Hoffnung auf ein Weiterleben nach dem Tod eine Rolle in deinem Leben?
6. Welche Gefühle weckt der Gedanke an einen bewusst handelnden Gott in dir?
7. Würdest du ein eigenes Kind taufen oder beschneiden lassen?
8. Welchen Einfluss hat die Religion deines Erachtens auf die Gesellschaft: eher einen positiven oder eher einen negativen?

A AUFGABEN

1. Beantworte die Fragen schriftlich für dich selbst, indem du Gründe, Argumente und eigene Erfahrungen darlegst.
2. a) Vergleicht eure Antworten und stellt fest, ob die Übereinstimmungen überwiegen oder die Differenzen.
   b) Diskutiert, welche Schlüsse aus dem Ergebnis gezogen werden können.
3. a) Unabhängig von den Schwierigkeiten einer wissenschaftlich haltbaren Definition haben wir ein Alltagsverständnis von „Religion“. Schreibe eine eigene Definition, in der auch das Verhältnis von „Glaube“ und „Religion“ vorkommt.
   b) Stellt eure Definitionen zusammen und diskutiert sie.

Der Versuch, eine einzige Definition für „Religion“ zu formulieren, steht im Widerspruch zur Vielzahl der Religionen, die es gibt und gab. Denn eine Religion bezieht sich auf das, was die Menschen glauben. Was wir glauben können, geht über das hinaus, was wir beweisbar wissen können. Allerdings kann wohl niemand allein eine „Religion“ haben, Religionen sind immer Religionen von Gemeinschaften. Den Gläubigen einer Religionsgemeinschaft erscheint ihr Glaube jedoch oft als Wissen um das, was geglaubt wird.
In diesem Kapitel werden Religionen vorgestellt. Dabei steht ein besonderer Aspekt im Vordergrund, wenn nach dem Ethos, den ethischen Werten, gefragt wird, dem sich Christen, Moslems, Juden und Konfuzianer verpflichtet fühlen.

Die philosophische Methode, die in diesem Kapitel eingeführt wird, ist die ***Apologie*** *(Verteidigungsrede).*

Religion und Religionen – Begriffsklärungen
von Friedrich Wilhelm Graf

Wir wissen aus der europäischen Religionsgeschichte, dass Begriffe wie „die Christen“ nur zur Abgrenzung von den vielen anderen, den Nicht-Christen dienen. Genau besehen, ist „das Christentum“ nichts weiter als ein Sammelname für ganz verschiedene Glaubensweisen und Frömmigkeitsformen. Einzelne Konfessionen wie der Protestantismus kennen viele Strömungen mit je eigener Tradition; zur Vielzahl tragen auch die kleinen Reformgruppen, Freikirchen und „Sekten“ bei. Zudem geht christlicher Glaube häufig eine enge Verbindung mit Sprache, Volkskultur, regionalen Sitten, aber auch modernen Ideen der Nation ein.

Folgende Regel ist entscheidend: Je länger die Religionsgeschichte, desto stärker die Ausdifferenzierung – um 1900 zählte man weltweit 1800 christliche Kirchen, heute sind es mehr als 30.000. Alle großen Weltreligionen sind mithin eher Religionsfamilien, weil die heiligen Texte ganz unterschiedlich ausgelegt werden können, Glaubenssymbole deutungsoffen sind und Menschen nun einmal unterschiedliche Sinnbedürfnisse haben. Man spricht zwar gemeinsam ein Gebet. aber die Worte mögen dem einen dies, dem anderen das und dem Dritten etwas ganz anderes bedeuten.

AUFGABEN A

1. Gib das Definitionsproblem in eigenen Worten wieder.
2. Erläutere die Passage, dass Menschen unterschiedliche Sinnbedürfnisse haben.
3. Stelle dar, inwiefern Religionen dazu beitragen, diese Sinnbedürfnisse zu befriedigen.
4. Recherchiere, ob Grafs Aussagen zum „Christentum als Sammelname“ auch auf andere Religionen zutreffen.

1 Religion
„Religion“ hat es für den Menschen immer gegeben. Denn sein Denken geht über die Welt, in der er tagtäglich für sein Leben sorgen muss, über die Welt des Tatsächlichen hinaus. Die Religion beantwortet metaphysische Fragen nach Anfang und Sinn der Welt, nach Erlösung und letztem Heil, nach dem Herkommen des Menschen und dem Tod. Die Antworten können nur geglaubt werden. Es sind keine vernünftigen Antworten in dem Sinne, dass sie jeder Mensch annehmen können müsste. Das drückt das Kant-Zitat auf der Doppelseite zu diesem Kapitel aus.

2 Hinordnung auf Gott
Man kann „Religion“ wie Thomas von Aquin (1225–1275, Philosoph und Theologe) von Gott her denken als Beziehung auf Gott bzw. Göttliches, als „Hinordnung auf Gott“ (ordinem ad deum). „Das Göttliche“ ist unter dieser Vor-

aussetzung vorausgesetzt. Man kann aber „Religion" auch vom Menschen her denken und fragen, wodurch der Mensch zur Religion bewegt wird. Dann stellt sich „Religion" als eine besondere Art und Weise dar, wie er seine Existenz begreift und mit dem Unbegreiflichen, Geheimnisvollen, Verborgenen, das er in der Welt erfährt, umgeht.

Dann ist „Religion" „eine soziale Realität, ein besonderer Kommunikationsprozess, der Wirklichkeiten schafft und durch soziale Handlungen selbst reale Gestalt gewinnt". In diesem Verständnis ist „Religion" Ausdruck einer menschlichen Praxis, die Handlungen und rituelle Verrichtungen einschließt, die jenseits des Alltagswissens liegen und dem Unerklärlichen gelten, über das der Mensch nicht zu verfügen meint. Die gemeinschaftliche religiöse Praxis hilft dem Menschen, existenzielle Krisensituationen zu bewältigen, und stellt das Vertrauen in die Welt wieder her, wo es durch unerklärliche Mächte und Unheimliches (z.B. Naturereignisse, Tod, Geburt, tiefen Selbstzweifel) erschüttert wird. Religion ist eine besondere „Sinnform" des Menschen, die keinen letzten, für alle gültigen Grund hat. Darum ist auch eine einheitliche Definition nicht möglich. Sie kann den Zweifel an sich selber nicht ausräumen.

Anthropologie: *Lehre vom Menschen*

3 Anthropologie

„Religion" hat der Mensch immer gehabt. Einige Anthropologen gehen davon aus, dass bereits der Neandertaler in der Zeit von 130.000 bis 30.000 vor heute religiös eingestellt war, eine religiöse Praxis pflegte. Darauf lässt die Art und Weise, wie er seine Toten bestattete, schließen. Grabbeigaben wurden schon in der Frühzeit des Menschen gefunden.

Foto eines Skeletts aus der Eiszeit (Fundort: Sungir, Russland). Der Kopf und die Brust des Toten sind übersät mit Perlen aus Mammut-Elfenbein, die ursprünglich auf dem Totenkleid aufgenäht waren. Die Gräber von Sungir sind bis zu 28.000 Jahre alt; sie gehören zu den ältesten Fossilienfunden des Menschen in Europa.

4 Religion und Religionen

Die Verschiedenheit der religiösen Praxis, die Verschiedenheit der Antworten, die die Menschen auf metaphysische Fragen (s.o.) gaben und geben, führt erst zu verschiedenen Religionen. So erklärt sich der Unterschied zwischen „Religion" als Singular und „Religionen" als Plural.

Religionen entstehen und vergehen. Bestehende Religionen sind im Wandel und werden der Lebenswelt der Gläubigen angepasst. So wird z.B. in der katholischen Kirche darüber diskutiert, ob Frauen Priesterinnen werden können. Zwischen evangelischer und katholischer Kirche werden Fragen der Ökumene (Dialog und Zusammenarbeit der christlichen Glaubensrichtungen bzw. Konfessionen, d.h. Bekenntnisse) diskutiert. Im Islam gibt es einen Diskurs über

die Frage, wie die Verpflichtung auf den Dschihad, die Anstrengung und der Kampf auf dem Weg zu Allah, zu verstehen ist.
Es gibt und gab zahlreiche Religionen, Hunderte. Ihr Spektrum reicht von animistischen Religionen, die die Natur als sinnhaften, beseelten Kosmos verstehen, mit der der Mensch in Beziehung steht (Schamanismus, Totemismus), bis zu den bekannten Weltreligionen.

5 Weltreligionen

(nach der Zahl ihrer Anhänger geordnet)
Zum Jahreswechsel 2011/12 lebten knapp über 7 Milliarden Menschen auf der Erde. Auf die sogenannten Weltreligionen und ihre unterschiedlichen Ausprägungen und Konfessionen kamen davon im

Konfessionen: *Bekenntnisse*

Christentum: ca. 2,1 Milliarden Menschen
Islam: ca. 1,4 Milliarden Menschen
Hinduismus: ca. 900 Millionen Menschen
Buddhismus: ca. 376 Millionen Menschen
Judentum: ca. 15 Millionen Menschen

Christentum Judentum Hinduismus Islam Buddhismus Shinto Sikhismus Bahai Jainismus

5. Erarbeite die Informationen dieser Texte:
- **a)** Formuliere einen Katalog von konkreten Fragen, auf die Religion Antworten zu geben versucht.
- **b)** Erkläre, worin die allgemeine Bedeutung von „Religion" zum Ausdruck kommt. Wenn es möglich ist, nenne Beispiele aus eigenen Erfahrungen.
- **c)** Kannst du die These, dass Religiosität aus der Erfahrung von Unerklärlichem, Geheimnisvollem, Verborgenem entsteht, bestätigen?
- **d)** Erkläre den Unterschied zwischen „Religion" als Singular und „Religionen" als Plural.
- **e)** Anthropologen können die Frage nicht eindeutig beantworten: Kommt in den Bestattungsriten früher Menschen Religiosität zum Ausdruck? Nimm Stellung in dieser Frage und beziehe die Abbildung des Sunghir-Grabes in deine Überlegungen mit ein.
- **f)** Addiere die Zahlen der Anhänger der zahlenmäßig großen Religionen und suche nach Erklärungen für die Differenz zu der Gesamtbevölkerung von ca. 7 Milliarden.
- **g)** Erklärt in einem Schreibgespräch das Kant-Zitat auf Seite 170. Gebt darin Beispiele für die Fragen, von denen die menschliche Vernunft „belästigt" wird, ohne sie „abweisen" zu können, die sie aber auch „nicht beantworten" kann.

Tipp
Recherchiere die Verteilung der großen Religionen auf der Erde anhand einer Karte und suche im Internet eine „Liste von Religionen".

➲ *Schreibgespräch S. 238*

Das Ethos der Religionen

Ethos: griechisch ἔθος/ethos: Lebensgewohnheit, Sitte, Brauch, Charakter, Haltung. Ethos bezeichnet sowohl den Charakter und die Haltung des Einzelnen, der bestimmten Werten verpflichtet ist, als auch den Wertkonsens von Gemeinschaften. Ein Ethos ist der Maßstab der Lebensführung.
Ein Wert ist der Maßstab von Werturteilen. Ein ethischer Wert ist das, woran man sich orientiert, weil es für ein gutes Leben in der Gemeinschaft einen Wert hat (Beispiele: Ehrlichkeit, Freiheit, Freundlichkeit, Gleichheit, Gerechtigkeit, Gutes tun, Hilfsbereitschaft, Hoffnung, Leistung, Liebe, Mut, Solidarität, Vertrauen, Wahrheit, Weisheit). Die Abgrenzung von Tugenden (= Tüchtigkeit, positiv bewertete Charaktereigenschaften, Haltungen) und Werten ist nicht immer leicht.

1. a) Lege in einer Mindmap dar, welche Werte euer persönliches Ethos ausmachen.
   b) Formuliere die Werte bzw. Tugenden als Tätigkeiten.
   BEISPIEL: Hilfsbereitschaft: jemanden unterstützen, der in einer Krise steckt.
2. Stelle eigene Überlegungen an: Würde man die Orientierung an schlechten, negativen Werten als „Ethos" bezeichnen können? Sind schlechte Tugenden denkbar?

Jüdisches Ethos

Die Zehn Worte
DEKALOG

Und Gott redete alle diese Worte und sprach:

I Ich bin der Herr, dein Gott, der dich aus dem Lande Ägypten, aus dem Sklavenhause, herausgeführt habe;

II Du sollst keine anderen Götter neben mir haben. Du sollst dir kein Gottesbild machen, keinerlei Abbild, weder dessen, was oben im Himmel, noch dessen, was unten auf Erden, noch dessen, was in den Wassern unter der Erde ist; du sollst sie nicht anbeten und ihnen nicht dienen; denn ich, der Herr, dein Gott, bin ein eifersüchtiger Gott, der die Schuld der Väter heimsucht bis ins

Moses mit den beiden Tafeln, Miniatur aus der Alba-Bibel (1422)

dritte und vierte Geschlecht an den Kindern derer, die mich hassen, der aber Gnade übt bis ins tausendste Geschlecht an den Kindern derer, die mich lieben und meine Gebote halten.

III Du sollst den Namen des Herrn, deines Gottes, nicht missbrauchen; denn der Herr wird den nicht ungestraft lassen, der seinen Namen missbraucht.

IV Gedenke des Sabbattages, dass du ihn heilig haltest. Sechs Tage sollst du arbeiten und all dein Werk tun; aber der siebente Tag ist ein Ruhetag, dem Herrn, deinem Gott, geweiht. Da sollst du keine Arbeit tun; weder du noch dein Sohn, noch deine Tochter, noch dein Sklave, noch deine Sklavin, noch dein Vieh, noch der Fremdling, der innert deiner Tore ist. Denn in sechs Tagen hat der Herr Himmel und Erde gemacht und das Meer und alles, was in ihnen ist, und er ruhte am siebenten Tag; darum segnet der Herr den Sabbattag und heiligt ihn.

*Der **Sabbat** (Schabbat) fällt auf den Tag, den Christen „Samstag" nennen. Der Sonntag ist nach jüdischem Verständnis der erste Tag der Woche.*

V Ehre deinen Vater und deine Mutter, auf dass du lange lebest in dem Lande, das der Herr, dein Gott, dir geben will.

VI Du sollst nicht töten.

VII Du sollst nicht ehebrechen.

VIII Du sollst nicht stehlen.

IX Du sollst nicht falsches Zeugnis reden wider deinen Nächsten.

X Du sollst nicht begehren nach dem Hause deines Nächsten: du sollst nicht begehren nach dem Weibe deines Nächsten, nach seinem Sklaven oder seiner Sklavin, nach seinem Rinde oder seinem Esel, nach irgend etwas, was dein Nächster hat.

Eine Kurzformel des jüdischen Ethos

Micha 6,8

Er hat dir angesagt, o Mensch, was gut ist, und was der Ewige von dir verlangt: Nur recht zu tun und treue Liebe, und demütig mit deinem Gott zu wandeln.

DENKRAUM D

Dieselbe Bewegung, die zum Nächsten führt, führt zu Gott.

Emmanuel Lévinas

Bitte fünf Personen in deinem Umfeld (z.B. Lehrer, Eltern, Freundin, Geschwister) um eine kurze schriftliche oder mündliche Stellungnahme zu diesem Zitat und werte sie aus.

Ernst Ludwig Ehrlich (1921–2007), in Berlin geborener Jude, konnte mithilfe engagierter Christen 1943 in die Schweiz entkommen, verlor aber seine Angehörigen durch den Genozid der Nazis.

Genozid: *Völkermord*

Dtn: *Abkürzung für Deuteronomium = 5. Buch Mose*

Gerechtigkeit im Judentum

von Ernst Ludwig Ehrlich

Gerechtigkeit gehört zu den zentralen Begriffen des Judentums. Das biblische Wort „Der Gerechtigkeit und nur der Gerechtigkeit sollst du nachjagen ..." (Dtn 16,20) ist ein Beispiel. In den großen Bereich der biblischen Gerechtigkeit gehören die Einschränkung der Macht der Mächtigen, die Abweisung jeder Form von Bestechung und vor allem die Annahme des Fremdlings, der Witwen und Waisen. Ihnen schulden wir Gerechtigkeit aufgrund ihrer Ohnmacht. Rabbi Simon Ben Gamliel spricht im zweiten Jahrhundert von drei Säulen, auf denen die Welt ruht: Gerechtigkeit, Wahrheit und Frieden.

A AUFGABEN

1. Vergleiche die „Zehn Worte" (Dekalog) der jüdischen Bibel aus dem Buch Exodus mit den christlichen „Zehn Geboten" nach dem katholischen und dem evangelischen Katechismus und benenne die Unterschiede.
2. Analysiere, welche der Gebote der Beziehung des Menschen zu Gott, welche den Beziehungen der Menschen untereinander gelten.
3. Prüfe, ob die „Kurzformel" des Propheten Micha und das Zitat von Emmanuel Lévinas den Geist des Dekalogs wiedergeben.
4. Interpretiere die Unaussprechlichkeit des Gottesnamens JHWH im Zusammenhang mit dem II. Gebot des Dekalogs.
5. Ist der Dekalog noch zeitgemäß? Halte eine Apologie nach der Methode „Apologie".

Tipp

Bitte einen Religionslehrer oder eine Religionslehrerin um Material oder recherchiere z.B. im Internet unter dem Stichwort „Zehn Gebote" oder „Katechismus".

➲ *Internetrecherche S. XX*

I INFOBOX

Kontext Dekalog

Dekalog: aus griech. *deka* „zehn" und griech. *logos* „Wort, Rede, Lehre".
Der Dekalog („Zehn Worte") ist ein religiös-ethisches Programm. Er bildet das Kernstück des Bundes, den Gott mit seinem Volk nach der Befreiung aus (ägyptischer) Sklaverei am Berg Sinai geschlossen hat. Dort soll er nach jüdischen Vorstellungen Mose die Worte auf zwei Gesetzestafeln übergeben haben. Der Dekalog weist also den Weg in die Freiheit, er ist ein Wegweiser, formuliert das Ethos für ein Leben in Würde und Freiheit.

JHWH (Jahweh)

Es gibt mehrere Möglichkeiten, den unaussprechlichen jüdischen Gottesnamen zu übersetzen:
„Ich bin, der ich sein mag (oder werde)." (Gott wird sich erst zeigen; wer er ist, weiß jetzt noch niemand; Gott behält sein Geheimnis für sich.)
„Ich bin der, der für euch da ist." (Rettergott; sein Name ist Zusage und Zuversicht.)

METHODEN

Apologie

Die Methode geht auf die Rede zurück, mit der sich Sokrates gegen die Anklage wegen Gotteslästerung und Verführung der Jugend verteidigte. Im Ergebnis hatte Sokrates keinen Erfolg, er wurde zum Tod durch den Schierlingsbecher (Gift) verurteilt und starb 399 v. Chr. Eine Apologie ist also eine Verteidigungsrede. Die „Apologie“ des Sokrates stammt von seinem Schüler Platon; Sokrates selbst hat keine Schriften hinterlassen. Ob sie ein historisch zutreffendes Bild von Sokrates wiedergibt, ist nicht entscheidbar.

Platons „Apologie“ hat die Zeiten überdauert, weil sie ein Meisterstück der Selbstverteidigung mit Mitteln der Philosophie ist, weil sie durch den Mut beeindruckt, mit der Sokrates seine Liebe zur Weisheit und die Suche nach Wahrheit über die ängstliche Sorge um das eigene Leben stellt. Sokrates ist in seiner Weisheit nicht überheblich. Er begründet sie damit, dass er das, was er nicht weiß, auch nicht zu wissen glaube (Apologie, Abschnitt 6). Verkürzt und verfälschend wird diese Einsicht in dem bekannten, Sokrates zugeschriebenen Ausspruch „Ich weiß, dass ich nicht(s) weiß“ wiedergegeben.

Zu einer Methode kann die Apologie werden, wenn man in ihr ein Verfahren erkennt, das, was auf den ersten Blick verworfen zu werden verdient (die „Anklage“), zu stärken und gegen Einwände zu verteidigen. Es ist nämlich leicht, offensichtlich Kritikwürdiges zu kritisieren, schwerer ist es, starke Argumente zu widerlegen. Die Methode „Apologie“ besteht darin, die Position des Gegners ernst zu nehmen und zu stärken, um sie angemessen zu prüfen. Es könnte sein, dass sie bei näherer Betrachtung nicht so verkehrt ist, wie man dachte. Das Ergebnis der Apologie kann darin bestehen, dass man der gegnerischen Position etwas abgewinnt oder dass man sie, nachdem man sie gestärkt hat, mit noch stärkeren Argumenten widerlegt. Die ethische Bedeutung der Methode kommt darin zum Ausdruck, dass man die Position eines anderen ernst nehmen, sie möglichst umfassend verstehen muss, um sie gerechtfertigt kritisieren zu dürfen.

Eine Apologie kann schriftlich oder mündlich vorgetragen werden.

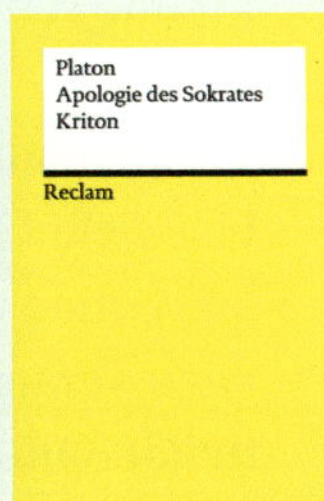

Sokrates
469–399 v. Chr.

Die Methode in Einzelschritten:

1 Identifiziere „schwache“ Thesen und Argumente eines Textes oder der Rede, also Thesen und Argumente, die dich nicht überzeugen.
2 Begründe, warum sie schwach sind.
3 Suche Argumente, die geeignet sind, die angeblich schwachen Thesen, Argumente und Überzeugungen zu stärken.
4 Prüfe nun ihrerseits die neu gefundenen stärkeren Thesen, Argumente und Überzeugungen kritisch.
5 Ziehe eine Bilanz: Sind die stärkenden Argumente überzeugend oder müssen auch sie verworfen werden?

6

Christliches Ethos

Unterschiedliche Begründungen
von Werner Trutwin

Theonomie:
von griech. theos, *Gott und griech.* nomos, *Gesetz. Gesetzgebung durch Gott*

1 Gehorsam gegenüber Gott
Manche Christen halten die Gebote, um Gott zu gehorchen. Weil die Gebote von Gott kommen, haben sie für sie absolute Autorität, der sich der Mensch zu unterwerfen hat, ohne lange zu fragen, warum sie da sind („Theonomie"). […]

2 Die Schöpfung beachten
Eine andere Begründung ergibt sich aus der biblischen Schöpfungsordnung. Wenn die Welt und der Mensch von Gott gut geschaffen worden sind, muss es die Aufgabe des Menschen sein, die gute Welt zu schützen und die Würde des Menschen zu achten. Wenn jemand die Welt, seine Mitmenschen und sich selbst schädigt, verletzt er die Schöpfungsordnung Gottes.

3 Die Nachfolge Jesu
Viele Christen verstehen ihren Lebensweg als Nachfolge Jesu. Sein Leben und Sterben kann bleibender Maßstab sein, wenn es in seiner Grundeinstellung von Gottvertrauen, Liebe und Freiheit gelebt wird. Er sprach mit seinem Vater, konnte fasten, ohne ein Asket zu sein, stand auf Seiten der Armen, Witwen und Waisen, bekämpfte jedwede Diskriminierung, trat Hochmütigen und Heuchlern entgegen, sprach Sündern und Sünderinnen Vergebung zu, war gütig und konnte sehr phantasievoll sein. […]

4 Leben aus dem Geist Gottes
Für viele Christen ist christliches Leben ein Leben im Geist Gottes, der den Menschen auf neue Weise ungeahnte Möglichkeiten zeigt und ihn in Freiheit dazu veranlasst, das Antlitz der Erde zu erneuern. Dynamik, Phantasie, Kreativität, Offenheit und Freiheit sind die Gaben des Geistes. Der Geist fegt veraltete Gesetze fort, bricht verkrustete Strukturen auf, entdeckt neue Lebensmöglichkeiten und schenkt ein Leben in Freiheit und Liebe. – Diese Auffassung plädiert für eine schöpferische Ethik. […]

➲ *Zu Kants autonomer Ethik vgl. S. 62–67*

5 Autonomie
In der neueren Zeit haben Christen den modernen Gedanken Immanuel Kants (1724–1804) von der Selbstgesetzlichkeit (gr. „Autonomie") des Menschen aufgenommen, um sittliches Leben zu begründen. Danach gibt sich der Mensch selbst in Freiheit seine Gesetze, muss dabei aber auch die Freiheitsrechte anderer achten. In der guten Tat gehorcht der Mensch nicht einem fremden Gebot, sondern sich selbst bzw. seiner Vernunft. Wo Christen sich von diesem Gedanken leiten lassen, sehen sie in ihrer inneren Autonomie ein Stück der Schöpfung Gottes. – Kritiker fragen, ob diese Vorstellung von autonomer Freiheit nicht

auch wirklichkeitsfremd sein und gefährlich werden kann, wenn sie die Bindung an vorgegebene Normen ablehnt und den Menschen zum letzten Maßstab seines Handelns macht. Nicht alles, was aus Freiheit geschieht, entspricht den Weisungen Gottes und dem Liebesgebot.

6 Gewissen

Christen haben immer auch die Bedeutung des Gewissens herausgestellt. Es wird als innere Stimme wahrgenommen und ist die zentrale Erfahrung des Menschen, in der er sich seiner Verantwortung bewusst wird. […] Allerdings hat der Mensch auch die Pflicht, sein Gewissen an den Weisungen Gottes und an den ethischen Gesetzen zu bilden. – Es ist allerdings darauf hinzuweisen, dass es kriminelle Handlungen gibt, die sich auf Gewissensentscheidungen berufen. Schon oft haben politische und religiöse Fanatiker Schaden angerichtet und dabei ein „gutes" Gewissen gehabt.

AUFGABEN A

1. Gib jede der sechs Begründungen des christlichen Ethos in einem Satz wieder.
2. Die „Nachfolge Jesu" meint ein Ethos, das sich im Handeln zeigt. Erkläre diese These anhand des ersten Abschnitts des Textes und nenne Beispiele.
   Greife die Bedenken der Kritiker in Bezug auf die Autonomie im christlichen Glauben auf:
   a) Formuliere ihre Einwände in eigenen Worten.
   b) Halte eine Apologie des modernen Verständnisses autonomer, in Freiheit selbstbestimmter Christen.
3. Diskutiert die Bedenken, die der Text gegen eine Begründung von Handlungen aus Gewissensentscheidungen geltend macht. Nennt Beispiele aus eigenen Erfahrungen.
4. Welche der sechs Begründungen ist für dich die stärkste? Argumentiere für deine Entscheidung.

Liebesgebot

In der sogenannten Bergpredigt spricht Jesus ein radikales Liebesgebot aus, das auch das Gebot einschließt, seine Feinde zu lieben. Dem Liebesgebot im Handeln zu folgen, ist eine große Herausforderung an den am christlichen Ethos orientierten Menschen. Es kommt um dieses Gebot jedoch nicht herum, denn es ist der Kern des christlichen Glaubens und höchste christliche Tugend.
Die Begründung findet sich im 1. Brief des Apostel Paulus an die Gemeinde der Korinther (Kapitel 13):

Bibelhandschrift aus dem 12. Jahrhundert

1 Wenn ich in den Zungen der Menschen und
der Engel rede, habe aber die Liebe nicht, so
bin ich ein tönendes Erz oder eine klingende
Schelle. 2 Und wenn ich die Gabe der Rede
aus Eingebung und alle Geheimnisse weiß
und alle Erkenntnis, und wenn ich allen
Glauben habe, so dass ich Berge versetze, ha-
be aber die Liebe nicht, so bin ich nichts.
3 Und wenn ich alle meine Habe zur Speisung
der Armen austeile, und wenn ich meinen
Leib hingebe, damit ich verbrannt werde, ha-
be aber die Liebe nicht, so nützt es mir nichts.
4 Die Liebe ist langmütig, sie ist gütig; die Lie-
be eifert nicht, die Liebe prahlt nicht, sie bläht
sich nicht auf, 5 sie tut nichts Unschickliches,
sie sucht nicht das Ihre, sie lässt sich nicht
erbittern, sie rechnet das Böse nicht an; 6 sie
freut sich nicht über die Ungerechtigkeit, sie
freut sich aber mit der Wahrheit; 7 sie erträgt
alles, sie glaubt alles, sie hofft alles, sie erdul-
det alles.
8 Die Liebe vergeht niemals. […] Nun aber
bleibt Glaube, Hoffnung, Liebe, diese drei, am
größten aber unter diesen ist die Liebe.

Erläuterungen:

V 1: „in Zungen reden“: in Rätseln sprechen; in Trance sprechen; Geisterglauben anhängen, Dämonen beschwören. Paulus wendet sich hier kritisch gegen heidnischen Geisterglauben und magische Rituale.
V 2: „tönendes Erz, klingende Schelle“: hart wie Stein bleiben, nur mit Worten klimpernd; ohne eigene Substanz
V 3: „Die Gabe der Rede aus Eingebung“: wer viele Fakten weiß, theoretisch gebildet ist, viel bewirkt.
V 5: „alle meine Habe zur Speisung der Armen austeile“, „meinen Leib hingebe, damit ich verbrannt werde“: wer ohne liebende Anteilnahme spendet; wer sich aus ideologischen Gründen als Märtyrer opfert.

5. Übersetze den Paulus-Brief in eigene Worte und nimm dazu die Erläuterungen zu Hilfe.
6. Erläutere Paulus’ Idee der Liebe anhand konkreter Situationen.
7. Ist die Liebe hinreichend, um die Welt gut und gerecht zu gestalten? Führt ein sokratisches Gespräch.

➲ *sokratisches Gespräch S. 158*

6

Islamisches Ethos

Gebote im Islam

Sure 17 (Auszug)

22 Setz nicht (dem einen) Gott einen anderen Gott zur Seite, damit du (schließlich) nicht getadelt und verlassen dasitzt! 23 Und dein Herr hat bestimmt, dass ihr ihm alleine dienen sollt. Und zu den Eltern (sollst du) gut sein. Wenn eines von ihnen (Vater oder Mutter) oder (alle) beide bei dir (im Haus) hochbetagt geworden (und mit den Schwächen des Greisenalters behaftet) sind, dann sag nicht „Pfui!“ zu ihnen und fahr sie nicht an, sondern sprich ehrerbietig zu ihnen, 24 und senke für sie in Barmherzigkeit den Flügel der (Selbst)erniedrigung (d.h. benimm dich ihnen gegenüber aus Barmherzigkeit freundlich und gefügig?) und sag: „Herr! Erbarm dich ihrer (ebenso mitleidig), wie sie mich aufgezogen haben, als ich klein (und hilflos) war!“ 25 Euer Herr weiß sehr wohl, was ihr in euch bergt. (Er erkennt) falls ihr rechtschaffen seid (euren guten Willen an, auch wenn ihr seinen geboten nicht durchweg nachzukommen vermögt). Den Bußfertigen ist er bereit zu vergeben. 26 Und gib dem Verwandten, was ihm (von Rechts wegen) zusteht, ebenso dem Armen und dem, der unterwegs ist (oder: dem, der dem Weg (Gottes) gefolgt (und dadurch in Not gekommen) ist [...] Aber sei dabei nicht ausgesprochen verschwenderisch! 27 Diejenigen, die verschwenderisch sind, sind Räuber der Satane. Und der Satan ist seinem Herrn gegenüber undankbar. [...] 31 Und tötet nicht eure Kinder aus Furcht vor Verarmung! Wir bescheren ihnen und euch (den Lebensunterhalt). Sie zu töten ist eine schwere Verfehlung. 32 Und lasst euch nicht auf Unzucht ein! Das ist etwas Abscheuliches – eine üble Handlungsweise! 33 Und tötet niemand, den (zu töten) Gott verboten hat, außer wenn ihr dazu berechtigt seid! Wenn einer zu Unrecht getötet wird, geben wir seinem nächsten Verwandten Vollmacht (zur Rache). Er soll (aber) dann im Töten nicht maßlos sein [...]. Ihm wird ja (beim Vollzug der Rache) geholfen. 34 Und tastet das Vermögen der Waise nicht an, es sei denn auf die (denkbar) beste Art! (Laßt ihr Vermögen unangetastet) bis sie volljährig geworden ist (und selber darüber verfügen darf)! Und erfüllt die Verpflichtung (die ihr eingeht)! Nach der Verpflichtung wird (dereinst) gefragt. 35 Und gebt, wenn ihr zumesst, volles Maß und wägt mit der richtigen Waage! 36 Und geh nicht einer Sache nach, von der du kein Wissen hast! Gehör, Gesicht und Verstand (Herz), – für all das wird (dereinst) Rechenschaft verlangt. 37 Und schreite nicht ausgelassen (und überheblich) auf der Erde einher!

Sure: *einer der 114 Abschnitte des Korans (Heiliges Buch des Islam), den Gott durch den Engel Gabriel Mohammad zwischen 610 und 632 diktiert hat.*
Koran: *Lesung, Rezitation. Im Koran sehen die Muslime die Offenbarung Gottes.*

1. Lege in Stichworten eine Liste der Gebote an, die die Sure formuliert.
2. Vergleiche die Sure mit dem Dekalog. Wo bestehen Gemeinsamkeiten, wo Unterschiede?

➲ *Dekalog S. 176 f.*

6

Konfuzianisches Ethos

Zwölf konfuzianische Aussprüche

aus den Schriften von Kung (Konfuzius)
und Mong (Menzius)

Konfuzius (ca. 551–479 v. Chr.), chinesischer Philosoph

(1) Was Du selbst nicht wünschest, das tue auch nicht anderen Menschen an.

(2) Fan Chi fragte nach der Bedeutung von Menschlichkeit. Der Meister antwortete: „Alle Menschen zu lieben."

(3) Meister Dsong [ein Schüler Kungs] sprach: „Ich prüfe täglich dreifach mein Selbst: Ob ich, für andere sinnend, es etwa nicht aus innerstem Herzen getan; ob ich, mit Freunden verkehrend, etwa meinen Worten nicht treu war; ob ich meine Lehren etwa nicht geübt habe."

(4) Der Gütige lässt die Art, wie er einen geliebten Menschen behandelt, auch dem ungeliebten zuteilwerden.

(5) „Respektiere Deine eigenen älteren Verwandten genauso wie die anderer Menschen! Sei zu Deinen eigenen Kindern und jüngeren Verwandten freundlich genauso wie zu denen anderer Menschen!"

(6) „Edle Menschen tun zuerst, was sie predigen, und predigen dann entsprechend ihrem Tun."

(7) „Wer gegen den Himmel sündigt, hat niemand, zu dem er beten kann."

(8) Ein Mensch ohne Menschlichkeit, was helfen dem die Riten? Ein Mensch ohne Menschlichkeit, was hilft dem die Musik?

(9) Dsi Gung wollte, dass das Opferschaf bei der Verkündigung des neuen Mondes abgeschafft würde. Der Meister [Konfuzius] sprach: „Mein lieber Dsi, dir ist es leid um das Schaf, mir ist es leid um den Brauch."

(10) Als der Meister [Konfuzius] das königliche Heiligtum betrat, erkundigte er sich nach jeder einzelnen Verrichtung. Da sprach jemand: „Wer will behaupten, dass der Sohn des Mannes von Dsou die Religion kennt, da er sich beim Betreten des großen Tempels erst nach jeder einzelnen Verrichtung erkundigt?" Der Meister hörte es und sprach: „Das eben ist Religion."

(11) Der Meister sprach: „Maß und Mitte sind der Höhepunkt menschlicher Naturanlage. Aber unter dem Volk sind sie seit Langem selten."

(12) Es sprach jemand: „Durch Güte Unrecht zu vergelten, wie ist das?" Der Meister sprach: „Womit soll man dann Güte vergelten? Durch Geradheit vergelte man Unrecht, durch Güte vergelte man Güte."

I INFOBOX

Grundtugenden nach Konfuzius

ren	Menschlichkeit, Humanität, Güte oder Menschenliebe
li	die Ritenausübung oder die Sittlichkeit
yi	die Pflichterfüllung oder Rechtschaffenheit
zhi	die Weisheit oder das Wissen
xin	die Treue

Fünf menschliche Grundbeziehungen

Vater-Sohn
Herrscher-Untertan
Ehemann-Ehefrau
Älterer Bruder-Jüngerer Bruder
Freund-Freund

Die fünf Grundbeziehungen regeln aus chinesischer Sicht das Leben der Gemeinschaft. Es handelt sich um hierarchische Verhältnisse der Über- und Unterordnung. Nur die Freund-Freund-Beziehung ist eine Beziehung von Gleichrangigen.
Die Frau hat in dreifacher Weise Gehorsam zu üben: In der Kindheit und Jugend gegenüber dem Vater, gegenüber dem Ehemann, wenn sie verheiratet ist, und gegenüber dem erwachsenen Sohn, wenn sie Witwe ist.

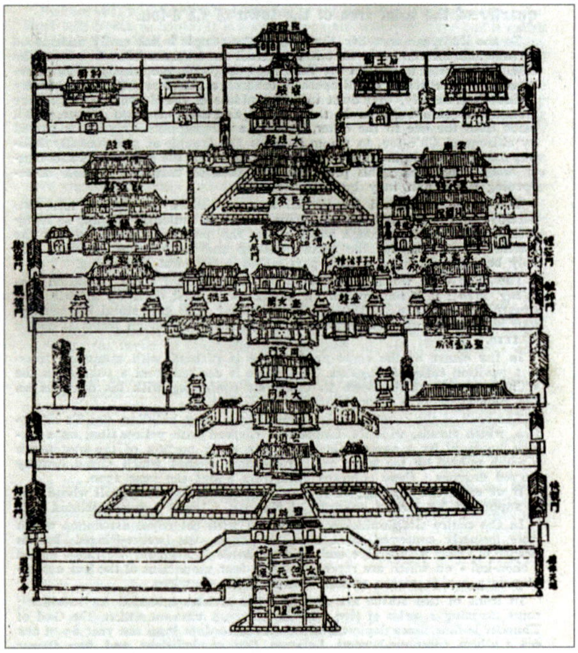

Konfuzius-Tempel in Qufu

AUFGABEN A

1. Nenne eine andere Formulierung für Ausspruch (1), die du kennst.
2. Erläutere, was mit dem „großen Weg“ gemeint ist. Beziehe deine Erläuterungen auf das Ethos des Konfuzianismus.
3. Interpretiere Ausspruch (10).
4. Vergleiche die Aussprüche des Konfuzius und des Menzius mit dem jüdischen, christlichen und islamischen Ethos: Welche Gemeinsamkeiten und welche Unterschiede kannst du feststellen?
5. Erläutere, inwiefern sich die fünf Grundbeziehungen in der Architektur des Tempels widerspiegeln.
6. Nimm Stellung zur Lehre von den fünf Grundbeziehungen und setze sie mit ethischen Orientierungen in der westlichen Lebenswelt in Beziehung.

6

Religiöses Ethos in der Kunst?

Georg Baselitz (geb. 1938), deutscher Maler und Bildhauer

Georg Baselitz: Die Hand – Das brennende Haus (1964/65)

A AUFGABEN

1. Stelle einen Bezug zwischen dem Gemälde von Baselitz und dem Ethos der Religionen her: Kommen in dem Bild deinem Eindruck nach Aspekte eines religiösen Ethos zum Ausdruck? Benenne sie.
2. Religionen dienen auch der „Kontingenzbewältigung“. Beziehe diese These auf das Bild. Inwiefern kommt in ihm die Bewältigung von zufälligen, nicht vorhersehbaren Ereignissen zum Ausdruck, die der Mensch erfährt?
3. Fertige eine eigene ethische Deutung des Bildes von Baselitz an.

Kontingenz: *Zufälligkeit möglicher Ereignisse*

➲ *Bilder ethisch deuten S. 141*

Utopie und Religion

> *Der siebente Tag werden [nämlich auch] wir selbst sein.*
> Augustinus: De civitate dei (Der Gottesstaat)

I INFOBOX

Utopie

griech. *utopia*, aus *ou* = nicht; *topos* = Ort; der Nicht-Ort; was keinen konkreten Ort hat.
Der Philosoph Ernst Bloch (1885–1977) prägte den Begriff der „Konkreten Utopie". Utopien, die eine bessere Welt entwerfen, sind für ihn keine Fantastereien, sondern der konkrete „Vorschein" auf eine bessere Welt. Konkrete Utopien sind „Sozialutopien". Mit Utopien „entsteht in der Welt etwas, das allen in die Kindheit scheint und wo noch niemand war: Heimat".

Die Utopie der Gemeinschaft

aus dem „Buch der Riten"

Konfuzius zeichnet ein idealisiertes Bild der menschlichen Gemeinschaft zu Zeiten der chinesischen Urkaiser Yao und Shun, die er „Große Gemeinschaft" nennt. Die „Große Gemeinschaft" war eine Urgemeinschaft, in der der Häuptling gewählt wurde und es keine Interessengegensätze gab.

Der große Weg funktioniert dadurch, dass alles unter dem Himmel der Gemeinschaft gehört. Für die Bekleidung der regierenden Positionen wurden rechtschaffene und fähige Leute ausgewählt und empfohlen. Gerechtigkeit und allgemeine Liebe wurden gefördert. Die Pietät galt nicht nur den eigenen Eltern und die Fürsorge nicht nur dem eigenen Nachwuchs, sodass alle Alten einen sorglosen Lebensabend verbringen, alle Erwachsenen ihr Können entfalten, alle Kinder gesund aufwachsen, alle Witwer und Witwen, Waisen und Kinderlosen, Invaliden und Kranken ernährt werden konnten. Die Männer hatten Arbeit, die Frauen kamen rechtzeitig unter die Haube. Es wurde abgelehnt, den Reichtum für sich allein zu behalten, weil dies genauso schade wäre, als würde man ihn wegwerfen; es wurde abgelehnt, die Kraft nicht zu gebrauchen oder sie erst für eigene Interessen einzusetzen. Deshalb gab es keine egoistische Planung, keinen Diebstahl und keine Rebellion. Es war überflüssig, das Tor der Wohnung abzuschließen.

1. Lege dar, welcher Glaube allen Utopien bei aller Verschiedenheit gemeinsam ist.

6

Utopia

von Thomas Morus (1516)

Thomas Morus (1478–1535), engl. Staatsmann und Autor

Von den religiösen Anschauungen der Utopier – Die religiösen Anschauungen sind nicht nur über die ganze Insel hin, sondern auch in den einzelnen Städten verschieden, indem die einen die Sonne, andere den Mond, die einen diesen, die anderen jenen Planeten als Gottheit verehren. Es gibt Gläubige, denen irgendein Mensch, der in der Vorzeit durch Tugend und Ruhm geglänzt hat, nicht nur als Gott, sondern sogar als die höchste Gottheit gilt. Aber der größte und weitaus vernünftigste Teil des Volkes glaubt an nichts von alledem, sondern nur an ein einziges, unbekanntes, ewiges, unendliches, unbegreifliches göttliches Wesen, das die Fassungskraft des menschlichen Geistes übersteigt und durch dieses gesamte Weltall ergossen ist, als wirkende Kraft, nicht als materielle Masse; ihn nennen sie Vater. Ihm allein, sagen sie, dient Ursprung, Wachstum, Fortschritt, Wandel und Ausgang aller Dinge zum Wohlgefallen, und keinem anderen außer ihm erweisen sie göttliche Ehren. […]

Freilich darin kommen auch alle anderen mit diesen Gottesverehrern überein trotz aller Glaubensunterschiede, dass sie nämlich ein höchstes Wesen annehmen, dem wir die Schöpfung des Weltalls und die Vorsehung zuschreiben müssen. […]

Michael Matthias Prechtl: Wolf und Schaf (1985)

Denn das ist eine ihrer ältesten Verfassungsbestimmungen, dass keinem seine Religion Schaden bringen darf. Schon ganz zu Anfang ihrer Geschichte hatte nämlich Utopos (Anm.: der Staatsgründer) erfahren, dass die Inselbewohner vor seiner Ankunft beständig untereinander über ihre Religionsanschauungen gestritten hatten; es war ihm auch nicht entgangen, dass eine allgemeine Spaltung daraus entstanden war. […] Sobald er den Sieg erfochten hatte, bestimmte er deshalb: jeder dürfe der Religion anhängen, die ihm beliebe. […] Er hatte nicht die Vermessenheit, über die Religion irgendetwas endgültig zu bestimmen, da es ihm nicht sicher war, ob Gott selber vielleicht eine mannigfache und vielfältige Art der Verehrung wünsche und daher dem einen diese, dem anderen jene Eingebung schenke. Jedenfalls hielt er es für anmaßend und unsinnig, wenn einer mit Gewalt und Drohungen verlangte, dass seine

Ansicht über die Wahrheit auch allen anderen einleuchten müsse. Wenn aber wirklich ein Glaube die meiste Wahrheit besitzt und alle anderen nicht sind, so meinte doch Utopos, es sei leicht vorauszusehen, dass die Macht der Wahrheit sich von selbst dereinst einmal durchsetzen und offenbar werden müsste, wenn ihre Sache nur mit Vernunft und Mäßigung betrieben würde. [...] Daher hat er diese ganze Frage unentschieden gelassen und jedem einzelnen überlassen, welchen Glauben er für richtig halten will; nur das eine hat er feierlich und streng verboten, dass einer so tief unter die Würde der menschlichen Natur sinkt, dass er meint, die Seele ginge zugleich mit dem Leibe zugrunde oder die Welt treibe aufs Geratewohl und ohne göttliche Vorsehung ihren Lauf. Und deshalb glauben die Utopier, dass nach diesem Leben Strafen für unsere Verfehlungen festgesetzt und Belohnungen für unsere Tugenden bestimmt sind. Wer das Gegenteil glaubt, den zählen sie nicht einmal unter die Menschen, weil er die erhabene Natur der Menschenseele auf die niedere Stufe einer elenden tierischen Körperlichkeit herabsetzt; noch viel weniger denken sie also daran, ihn unter die Bürger zu rechnen: würden ihm doch alle bürgerlichen Einrichtungen und moralischen Grundsätze keinen Pfifferling gelten, wenn ihn nicht die bloße Furcht in Schranken hielte.

Michael Matthias Prechtl: Utopistischer Krieger (1985)

AUFGABEN A

2. Erkläre, warum Utopos, der Staatsgründer, Religionsfreiheit zusichert. Benenne die Grenzen der Religionsfreiheit in Utopia:
   a) Was ist zu glauben verboten?
   b) Welche Konsequenzen hat es, wenn ein Bürger Utopias dem religiösen Kernglauben (siehe Aufgabe 1) nicht folgt?
3. Nimm Stellung, ob Utopia als Utopie im Sinne des „Vorscheins einer besseren Welt" (Ernst Bloch) gelesen werden kann.
4. Interpretiere das Augustinus-Zitat.

DENKRAUM D

Verfasse in Form eines Essays eine eigene Utopie.

➲ *Essay S. 198*

6

Rückblick

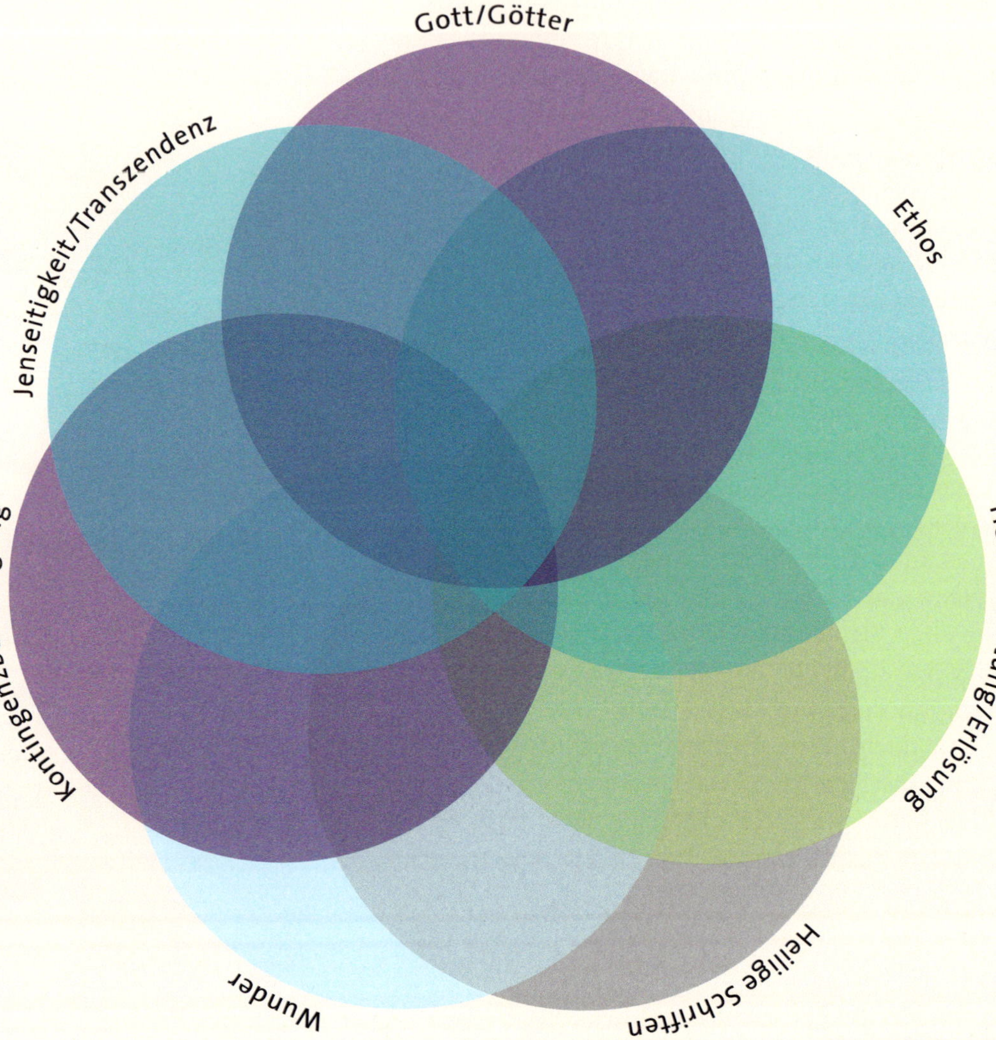

A AUFGABEN

➲ *sokratisches Gespräch S. 158*
➲ *Apologie S. 179*

1. Fertigt ein Plakat nach dem Muster oben an und ergänzt es durch Informationen, Einsichten und Überlegungen, die ihr während der Arbeit an diesem Kapitel gewonnen habt. Ergänzt die Aspekte gegebenenfalls oder lasst jene unberücksichtigt, die für euch nicht im Vordergrund stehen.
2. Gewichtet die Aspekte in einem sokratischen Gespräch oder in einer Apologie.

Weiterdenken

Weltethos

aus der „Deklaration des Parlaments der Weltreligionen“

Niemand dürfte heute noch ernsthaft bestreiten: Eine Weltepoche, die anders als jede frühere geprägt ist durch Weltpolitik, Welttechnologie, Weltwirtschaft und Weltzivilisation, bedarf eines Weltethos. Das heißt: eines Grundkonsenses bezüglich verbindender Werte, unverrückbarer Maßstäbe und persönlicher Grundhaltungen. Ohne einen Grundkonsens im Ethos droht jeder Gemeinschaft früher oder später das Chaos oder eine Diktatur. Keine bessere Weltordnung ohne ein Weltethos!

Ein Weltethos meint dabei weder eine Weltideologie noch eine einheitliche Weltreligion jenseits aller bestehenden Religionen, noch eine Mischung aus allen Religionen. Die Menschheit ist der Einheitsideologien müde, und die Religionen der Welt sind in ihren Glaubensauffassungen und „Dogmen“, ihren Symbolen und Riten ohnehin so verschieden, daß eine „Vereinigung“ sinnlos, ein synkretistischer Cocktail ungenießbar wäre.

Ein Weltethos will auch nicht die Hochethik der einzelnen Religionen durch einen ethischen Minimalismus ersetzen. Die Tora der Juden, die Bergpredigt der Christen, der Koran der Muslime, die Bhagavadgita der Hindus, die Reden des Buddha, die Sprüche des Konfuzius: sie alle bleiben die Grundlage für Glauben und Leben, Denken und Handeln für Hunderte von Millionen von Menschen. Was dann?

Ein Weltethos will das, was den Religionen der Welt trotz aller Verschiedenheiten jetzt schon gemeinsam ist, herausarbeiten, und zwar in bezug auf menschliches Verhalten, sittliche Werte und moralische Grundüberzeugungen. Anders gesagt: Das Weltethos reduziert die Religionen nicht auf einen ethischen Minimalismus, wohl aber stellt es das Minimum dessen heraus, was den Religionen der Welt schon jetzt im Ethos gemeinsam ist. Es ist gegen niemanden gerichtet, sondern lädt alle ein, Gläubige wie Nichtgläubige, sich dieses Ethos zu eigen zu machen und entsprechend zu handeln.

Hans Küng (geb. 1928 in der Schweiz), Theologieprofessor für Ökumenische Theologie und römisch-katholischer Priester, wurde 1979 wegen kirchenkritischer Äußerungen vom Vatikan die Lehrbefugnis entzogen. Küng begann das Projekt „Weltethos“ und war bis 2013 Präsident der Stiftung.

synkretistisch: *vereinheitlichend, Unterschiede auflösend*

3. Fasse zusammen, was den „Weltethos“ von einer einheitlichen „Weltideologie“ oder einer „Weltreligion“ unterscheidet.
4. Ein Weltethos nach Hans Küng will nicht nur die Gemeinsamkeiten im Ethos der einzelnen Religionen herausstellen, sondern auch die Unterschiede bewahren und achten. Diskutiert, wohin diese doppelte Strategie führen könnte, am Beispiel der vorgestellten Religionen.
5. Warum sollte ein Projekt Weltethos ins Leben gerufen werden, wenn in den Religionen der Welt bereits im Kern ein gemeinsames Ethos steckt?
   Wählt eine Aufgabe:
   a) Führt ein sokratisches Gespräch.
   b) Halte eine Apologie des Weltethos-Gedankens.

➲ *sokratisches Gespräch S. 158*
➲ *Apologie S. 179*

6 2 Religionskritik

Francisco Goya (1746–1828):
Du wirst ihn nicht finden

Der unsichtbare Gärtner

von Antony Flew

Es waren einmal zwei Forschungsreisende, die kamen zu einer Lichtung im Dschungel, wo viele Blumen und Kräuter wuchsen. Da sagte der eine Forscher: „Es muss einen Gärtner geben, der dieses Stück Land bebaut.“ Der andere widersprach: „Es gibt keinen Gärtner.“

Da schlugen sie ihre Zelte auf und überwachten die Lichtung. Aber kein Gärtner ließ sich blicken. „Vielleicht ist es ein unsichtbarer Gärtner.“ So zogen sie einen Zaun aus Stacheldraht und setzten ihn unter Strom. Und sie schritten ihn mit Spürhunden ab. Kein Schrei aber ließ jemals vermuten, dass ein Eindringling einen Schlag bekommen hatte. Keine Bewegung des Drahtes deutete jemals auf einen Unsichtbaren hin, der hinüberkletterte. Auch die Spürhunde schlugen niemals an.

Dennoch war der Gläubige noch nicht überzeugt. „Es gibt doch einen Gärtner, unsichtbar, unberührbar, unempfindlich gegen elektrische Schläge, einen Gärtner, der keine Spur hinterlässt und keinen Laut von sich gibt, der aber heimlich kommt und sich um den Garten kümmert, den er liebt.“

Schließlich sagte der Skeptiker verzweifelt: „Was ist denn eigentlich von deiner ursprünglichen Behauptung übrig geblieben? Wie unterscheidet sich denn dein unsichtbarer, unberührbarer, ewig ungreifbarer Gärtner von einem eingebildeten oder gar von überhaupt keinem Gärtner?“

A AUFGABEN

1. Notiere, welche Schritte unternommen werden, um die Anwesenheit eines Gärtners zu beweisen.
2. Bei Flews Text handelt es sich um ein Gleichnis. Erkläre, welches Problem das Gleichnis zum Ausdruck bringt.
3. Schreibe den Dialog weiter: Wie könnte der Gläubige auf die letzte Frage des Skeptikers antworten?
4. Deute das Bild von Goya und beziehe es auf Flews Gleichnis.

Dieses Kapitel ist den Argumenten von Gläubigen und Skeptikern gewidmet. Es geht um Gottesbeweise und Entkräftungen von Gottesbeweisen, um die Frage, ob das Übel und die Leiden in der Welt ein Argument gegen die Existenz eines wohlwollenden Gottes sind. Es wird thematisiert, ob die Religion eine Hilfe oder ein Hindernis für die Durchsetzung moralischer Normen darstellt und wie der Fundamentalismus zu bewerten ist.

Die philosophische Methode, die in diesem Kapitel eingeführt wird, ist der ***Essay****.*

Die Existenz Gottes – eine Sache des Wissens oder des Glaubens?

Gott ist tot.
Friedrich Nietzsche (1844-1900)

Von den Göttern vermag ich nichts festzustellen, weder, dass es sie gibt, noch, dass es sie nicht gibt, noch was für eine Gestalt sie haben; denn vieles hindert ein Wissen hierüber: die Dunkelheit der Sache und die Kürze des menschlichen Lebens.

Protagoras (481–411 v. Chr.)

Ich habe keine Beweise. Niemand hat welche. [...] Sagen wir, ich bin ein undogmatischer Atheist: Ich behaupte nicht zu wissen, dass Gott nicht existiert; ich glaube, dass er nicht existiert. „In dem Fall", hält man mir manchmal entgegen, „sind sie kein Atheist, sondern ein Agnostiker". Das verdient ein paar Worte der Erklärung. Agnostiker und Atheisten haben tatsächlich eines gemeinsam – weshalb sie auch oft verwechselt werden –: Sie glauben nicht an Gott. Der Atheist geht aber weiter: Er glaubt, dass Gott nicht existiert. Der Agnostiker dagegen glaubt gar nichts: weder dass Gott existiert noch dass er nicht existiert. [...] Was Agnostiker und Atheisten also unterscheidet, ist nicht das Fehlen oder Vorhandensein eines vorgeblichen Wissens. Glück für die Atheisten! Wenn Sie jemanden treffen, der behauptet: „ich weiß, dass Gott nicht existiert", ist das kein Atheist, sondern ein Idiot. Und genauso verhält es sich meiner Ansicht nach, wenn Ihnen einer sagt: „Ich weiß, dass Gott existiert". Das ist ein Idiot, der seinen Glauben für Wissen hält.

André Comte-Sponville

AUFGABEN A

1. Erkläre den Unterschied zwischen Agnostiker und Atheist.
2. Nimm Stellung: Welche der beiden Haltungen ist dir sympathischer?
3. Wähle eine Aufgabe:
   a) Verfasst ein Schreibgespräch, das mit Nietzsches Behauptung beginnt.
   b) Kann man über die Frage, ob Gott existiert oder nicht existiert, streiten? Führt ein sokratisches Gespräch über das Zitat von Protagoras oder Nietzsche.

➲ *sokratisches Gespräch S. 158*

6 Vier „Gottesbeweise“

1 Der ontologische Gottesbeweis

Da Gott als Begriff definiert ist als vollkommenes Wesen, kann er nicht nicht existieren. Würde dem vollkommenen Wesen die Eigenschaft des Existierens fehlen, wäre es nicht mehr vollkommen. Sobald man also an Gott überhaupt nur denkt, kann man aus logischen Gründen gar nicht verhindern, dass man dem Gegenstand dieses Gedankens die Eigenschaft der Existenz zuschreibt. Ansonsten denkt man eben nicht an Gott.

2 Der kosmologische Gottesbeweis

Die Existenz Gottes wird aus einer erfahrbaren Tatsache geschlossen: der Existenz der Welt. Wenn man davon ausgeht, dass nichts existiert ohne Grund und Ursache und kein Ding sich selbst als Ursache haben kann, dann folgt als Konsequenz, dass es eine Ursache für die Welt geben muss, die jenseits der Welt liegt. Will man die Existenz der Welt verstehen, muss man die Existenz einer Weltursache unterstellen. Oder eben die Existenz eines Weltverursachers, eines Gottes als Schöpfers.

3 Der physiko-theologische Gottesbeweis

Von „Physikotheologie“, Naturtheologie, die die Natur als Wunder der Schöpfung begreift. Ähnlich wie beim kosmologischen Gottesbeweis geht man hier von der Beobachtung der Welt aus. Nur, dass nicht von der bloßen Existenz der Welt auf die Notwendigkeit einer Ursache geschlossen wird. Der physikotheologische Gottesbeweis geht vielmehr von der Beobachtung aus, dass die Welt auf eine geradezu wunderbare Weise kompliziert und doch geordnet erscheint. Die Welt ist so großartig, die Formen, die wir hier finden, so wunderbar und vielfältig, dass hinter diesem Design ein Schöpfer stecken muss, der all dies bewusst und mit Absicht eingerichtet hat.

4 Der ästhetische Gottesbeweis

Die genannten Gottesbeweise werden sowohl im Christentum als auch im Islam tradiert und diskutiert. Ein „ästhetischer Gottesbeweis“ hingegen findet sich nur im Islam. Er bezieht sich auf die Schönheit göttlicher Offenbarung. Dabei wird darauf verwiesen, dass der Prophet Mohammed selbst Analphabet war und einen so schönen Text wie den Koran keinesfalls selbst verfasst haben kann. Die poetische Kraft und Schönheit des Korans belegt also die Existenz Allahs, des Verfassers des Textes.

4. Fasse jeden der vier Beweise in einem Satz zusammen.
   BEISPIEL:
   Vertreter des ontologischen Gottesbeweises sind überzeugt, dass ...
   Vertreterinnen des kosmologischen Gottesbeweises argumentieren, dass ...
5. Entscheide dich für eine Reihenfolge der vier Gottesbeweise: welcher Beweis überzeugt dich am ehesten und welcher am wenigsten? Begründe deine Rangfolge.
6. Formuliere mögliche Gegenargumente gegen die genannten Gottesbeweise.
7. Lässt sich ein weiterer Beweis denken? Spekuliere.

Tipp
Lies zur Anregung noch einmal das Gleichnis von Flew am Anfang des Kapitels.

Eine Wette auf Gott – Blaise Pascal

Die Wette

von Blaise Pascal

Die pascalsche Wette ist sein berühmtes und höchst umstrittenes Argument für den Glauben an Gott. Mit diesem Argument zielte Pascal besonders auf Menschen ab, die durch traditionelle „Gottesbeweise“ nicht zu überzeugen waren:

Sprechen wir jetzt so, wie es dem natürlichen Erkenntnisvermögen [dem Alltagsverstand, der Intuition] entspricht.

Wenn es einen Gott gibt, so ist er unendlich unbegreiflich, denn da er ja keine Teile und keine Grenzen hat, steht er in keinem Verhältnis zu uns. Wir sind also unfähig zu erkennen, was er ist und ob er ist. […] Und sagen wir: Gott ist oder er ist nicht. Welcher Seite aber werden wir uns zuneigen? Die Vernunft kann dabei nichts ermitteln. […] Was werdet Ihr wetten? (1) Mit der Vernunft könnt Ihr nicht das eine und nicht das andere bewirken, mit der Vernunft könnt Ihr keins von beiden unwirksam machen.

Werft also nicht jenen Unwahrhaftigkeit vor, die eine Wahl getroffen haben, denn Ihr wisst nichts darüber. […]

Ja, aber man muss wetten. Das ist nicht freiwillig, Ihr seid mit hineingezogen. (2) Wofür entscheidet Ihr Euch also? Prüfen wir nach, da man ja wählen muss, prüfen wir nach, was am wenigsten in Eurem Interesse liegt. Ihr habt zwei Dinge zu verlieren: das Wahre und das Gute, und zwei Dinge einzusetzen: Eure Vernunft und Euren Willen, Eure Erkenntnis und Eure Seligkeit, und Eure Natur hat zwei Dinge zu meiden: Irrtum und Elend. Eure Vernunft wird nicht schlimmer verletzt, weil man ja unbedingt wählen muss, wenn Ihr das eine eher als das andere wählt. Damit ist ein Punkt klargelegt: Aber eure Seligkeit? Wägen wir Gewinn und Verlust, wenn wir uns für Bild [„Kopf“-Seite der Münze] entscheiden, dass Gott ist. (3) Schätzen wir diese beiden Fälle ein: Wenn Ihr gewinnt, so gewinnt Ihr alles, und wenn Ihr verliert, so verliert Ihr nichts: Wettet also, ohne zu zögern, dass er ist.

Das Herz und nicht die Vernunft nimmt Gott wahr. Das heißt glauben. Gott ist dem Herzen und nicht der Vernunft wahrnehmbar.

Blaise Pascal (1623–1662), französischer Mathematiker, Physiker und Philosoph. Pascal begründete aufgrund der Analyse von Würfelspielen die Wahrscheinlichkeitstheorie. Die „Wette“ beschreibt er in den „Penseés“, den „Gedanken über Gott und andere Gegenstände“.

Anmerkungen

(1) Nach Pascal, dem Erfinder der Wahrscheinlichkeitstheorie, ist es vernünftig, Wahrscheinlichkeiten zu berechnen. So ist die „Wette“ ein vernünftiges Spiel, in dem es um Wahrscheinlichkeiten geht: Komme ich eher durch GLAUBEN oder durch NICHT-GLAUBEN zu einem glücklichen Leben und zur Seligkeit?

(2) Es ist vernünftig, wenigstens zu wetten, wenn man schon keine Sicherheit, keine Gewissheit hat.

(3) „Kopf“-Seite der Münze: „GLAUBEN“. Die „Zahl“-Seite der Münze ist dann entsprechend: „NICHT GLAUBEN“.

AUFGABEN A

1. Übertrage und erkläre, wie die „Wette“ läuft. Was kann man erwarten?
2. Übertrage und ergänze die grafische Darstellung anhand des Textes.
3. Erläutere, wie die rationale Wahl aussieht? Wie hat die Wette Erfolg?
4. Nimm Stellung zur dritten Möglichkeit: Wenn man nicht glaubt und Gott dennoch existiert, führt das zu ewiger Verdammnis.
5. Bewerte die pascalsche Wette: Könnte sie für dich ein Argument für den Glauben sein?

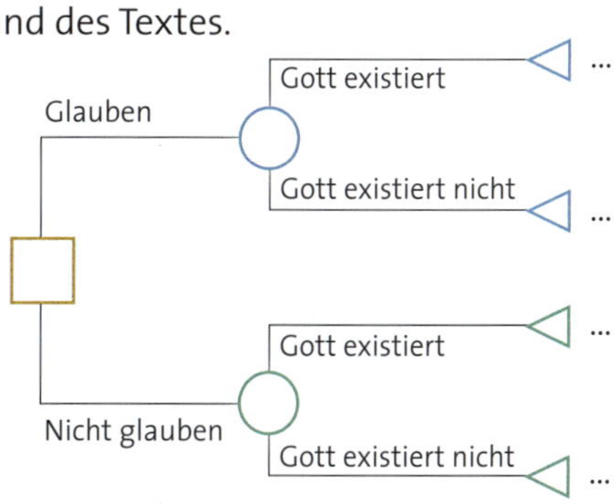

6

„Wie kann Gott das zulassen?“
Die Frage der Theodizee

I INFOBOX

Theodizee

Franz. *théodicée*, aus griech. *theós* – Gott und *díke* = Gerechtigkeit. Die Theodizee stellt die Frage nach der Rechtfertigung Gottes angesichts des Übels (lat. *malum*) und des Leidens in der Welt.
Der Philosoph Gottfried Wilhelm Leibniz unterschied zwischen dem metaphysischen Übel (der notwendigen Unvollkommenheit der Welt angesichts eines vollkommenen Gottes), dem physischen Übel (Schmerz und Leiden) sowie dem moralischen Übel (moralische Verfehlung, Sünde).

demonstrieren: *bedeutet hier bezeugen, beweisen*

Schafft das Unvollkommene weg, dann allein könnt ihr Gott demonstrieren. […] Man kann das Böse leugnen, aber nicht den Schmerz; nur der Verstand kann Gott beweisen, das Gefühl empört sich dagegen. Merke es dir […]: warum leide ich? Das ist der Fels des Atheismus. Das leiseste Zucken des Schmerzes, und rege es sich nur in einem Atom, macht einen Riss in der Schöpfung von oben bis unten.

Georg Büchner, „Dantons Tod“, Dritter Akt

Brillen ermordeter Häftlinge, Konzentrationslager Auschwitz 1945

Bernhard Heisig (1925–2011): Aber Gott sieht zu, Herr Offizier (1995)

Falls es einen Gott gibt, muss er mich um Verzeihung bitten.

Inschrift eines Häftlings an der Wand der Lagerbaracke im Konzentrationslager Mauthausen.

AUFGABEN A

1. a) Formuliere Beispiele für die drei „Übel", die Leibniz unterscheidet.
   b) Welches „Übel" hat für dein Leben Bedeutung? Begründe deine Ansicht.
2. Interpretiert das Büchner-Zitat in einem Schreibgespräch zum „Fels des Atheismus".
3. a) Nimm Stellung zur Forderung des Häftlings im Konzentrationslager Mauthausen.
   b) Deute das Gemälde von Bernhard Heisig ethisch und stelle dabei Bezüge zum Zitat aus Mauthausen her.

➲ *Bilder ethisch deuten S. 141*

4. Diskutiert mögliche Antworten auf Epikurs Überlegungen.

Entweder will Gott die Übel beseitigen und kann es nicht, oder er kann es und will es nicht, oder er kann es nicht und will es nicht, oder er kann es und will es. Wenn er nun will und nicht kann, so ist er schwach, was auf Gott nicht zutrifft. Wenn er kann und nicht will, dann ist er missgünstig, was ebenfalls Gott fremd ist. Wenn er nicht will und nicht kann, dann ist er sowohl missgünstig wie auch schwach und dann auch nicht Gott. Wenn er aber will und kann, was allein sich für Gott ziemt, woher kommen dann die Übel und warum nimmt er sie nicht weg?

Epikur (341–270 v. Chr.)

5. Wenn Gott existiert – warum lässt er Leiden zu? Formuliere eine eigene Antwort im Rahmen eines Essays.

➲ *Essay S. 198*

M METHODEN

Essay

Michel de Montaigne

Der moderne Essay geht auf den französischen Philosophen und Schriftsteller Michel de Montaigne (1533–1592) zurück. Dieser veröffentlichte zwischen 1580 und 1588 in drei Bänden seine „Essais“ (frz. „Versuche“). Neu an dieser Form des Schreibens war der persönliche und engagierte Ton sowie die Bandbreite der Themen. Neben literarischen und politischen Essays findet sich so zum Beispiel auch ein Essay über den Daumen.
Der Essay widmet sich immer der Erörterung eines Problems, das von verschiedenen Seiten betrachtet wird. Während Probleme jedoch in der Regel die Suche nach einer Lösung fordern, beabsichtigt ein Essay auch, die Schwierigkeit der Problemlösung zu veranschaulichen.

Folgende Besonderheiten solltest du beim Schreiben eines Essays berücksichtigen:
Schreibe persönlich, stelle deine eigene Sicht auf die Dinge in den Mittelpunkt. Nicht die Sache selbst steht im Mittelpunkt, sondern dein Verhältnis zu ihr. Dazu gehören deine Gefühle, deine Erwartungen und auch Hoffnungen und Befürchtungen.
Experimentiere mit verschiedenen Stilen und Ebenen des sprachlichen Ausdrucks: Witz, Ironie, Polemik (Streit) und Übertreibungen dürfen ebenso vorkommen wie kühles Understatement. Stelle warnend schlimme Konsequenzen eines Problems heraus, formuliere in zarten Tönen, was dich berührt, schimpfe über das, was dich wütend macht. Arbeite mit Metaphern, Unter- und Übertreibungen.
Ein persönlicher Stil zwingt dich nicht dazu, dein Innerstes hervorzukehren. Der Essay lädt auch dazu ein, mit Masken und Rollen zu experimentieren, in die du hineinschlüpfst, so wie Autoren Ich-Erzähler gestalten, um aus einer Maske heraus zu sprechen.
Mehr als jede andere Textsorte richtet sich der Essay an eine größere Öffentlichkeit. Ein Essayist will seine Gedanken diskutiert wissen.

Wo ist Gott?

von Herbert Schnädelbach

„Wo ist Gott?“, fragt nur, wer weiß oder glaubt, dass es ihn gibt, denn nur was es gibt, kann irgendwo sein. Wir können nicht wissen, ob es Gott gibt, wenn „Wissen“ bedeutet, eine wahre Überzeugung zu haben, die sich begründen lässt; es könnte wahr sein, dass es ihn gibt, aber man kann es nicht beweisen und deswegen auch nicht wissen.
Können wir es glauben? Dann hätten wir nur eine Überzeugung ohne Wahrheitsbeweis, und die meisten unserer Überzeugungen sind von der Art; wir halten sie für glaubwürdig, nehmen sie so, als ob sie wahr wären, und verlassen uns auf sie. Wird dieses Zutrauen erschüttert, dann beginnen der

Zweifel und die Suche nach Gründen, die für oder gegen die Wahrheit unserer Überzeugungen sprechen. Man kann aber auch versuchen, sich erneut der Glaubwürdigkeit der Quellen zu versichern, aus denen wir einmal unsere Überzeugungen bezogen haben. Gerade in der modernen Mediengesellschaft bleibt uns meistens gar nichts anderes übrig, als diesen Weg zu gehen; da wir Gottes Existenz nicht beweisen können, müssen wir ihn auch hier einschlagen.

Was wäre eine glaubwürdige Quelle für die Überzeugung, dass es Gott gibt? Mein Katechismus behauptete, man könne sein Wirken in der Natur und in der Geschichte erkennen, aber wem ist das schon möglich? Georg Soltí sagte in einem Interview, seine Gottesbeweise seien Mozart und das erste Lächeln seiner Kinder. Andere haben das, was sie Gott nennen, erfahren in der Liebe anderer Menschen. Das Christentum verweist uns auf die Bibel und darin an den Menschen Jesus, an dem Gott „offenbar" wurde. [...] In der säkularen Welt, die nicht mehr mit Gott rechnet, ist die Heilige Schrift Weltliteratur, sonst nichts; sie wird zur Quelle des Glaubens nur dort, wo schon geglaubt wird.

Georg Solti: *Komponist und Dirigent*

Wo geglaubt wird, ist nicht unwichtig, was da geglaubt wird. Das bloße Dass der Existenz Gottes enthält wenig Informationen, solange man nichts weiter von ihm weiß, und deswegen kann man auch nicht wissen, wo er ist. Ist es glaubwürdig, dass er die Welt geschaffen hat? Dass er aus Liebe Mensch geworden und am Kreuz gestorben und auferstanden ist? Oder ist er wirklich der Gott der „Gotteskrieger" einst und jetzt, der Vollstrecker von „Gottesgerichten", der Waffensegner und Gottlosenvernichter? Was wir hier für glaubwürdig halten, hängt von uns ab, d. h. von unserer Vorstellung von Gott, dem zu vertrauen und zu folgen wir bereit wären. Angesichts des drohenden Krieges von Kulturen, der außerhalb der westlichen Welt primär als Krieg der Weltreligionen geführt werden dürfte, wäre vielleicht auch zu empfehlen, Gott ganz aus dem Verkehr zu ziehen und allerseits auf einen „obersten Kriegsherrn" zu verzichten, der „alles so herrlich regieret". Aber nicht nur, weil das nicht zu erwarten ist, sondern auch wegen des dann fälligen Verzichts der Hoffnung auf den Gott der Liebe empfiehlt sich ein dritter Weg zwischen Gottesglauben und Atheismus hindurch: Wir sollten so leben, dass wir die Existenz eines gerechten und gütigen Gottes durch unser Tun glaubwürdig machen und erhalten und im Übrigen diese Frage auf sich beruhen lassen; von einer Antwort hängt dann nichts weiter ab.

6. Erkläre den Unterschied, den Schnädelbach zwischen „glauben" und „wissen" sieht.
7. Führt ein sokratisches Gespräch über Schnädelbachs These, dass das „bloße Dass der Existenz Gottes" (Z. 27 f.) für den Glauben nicht ausreicht.
8. Nimm in Form eines Essays Stellung zu Schnädelbachs „drittem Weg zwischen Gottesglauben und Atheismus".

➲ *sokratische Gespräch S. 158*

6 Religion erklären – Religion kritisieren

Die Gotteshypothese

von Gerhard Vollmer

Ein Agnostiker lässt offen, ob es einen Gott gibt – er hält es für unentscheidbar. Ein Atheist hingegen bestreitet das Vorhandensein alles Göttlichen völlig – das tue ich. Denn Existenzaussagen wie „Es gibt einen Gott" haben eine besondere Eigenschaft: Sie lassen sich nicht widerlegen, aber durch ein einziges überzeugendes Beispiel belegen. Wenn wir aber alles glauben sollen, was nicht zu widerlegen ist, können wir auch gleich an Einhörner glauben. Deshalb verlangen wir von jemandem, der eine Existenzaussage mit Wahrheitsanspruch aufstellt, diese auch zu belegen. Einen Beleg für die Existenz Gottes habe ich aber noch nicht gesehen! Wenn jemand ein übersinnliches Erlebnis zu haben meint, ist das für ihn selbst vielleicht überzeugend. Doch wie sollen andere so etwas nachvollziehen können?

Die Gotteshypothese erscheint mir aber nicht nur überflüssig, sondern oft auch schädlich. Vielen macht sie Angst vor Strafe. Und sie gibt einigen die Chance, Gehorsam oder Geld für angebliches Heil zu fordern. Als Atheist bin ich dieser Angst und diesen Forderungen nicht ausgesetzt. Ich vertraue auf mein eigenes Durchhaltevermögen: Weil ich Sportler bin, weiß ich, dass man viele Hindernisse durch eigene Kraft überwinden kann.

Das Vertrauen in die Menschenrechte

von Mina Ahadi

In meinem Elternhaus in der iranischen Stadt Abhar hat der muslimische Glaube eine große Rolle gespielt: Er war ein familiäres, patriarchalisches Regelwerk. Als Kind musste ich zum Beispiel im Fastenmonat Ramadan nachts aufstehen, um zu essen. Tagsüber durfte ich das nicht – zumindest als ich älter als neun Jahre war. Ich habe wegen all dieser Vorschriften, die Allah verkündet haben soll, viel Angst gehabt. Denn wer die Regeln nicht akzeptiert, landet in der Hölle, hieß es.

Als Jugendliche habe ich angefangen, über meine Rechte nachzudenken. Das war der Anfang einer kritischen Auseinandersetzung mit den Religionen – ein langer und schmerzhafter Prozess. Schließlich habe ich für mich beschlossen: „Ich bin nicht mehr Muslimin, ich habe keinen Glauben." Seitdem fühle ich mich frei. Atheistin zu sein bedeutet für mich: Es gibt kein Leben nach dem Tod, es gibt keinen Gott. Man muss selbst wissen, was richtig und was falsch ist, man kann sich nicht auf einen Gott verlassen. Anstelle des Glaubens schenkt das Vertrauen in Menschenrechte Kraft.

Heute bin ich mir sicher, dass Religionen ein Geschäft sind, eine Industrie. Es sind Instrumente der Unterdrückung. Die Menschheit würde besser leben, wenn sie nicht an einen Gott glauben würde. Deshalb wünsche ich mir eine Welt ohne Religion.

Aversion gegen Gott

von Renée Schroeder

Aversion: *Abneigung, Ablehnung*

Schon als Kind hatte ich eine Aversion gegen Gott. Ich mochte ihn nicht, fand ihn blöd, ungerecht und bösartig. Es hat auf der katholischen Mädchenschule angefangen: Der Priester behauptete dort, Gott habe zwei Dinge für uns vorgesehen – Kinder zu bekommen oder ins Kloster zu gehen. Ein Allmächtiger, der alles bestimmen soll, ist eine unglaubliche Belastung! Zum Glück fand ich bald heraus, dass es ihn gar nicht gibt. Das war die Erlösung! Trotzdem fasziniert mich als Naturwissenschaftlerin die Frage, was den „Lebenswillen" ausmacht. Warum werden zum Beispiel Bakterien gegen Antibiotika resistent? Was veranlasst sie dazu? Ich nehme an, dass ausschließlich chemische Vorgänge die Ursache sind; Naturgesetze, die wir einfach noch nicht verstanden haben. Wir kennen keine Anzeichen dafür, dass etwas Göttliches dahintersteckt.

AUFGABEN A

1. Gib zentrale Kritikpunkte, die in den drei Beiträgen anklingen, in eigenen Worten wieder.
2. Erörtere, welche dieser Kritikpunkte dir besonders stichhaltig erscheinen, welche weniger.
3. Fallen dir weitere Kritikpunkte an Religion(en) ein?
4. Wähle eine Überschrift aus und verfasse dazu einen Essay
   Glauben heute / Religionen sind Instrumente der Unterdrückung / Erlösung von religiösen Erlösungsversprechen

Piotr Naliwajko: Ecce Homo (lat.: „Seht ein Mensch", 1988)

5. Interpretiere das Gemälde von Naliwajko auf der Grundlage des Wissens, das du über die drei monotheistischen Religionen erworben hast.

➲ *Bilder ethisch deuten S. 141*

Rückblick

Georg Baselitz: Tanz ums Kreuz (1983)

> *Dies ist nur ein Bild, das ist kein Christus.*
>
> Georg Baselitz über „Tanz ums Kreuz"

A AUFGABEN

1. Formuliere einen oder auch mehrere Gedanken, die du aus der Arbeit an diesem Kapitel gerne mitnehmen möchtest.
2. Diskutiert, ob man das Bild von Georg Baselitz im Sinne einer religionskritischen Aussage oder einer religiösen Aussage verstehen kann. Berücksichtigt das Zitat.

Weiterdenken

Wolfgang Böckenförde (geb. 1930), Staatsrechtler, Rechtsphilosoph, ehemaliger Bundesverfassungsrichter

Das Böckenförde-Paradox ...

Der freiheitliche säkularisierte Staat lebt von Voraussetzungen, die er selbst nicht garantieren kann.

Wolfgang Böckenförde

Voraussetzungen: *die „moralische Substanz" des einzelnen Bürgers.*

Info

Der Staat kann diese Voraussetzungen nicht verordnen oder erzwingen, weil er dann kein freiheitlicher Staat mehr wäre. Die Freiheit, die der Staat gewährt, kann er nicht herstellen, verordnen, erzwingen; er kann Moral nicht garantieren.

... und die These eines Kritikers: Demokratie kann moralisch sein.

Dass der größte Teil unserer Moraltradition immer schon ins Bürgerliche wie ins Strafgesetzbuch eingeflossen war, muss kaum eigens erwähnt werden. Doch auch hinsichtlich der Erzeugung demokratischer Regelmoral, jener Moral, die ihn selbst trägt, tut unser Staat, durch die entsprechende Lehrplangestaltung für politischen und geschichtlichen Unterricht an den Schulen und durch vielfältige Volksbildungseinrichtungen, sein Möglichstes.

Werner Becker, Philosoph

3. Beurteile, ob Religion oder der religiöse Glaube der Bürger im Sinne einer „Voraussetzung" verstanden werden kann, die Böckenförde meint.
4. Sind andere Voraussetzungen denkbar? Stelle eigene Überlegungen an.
5. Führt ein sokratisches Gespräch über die beiden Positionen.

Rückdenken und Weiterblicken

Im Zweifel für den Zweifel

von Tocotronic

Im Zweifel für den Zweifel
Das Zaudern und den Zorn
Im Zweifel fürs Zerreißen
Der eigenen Uniform

Im Zweifel für den Zweifel
Und gegen allen Zwang
Im Zweifel für den Teufel
Und den zügellosen Drang

Im Zweifel für die Bitterkeit
Und meine heißen Tränen
Bleiern wird mir meine Zeit
Und doch muss ich erwähnen

Im Zweifel für Ziellosigkeit
Ihr Menschen, hört mich rufen
Im Zweifel für Zerwürfnisse
Und für die Zwischenstufen

Im Zweifel für Verzärtelung
Und für meinen Knacks
Für die äußerste Zerbrechlichkeit
Für einen Willen wie aus Wachs

Im Zweifel für Ziellosigkeit
Ihr Menschen, hört mich rufen
Im Zweifel für Zerwürfnisse
Und für die Zwischenstufen

Im Zweifel für den Zweifel
Und die Unfassbarkeit
Für die innere Zerknirschung
Wenn man die Zähne zeigt

Im Zweifel fürs Zusammen-
klappen
Vor gesamtem Saal
Mein Leben wird Zerrüttung
Meine Existenz Skandal

Im Zweifel für den Zweifel
Das Zaudern und den Zorn

Ein kultivierter Mensch zweifelt. Zweifel ist Ausdruck von Bescheidenheit.
Karen Duve

- Der Sprecher in „Im Zweifel für den Zweifel" – Schlägt er leise Töne an oder laute? Ist das ein bescheidener Sprecher? Lege dar, wie du darüber denkst.
- Gilt der Rat auch für die Schule und den Unterricht?
- Der Tocotronic-Dichter und die Schriftstellerin Karen Duve – teilen sie ein Verständnis von „kultiviert" (lat. Ursprungs und bedeutet auch „pflegen")? Interpretiere Duves Satz und den tocotronischen Zweifel vor diesem Hintergrund.
- Zweifler sind manchmal auch nur Bedenkenträger oder Nörgler – welche Haltung erfordert der Zweifel, von dem Tocotronic und Duve sprechen? Führt ein sokratisches Gespräch darüber.
- Blättere das Buch noch einmal durch: Welche Person, die in diesem Buch zu Wort kommt, verkörpert für dich den kultivierten, bescheidenen Zweifler oder die Zweiflerin? Begründe deine Wahl.
- Blättere noch einmal: Was gibt dir Anlass zum Zweifel? Erkläre deine *Skepsis* (griech. für „Zweifel").
- Spekuliere, in welcher Beziehung das Gemälde von Georg Baselitz zu dem Text über das Zweifeln steht oder stehen könnte.

Georg Baselitz: Oberon (1. Orthodoxer Salon 64 – E. Neijsvestnij, 1964)

Im Zweifeln können wir alle gleich sein –
Schülerinnen und Schüler, Lehrerinnen und Lehrer.
Wissen und fühlen können wir nur, wenn wir auch zweifeln können –
tief und oberflächlich, folgenreich und folgenlos, süß und bitter,
zart und überwältigend, bitter, schwach …
So sind wir und so bleiben wir. Ein Glück ist das.
Oder?

L

Ethik-Lexikon

PHILOSOPHIE

Wörtlich bedeutet Philosophie → Liebe (*philia*) zur Weisheit (*sophia*). Philosoph und Philosophin sind Freunde der Weisheit. Sie streben nach einem besonderen Wissen, nach Weisheit.

Weisheit ist eine besondere Form des Wissens, die sich von anderen Formen des Wissens unterscheidet. Man kann zum Beispiel wissen, wie man Volleyball spielt und einen Fahrradschlauch flickt. Oder wie man sich gesund ernährt und sinnvoll für eine Englischarbeit lernt. Oder warum der Mond seine Bahn um die Erde nicht verlässt und Eisbären monatelang Winterschlaf halten, ohne zu verhungern. Von diesem Wissen unterscheidet sich die Weisheit, nach der die Philosophie strebt. Weise ist jemand, der bereit ist, alles zu hinterfragen, was er weiß oder andere zu wissen meinen. Sokrates galt als der weiseste Mensch seiner Zeit. Er sagte von sich: „Ich weiß, dass ich nicht weiß." Manches Wissen, das wusste Sokrates, ist nur Scheinwissen.

Die Philosophie versucht Fragen zu beantworten, die sich viele Menschen in ihrem alltäglichen Leben gar nicht stellen und auch nicht zu stellen brauchen. Es sind Fragen, die auftauchen, wenn man die Welt und sich selbst in dieser Welt einmal in Ruhe betrachtet. Hast du dich einmal gefragt:

> *Wer bin ich? Woher komme ich? Wohin gehe ich? Was will ich? Bin ich ein freier Mensch? Was unterscheidet mich von anderen Menschen? Was geschieht mit mir, wenn ich gestorben bin? Existiert da noch etwas weiter? Wie kommt es, dass aus unzähligen Atomen genau die Welt entsteht, die ich wahrnehme? Wie kommt es, dass ich genau die Person bin, die ich bin, und nicht eine andere? Wie ist es wohl, ein Wal zu sein? Wie kommen die Dinge zu ihren Namen? Wie soll ich handeln, und bin ich frei in meinem Handeln?*

Das sind philosophische Fragen, und sie sind nicht leicht zu beantworten. Philosophie ist der Versuch einer „gedanklichen Orientierung im Bereich der Grundsätze unseres Denkens, Erkennens und Handelns". (H. Schnädelbach)

MIT DEM PHILOSOPHIEREN ANFANGEN

Mit dem Philosophieren beginnt man, wenn einem einfache Antworten auf schwierige Fragen nicht reichen. Dann zweifelt man und fragt sich, ob das denn wirklich stimmt oder ob das denn schon alles ist. Philosophen finden erstaunlich, was für andere ganz normal ist. Zum Beispiel, dass die Sonne jeden Morgen aufgeht, dass es Recht und Gesetz gibt, dass Menschen sprechen und denken können, was eigentlich „Wirklichkeit" ist und so weiter und so weiter. Neugierig sein, zweifeln, staunen, damit beginnt die Philosophie. Nicht alle Menschen interessieren sich für die Philosophie. Das muss auch nicht sein. Denn nicht jeder will die Welt im Ganzen verstehen und nicht nur die eigene, persönliche Welt. Menschen, die anfangen zu philosophieren, fragen sich, wer sie sind und was sie über die Welt, über sich selbst und über andere Menschen wissen können oder ob es auch Dinge gibt, die wir nicht vollständig wissen und erkennen können. Der Philosoph Immanuel Kant (1724–1804) hat die wichtigen Fragen der Philosophie in vier Fragen zusammengefasst:

1. Was kann ich wissen?
2. Was soll ich tun?
3. Was darf ich hoffen?
4. Was ist der Mensch?

Diese Fragen kann man so verstehen:

(1) Können wir Menschen alles wissen oder gibt es Dinge, die wir nicht wissen können?

L

(2) Gibt es ein Prinzip (eine Regel), an die ich mich halten kann, wenn ich richtig und gut handeln will? Diese Frage beantwortet die Ethik.
(3) Dürfen wir auf ein Leben nach dem Tod hoffen?
(4) Wer bin ich eigentlich, wenn ich ein Mensch bin?
Wenn man philosophische Fragen behandelt, braucht man Muße und Geduld und besondere Methoden. Und man braucht Mut! Immanuel Kant schrieb einmal: „Sapere aude!" (Das ist Latein und bedeutet: Wage zu wissen!) – „Habe Mut, dich deines eigenen Verstandes zu bedienen!" Er erkannte, dass tiefe Fragen manchmal Antworten nach sich ziehen, die die gewohnten Meinungen erschüttern und uns verunsichern können. Neues wissen zu wollen, ist auch ein Wagnis. Vom scheinbar festen Boden begibt man sich auf Neuland und manchmal auf schwankenden Boden. Was haben die Menschen wohl empfunden, als sie entdeckten, dass nicht die Erde der Mittelpunkt der Welt ist, um den sich alles dreht, sondern dass die kleine Erde, ein Staubkorn im Universum nur, um eine riesige Sonne kreist?

METHODEN

Was Philosophen und Philosophinnen am liebsten tun:
1. etwas genau und in allen Einzelheiten beschreiben
2. interpretieren (deuten; sagen, wie man etwas verstehen könnte)
3. analysieren (Begriffe und Argumente genau untersuchen)
4. nachfragen und widersprechen (keine Meinungen ungeprüft hinnehmen, diskutieren)
5. spekulieren (den Gedanken freien Lauf lassen)

ÜBRIGENS

... die Philosophie beschäftigt sich natürlich auch mit dem Philosophieren. Zum Beispiel mit der Frage: Kann man Philosophieren lernen? Die überwältigende Mehrzahl der Philosophen und Philosophinnen ist sich einig: Ja, man kann Philosophieren lernen. Also dann: Sapere aude! Wage zu wissen!

ACHTUNG

Das Wort ist von *beachten* abgeleitet; Achtung erfährt jemand, dem Aufmerksamkeit entgegengebracht wird. Menschen achten sich, wenn sie sich gegenseitig anerkennen so wie sie sind. Man kann eine Person achten, ohne sie besonders zu mögen. Die gegenseitige Achtung, die wir uns entgegenbringen, war besonders → Immanuel Kant wichtig. Er war der Auffassung, dass jeder Mensch wertvoll ist, unabhängig von seiner Herkunft, seinem Geschlecht, seiner Hautfarbe, seiner Religion. Auch wenn wir nicht alle Menschen gleich mögen und nicht alle Menschen lieben, so können wir sie doch als Menschen achten. Die Achtung der anderen bedeutet, dass wir uns auch selbst achten (Selbstachtung). Manchmal gebraucht man für Achtung auch das aus dem Lateinischen stammende Wort Respekt, das wörtlich Rücksicht und Berücksichtigung bedeutet.

AGGRESSION

Vom lateinischen Wort *aggredi* = angreifen, Angriffslust, Gewaltbereitschaft (sprachlich oder körperlich). Zu Aggressionen oder aggressiven Handlungen kommt es, wenn Einzelne oder Gruppen unterschiedliche Ziele und Interessen durchsetzen wollen und nicht bereit sind, die andere Partei verstehen zu wollen, aufeinander zuzugehen, Kompromisse zu machen oder einen → Diskurs über das Problem zu führen.

ALTRUISMUS

Von lat. *alter*: der Andere, eine durch Selbstlosigkeit, Uneigennützigkeit und durch Rücksicht auf andere geprägte Haltung. Dem weit verbreiteten Verständnis nach handelt eine

Person dann altruistisch, wenn die Handlung sie mehr kostet, als sie ihr nützt. Allerdings hängt das davon ab, was man genau unter „Kosten" und „Nutzen" versteht. Altruismus wird nicht nur in der Ethik, sondern auch in den Sozialwissenschaften, in der Wirtschaftslehre und in der vergleichenden Verhaltensforschung untersucht. Der Gegenbegriff zu Altruismus ist Egoismus, Eigennützigkeit und Selbstbezogenheit.

ANTHROPOLOGIE

Vom griechischen Wort *ánthropos* = Mensch und vom griechischen Wort *lógos* = Lehre, Wissenschaft, Sprache, Rechnung abgeleitet; bedeutet Wissenschaft vom Menschen. Die Anthropologie erforscht die Entwicklungsgeschichte des Lebewesens Mensch und der verschiedenen Spezies Homo. Die philosophische Anthropologie fragt nach dem Wesen des Menschen, wodurch er sich als Mensch auszeichnet: Ist er das Tier, das Symbole verwendet (*animal symbolicum*), das spielende Tier (*animal ludens*), das vernünftige, sprechende Tier (*animal rationale*), der arbeitende, fabrizierende Mensch (*homo faber*), der wirtschaftende Mensch (*homo oeconomicus*) oder gar das Lebewesen, das lacht (*homo ridens*)?

APOLOGIE

Verteidigungsrede. Der Ausdruck geht auf die Rede zurück, mit der sich → Sokrates gegen die Anklage wegen Gotteslästerung und Verführung der Jugend verteidigte.

ARGUMENT

Vom lateinischen Wort *argumentum* für Beweisgrund oder Beweismittel. Argumente sind Aussagen, mit denen man Behauptungen begründen oder widerlegen kann. Argumente führt man an, um jemanden von einer bestimmten Auffassung zu überzeugen. Wenn wir unseren Standpunkt mit einem Argument oder mehreren Argumenten stützen wollen, um andere zu überzeugen, wird dieses Verfahren auch „Argumentation" genannt. Wenn man argumentiert, prüft, klärt, kritisiert oder begründet man Standpunkte. Man hakt auch nach, stellt Fragen, macht Zugeständnisse, man versucht, für den anderen eine Brücke zu bauen, damit er den Standpunkt, den man selbst einnimmt, verstehen oder selbst einnehmen kann. Argumentieren bedeutet überzeugen, nicht überreden, und vor allem ist Argumentieren immer gewaltfrei. Ein gutes, wirklich überzeugendes Argument „zwingt" uns zwar auch, es zu übernehmen, aber es handelt sich hier um einen „zwanglosen Zwang des besseren Arguments", wie der Philosoph Jürgen Habermas sagt. Niemand darf einen anderen zu einer Argumentation zwingen, die nicht seine ist und der er sich nicht anschließen möchte. Argumente werden oft in → Diskursen ausgetauscht.

ARISTOTELES

Kurzbiografie: Aristoteles war einer der bedeutendsten Philosophen und lebte von 384 bis 322 vor Christus in Griechenland. Er war Lehrer Alexanders des Großen und Schüler → Platons. Seine philosophische Schule war der Peripatos, eine „Wandelhalle", in der die Schüler zwischen Säulen herumgingen und Gespräche führten. Obwohl nicht alle seiner Schriften erhalten sind, hinterließ Aristoteles ein gewaltiges Werk.
Philosophie: Aristoteles begründete die → Philosophie als „Wissenschaft von den ersten Prinzipien und Ursachen". Sie beginnt mit dem Satz: „Alle Menschen streben von Natur aus nach Wissen." Man nannte sie später Metaphysik. Aristoteles fragte zum Beispiel: „Was ist der Anfang aller Bewegung?" und stellte dabei Überlegungen wie diese an: Das Erste, was sich bewegt, kann nicht durch eine Bewegung verursacht sein, denn diese Bewegung hat wieder eine Ursache und so weiter und so weiter. Also muss das Erste, das etwas anderes bewegt, selbst unbewegt sein, es ist das unbewegte Bewegende. Aristoteles beantwortete in seiner Ethik die Frage, was ein gutes Leben ist und wie man lernt, ein gutes Leben zu führen. Durch Erziehung und Gewöhnung lernen wir, die Mitte zwischen zwei Extremen

L

zu treffen (Mesotes-Lehre). Einen guten Charakter zu haben, bedeutet, → Tugend zu besitzen; Mut ist eine wichtige Tugend in der Antike. Ein gutes Leben zu führen, immer die rechte Mitte zu treffen, ist für Aristoteles Glück, → Eudaimonia.

AUFKLÄRUNG

Aufklärung bezeichnet die Epoche des 18. Jahrhunderts, in der die Idee der Menschenrechte und der Gedanke, dass Menschen sich selbst bestimmen sollen, aber auch für ihr Handeln selbst verantwortlich sind, sowie die Forderung nach Religionsfreiheit (→ Toleranz) aufkamen. Die Aufklärung ist aber auch selbst eine Idee, die sich nicht auf das 18. Jahrhundert beschränkte. Sie drückt aus, nach Vernunft zu streben und Aberglauben, Zwang und Gewalt zu überwinden. Wie das Wort schon ausdrückt, wollte die Aufklärung, dass alles klar gesagt wird, sodass alle Menschen es verstehen konnten. So wurde in der Philosophie auch nicht mehr in Latein geschrieben, sondern in den Sprachen, die die Menschen tatsächlich sprachen. Die Aufklärung richtet sich gegen geheimes Wissen (Esoterik) und gegen Aberglauben, weil man damit Menschen beeinflussen und manipulieren kann. In der Aufklärung entstand auch die Idee der modernen Demokratie. → Immanuel Kant war ein bedeutender Aufklärer. Er definierte: „Aufklärung ist der Ausgang des Menschen aus seiner selbstverschuldeten Unmündigkeit.“ Unmündig ist man, wenn man sich nicht seines eigenen Verstandes bedienen kann, sondern sich danach richtet, was andere sagen und vorgeben. Selbstverschuldet ist die Unmündigkeit, wenn man es nicht wagt und einem nur der Mut fehlt, sich seines eigenen Verstandes zu bedienen. Deshalb lautet Kants → „Wahlspruch der Aufklärung“: „Sapere aude! Habe Mut, dich deines eigenen Verstandes zu bedienen!“

BACON, FRANCIS

Geb. 1561 in London, gest. 1626 in Highgate bei London. Englischer Philosoph, der das wissenschaftliche Weltbild der Neuzeit wesentlich mit beeinflusste. Von ihm stammt der Ausspruch „Wissen ist Macht“. Er verstand die Wissenschaften als Mittel des Menschen, um die Natur besser zu verstehen und sie dem Menschen nutzbar zu machen. In „Nova Atlantis“ (Neu-Atlantis) stellt er vor, wie die Menschen die Natur zu ihrem Wohl gestalten und erforschen könnten. Wie die Biene den naturgegebenen Blütenstaub sammelt und aus eigener Kraft zu Honig verarbeitet, so kann auch der Mensch die Natur zu seinen Zwecken und Bedürfnissen gestalten und beherrschen. Bacon machte sich besonders Gedanken über die Methoden und den Fortschritt in den Wissenschaften (z. B. in „Über die Würde und den Fortgang der Wissenschaften“) und setzte sich in der sogenannten „Idolenlehre“ mit verschiedenen Kategorien von Vorurteilen auseinander.

BENTHAM, JEREMY

(1748–1832) Englischer Philosoph, Jurist und Sozialreformer, Begründer des klassischen Utilitarismus („An Introduction to the Principles of Morals and Legislation“, 1789). Bentham war seiner Zeit weit voraus. Zu seinen utilitaristisch begründeten politischen Forderungen gehörten allgemeine Wahlen, Frauenstimmrecht, Legalisierung der Homosexualität, Pressefreiheit, Abschaffung der Todesstrafe und Tierrechte. Er setzte sich für Demokratie, Rechtsstaat, Liberalismus einschließlich freier Marktwirtschaft ein. Allerdings übte er auch Kritik an der im Zuge der Französischen Revolution verkündeten Menschenrechtserklärung und fand utilitaristische Argumente für die Rechtfertigung von Folter.

BUDDHA

Aus dem Sanskrit „der Erwachte“, „der Erleuchtete“; Ehrentitel für Siddharta Gautama, geb. 560 v. Chr. in Lumbini in Nepal, gest. um 480 v. Chr. in Kusinara in Nordindien; Stifter des Buddhismus. Siddharta Gautama war Sohn eines Königs. Nach der Begegnung

L

mit Elend, Alter, Krankheit und Tod erkannte er mit 29 Jahren die Sinnlosigkeit seines wohlhabenden Lebens und begab sich mittellos auf Wanderschaft, um das Elend der Welt durch innere Ruhe und Askese (Enthaltsamkeit von allem Materiellen) zu besiegen. Er fand Erleuchtung und gab die Lehre vom Achtfachen Pfad an seine ersten Schüler weiter. Er gründete mit ihnen einen Bettelorden für Männer und später auch für Frauen. Er selbst zog lehrend und werbend durch Nordindien. Der Buddha selbst hinterließ keine Schriften.

BUDDHISMUS

Auf Siddharta Gautama, den ersten → Buddha, zurückgehende Protestbewegung, die das brahmanische Kastensystem des → Hinduismus ablehnte. Der Buddhismus lehrt, dass alle irdischen und nicht-irdischen Wesen dem Gesetz der Vergeltung aller guten und aller schlechten Taten (*karma*) unterliegen. Existieren heißt, das Gesetz von Werden und Vergehen anzuerkennen. Durch Meditation kann die dazu nötige innere Ruhe und Gelassenheit erreicht werden. Durch die Beseitigung des Karmas wird vollkommene Erkenntnis und Freiheit von allen Begierden, die das Karma schaffen, erlangt. Es tritt vollkommene Leere („Nirwana" = Erlöschen, Vergehen) ein.

CHRISTENTUM

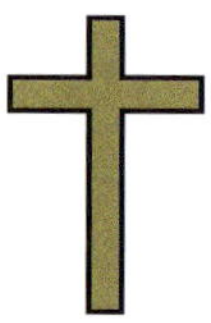

Eine der drei → monotheistischen Weltreligionen mit 2,3 Milliarden Anhängern. Das Christentum geht auf die Lehren des Jesus von Nazareth zurück. Christen und Christinnen glauben, dass Jesus Gottes Sohn ist, geboren wurde von der Jungfrau Maria (Weihnachten), gekreuzigt wurde (Karfreitag) und von den Toten auferstanden ist (Ostern), in den Himmel zu seinem Vater gefahren ist (Himmelfahrt), um die Menschen zu retten und von ihren Sünden zu befreien und ihnen ewiges Leben zu schenken. Der Gott der Christen ist ein dreifaltiger Gott: Vater, Sohn und Heiliger Geist. Sie halten ihren Gottesdienst „im Namen des Vaters, des Sohnes und des Heiligen Geistes". Das heilige Buch des Christentums ist die Bibel. Ein zentraler Gedanke ist die Nächstenliebe.

CSIKSZENTMIHALYI, MIHALY

(gesprochen: tschik-sent-mihaji, miha), geb. 1934, amerikanischer Glücksforscher; prägte den Begriff „Flow" für ein Gefühl fließenden Glücks, das sich einstellt, wenn man sich auf etwas einlässt, positiv erregt ist und zugleich Kontrolle über die Sache hat, mit der man sich beschäftigt.

DEONTOLOGIE

Von griech. *déon*: das Seinsollende und lógos: Lehre; von → Jeremy Bentham in „Deontologie oder die Wissenschaft der Moral" 1834 als Lehre vom Sollen oder Pflichtenethik in die Ethik eingeführt. Deontologie wird heute aber nicht mit Benthams Utilitarismus, sondern vielmehr mit → Kants Pflichtenethik in Verbindung gebracht, die als klassische Form der Deontologie gilt.

DESKRIPTIV, DESKRIPTION

Von lat. *describere*: beschreiben; beschreibend, „eine Tatsache beschreibend", bzw. Beschreibung; → normativ

DESCARTES, RENÉ

Kurzbiografie: Descartes (sprich: deekart) lebte von 1596 bis 1650. Französischer Philosoph, Mathematiker und Naturforscher. Er veröffentlichte nicht nur philosophische Abhandlungen, sondern auch naturwissenschaftliche, z. B. über Optik, und war ein bedeutender Mathematiker, nach dem z. B. das cartesische Koordinatensystem benannt ist.
Philosophie: Descartes war davon überzeugt, dass die Grundlage unseres Wissens und

L

unserer Erfahrungen im Denken, also im Verstand, liegt, nicht in den Empfindungen und Gefühlen. Er ist durch den Satz „Cogito ergo sum" – „Ich denke, also bin ich" berühmt geworden. Damit wollte Descartes sagen, dass man nur man selbst ist, ein Ich ist, solange man denkt. Solange wir leben, solange wir da sind, können wir nicht anders als denken.

DIALOG

Mündliche oder schriftliche Rede zwischen zwei oder mehreren Personen. Gegenbegriff: Monolog, Gespräch einer Person mit sich selbst. → Platon vertrat eine Dialog-Ethik, in der besonders → Sokrates eine Rolle spielt.

DEUTSCHER ETHIKRAT

Der Deutsche Ethikrat besteht aus 26 Wissenschaftlern und Wissenschaftlerinnen und weiteren anerkannten Personen des öffentlichen Lebens, die mit naturwissenschaftlichen, medizinischen, theologischen, philosophischen, ethischen, sozialen, ökonomischen und rechtlichen Fragen der Lebenswissenschaften in besonderem Maße vertraut sind. Zu seinen Aufgaben gehört unter anderem die Erarbeitung von Stellungnahmen und Empfehlungen für politisches und gesetzgeberisches Handeln z.B. in Fragen der Sterbebegleitung, der Organtransplantation, der Embryonenforschung. Der Ethikrat veröffentlicht seine Stellungnahmen und Empfehlungen und leitet sie insbesondere dem Deutschen Bundestag und der Bundesregierung zu. Seit 2008 heißt der von 2001 bis 2008 bestehende Nationale Ethikrat Deutscher Ethikrat. www.ethikrat.org

DILEMMA

Zwickmühle, eine Situation, die zwei Wahlmöglichkeiten bietet, zwischen denen man sich entscheiden muss. Nicht selten führen beide Möglichkeiten zu einem unerwünschten Ergebnis.

DISKRIMINIERUNG

Benachteiligung, Ungleichbehandlung von Personen: vom lateinischen Wort *discriminare* = trennen, absondern, unterscheiden. Laut Artikel 3 des Grundgesetzes ist Diskriminierung verboten: „Niemand darf wegen seines Geschlechtes, seiner Abstammung, seiner Rasse, seiner Sprache, seiner Heimat und Herkunft, seines Glaubens, seiner religiösen oder politischen Anschauungen benachteiligt oder bevorzugt werden. Niemand darf wegen seiner Behinderung benachteiligt werden."

EPIKUR

(341–271 v. Chr.) Griechischer Philosoph, der sich in seinen Schriften und Reden der Frage widmete, wie ein erfülltes, glückliches Leben, wie inneres Glück auch angesichts äußerer Widrigkeiten und Hindernisse möglich ist. Auch das Philosophieren selbst war ihm ein Weg ins Glück, in die → Eudaimonie. Epikur war ein beliebter und erfolgreicher Philosophielehrer und hatte Schüler, mit denen er sein ganzes Leben über in Verbindung stand. In seiner Gegenwart herrschte stets eine Atmosphäre innerer Ruhe und heiterer Gelassenheit; er lebte nach seiner Philosophie. Alles, was der Körper will, sagt Epikur, ist: „Nicht frieren, nicht hungern, nicht dürsten"; alles, was die Seele will, ist: „Nicht Angst haben". Als höchstes Gut und höchstes Glück bezeichnete er das Freisein von körperlichen Schmerzen und das Freisein der Seele von Furcht. Philosophieren ist ein Weg zur Überwindung der Furcht.

ETHIK

Den Teil der Philosophie, der sich mit der Frage beschäftigt, was man tun soll, wie man gut und richtig handelt, nennt man Ethik oder praktische Philosophie. Die Ethik versucht → Normen (ethische Gesetze) zu begründen oder Normen zu widerlegen. Im Vordergrund

L

stehen Normen, die allgemein, also für alle unter allen Umständen gelten können. Vor allem zwei Normen sind für die Ethiker interessant: Die → Goldene Regel und der → Kategorische Imperativ von Immanuel → Kant. Die philosophische Ethik begründet nicht-religiöse Normen. Jedes Kind weiß, dass man andere Menschen nicht verletzen und nicht quälen darf, sie nicht belügen oder gemein sein darf, dass man nicht stehlen, nicht töten darf, dass man anderen mit Respekt begegnen soll. Das lernen wir im Elternhaus und in der Schule. In der Ethik und im Ethikunterricht lernt man, wie man diese Normen, die man schon kennt, erklären und begründen kann und woher sie kommen. In der Ethik begründet man die → Moral, die das alltägliche Verhalten gegenüber anderen Menschen bestimmt. Insofern bedeutet Ethik Moralbegründung oder Moraltheorie. Bedeutende Ethiker waren → Sokrates, → Aristoteles, → Immanuel Kant und → John Stuart Mill, John Rawls und → Jürgen Habermas.

EUDAIMONIE

Griech. Ausdruck für Glück oder Glückseligkeit; ursprünglich von Aristoteles in die Ethik eingeführt, bedeutet der Ausdruck wörtlich: von einem guten und schönen (*eu*) Geist (*daimon*) begleitet werden. Ein glückliches Leben ist demnach ein gutes Leben, ein Leben, das von einem „guten Geist" begleitet wird. → Epikur setzte sich mit Aristoteles' Lehre der Eudaimonie auseinander und gelangte zu eigenen Einsichten.

FAIRNESS

Geht auf das englische Wort *fair* = anständig, ordentlich zurück und drückt eine Form der → Gerechtigkeit aus, die nicht immer in allem gesetzlich geregelt ist. Nicht für jede Situation in einem Sportspiel kann man Regeln angeben und trotzdem soll das Spiel fair sein. Fairness drückt auch die Forderung nach Chancengleichheit aus. Alle sollen gleiche Chancen zum Beispiel zu einer guten Schulausbildung, zur Entwicklung individueller Fähigkeiten und zur Erreichung von persönlichen Zielen haben. Fairness als Chancengleichheit wird allerdings durch das Grundgesetz und andere Gesetze geregelt und unterstützt

FLOW

→ Csikszentmihalyi, Mihaly

FREIHEIT

Nach → Immanuel Kant unterscheidet man zwischen zwei verschiedenen Arten von Freiheit: der negativen Freiheit, nach der man frei von etwas ist, also nicht daran gehindert wird, etwas zu tun oder nicht zu tun. Die positive Freiheit ist die Freiheit zu etwas; jemand ist frei, etwas zu tun oder nicht zu tun. Die positive Freiheit reicht weiter. Man kann die Möglichkeiten der negativen Freiheit wirklich nutzen. Ein Beispiel für negative Freiheit ist, wenn jemand ungehindert seine Meinung frei äußern darf. Positive Freiheit würde in diesem Fall darüber hinaus bestehen, wenn grundsätzlich Möglichkeiten gegeben sind, seine Meinung öffentlich zu äußern, zum Beispiel in Zeitungen, Büchern, Fernsehen, Radio und den anderen Kommunikationsmedien (Internet, E-Mail, Twitter etc.). Kant war der Ansicht, dass allen Lebewesen, die fähig sind, vernünftig zu denken, d.h. die Begriffe und Prinzipien verstehen und anwenden können, Freiheit zugesprochen werden muss.

FREUD, SIGMUND

(1856–1939) Österreichischer Arzt und Psychologe, Begründer der Psychoanalyse. Freud entwickelte eine Theorie der Psyche (Seele), in der drei Instanzen wirken: Das „Über-Ich", das aus Autorität und gesellschaftlichen Normen gebildet wird, verlangt, dass wir ihm gehorchen, uns so verhalten, wie die gesellschaftlichen Üblichkeiten (Konventionen) es verlangen. Das „Es" steht für das Unbewusste, unsere geheimen, auch sexuellen (libidinösen)

Wünsche. Das „Ich" ist der rationale Teil der Psyche, der einen Ausgleich zwischen „Über-Ich" und „Es" herzustellen bemüht ist. In der „Psychoanalyse" (Bezeichnung einer Form der psychologischen Therapie) sollen die Wünsche des unbewussten „Es" zutage gebracht und analysiert werden. Der Sinn der Analyse besteht darin, die unbewussten psychischen Wünsche zu erkennen und als Teil der Persönlichkeit anzuerkennen. In einer Psychoanalyse lernt der Patient sich also besser kennen. Er wird mit seinen Wünschen und Bedürfnissen vertraut, nimmt sie an und lernt, mit ihnen zu leben. Manchmal gibt er Wünsche, wenn sie ihm bewusst werden, auch auf, weil sie ihm auf einem Weg in ein glückliches Leben im Weg stehen. Sigmund Freud und seine Tochter, die Psychoanalytikerin Anna Freud, haben insbesondere die Verdrängung von (libidinösen) Wünschen untersucht.

GEFÜHL / MORALISCHES GEFÜHL

Das Spektrum der menschlichen Gefühle ist sehr weit und schließt unangenehme wie angenehme Gefühle gleichermaßen ein. Gefühle besitzen wir nicht von Anfang an, sie bilden sich erst langsam, je mehr Erfahrungen wir machen. Auch moralische Gefühle entstehen erst, wenn Kinder beginnen, selber die Erfahrung zu machen, dass sie manche Dinge nicht dürfen, weil sie anderen damit schaden, andere Dinge aber tun sollten, um anderen zum Beispiel zu helfen oder ihnen respektvoll zu begegnen. Moralische Gefühle stellen sich ein, wenn wir uns selbst oder andere moralisch falsch behandelt haben. Dann empfinden wir Empörung, Reue, Schuld, Mitleid, Scham. Das moralische Gefühl, das uns bewegt, moralisch richtig zu handeln, ist die Achtung des anderen. Ein bedeutender Philosoph des moralischen Gefühls war der Schotte → Adam Smith.

GERECHTIGKEIT

Gerechtigkeit ist die höchste → Tugend. In der Geschichte der Philosophie wurden im Laufe der Zeit mehrere → Prinzipien der Gerechtigkeit entwickelt. Zum Beispiel von → Platon das „Jedem das Seine". Der „unparteiliche Zuschauer" bei → Adam Smith und Fairness sind auch Elemente der Gerechtigkeit. Eine wichtige Unterscheidung stammt von → Aristoteles: die ausgleichende und die austeilende Gerechtigkeit. Die austeilende Gerechtigkeit sorgt für eine gerechte Verteilung von Rechten, Pflichten, Gütern und Belastungen, damit die Bürger und Bürgerinnen einer Gesellschaft das bekommen, was ihnen zusteht, was sie verdient haben und was sie brauchen. Die ausgleichende Gerechtigkeit regelt den fairen Austausch von Gütern, Ersatzansprüche bei Schäden und die Verhängung von Strafen (Strafrecht). Das Sinnbild (die Allegorie) der Gerechtigkeit ist Justitia mit Waage, Schwert und manchmal mit Augenbinde. Die Waage ist das Symbol für den gerechten Ausgleich, das Schwert Symbol für die Kraft des Rechts und die Augenbinde Symbol für die Unparteilichkeit der Justitia.

GEWISSEN

Deutscher Ausdruck für lat. *conscientia* wörtlich Mitwissen; ethische Urteilskraft, innere Stimme, unparteilicher Zuschauer, innerer Richter → Adam Smith, → Immanuel Kant

GOLDENE REGEL

Die Goldene Regel ist ein überall auf der Welt, in allen Kulturen und Religionen bekannter ethischer Grundsatz des Handelns: „Was du nicht willst, das man dir tu, das füg auch keinem andern zu." Entwickelt aus: „Was dir selbst verhasst ist, das mute auch einem anderen nicht zu!" (Tobias 4,15) oder: „Alles nun, was ihr wollt, dass euch die Leute tun sollen, das tut ihr ihnen auch." (Matthäus 7,12)

L

GRICE, HERBERT PAUL

(1913–1988) Englischer Philosoph, insbesondere in der Sprachphilosophie und Logik. Grice beschäftigte sich vor allem mit der Frage der „Sprecherbedeutung". Wie ist es möglich, dass die Bedeutung einer Äußerung, die ein Sprecher zum Ausdruck bringt, auch dann verstanden werden kann, wenn sie nur angedeutet wird, aber nicht klar gesagt wird? Der Sprecher sagt also mehr, als er sagt, und die Hörer verstehen das nicht Gesagte mit. Das ist zwar aus der Alltagskommunikation jedem bekannt, doch Grice hat eine Theorie dazu formuliert, deren wichtigster Begriff der der Implikatur ist. Mit der Theorie der Implikaturen hat er der modernen Philosophie entscheidende Denkanstöße gegeben.

GRUNDGESETZ

Das „Grundgesetz für die Bundesrepublik Deutschland", abgekürzt GG, trat am 23. Mai 1949 in Kraft. Es ist die Verfassung, die sich die Deutschen nach dem Terror und dem Unrecht des Nationalsozialismus gegeben haben. Das Grundgesetz bekennt sich zu den Menschenrechten, zu Demokratie, Freiheit, Gleichheit und Solidarität. Es soll sicherstellen, dass sich die Verbrechen des Nationalsozialismus, wie die Ermordung von 6 Millionen europäischer Juden (Shoa), niemals mehr wiederholen. Jedes Jahr findet am 23. Mai eine feierliche Gedenkstunde des Bundestages (Parlament) zu Ehren des Grundgesetzes statt. Bei der Bundeszentrale für politische Bildung (www.bpb.de) kann man kostenlos eine Ausgabe des Grundgesetzes bestellen.

HABERMAS, JÜRGEN

Geb. 1929; berühmter, weltweit bekannter deutscher Philosoph und Soziologe. Er entwickelte die Diskursethik, hinter der die Idee steht, dass richtiges Handeln, Gerechtigkeit und Solidarität möglich sind, wenn Konflikte und Pläne für die Zukunft der Menschen in friedlichen → Diskursen (Methoden-Glossar) entschieden werden. Letztlich darf nur der „zwanglose Zwang des besseren Arguments" überzeugen, sagt Habermas.

HEILIGE BÜCHER

Die heiligen Bücher der drei → monotheistischen Weltreligionen sind die Thora (Judentum), die Bibel (Christentum) und der Koran (Islam).

HINDUISMUS

Sammelbezeichnung für eine Vielzahl traditioneller religiöser Richtungen der Inder; ohne gemeinsame Schriften oder Glaubensbekenntnis. Die Entstehung des Hinduismus wird auf ungefähr 600 v. Chr. datiert, gründet jedoch auf sehr viel älteren Überlieferungen. Im Zentrum des Hinduismus steht die Wiedergeburtslehre, der der Glaube an einen ewigen Kreislauf (*samsara*) und der Gedanke einer unentrinnbaren Vergeltung aller guten und bösen Taten (*karma*) zugrunde liegt. Das Heilsziel des Hinduismus ist die Befreiung aus dem Samsara, dem Kreislauf der Wiedergeburten, und das vollständige glückselige Aufgehen der Einzelseele in die Weltseele. Die Heiligen Schriften im Hinduismus sind die Veden (*veda* = Wissen, Lehre) und die Bhagavad-Gita. Die ältesten Sammlungen der vedischen Erzählungen sind 3500 Jahre alt und damit die ältesten religiösen Texte der Menschheit. Die drei wichtigsten der etwa 330 hinduistischen Gottheiten sind die männlichen Gottheiten Brahma, Vishnu und Shiva.

HUME, DAVID

Geb. 1711 in Edinburgh, gest. 1776 in Edinburgh; vielseitiger schottischer Philosoph, der sich schlecht in eine Schublade stecken lässt. Er bezweifelte jedes alltägliche Denken und jede Philosophie, die sich auf absolute Gewissheiten beruft; insofern war Hume ein unabhängiger Skeptiker. Er schrieb wichtige philosophische Abhandlungen über die Natur des Menschen, seine Vernunft, die Gefühle und den Glauben. Hume war Empirist, das heißt, er ging davon aus, dass man nichts wissen kann, was man nicht erfahren (gr. *empeiría* = Erfahrung) hat. Hume war auch in der Politik im Londoner Außenministerium tätig.

IDENTITÄT

Psychologisch: Eigentümlichkeit, Unverwechselbarkeit einer Person; das, was eine Person zu dem macht, was sie ist; vom lateinischen Wort *idem* = derselbe, dieselbe, dasselbe; auch: der, die, das gleiche. In der Logik bedeutet Identität Ununterscheidbarkeit (A = A)

ISLAM

Islam, der – bedeutet wörtlich Unterwerfung (unter Gott), völlige Hingabe (an Gott). Der Islam ist mit rund 1,5 Milliarden Anhängern neben dem Judentum und dem Christentum eine der drei großen → monotheistischen Weltreligionen. Seine Anhänger bezeichnen sich im deutschsprachigen Raum als Muslime bzw. Muslima oder Moslems. Anders als die christliche Lehre von der Dreifaltigkeit Gottes ist ein wichtiges Element des Islams die Lehre von der Einheit Allahs. Der Islam ist eine monotheistische Religion, die sich vom → Polytheismus und auch von christlichen Vorstellungen wie der Menschwerdung Gottes und der Dreifaltigkeit abgrenzt. Bestimmendes Element ist die Lehre von der Einheit Gottes (*Tauhīd* = Monotheismus).
Der Islam ruht auf fünf Säulen, deren Gebote jeder Muslim und jede Muslima beachten muss: (1) Schahada, das islamische Glaubensbekenntnis: „Ich bezeuge, dass es keine Gottheit außer Gott gibt und dass Mohammed der Gesandte Gottes ist." (2) Das Salat, ein Gebet, das fünfmal am Tag gesprochen wird, nachdem der Muezzin vom Minarett der Moschee dazu aufgerufen hat. (3) Zakat, die Almosensteuer zur Unterstützung Armer und Bedürftiger. (4) Saum, das rituelle Fasten im Fastenmonat Ramadan, nach dem es verboten ist, vor Einbruch der Nacht zu essen. (5) Die Haddsch, die Pilgerfahrt nach Mekka, zu der jeder Moslem verpflichtet ist, sofern er dazu in der Lage ist. Der Islam ist eine bilderlose Religion. Kunstvolle Schriftzüge (Kalligrafie von griechisch *kallos* = schön und griechisch *graphein* = schreiben) schmücken die religiösen Schriften und die Moscheen.

JESUS CHRISTUS

Jesus Christus ist nach dem Neuen Testament der von Gott zur Erlösung aller Menschen gesandte Messias und Sohn Gottes. Jesus hatte wahrscheinlich zwölf Jünger (Apostel), die ihn unterstützten, seine Lehre zu verbreiten. Jesus predigte die Liebe Gottes, das Gebot, seinen Nächsten zu lieben wie sich selbst (Nächstenliebe), und die Erlösung der Menschen von ihren Sünden. Er wurde verfolgt, verhaftet, zum Tode verurteilt und gekreuzigt. Die wichtigsten Lebensstationen hängen eng mit den Glaubensinhalten des Christentums zusammen: Jesus Christus' Geburt im Stall von Bethlehem (Weihnachten), sein Tod zur Erlösung aller Menschen (Karfreitag), seine Auferstehung nach dem Tod (Ostern) und seine Himmelfahrt an die Seite Gottes, seines Vaters. Es gibt mehrere christliche Kirchen: die katholische und seit Martin Luthers Reformation 1517 die evangelische, die griechisch-orthodoxe (Griechenland und Russland), die koptische (alexandrinische) Kirche vor allem in Ägypten.

JUDENTUM

Das Judentum ist die älteste der drei → monotheistischen Weltreligionen; ungefähr 13,5 Millionen Menschen gehören dem Judentum an. Abraham wird als Stifter des jüdischen Glaubens angesehen. Das Studium der Thora (heiliges Buch) steht im Zentrum des jüdischen Glaubens. Die Synagoge ist dem ganz entsprechend ein Lehrhaus. Der Name des Gottes der Juden ist unaussprechlich, so heilig ist er. JHWH (Jahwe) steht für „Ich bin da. Ich werde für euch da sein. Ich bin, der ich bin. Ich bin, der ich sein werde." Der Gott der Juden darf auch nicht dargestellt werden. Er unterliegt dem Bilderverbot. Das hat das Ju-

L

dentum mit dem Islam gemeinsam: Gott ist nicht darstellbar. Das Judentum verzichtet im Allgemeinen auf Missionierung, d. h. auf die Bekehrung Andersgläubiger zum jüdischen Glauben. Das unterscheidet es vom Christentum und vom Islam, in denen es ein Missionsgebot gibt. Anders als das Christentum erwartet das Judentum noch die Ankunft des Messias, des Erlösers.
Juden und Jüdinnen wurden über viele Jahrhunderte hinweg immer wieder diskriminiert, grausam verfolgt und ermordet. Im Nationalsozialismus wurden Juden und Jüdinnen in einer Weise planvoll verfolgt und ermordet wie nie zuvor in der Geschichte. Die unfassbare Ermordung von 6 Millionen Menschen jüdischen Glaubens in Europa heißt Shoa. Das ist hebräisch und bedeutet Unheil oder große Katastrophe. Ein anderer Name für diese Katastrophe ist Holocaust, vom griechischen Wort für „völlig verbrannt". Nach der Shoa zerstreuten sich die Überlebenden in alle Welt. In Deutschland gab es fast keine Juden und Jüdinnen mehr. Einige konnten fliehen, die meisten wurden in den Konzentrationslagern ermordet. Viele Kinder hatten ihre jüdischen Freunde und Mitschülerinnen verloren. Mit der Gründung eines jüdischen Staates 1948 wurde fast 2000 Jahre nach der Zerstörung des Königreiches Judäa erstmals wieder eine Region als spezieller Lebensraum für Jüdinnen und Juden bestimmt. Das Leben in Israel ist auch heute noch nicht konfliktfrei, weil das Land mit anderen Bevölkerungsgruppen, die dort schon gelebt hatten, geteilt werden muss.

JUSTITIA

Justitia ist ein Sinnbild (Allegorie) der Gerechtigkeit mit Waage, Schwert und manchmal mit Augenbinde. Die Waage ist das Symbol für den gerechten Ausgleich, das Schwert Symbol für die Kraft des Rechts und die Augenbinde Symbol für die Unparteilichkeit der Justitia. → Gerechtigkeit

KALEMBA, KARL

Geb. 1971, deutscher Philosoph, Autor, Musik- und Sportexperte. Kalemba hat insbesondere durch seine intensive Auseinandersetzung mit Implikaturen (→ Grice) der Kommunikation die Aufmerksamkeit eines interessierten Fachpublikums auf sich gelenkt.

KANT, IMMANUEL

Kurzbiografie: Immanuel Kant lebte von 1724 bis 1804 in Königsberg (heute Kaliningrad in Russland), wo er an einem Werk arbeitete, das die gesamte Philosophie auf immer verändern sollte, die „Kritik der reinen Vernunft". Ein Freund und Kollege nannte ihn den „Alleszermalmer". Kant war sehr beliebt und ein sehr geschätzter Freund. Er pflegte Freundschaften zu Geschäftsleuten aus dem Ausland, die in Königsberg ansässig waren, und interessierte sich für alles, was in der Welt vor sich ging. Zu seiner Zeit besonders für den amerikanischen Unabhängigkeitskampf und die Französische Revolution.

Philosophie: Durch Kant ist die Philosophie bescheiden geworden. Er zeigte, dass die Menschen nur das wissen können, was sie mit ihren Sinnen (Augen, Ohren, Nase, Tastsinn, Geschmack) wahrnehmen und erfahren können und was sie mit ihrem Verstand (mit ihrem menschlichen Gehirn) erfassen können. Was darüber hinausgeht, darüber können die Menschen nichts wissen, sie können es nur glauben. Die Sinne des Menschen sind begrenzt. Ein Adler kann besser sehen und ein Hund besser riechen als ein Mensch, und die Fledermaus kann mit Echolot wahrnehmen, was der Mensch überhaupt nicht kann. Auch der Verstand ist begrenzt. Menschen sind nicht allwissend. Sie können nicht wissen, ob es Gott gibt, ob ihre Seele unsterblich ist – sie können es nur glauben. Also gibt es keine absolute Erkenntnis, keine absolute Wahrheit, die die Menschen erkennen können. Das ist es, was Kant sagen wollte. In seiner Ethik, der „Kritik der praktischen Vernunft", zeigte Kant, dass wir Menschen nach einem allgemein gültigen moralischen Prinzip handeln können, wenn wir es wollen. Er nannte dieses Prinzip das „Sittengesetz" (siehe Grundgesetz, Artikel 3) oder den → „Kategorischen Imperativ". Kant war der Auffassung, dass wir bei moralischen Entscheidungen wissen, dass wir nach dem Sittengesetz handeln sollten, auch wenn wir es nicht tun. Es verlangt von uns, dass wir uns überlegen, ob wir wollen können, dass andere in der gleichen Situation ebenso handeln wie wir selbst. Das Handeln nach dem Kategorischen Imperativ setzt jedoch eine große Selbständigkeit und Unabhängigkeit des Menschen voraus. Kant nannte sie „Autonomie“ (Selbstbestimmung). Unter Freiheit verstand er die Fähigkeit, im Handeln selbst entscheiden zu können, selbst bestimmen zu können und nicht den Meinungen und Vorgaben anderer zu folgen. Wenn wir wissen, wie wir handeln sollen, es aber nicht tun, dann plagt uns das schlechte Gewissen. Das hatte Kant vielleicht von Adam Smith gelernt.

KATEGORIE

Eine Kategorie ist ein Merkmal, nach dem unterschieden wird, eine Art der Aussage, die man über etwas machen kann oder der Gesichtspunkt einer Aussage, eines Urteils. Wenn man z. B. ein Stück Torte vor sich hat, dann kann man Aussagen über seine Größe, über seine Qualität machen oder darüber, wem es gehört oder wozu es gut ist. Wer kategorisiert oder Kategorien anwendet, bringt etwas unter einen übergeordneten Begriff (der Hund ist ein Säugetier).

KATEGORISCHER IMPERATIV

Allgemeiner moralischer Grundsatz von → Immanuel Kant: „Handle nur nach derjenigen Maxime, durch die du zugleich wollen kannst, dass sie allgemeines Gesetz werde.“ Eine andere Formulierung des Kategorischen Imperativs lautet: „Handle so, dass du die Menschheit sowohl in deiner Person, als in der Person eines jeden anderen jederzeit zugleich als Zweck, niemals bloß als Mittel brauchst.“ Der kategorische Imperativ gilt unbedingt und unter allen Umständen und ist darum von „hypothetischen Imperativen“ unterschieden, denen die Formulierung gemeinsam ist: „Wenn du x erreichen willst, tue y“. Auch die Goldene Regel ist ihrer Grundstruktur nach ein hypothetischer Imperativ und verpflichtet nur unter der Voraussetzung eines „wenn - dann“, das für den Handelnden von Interesse ist.

KONFUZIUS

Lebte von 551–479 v. Chr.; an die lateinische Schrift und Aussprache angepasster Ausdruck für das chinesische Schriftzeichen „Lehrmeister Kong“, chinesicher Philosoph. Seine Lehre gilt der menschlichen Ordnung, die er in der Achtung des Anderen und der Verehrung der Ahnen verwirklicht sieht. Ein „edler“ Mensch ist ein moralisch einwandfreier Mensch, der in Harmonie mit dem Weltganzen lebt. Diese Harmonie, ein inneres Gleichgewicht, wird vor allem durch Bildung erreicht.

LAOTSE, LAO-TSE, LAOZI

(6. Jhd. v. Chr.) Übersetzt bedeutet Laotse „Alter Meister“. Laotse ist ein legendärer chinesischer Philosoph, Begründer des Daoismus (Taoismus). Laotse wird das Tao Te King, eine einflussreiche daoistische Schrift zugeschrieben; vermutlich hat die Schrift aber erst im 4. Jahrhundert v. Chr. ihre überlieferte Gestalt angenommen. „Dao“ oder „Tao“ bedeutet Weg, Methode, Prinzip, rechter Weg. Letztlich ist der Begriff aber undefinierbar. Er bezeichnet das Ganze, die ursprüngliche Einheit, das Gesetz des Kosmos, aus dem alles seiner ihm eigenen Ordnung gemäß entsteht. Neben dem Buddhismus und dem Konfuzianismus (→ Konfuzius) ist der Taoismus eine der drei großen Lehren, die der chinesischen Kultur zugrunde liegen.

MAXIME

Eine Maxime ist ein Grundsatz, eine Regel, nach der man zu leben bereit ist. Z. B.: „Verletze niemanden!“, „Lüge nicht“, „Hilf anderen in Not!“, „Sei freundlich zu deinen Mitmenschen!“.

L

MEDITATION

Methode der Erkenntnisgewinnung durch geistige Versenkung, die in der Philosophie und allen Religionen bekannt ist. Meditation ist von dem lateinischen Verb *meditari* abgeleitet, das nachdenken, nachsinnen, überlegen bedeutet. Es ist verwandt mit dem lateinischen Verb für heilen (*medicina* ist die Heilkunst) und dem griechischen Ausdruck *medomai*, denken, sinnen. → Methoden-Glossar

MESOTES-LEHRE

Aristotelische Lehre, nach der tugendhaftes Handeln darin besteht, Extreme zu vermeiden, indem es das rechte Maß, die Mitte zwischen einem Zuviel und einem Zuwenig trifft. → Aristoteles, → Tugend

METAPHYSIK

Auf → Aristoteles zurückgehende „Erste Philosophie“: Wissenschaft von den ersten Prinzipien und Ursachen.

MILL, JOHN STUART

Geb. 1806 in London, gest. 1873 in Avignon/Frankreich, englischer Philosoph, der den → Utilitarismus seines Lehrers Jeremy Bentham zu einer Form weiterentwickelte, die heute noch diskutiert wird. Wer utilitaristisch handelt, strebt nach dem größtmöglichen Glück der größtmöglichen Zahl. Aber er kann dies nach Mills Auffassung nicht um jeden Preis tun (schließlich könnte man den Tod eines Menschen rechtfertigen und mehrere andere retten), sondern so, dass die Würde des Menschen gewahrt bleibt. „Es ist besser, ein unzufriedener Mensch zu sein als ein zufriedenes Schwein; besser ein unzufriedener Sokrates als ein zufriedener Narr.“ Mill war schon als Kind hochbegabt und lernte bereits mit vier Jahren Griechisch und Mathematik, mit acht Jahren kam dann Latein dazu und mit zwölf Jahren absolvierte er bereits ein höheres Studium. Mill schrieb Bücher über den „Utilitarismus“, „Über die Freiheit“, über Logik und Wirtschaft. Er setzte sich zusammen mit seiner Frau Harriet Taylor und als Abgeordneter des Parlaments für die Bildung der Arbeiter und für die Emanzipation der Frauen ein.

MITLEIDSETHIK, ETHIK DES MITLEIDS

→ Schopenhauer

MOHAMMED

Arabisch *Muhammad* (570 Mekka – 632 Medina), ist der Religionsstifter des Islams. Er ist der „Gesandte Gottes und das Siegel der Propheten“ (Sure 33:40). Mohammed empfing die Offenbarung Allahs, die seine Anhänger im Koran niederschrieben. Mohammed bemühte sich, die Gemeinschaft aller Muslime, die „Umma“, zu einigen. Mohammed verkündete in einer Zeit, in der im arabischen Kulturraum der → Polytheismus noch weit verbreitet war, eine monotheistische Religion, die auch die christliche Vorstellung der Dreifaltigkeit Gottes ablehnte. Der Prophet wurde von seinen Gegnern aus Mekka, wo er lehrte, vertrieben und floh nach Medina. Dieses Ereignis im Jahr 622 wird Hidschra genannt und ist der Beginn der islamischen Zeitrechnung.

MONOTHEISMUS

Von den griechischen Wörtern *mónos* für allein und *theós* für Gott. Bezeichnet Religionen, die einen allumfassenden Gott kennen und anerkennen. Monotheistische Religionen sind das Judentum, das Christentum und der Islam. Die christliche Dreifaltigkeit Gottes (Vater, Sohn und heiliger Geist) widerspricht nach theologischer Meinung dem Monotheismus nicht.

L

MORAL

Von lat. *moralis* = die Sitten betreffend, sittlich; alltägliche Grundsätze des richtigen und guten Handelns, die wir in der Familie, Schule und in der Gesellschaft lernen.

NACHHALTIGKEIT

1987 durch die Vereinten Nationen (UN) verabschiedetes Prinzip zukunftsfähiger Entwicklungen: „Entwicklung zukunftsfähig zu machen, heißt, dass die gegenwärtige Generation ihre Bedürfnisse befriedigt, ohne die Fähigkeit der zukünftigen Generation zu gefährden, ihre eigenen Bedürfnisse befriedigen zu können." Engl. *sustainability*. Das Konzept der Nachhaltigkeit beschreibt die Nutzung eines regenerierbaren Systems in einer Weise, dass dieses System in seinen wesentlichen Eigenschaften erhalten bleibt und sein Bestand auf natürliche Weise regeneriert werden kann.

NAGEL, THOMAS

Geb. 1937 in Belgrad; US-amerikanischer Philosoph, der an der Universität in New York lehrt. 1974 schreib er einen Aufsatz, mit dem er schlagartig bekannt wurde: „What is it like to be a bat", deutsch: „Wie ist es eine Fledermaus zu sein?". Darin beschäftigt Nagel sich mit der Frage, ob und wie man wissen kann, wie es ist, ein anderes Lebewesen oder eben eine Fledermaus zu sein. Seine Antwort lautete: Man kann es nicht wirklich wissen. Für die Fledermaus ist es anders, in der Welt zu sei als für einen Menschen.

NATURETHIK

→ Ökologische Ethik

NORMATIV, NORM

Von lat. *norma* = Regel, Vorschrift, Winkelmaß, rechter Winkel; „eine Norm festlegend", Regeln und Vorschriften aufstellend. Unter Norm versteht man Gebote, Verbote oder Erlaubnisse, auch Maß (DIN-Norm). Ethische Normen werden in Sätzen ausgedrückt. Eine Norm besagt, was verboten, geboten oder erlaubt ist. Ordnungen (Schulordnung, Straßenverkehrsordnung), Gesetze (Grundgesetz, Strafgesetz, Jugendschutzgesetz), religiöse Gebote oder ethische Imperative (→ Goldene Regel, → Kategorischer Imperativ) sind Normen. → deskriptiv, Deskription

NUSSBAUM, MARTHA C.

Geb. 1947; US-amerikanische Philosophin und Professorin für Rechtswissenschaften und Ethik an der University of Chicago. Nussbaums Ethik folgt dem aristotelischen Gedanken, dass das gute Leben nur innerhalb der Gemeinschaft möglich ist. Was das rechte Handeln ist, bemisst sich daran, wie die Menschen leben und was sie als erstrebenswert ansehen. Was das Rechte ist, was das gute Leben ist, hängt von der jeweiligen Gemeinschaft ab. Nussbaum bezieht in die Ethik, stärker als andere das tun, die Emotionen (Gefühle) mit ein. Sie tritt insbesondere für die Gleichberechtigung von Männern und Frauen, für den Pluralismus und das freie Miteinander der Kulturen, für ein Weltbürgertum und globale Gerechtigkeit ein. Gerechtigkeit bemisst sich für sie daran, was jemand leisten kann, zu was er fähig ist (Fähigkeiten-Ansatz). Sie wurde mit mehreren Literaturpreisen ausgezeichnet, besitzt über 30 wissenschaftliche Ehrengrade und gilt als eine der bedeutendsten Philosophinnen.

ÖKOLOGISCHE ETHIK (UMWELTETHIK/ NATURETHIK)

Eine Bereichsethik, die sich mit der Klärung und Begründung von Normen für den Umgang des Menschen mit der außermenschlichen Natur beschäftigt. Man unterscheidet dabei zwei grundlegende Positionen: 1. Aus anthropozentrischer Sicht dient die Natur nur als Ressource für den Menschen und seine Bedürfnisse. 2. Anhänger des Physiozentrismus proklamieren dagegen einen moralischen Eigenwert der Natur, der dazu führt, dass der

L

Mensch nicht nur auf eigene, sondern auch auf Bedürfnisse der Natur Rücksicht nehmen muss. Unter der außermenschlichen Natur wird einerseits die belebte (Tiere, Pflanzen), andererseits die unbelebte Natur (z.B. Gewässer, Ökosysteme, Atmosphäre) gefasst. Mit dieser Unterscheidung lässt sich der Physiozentrismus in drei unterschiedlich weit greifende Varianten ausdifferenzieren: Für den Pathozentrismus (griech. *pathos* = Leid) kommt ein moralischer Eigenwert solchen Lebewesen zu, die Leid empfinden können, der Biozentrismus (griech. *bios* = Leben) erweitert diesen Anspruch auf alle Lebewesen, der Holismus erfasst darüber hinaus auch Nicht-Lebewesen, also die unbelebte Natur in ihrer Ganzheit (griech. *holos* = ganz). Als Teildisziplin hat besonders die Tierethik eine Außenwirkung in die Öffentlichkeit: Ob Tieren ein eigenständiger moralischer Status zukommt oder sie mit Sachen oder Maschinen gleichgestellt werden können, ist eine ethische Frage, die neben rechtlichen auch Konsequenzen im privaten und freizeitlichen Umgang mit Tieren hat.

ÖKONOMIK

Wissenschaft, die sich systematisch mit wirtschaftlichem Handeln (Ökonomie) befasst. Zentral sind die Zusammenhänge und Gesetzmäßigkeiten bei der Herstellung, Verteilung und dem Verbrauch materieller Güter zur Befriedigung von Bedürfnissen. Als Leitdisziplin der Sozialwissenschaften erhebt sie heute den Anspruch, die von ihr gestellten ökonomischen Fragestellungen und Methoden auch auf Forschungsgegenstände der Sozialwissenschaften anzuwenden (ökonomischer Ansatz).

ÖKONOMISCHE ETHIK (WIRTSCHAFTSETHIK)

Diese Bereichsethik betrachtet wirtschaftliches Handeln unter ethischen Fragestellungen. Sie versucht, für die Herstellung, Verteilung und den Verbrauch von Gütern ethische Prinzipien und Normen zu begründen, also für alle Akteure im Wirtschaftsbereich Handlungsregeln festzulegen, die ethisch begründbar sind. Bei Aristoteles bildeten Politik, Ökonomik und Ethik noch eine Einheit: Für ihn war politisches und wirtschaftliches Handeln untrennbar mit ethischen Fragen verbunden. Nach der Verselbstständigung der Wirtschaft, etwa durch Wirtschaftsliberalismus und Kapitalismus, versucht man heute wieder, der Ethik eine stärkere und einflussreichere Stimme im Diskurs über wirtschaftliches Handeln und seine Prinzipien zu verschaffen.

PASCAL, BLAISE

(1623–1662) Französischer Philosoph, Mathematiker, Physiker und Theologe. Mit zwölf Jahren soll er ohne Hilfe 32 Lehrsätze der Euklidischen Geometrie neu erfunden haben, und als junger Mann begann er eine Rechenmaschine zu konstruieren, die drei Jahre später funktionstüchtig war. Pascal war, verstärkt durch spirituelle Erweckungserlebnisse, ein außerordentlich frommer Mensch. In der sogenannten Pascalschen Wette demonstriert er, dass auf die Gnade Gottes nicht gewettet werden kann. Glaube ist nichts, in das man rational berechenbare Erwartungen setzen kann. Glaube und Gnade seien vielmehr absolute Werte, an die kein menschliches Ermessen heranreicht. Mathematik und Physik, so führt Pascal in seinen berühmten „Gedanken“ aus, beziehen sich auf eine rein mechanische, geistlose Natur. Die mathematische Ordnung der Welt und die Berechnung von Wahrscheinlichkeiten haben nichts mit der Offenbarung der Gnade Gottes in Christus zu tun. Für Pascal ist die Mathematik „Selbstgenügsamkeit der Vernunft ohne Gott“. (W. Schmidt-Biggemann)

PERSON

Person ist abgeleitet vom lateinischen Wort *persona* für Maske, Rolle, Person, Persönlichkeit. Ein Mensch ist eine Person, weil er frei entscheiden und Verantwortung übernehmen kann, weil er Rechte und Pflichten hat, Pläne machen und Ziele verfolgen kann. Wenn ein

Mensch zu alldem nicht oder nicht ganz in der Lage ist, weil er geistig behindert oder z. B. noch ein kleines Kind ist, ist er trotzdem eine Person, weil die anderen Menschen ihn als Person behandeln. Wir behandeln diesen Menschen so, als ob wir wüssten, was er wollen würde und wie er entscheiden würde. Personen kommt → Würde zu. Menschen sind sehr verschieden, als Personen sind sie gleich und sollen gleichermaßen geachtet und berücksichtigt werden.

PFLICHT

Pflicht kommt von pflegen, für etwas sorgen. Wenn man aus Pflicht handelt, dann handelt man so, weil man das Gefühl hat, nicht anders zu können oder weil das → Gewissen einem sagt, dass man so handeln muss. Diese Bedeutung von Pflicht hat besonders → Immanuel Kant herausgestellt. Der → Kategorische Imperativ verpflichtet uns, immer aus → Achtung vor der → Würde des anderen zu handeln.

PLATON

Kurzbiografie: Platon war einer der bedeutendsten griechischen Philosophen und lebte von ungefähr 427 bis 347 v. Chr. Er war Schüler des → Sokrates und Lehrer von → Aristoteles und gründete vor den Toren Athens die Akademie, in der fast 1000 Jahre Philosophie gelehrt wurde. Platon verehrte seinen Lehrer und verteidigte ihn gegen die Anklagen, auf die hin Sokrates zum Tod verurteilt wurde. Er unternahm ausgedehnte Reisen und interessierte sich für die Frage, wie eine gute *Polis*, ein guter Staat, möglich ist. Seine Schriften sind in Form von → Dialogen abgefasst, in denen Sokrates oft einer der Gesprächspartner ist.
Philosophie: Platon war der Philosoph, der die Idee mit der Idee hatte. Damit wir etwas verstehen, einordnen oder nachmachen können, brauchen wir eine Idee davon. Die Idee können wir uns aber nur denken, man kann sie nicht sehen, so argumentierte Platon. Zahlen und geometrische Figuren wie das gleichseitige Dreieck sind Ideen. Der Demiurgos (Weltbaumeister) hat die Welt, wie wir sie sehen, nach Ideen geschaffen. Mithilfe der Philosophie können die Menschen die Ideen erkennen. Die wichtigste und höchste Idee ist die Idee des Guten. Um zu wissen, was das Gute ist, was ein guter und gerechter Staat ist, muss man die Idee des Guten erkannt haben. In dem Dialog „Politeia" („Der Staat") führt Sokrates seine Schüler (Schülerinnen waren nicht dabei) im → sokratischen Gespräch zur Idee des Guten. Gemeinsam entwickeln sie eine Theorie vom gerechten Staat, in dem jeder das Seinige tut und bekommt. Das ist ein wichtiges → Prinzip der → Gerechtigkeit bei Platon: „Jedem das Seine", lateinisch „Suum cuique".

POLYTHEISMUS

Von den griechischen Wörtern *polys* für viel und *theoi* für Götter. Religionen, die mehrere Götter oder Göttinnen kennen und anerkennen, sind polytheistische Religionen.

POPPER, SIR KARL R.

Geb. 1902 in Wien, gest. 1994 in London. Popper war ein österreichisch-britischer Philosoph. Er beschäftigte sich mit der Frage, wie Wissen entsteht und auf welchen Prinzipien die Wissenschaften beruhen. Da es keine absolute → Wahrheit gibt, kann man Theorien nicht beweisen, man kann sie nur widerlegen, als falsch erweisen. Popper nannte das das Falsifikationsprinzip von lat. falsus = falsch. Er war schon als Jugendlicher sehr begabt, aber er brach die Schule vor dem Abitur ab. Popper verließ Österreich wegen des herrschenden Nationalsozialismus und wanderte 1937 nach Neuseeland aus. Seit 1946 war er Professor in London, 1965 wurde er von der Englischen Königin in den Adelsstand erhoben und durfte sich seitdem Sir Karl Raimund Popper nennen.

L

PRINZIP

Vom griechischen Wort *archē* für Anfang, Grundlage, Erstes, Ursprüngliches, allgemeine Regel. Die → Goldene Regel oder der → Kategorische Imperativ sind moralische Prinzipien, nach denen man in bestimmten Situationen handelt. Naturgesetze (Gravitation, Vererbung, Zellteilung, Hebelwirkung) und mathematische Gesetze sind auch Prinzipien. Dass 2+2 = 4 ist, folgt aus dem Prinzip der Addition.

RECHT

System von demokratisch legitimierten Grundrechten (→ Grundgesetz), Gesetzen (z.B. Bürgerliches Gesetzbuch, BGB; Strafgesetzbuch StGB; Jugendstrafgesetz JStG; Bundesausbildungsförderungsgesetz, BAföG; Bundesnaturschutzgesetz, BNatSchG; Niedersächsisches Nichtraucherschutzgesetz, Nds. NiRSG; Einkommenssteuergesetz, EStG) und Ordnungen (z.B. Straßenverkehrsordnung, StVO). Aufgabe der auf Recht beruhenden Rechtsprechung durch Gerichte ist es, festzustellen, was recht und was unrecht ist. Die Rechtsprechung ist an grundlegenden Überzeugungen von Gerechtigkeit orientiert, aber es ist nicht Aufgabe des Rechts, Gerechtigkeit herzustellen, sondern Recht zu sprechen. Recht wird durch Gerichte vertreten; die Bürger und Bürgerinnen können ihre Rechte vor Gerichten einklagen. Nach → Immanuel Kants Definition ist „das Recht also der Inbegriff der Bedingungen, unter denen die Willkür des einen mit der Willkür des andern nach einem allgemeinen Gesetze der Freiheit zusammen vereinigt werden kann". (Rechtslehre, § B)

RECHTSSTAAT

Auf demokratisch legitimiertem Recht gründender Staat, der auf Gewaltenteilung (Exekutive, Legislative, Jurisdiktion) beruht. Nur ein Rechtsstaat garantiert, dass die Bürger und Bürgerinnen sowie ihre gewählten Vertreter und Vertreterinnen im Streben nach Gerechtigkeit nicht eingeschränkt werden.

RELIGION

Von lat. *re-legere, religari, religatio, religio*: sorgfältig bedenken; immer wieder durchgehen, durchlesen; angebunden, zurückgebunden; wieder erwählen; gewissenhaft, gottesfürchtig, heilig. Es gibt verschiedene Definitionen von Religion und sogar die Auffassung, dass Religion nicht zu definieren sei. Allen Religionen ist jedoch gemeinsam, dass sie sich auf eine jeweilige Vorstellung von etwas Heiligem, im Unterschied zum Profanen (Weltlichen), beziehen. Es gibt Religionen ohne Gott bzw. Götter, aber keine Religion ohne das Heilige oder Numinose. Getrennt vom Heiligen (heilig) ist das Profane (profan). „Religion ist erlebnishafte Begegnung mit dem Heiligen und antwortendes Handeln des vom Heiligen bestimmten Menschen". (Gustav Mensching) Eine andere Definition hebt das Erleben von überlegener Macht (van der Leeuw) hervor. In einem allgemeinen Sinne beinhalten Religionen den Glauben an übernatürliche Kräfte (Nathan Söderblom). Sie beschäftigen sich mit dem absolut Unerklärlichen; damit, worüber Menschen nicht verfügen. Religionen haben die Funktion, die Zufälligkeit der Existenz zu bewältigen.

ROUSSEAU, JEAN-JACQUES

Geb. 1712 in Genf/Schweiz, gest. 1778 in Ermenonville/Frankreich, war Philosoph der → Aufklärung, Pädagoge, Naturforscher und Komponist. Rousseau dachte über die Ungleichheit der Menschen nach und fragte sich, wie eine Gesellschaft möglich ist, die diese Ungleichheit möglichst beseitigen könnte. Dies ist nach Rousseau durch einen gerechten Gesellschaftsvertrag („Contrat Social") möglich, den die Bürger und Bürgerinnen miteinander schließen. Seine Überzeugung war, dass die Menschen von Natur aus frei und gleich an Rechten geboren werden, dann aber durch Macht, Besitz und Erziehung ungleich würden. Berühmt geworden ist auch seine pädagogische Schrift „Émile oder Über die Erziehung".

RUSSELL, BERTRAND

Geb. 1872 in Chepstow/Wales, gest. 1970 in Penrhyndendraeth/Wales, war einer bedeutendsten Philosophen, Logiker und Mathematiker des 20. Jahrhunderts. Russell erhielt den Nobelpreis und war erklärter Pazifist, der sich für die Kriegsdienstverweigerer einsetzte und die sofortige Beendigung des Ersten Weltkriegs forderte, was ihm sogar eine Gefängnisstrafe einbrachte. Russell, der scharfsinnige Logiker, fand heraus, dass die Menge aller Mengen, die sich nicht als Element selbst enthalten, sowohl sich selbst enthalten als sich auch nicht selbst enthalten. Das ist natürlich paradox.

SCHOPENHAUER, ARTHUR

(1788–1860) Deutscher Philosoph, der in seinem Hauptwerk „Welt als Wille und Vorstellung" eine Metaphysik der Selbsterhaltung aller Dinge und Lebewesen begründete. Die ethische Konsequenz aus dieser Metaphysik des „Willens zum Leben" bestand für ihn in einer Mitleidsethik. Dieser Ethik zufolge handeln wir ethisch, weil wir dem Gefühl des Mitleids für den anderen folgen, der auch nur, wie ich selbst, dem Kampf um Selbsterhaltung ausgesetzt ist. In der Modernen Ethik hat Schopenhauer wegen seiner metaphysischen Argumente keine Bedeutung.

SENECA, LUCIUS ANNAEUS

Römischer Philosoph (zwischen 4 und 1–65 n. Chr.), Dichter und Politikberater. Sein Hauptinteresse galt moralischen Fragen. Ein gutes Leben ist Seneca zufolge eines in Unabhängigkeit von Äußerlichkeiten des Schicksals; ein Leben, das der moralischen Festigung des Charakters dient. „Unschätzbares Gut ist es, sein eigener Herr zu werden", heißt es bei Seneca. Seine humane Grundhaltung kommt auch in den 124 „Moralischen Briefen an Lucilius" zum Ausdruck. Im Jahr 65 zwingt Kaiser Nero ihn, sich das Leben zu nehmen. Selbst das vermag ihn nicht aus seiner stoischen Ruhe zu bringen und dem Befehl Folge zu leisten.

SMITH, ADAM

Schottischer Philosoph der → Aufklärung, der von 1723 bis 1790 lebte. In seinem Buch „Theorie der ethischen Gefühle" zeigt Smith, dass wir unsere eigenen und die Handlungen anderer daran messen, ob sie mit unserem Gefühl dafür übereinstimmen, was angemessen bzw. unangemessen ist. Maßstab für diese Bewertung ist ein unbeteiligter Zuschauer oder ein innerer Richter, der „Inwohner in unserer Brust", den man auch → Gewissen nennen kann. Sein zweites Hauptwerk ist eine einflussreiche Schrift der politischen Ökonomie. In „Der Wohlstand der Nationen. Eine Untersuchung seiner Natur und seiner Ursachen" kritisiert Smith den Egoismus der Kaufleute und Fabrikanten (Merkantilisten), die nur den eigenen Profit im Sinn hätten, nicht aber am volkswirtschaftlichen Wohlstand interessiert seien. Ihr Eigennutz führe zur Beschränkung des Wohlstands aller anderen. Dagegen fordert Smith eine Ökonomie, in der der Einzelne frei wirtschaftet und durch die Qualität seiner Produkte zum allgemeinen Wohlstand beiträgt: „Gib mir, was ich brauche, und du sollst haben, was du brauchst." Smith war der Überzeugung, dass wohlverstandener Egoismus der Gesellschaft insgesamt und dem Wohl jedes Einzelnen diene. Wenn man den Menschen ihren Fähigkeiten entsprechend Freiheit im Wirtschaften zugestehe, sei das für alle von Vorteil. Die „unsichtbare Hand" (*invisible hand*) eines freien, unreglementierten Marktgeschehens würde sich dann für alle positiv auswirken. Damit kann Smith als ein Begründer des Liberalismus und der freien Marktwirtschaft angesehen werden.

L

SOKRATES

Bedeutender griechischer Philosoph (470–399 v. Chr.); der Erste, von dem eine Ethik überliefert ist. Sokrates war davon überzeugt, dass man durch gemeinsame vernünftige Überlegungen im Gespräch (→ Dialog) zu vernünftigen Einsichten kommen und herausfinden kann, was das Gute ist und wie man gut handeln kann. In diesem Sinn philosophierte er mit seinen Schülern und Freunden auf dem Marktplatz von Athen. Sokrates war ein mutiger und kritischer Philosoph. Er hatte keine Angst, seine Meinung zu sagen und für seine Überzeugungen einzutreten. Das brachte ihm die Anklage der Gotteslästerung und der geistigen Verführung der Jugend und die Verurteilung zum Tod durch Gift ein. Sokrates soll den Tod nicht gefürchtet haben.

SOLIDARITÄT

Solidarität ist ein anderer Ausdruck für Brüderlichkeit bzw. Schwesterlichkeit, die schon die Französische Revolution neben Freiheit und Gleichheit auf ihre Fahnen geschrieben hatte. Solidarität drückt eine Haltung der Verbundenheit mit den Ideen, Handlungen und Zielen anderer und Unterstützungsbereitschaft aus.

SYLLOGISMUS

Von griech. *syllogismos* = Zusammenrechnen; von → Aristoteles entwickeltes Modell, um die Gültigkeit von Argumenten bzw. Argumentationen zu überprüfen. Ein Syllogismus besteht aus Vorannahmen (Prämissen) und einer daraus resultierenden Schlussfolgerung (Konklusion). Beispiel:

I. Erste Prämisse (Obersatz):	Alle Menschen sind sterblich.
II. Zweite Prämisse (Untersatz):	Alle Lehrer sind Menschen.
Schlussfolgerung (Konklusion):	Alle Lehrer sind sterblich.

SYMBOL

Vom griechischen Wort *symbolon* = das Zusammengeworfene. Ein Symbol ist ein Zeichen oder ein Bild, das für etwas steht. Schriftzeichen, Fahnen, Verkehrsschilder sind Symbole, auch die weiße Taube als Symbol des Friedens oder ein Freundschaftsring.

SYMPATHIE

Vom griechischen Wort *sympatheia* für Mitgefühl, mitfühlen können, Zuneigung aus gefühlsmäßiger Übereinstimmung. Der Philosoph → Adam Smith hat sich intensiv mit der Sympathie beschäftigt und in ihr den Grund der Moral gesehen.

THESE

Eine These ist eine Behauptung. Beispiele: „Die Erde dreht sich um die Sonne“, „Alle Menschen haben die gleichen Rechte“, „Wenn man die Menschen machen ließe, wozu sie Lust hätten, würde Chaos ausbrechen“. Thesen bedürfen der Begründung. Philosophie und Wissenschaften machen eigentlich nichts anderes, als Thesen zu begründ

TOLERANZ

Von lat. *tolerare* = ertragen, erdulden; Duldsamkeit; wer andere Meinungen und Lebensweisen dulden, ertragen, anerkennen kann, ist tolerant; Anerkennung der Gleichberechtigung.

TUGEND

Tugend ist eine gute Eigenschaft des Charakters, eine Haltung, die durch Gewöhnung erworben wird. Sie ist kein objektiver Wert. Ethische Tugenden sind die Gerechtigkeit, Mut, Besonnenheit, Großzügigkeit, Hilfsbereitschaft, Gesprächsbereitschaft, Solidarität. Aristoteles vertrat eine Tugendethik, wer tugendhaft ist, lebt gut und ist glücklich. Wer glücklich ist, ist tugendhaft und lebt gut.

L

TUGENDETHIK

Von → Tugend, taugen, Tüchtigkeit, Gutsein; Tugendethiken gehen in der Regel auf → Aristoteles zurück, der in der ethischen Tugend (griech. *aretē*) eine durch Gewohnheit erworbene Charaktereigenschaft, Haltung, Tüchtigkeit oder Trefflichkeit der Person erkennt.

UMWELTETHIK

→ Ökologische Ethik

UNICEF

United Nations International Children's Emergency Fund; deutsch = Kinderhilfswerk der Vereinten Nationen. 1946 zum Schutz von Kindern und Müttern gegründete Weltorganisation.

URTEIL

Ein Urteil ist eine Aussage oder ein Satz. Z. B.: „Alle Schwäne sind weiß", „Sokrates ist sterblich", „Alle Menschen sind gleich", „2 x 2 = 4".

UTILITARISMUS

Von lat. *utilis*: nützlich, Nützlichkeitsstreben; Lehre der Ethik, nach der Handlungen dann moralisch wertvoll sind, wenn sie der Förderung und der Steigerung des Glücks des Einzelnen sowie des Glücks der Gemeinschaft nützen. → Jeremy Bentham gilt als Begründer des klassischen Utilitarismus, der von seinem Schüler → John Stuart Mill differenziert wird. Der Begriff des Nutzens wird von Bentham folgendermaßen erläutert: „Mit dem Prinzip des Nutzens ist jenes Prinzip gemeint, das jede beliebige Handlung gutheißt oder missbilligt entsprechend ihrer Tendenz, das Glück derjenigen Gruppe zu vermehren oder zu vermindern, um deren Interessen es geht. [...] Mit „Nutzen" ist diejenige Eigenschaft an einem Objekt gemeint, wodurch es dazu neigt, Wohlergehen, Vorteil, Freude, Gutes oder Glück zu schaffen." Mill entwickelt Benthams Utilitarismus insbesondere in Richtung auf Maßstäbe für die Qualität des Glücks weiter.

WAHRHEIT

Die eine oder eine absolute Wahrheit gibt es nicht. Wahrheit kommt etwas zu, über das man begründbare Aussagen machen kann. Darum werden Aussagen, aber nicht Dinge oder Ereignisse wahr genannt. Was wahr sein kann, kann auch bezweifelt werden. Was nicht bezweifelt werden kann, kann nicht wahr sein, es kann nur geglaubt werden. Wahrheit meint heute soviel wie allgemeine Zustimmungsfähigkeit. Damit ist nicht gemeint, dass etwas, eine Aussage „wahr" ist, wenn ihr wirklich zugestimmt wird, sondern wenn sie der Zustimmung fähig ist. Und sie ist der Zustimmung fähig, wenn es keine Einwände gegen sie gibt oder keine Einwände bekannt sind. Aussagen können sich auch als falsch erweisen. Sie sind „fallibel", von lat. *falsus* = falsch, wie der Philosoph Sir Raimund Popper es nannte. In der Philosophie und der Wissenschaft ist das Streben nach Wahrheit eine Verpflichtung: Man soll danach streben, Erkenntnisse zu formulieren, denen alle zustimmen könnten, wenn sie sich mit der Frage oder dem Problem beschäftigen würden.

WERT

„Werte" können sich auf Eigenschaften beziehen, dann handelt es sich um (1) Wertbegriffe. Sie können sich aber auch (2) auf Instanzen oder Objekte beziehen. Die wichtige, primäre Bedeutung von „Wert" ist (1) Wertbegriff. Danach sind „Gerechtigkeit" und „Schönheit" nichts anderes als Eigenschaften des Gerechtseins und des Schönseins. Werteigenschaften können Personen (jemand ist hilfsbereit), Lebewesen (ein guter Hund, eine nützliche Ackerpflanze), Objekten (das Bild, der Stein, die Berge sind schön), Zuständen (friedliche Zeiten), Ereignissen (Sonnenuntergang) und Handlungen (gute Tat) zukommen. Wenn

L

mit Werten (2) Instanzen oder Objekte gemeint sind, spricht man oft besser von „Gütern". Gesundheit ist ein Gut; man sagt aber auch, sie habe einen hohen Wert. Man würde nicht sagen, Gesundheit ist ein Wert, sondern Gesundheit hat einen Wert, nämlich den, Mensch und Tier ein angenehmes, sorgloses Leben zu ermöglichen und volkswirtschaftliche Kosten zu sparen. – Neben dieser Unterscheidung gibt es auch inhaltlich unterschiedliche Wertbegriffe. Es gibt positive Werte (Gut, Schön, Gerecht, Wahr) aber auch negative Werte (Schlecht, Hässlich, Ungerecht, Falsch) und sogar neutrale Werte; etwas kann weder schön noch hässlich sein, sondern eben neutral. Wenn man Personen Werteigenschaften wie Toleranz, Hilfsbereitschaft, Gerechtigkeit, Solidarität etc. zuspricht, dann sind damit eigentlich → Tugenden gemeint. Wertbegriffe sind keine Eigennamen von Idealen, sondern Eigenschaften von Personen, Dingen, Zuständen und Ereignissen, die wir bewerten. Werte sind also mögliche Ausdrücke in Werturteilen, in denen wir beurteilen, ob etwas richtig, schön, angemessen, gerecht, hässlich, solidarisch etc. ist oder nicht. Darum verwenden wir zu Recht in der Alltagssprache auch sehr viel häufiger Adjektive statt Nomen, wenn wir Werturteile abgeben.

WERTHALTUNG

Eine Haltung, Einstellung oder Charaktereigenschaft (Tugend) von Personen, die bestimmte Wertbegriffe vorziehen und sich ihnen verpflichtet fühlen. → Wert

WIRKLICHKEIT

Wirklichkeit ist der Inbegriff all dessen, was in der Welt wirkt und wirksam geworden ist. Im Alltag sagt man auch manchmal für Wirklichkeit „Realität". Realität bezeichnet die Gesamtheit dessen, was existiert. Das heißt, nicht nur das, was gedacht wird, sondern auch das, was nicht gedacht wird oder werden kann, ist real.

WITTGENSTEIN, LUDWIG

Geb. 1889 in Wien, gest. 1951 in Cambridge; österreichisch-britischer Philosoph, der wissen wollte, wie die Sprache arbeitet, damit Verstehen möglich ist. Er war außerdem der Auffassung, dass philosophische Probleme eigentlich Sprachprobleme sind. Wenn man klar darlegen kann, wie man ein Wort verwendet, gibt es keine philosophischen Geheimnisse mehr. Das hieß für Wittgenstein aber nicht, dass die Philosophie alle Fragen, die den Menschen umtreiben, beantworten kann. Sie kann es nicht. Über vieles, vielleicht das meiste, kann sie keine Aussagen machen. Das meinen auch die berühmten Sätze: „Wovon man nicht reden kann, darüber muss man schweigen" und „Die Grenzen meiner Sprache bedeuten die Grenzen meiner Welt."

WÜRDE, MENSCHENWÜRDE

Der Mensch besitzt Würde, weil sie ihm zugeschrieben wird. Er hat sie nicht von Natur aus und nicht von einem höheren Wesen. Seine Würde beruht darauf, dass er grundsätzlich selbstbestimmt und aus eigener Vernunft entscheiden und handeln kann. Würde besitzt ein Lebewesen, weil es Ja oder Nein sagen kann und grundsätzlich hätte anders handeln können, als es gehandelt hat. So verstanden ergibt sich die Würde des Menschen aus seiner → Freiheit (Willensfreiheit). Würde zu haben ist mit einer Aufgabe verbunden: sich selbst wie andere und andere wie sich selbst zu achten. Das Grundgesetz (GG) stellt in Artikel 1 fest, dass der Staat dafür sorgt, dass die Würde des Menschen nicht angetastet wird: „Art. 1 (Absatz 1): Die Würde des Menschen ist unantastbar. Sie zu achten und zu schützen ist Verpflichtung aller staatlichen Gewalt."

G

Methoden-Glossar

Unser Lehrbuch führt dich auf verschiedenen Wegen zu Antworten auf Fragen über dich selbst, dein Handeln und Wissen, die Welt und, und, und ... Diese Wege werden auch durch bestimmte Methoden (griech. *méthodos* = Weg zu etwas hin) beschritten, die dir nicht nur bei Themen dieses Buches, sondern oft auch in anderen Fächern begegnen.

In diesem Glossar (lat. *glossarium* = Wörterbuch) findest du die wichtigsten Methoden aufgelistet und erläutert. Du kannst sie hier unabhängig von konkreten Aufgaben aus den Kapiteln nachschlagen. Zusätzlich findest du aber auch Seitenangaben, die auf Kapitel verweisen, in denen die entsprechende Methode eingeführt wird.

APOLOGIE

Die Apologie (Verteidigungsrede) des Sokrates hat dieser Methode ihren Namen gegeben. Es geht darum, im Rahmen einer diskursiven Auseinandersetzung mit anderen die gegnerische Argumentation genau zu analysieren und selbst zu stärken, um sie ggf. mit noch größerer Überzeugungskraft zu verwerfen. Die Voraussetzung dafür ist, dass man sich mit der Position des anderen ernsthaft auseinandersetzt.

Schritte der Apologie als Methode:
1. schwache, nicht überzeugende Argumente eines Textes oder einer Argumentation identifizieren
2. begründen, warum sie schwach und nicht überzeugend sind
3. bessere Argumente zur Stärkung der schwachen suchen
4. die stärkenden Argumente wiederum auf ihre Stichhaltigkeit prüfen und Bilanz ziehen: Sind die neuen Argumente überzeugend oder müssen auch sie verworfen werden?

ARGUMENTIEREN: DER PRAKTISCHE SYLLOGISMUS

Als wichtiges Instrument zur Überprüfung der Gültigkeit von Argumenten bzw. Argumentationen hat → Aristoteles (Ethik-Lexikon) den Syllogismus entwickelt. Jedes gültige Argument besteht auf Vorannahmen (Prämissen) und einer Schlussfolgerung (Konklusion). Letztere geht zwingend aus den beiden Prämissen hervor, ohne selbst schon in ihnen enthalten zu sein.

I. Erste Prämisse (Obersatz): Alle Menschen sind sterblich.
II. Zweite Prämisse (Untersatz): Alle Lehrer sind Menschen.
III. Schlussfolgerung (Konklusion): Alle Lehrer sind sterblich.

Im Anschluss an diese Tradition hat Volker Pfeifer für den Bereich der Ethik den „praktischen Syllogismus" entwickelt:

I. normativer (allgemeiner) Obersatz: Wer andere quält, handelt unmoralisch.
II. deskriptiver Untersatz: Erwin quält Egon.
III. normative Schlussfolgerung (Konklusion): Erwin handelt unmoralisch.

Dieses Modell des praktischen Syllogismus kannst du selbst für deine Argumentation einsetzen.

G

BEGRIFFS-BESTIMMUNG BEGRIFFSNETZ

Wir denken in Begriffen und verständigen uns mithilfe von Begriffen. Wer sich Klarheit darüber verschaffen kann, was genau ein solcher Begriff bedeutet, der gerade in einem Gespräch ganz selbstverständlich verwendet wurde, der kann besser verstehen, genauer darüber nachdenken und sich selbst auch viel verständlicher für andere ausdrücken. Daher ist die Begriffsbestimmung eine grundlegende Methode für alle Fächer. Es gibt verschiedene Möglichkeiten, Begriffe zu bestimmen. Einige von ihnen sind die folgenden:

A Definition

Die klassifikatorische Definition

erfasst einen Begriff, indem sie auf einen Oberbegriff (*genus proximum*) weist und dazu ein spezifisches Merkmal angibt, das den Begriff genauer kennzeichnet. Beispiel: Ein Parallelogramm ist ein Viereck, dessen gegenüberliegende Seiten parallel verlaufen.

Die genetische Definition

erfasst einen Begriff, indem Bedingungen und Ursachen von der Entstehung des benannten Gegenstandes oder Sachverhaltes angegeben werden. Beispiel: Eine Sonnenfinsternis entsteht, wenn zur Zeit des Neumondes der Kernschatten des Mondes auf die Erde fällt.

Die operationale Definition

bestimmt einen Begriff, indem der Zweck bzw. das, was damit zu erreichen ist, benannt wird. Beispiel: Beim Schachspiel ist der Läufer eine Figur, mit der ausschließlich diagonal gezogen und gegnerische Figuren geschlagen werden können, sofern der Weg nicht durch eigene Figuren verstellt ist.

B spontane Gedanken (Assoziationen) sammeln

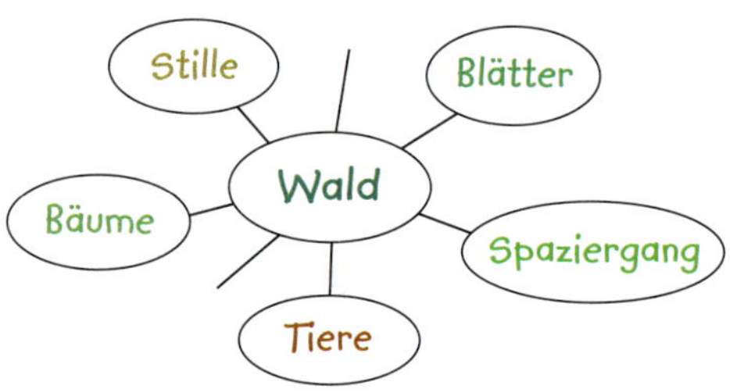

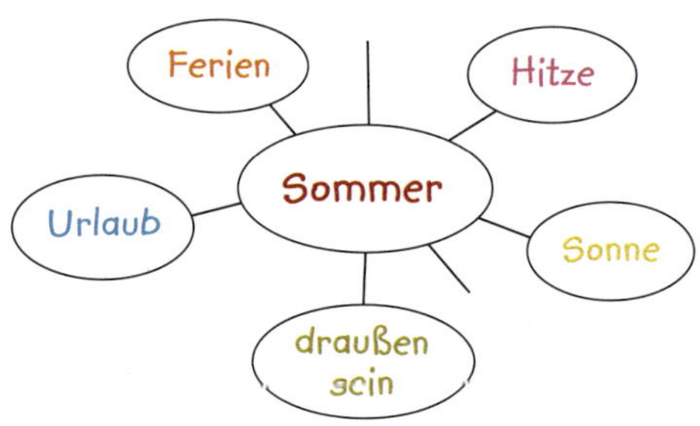

C Gegenbegriffe nennen

hässlich → schön / brüllen → flüstern

D Beispiele aufzählen

Säugetier → Pferd, Kaninchen, Fledermaus, Delfin, Mensch, ...
Jugendbuch → Harry Potter, Die wilden Kerle, Hände weg von Mississippi, ...

E ein charakteristisches Merkmal benennen

Aussagesatz → wird mit einem Punkt beendet

F sprachliche Bilder formulieren

Computer → Mamas Lieblingsspielzeug
Leben → Pralinenpackung

G

G ähnliche Begriffe finden
Gaudi → Vergnügtsein, Fun, Spaß ...

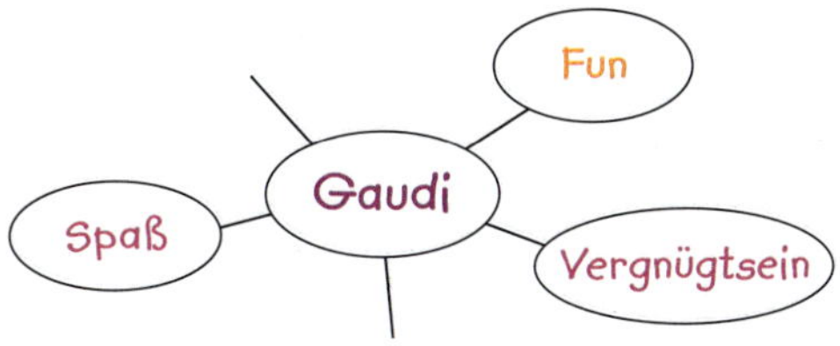

H etymologische Analyse
Bestimmung der sprachlichen Herkunft und der Grundbedeutung des zu klärenden Begriffes. Beispiel: Philosophie → griech. *philos* = Freund, Liebe; griech. *sophia* = Weisheit; Etymologie → griech. *etymos* = wahrhaft, wirklich; griech. *logos* = (hier) Sinn, Bedeutung

BEGRIFFSNETZ

Neben dem Cluster als Ideensammlung und der Mindmap als Gedankenlandkarte ist das Begriffsnetz eine dritte Möglichkeit, um Begriffe schematisch in einen inhaltlichen Zusammenhang zu stellen. Ähnlich der Mindmap ist das Begriffsnetz eine strukturierte Darstellungsform: Es kommt darauf an, durch eine strukturierte Anordnung die Beziehung von Begriffen zueinander deutlich zu machen, z. B. Gegensatz, Ursache, Folge, Gruppe u. a. Dazu werden die notierten Begriffe durch Linien oder Zeichen miteinander verbunden, sodass eine Art Netz entsteht. Im Unterschied zu Cluster und Mindmap steht im Begriffsnetz nicht notwendigerweise nur ein zentraler Begriff im Mittelpunkt.
Um die Beziehung der notierten Begriffe deutlich zu machen, kannst du z. B. folgende Zeichen verwenden:

Zeichen: Bedeutung:

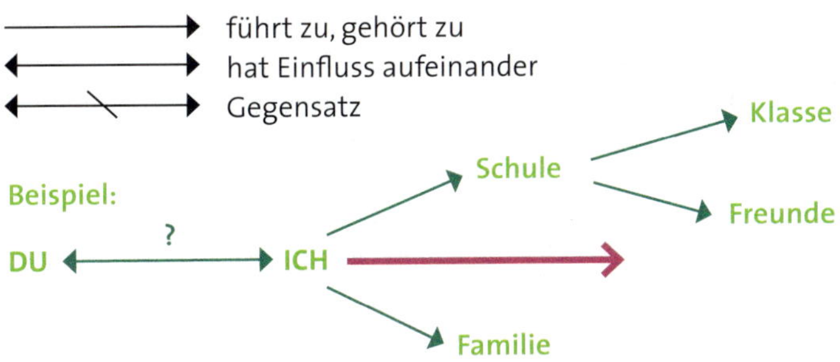

BILDVERSTEHEN

Bilder haben eine besondere Wirkung: Sie ziehen unsere Aufmerksamkeit sofort auf sich, sei es als Bilderbuch oder als Plakat am Straßenrand, im Fernsehen oder im Internet. Jedes Bild will seinen Betrachter für sich gewinnen, ihm ein Gefühl vermitteln und ihn dadurch zu einer bestimmten Handlung auffordern oder von einer bestimmten Meinung überzeugen. Es gibt Bilder, die können uns wirklich zum Nachdenken bringen, z. B. Bilder aus der darstellenden Kunst. Deshalb ist es wichtig, Methoden des Bildverstehens einsetzen zu können.

A Bildbetrachtung

1. spontaner Eindruck
Betrachte das Bild und lasse deine Gedanken fließen. Nimm auch deine Empfindungen beim Betrachten wahr. Versuche Gedanken und Gefühle in Worte zu fassen.

G

2. genaue Betrachtung

Nun schau dir das Bild ganz genau an, wie mit einer Lupe: Welche einzelnen Teile des Bildes erkennst du? Welche Farben und Formen fallen dir auf? Gibt es Bildelemente, die du kennst (z.B. eine Taube, die für Frieden steht)?

3. Zusammenhänge erkennen

Bei diesem Schritt kommt es wieder auf einen größeren Überblick an. Zunächst innerhalb des Bildes: Wie ist es aufgebaut? Welche Elemente passen zueinander, welche wirken eher wie Gegensätze? Dann auch außerhalb des Bildes: Weißt du etwas über den Maler oder die Malerin? In welcher Zeit entstand das Bild?

4. Interpretation (Deutung)

Dieser Schritt ist besonders wichtig. Denn hier geht es um die Bedeutung, die dieses Bild für dich hat – so, wie du es bisher betrachtet und verstanden hast. Was könnte das Bild erzählen? Warum macht es heute noch Sinn, dieses Bild näher zu betrachten? Welche Antwort gibt es auf deine Frage?

B Ein Bild in Szene setzen

Ein Bild in Szene zu setzen bedeutet, es lebendig werden zu lassen. Abgebildete Personen, Gegenstände oder Naturereignisse werden von euch selbst dargestellt. Dies erfordert einen → Perspektivwechsel, der euch in die Lage versetzt, die Unbeweglichkeit und Stummheit des Bildes aufzuheben. So könnt ihr die Personen nach ihren Gedanken und Gefühlen befragen, ihre Körperhaltung selbst ausprobieren und nachempfinden. Das Ziel dieser Methode ist es, das, was das Bild zum Ausdruck bringt, zu verstärken und damit besser zu verstehen.

Bevor ihr ein Bild in Szene setzt, solltet ihr es allerdings genau betrachten, d.h. zumindest die Schritte 1 und 2 der Methode A durchführen.

1. Richtet zunächst einen Rahmen für euer in Szene zu setzendes Bild ein:
   Dies kann z.B. eine Stuhlreihe sein oder einfach eine Wand als Hintergrund.
2. Überlegt euch, welche Bildelemente ihr darstellen wollt und welche Requisiten ihr dafür benötigt. Oft reichen schon einfache Dinge, die auch stellvertretend für einen abgebildeten Gegenstand stehen können (z.B. ein Zeigestock für ein Schwert).
3. Nun nehmt die Körperhaltung, Gestik und Mimik der abgebildeten Personen ein.
   (→ Standbild)
4. Vielleicht könnt ihr ein Foto von eurem in Szene gesetzten Bild machen, dann könnt ihr auch später noch eure Darstellung betrachten und auswerten.
5. Wertet nun eure Darstellung gemeinsam aus: Wie beurteilst du das Vorgehen bei dieser Methode? Hat es dir für das Verständnis des Bildes etwas gebracht?

C Text-Bild-Vergleich

Suche in einem Bild Elemente, die in einem Text genannt werden. Dies können Figuren, Zeichen, eine Landschaft oder auch eine Stimmung sein. Bild und Text arbeiten natürlich mit unterschiedlichen Darstellungsformen: Formen, Farben, Linien bzw. Wörter, Sätze, Satzzeichen.

D Bilder ethisch deuten

Die ethische Deutung von Bildern ist ausdrücklich wertend: Einzelne Elemente des Bildes oder auch die Gestaltung in Stil und Ausführung werden nicht nur beschrieben, sondern auf ihre ethischen Aussagen hin untersucht. Die Bewertung dieser Aussagen zielt auf Zustimmungsfähigkeit, d.h. sie soll argumentativ zur Diskussion gestellt werden.

Schritte:

1. Jeder Teilnehmer bekommt die Gelegenheit, seine ethische Deutung des Bildes – auch nur in einzelnen Aspekten – zu artikulieren.
2. Die anderen können dazu Stellung nehmen und die erste Deutung ergänzen, korrigieren, modifizieren.
3. Am Schluss einigen sich alle Teilnehmer auf einen gemeinsamen Deutungsansatz; ggf. können Uneinigkeiten festgehalten werden.

C Bild malen

Bilder zu betrachten und zu verstehen, ist eine Sache. Eine andere ist natürlich, selbst ein Bild zu gestalten. Dazu gibt es – nicht nur in diesem Buch – viele Gelegenheiten. Sicherlich hast du mit dem Malen von Bildern schon einige Erfahrung. Hier geht es allerdings um eine Methode, die es ermöglichen soll, einen Gedanken oder ein Thema bildlich so darzustellen, dass ein Betrachter deines Bildes auch verstehen kann, was du damit zum Ausdruck bringen willst.

Eine Malerin oder ein Maler weiß genau, welche Möglichkeiten sie oder er mit ihrer Kunst hat. Wir können uns davon nur das Wichtigste abschauen.

1. Bedenke, welche Materialien du zur Verfügung hast: Papier (vielleicht verschiedene Farben und Größen), Bleistifte (weiche, harte), Filzstifte (dicke, dünne), Buntstifte, Schere, Kleber, Locher und sicher noch Weiteres.
2. Überlege dir, was du mit deinem Bild ausdrücken möchtest. Oftmals kann ein solches Bild zu einem Text entstehen oder zu einer Idee von dir, die du zu einem bestimmten Thema hast (z. B. Was bedeutet für dich „Glück"?). Dann ist es hilfreich, wichtige Begriffe festzuhalten, die du bildlich umsetzen willst.
3. Arbeite möglichst gründlich. Scheue dich nicht, erste Versuche, die nicht gleich gelingen, als Entwürfe beiseite zu legen und es erneut zu versuchen. Durch das Ausprobieren kannst du besser erkennen, welche Wirkung dein Bild tatsächlich hat.

DEFINIEREN

→ Begriffsbestimmung

DILEMMA-DISKUSSION

In einem Dilemma (griech. zweigliedrige Annahme; dt. Plural: Dilemmata) steckt man, wenn sich in einer Entscheidungssituation zwei Handlungsmöglichkeiten bieten, die nicht miteinander vereinbar sind.

Zehn Schritte Dilemma-Diskussion

1. Benennung des Dilemma-Kerns einer bestimmten Situation
2. Spontane Entscheidung durch Abstimmung ohne Begründung: Handlungsmöglichkeit A oder B?
3. Festhalten und Auswertung der Abstimmungsergebnisse
4. Sammlung von Argumenten für Handlungsmöglichkeit A oder B
5. Wechselseitige Vorstellung der Argumente
6. Bewertung und Hierarchisierung der jeweils anderen Argumente nach ihrer Stichhaltigkeit
7. Gegenseitige Vorstellung der Bewertung und Hierarchisierung
8. Erneute Abstimmung mit Festhalten der Ergebnisse
9. Vergleich der Abstimmungsergebnisse aus Schritt 3 und 8
10. Reflexion der Dilemma-Diskussion: Warum haben sich Meinungen (nicht) geändert? Wie haben die Beteiligten die Diskussion empfunden? Welche Verbesserungen wären möglich?

G

DISKURS/ DISKURSREGELN

Das Wort Diskurs leitet sich vom lat. *discursus* (von *discurrere*) her, was „hin und her laufen" bedeutet. Ein Diskurs meint also ein Gespräch oder eine Erörterung, in der sich mehrere Personen über ein strittiges Thema austauschen, ihre Argumente „hin und her" gehen, um letztlich eine Einigung (einen Konsens) in der Sache zu erreichen.

Jürgen Habermas hat bestimmte Diskursregeln entwickelt, z. B.:
- Jedes sprach- und handlungsfähige Subjekt darf an Diskursen teilnehmen.
- Jeder darf
  a) jede Behauptung problematisieren,
  b) jede Behauptung in einen Diskurs einführen,
  c) seine Einstellungen, Wünsche und Bedürfnisse äußern.
- Niemand darf unter Druck gesetzt werden; es herrscht „ausschließlich der eigentümlich zwanglose Zwang des besseren Arguments".
- Niemand darf sich selbst widersprechen.
- Jeder darf nur das behaupten, wovon er selbst überzeugt ist.

Diskurs-Schritte:
1. Problemstellung bzw. Konflikt formulieren
2. Argumente prüfen und gewichten
3. (Teil-) Konsens als Ergebnis formulieren
4. Qualität des durchgeführten Diskurses im Rückblick bewerten

DISKUSSION

Diskussion wird oft als Oberbegriff für verschiedene Gesprächsformen zwischen mehreren gleichberechtigten Teilnehmern verwendet. Die Sitzanordnung der Gesprächsteilnehmer und der Ablauf variieren z. B. bei der Pro-Kontra-Diskussion, der Podiumsdiskussion und dem Kugellager.
Oft wird ein Diskussionsleiter bestimmt, der den Ablauf der Diskussion steuert. Zu seinen Aufgaben gehören
- eine kurze Vorstellung des Themas oder der Fragestellung, über das bzw. über die diskutiert werden soll,
- das Aufrufen der Wortbeiträge der Teilnehmer,
- Einschreiten bei unsachlichen Beiträgen oder störendem Verhalten der Teilnehmer oder Zuhörer,
- Beachtung des zeitlichen Rahmens,
- Zusammenfassung wichtiger Ergebnisse am Ende der Diskussion.

Auch die Teilnehmer einer Diskussion sollten sich an grundsätzliche Gesprächsregeln halten, damit die Diskussion auch zu einem Ergebnis führen kann:
- zuhören, was andere sagen,
- sachlich argumentieren – die eigene Meinung sollte nicht nur behauptet, sondern auch nachvollziehbar begründet werden,
- auf Beiträge anderer Teilnehmer eingehen, damit sich die Diskussion weiterentwickeln kann,
- jeden anderen Teilnehmer achten und ernsthaft an einem Meinungsaustausch interessiert sein.

ESSAY SCHREIBEN

Texte zu schreiben kennt ihr aus der Schule – Texte, die Fragen beantworten, einen anderen Text zusammenfassen oder eure Meinung wiedergeben. Der Essay (frz. „Versuch") ist eine Textsorte, die das Beantworten einer (philosophischen oder wissenschaftlichen)

Frage, die Darstellung von wichtigem Wissen sowie deine Meinung als Verfasserin miteinander vereint. Du schreibst als Expertin für ein Thema, in das du dich eingearbeitet hast. Dann kannst du einer bestimmten Fragestellung gezielt nachgehen und dabei auch überraschende, ungewohnte Ideen formulieren. Nicht die Sache selbst steht im Mittelpunkt, sondern dein Verhältnis zu ihr.

Hinweise zum Verfassen eines Essays:

- Schreibe persönlich – auch deine Gefühle, Eindrücke, Erwartungen, Hoffnungen und Befürchtungen können in den Essay einfließen.
- Experimentiere mit verschiedenen Schreibstilen (z. B. witzig, ironisch, polemisch), nutze unterschiedliche Stilelemente (z. B. Metaphern, Übertreibungen).
- Der Essay ist kein persönliches Tagebuch: du kannst in eine bestimmte Rolle schlüpfen, die du als Schreiber des Essays einnimmst, und dabei auch etwas übertreiben (z. B. Kritiker oder glühender Anhänger einer Idee oder politischen Entscheidung).
- Jeder Essay richtet sich an eine Öffentlichkeit: Trage deinen Essay vor oder lass ihn von anderen lesen.

GEDANKEN-EXPERIMENT

Im Gegensatz zu einem realen Experiment besteht die Versuchsanordnung beim Gedankenexperiment aus Vorstellungen, aus Annahmen. Diese können nicht nur fiktiv (erfunden), sondern auch kontrafaktisch (erfunden und zugleich irreal/unrealistisch) sein. Mithilfe des Gedankenexperiments kann eine ethische Problemstellung auf anschauliche Weise bearbeitet und ggf. zu einer Lösung geführt werden.

Schritte:

1. **Ausgangspunkt: eine übergeordnete Frage oder Problemstellung**
   Beispiel: Ist Gerechtigkeit in einer Gesellschaft wünschenswert?
2. **Formulierung einer Annahme (Prämisse)**
   Beispiel: Stelle dir vor, du könntest dich als Einzige(r) nach Belieben unsichtbar machen. (Kontrafaktische Annahme)
3. **Formulierung der Leitfrage, auf die das Gedankenexperiment antworten soll**
   Beispiel: Würdest du dich in bestimmten Situationen anders verhalten? Wenn ja, wie würdest du dich verhalten und warum so?
4. **Durchführung des eigentlichen Gedankenexperiments**
   Argumentative Ausformulierung von Überlegungen, die die Leitfrage(n) beantworten
5. **Einschätzung und Beurteilung der Antwort auf die Leitfrage**
   mit Blick auf die übergeordnete Problemstellung
   (Was bedeuten diese Überlegungen für das übergeordnete Problem?)

GEDANKENLANDKARTE

Eine Landkarte bietet räumliche Orientierung, sie visualisiert durch bildliche Symbole z.B. Strukturen einer Landschaft, unterschiedliche Wege und Straßen in einer Stadt oder durch ein Gebirge. Wir gewinnen mithilfe dieser modellartigen Darstellung auf einer Karte eine Übersicht und können uns dadurch in der realen Landschaft bzw. Stadt zurechtfinden. Diese Fähigkeit lässt sich nutzen für die Visualisierung von Gedanken, um diese zu ordnen, selbst Klarheit über das eigene Denken und Fühlen zu erlangen oder die eigenen Gedanken und Gefühle anderen verständlich zu machen. Eine Gedankenlandkarte arbeitet mit ähnlichen Elementen wie eine „normale" Landkarte, doch diese Elemente werden als Metaphern genutzt: Unterschiedliche breite, bequeme, steile Wege, Pfade, Straßen, Autobahnen können z. B. für eine schnelle, leichte oder auch beschwer-

G

liche, anstrengende Entwicklung bzw. Lebensphase stehen, Gebirge oder Schluchten können unüberwindliche Schwierigkeiten oder Probleme symbolisieren. Unsere Sprache weist in einigen Redewendungen auf die metaphorische Bedeutung von Landschaftselementen hin: Wir sprechen vom „Strom des Lebens", von den „Niederungen der Existenz", von den „Höhen des Erfolgs", den „Abgründen der Seele"; manchmal stehen wir „im Regen" oder drohen „in Arbeit zu ertrinken".

1. Lasse deine Gedanken zu einem Thema (z. B. Liebe, Glück, Freundschaft, Stress) schweifen und notiere unsortiert und stichwortartig, was dir durch den Kopf geht.
2. Übersetze die wichtigsten Stichworte in Landschaftsmetaphern (s.o.).
3. Wähle auf einem Blatt (vielleicht ein farbiges) einen Standpunkt, von dem aus du bestimmen kannst, was nah und was weiter weg von dir ist.
4. Zeichne oder male die Landschaftsmetaphern, die du notiert hast (Punkt 2).
5. Deine Gedankenlandkarte wird sich während der Gestaltung vielleicht einige Male verändern. Das ist sinnvoll, denn so wird deutlich, dass sich deine Gedanken und Gefühle im Prozess der Visualisierung präzisieren und ordnen.

Vermeide zudem Ausdrücke wie „immer" oder „nie". Es geht nur um die konkrete Situation, nicht um eine generelle „Abrechnung".

INSZENIEREN

→ Szenisches Spiel / in Szene setzen

INTERNETRECHERCHE

Das Internet ist zu einem der wichtigsten Informationsmedien geworden. Täglich werden weltweit Tausende von neuen Web-Sites online gestellt. In dieser Flut von Daten die besten herauszusuchen, ist nicht einfach. Es gibt einige Strategien, mit denen man sinnvoll im Internet recherchieren kann. Dazu ist es hilfreich, wenn man sich klarmacht, welche Zugriffsmöglichkeiten man auf die Datenflut im www hat.

- Für den Einstieg in ein Thema ist die Suche über Suchkataloge geeignet (z. B. „de.search.yahoo.com" oder „dmoz.de"). Diese werden durch ein Redaktionsteam erstellt, d.h. die nach Themengebieten sortierten Websites werden von Experten zusammengestellt.
- Viele Anwender suchen gleich über Suchmaschinen (z. B. „google.de", „ask.com", „bing.com"). Diese bieten zwar viele Ergebnisse, erfassen jedoch bei Weitem nicht alles, was es zu dem Thema im Netz tatsächlich gibt (s. Grafik). Vielmehr arbeiten diese Suchmaschinen mit bestimmten Auswahlkriterien, nach denen Websites bei ihnen gelistet werden. Man kommt also nicht automatisch an alle wirklich vorhandenen Informationen über einzelne Suchmaschinen heran.
- Um einen ersten Überblick zu erhalten, eignen sich auch Meta-Suchmaschinen (z.B. „metager.de", „metacrawler.de"). Sie haben keinen eigenen Datenbestand, sondern fragen mehrere Suchmaschinen ab und fügen diese Ergebnisse zusammen.

Strategien zur Recherche:

- **Präzise Suchbegriffe eingeben:** Einzelne Stichwörter bringen meist zu viele Ergebnisse, wenn sie sehr speziell sind auch zu wenige. Arbeite mit Synonymen oder mehreren Begriffen, um eine sinnvolle Ergebnismenge zu erhalten.
- **Boolsche Operatoren einsetzen:** Die meisten Suchmaschinen lassen eine Präzisierung der Suche durch die Operatoren AND, OR, NEAR, NOT (AND NOT) sowie die Zeichen „+" und „ – " zu. Es kann sinnvoll sein, dazu die Hilfe auf der Website aufzurufen oder mit der „erweiterten Suche" zu arbeiten.

G

- **Fachbegriffe verwenden:** Oft sucht man Fach-Informationen zu einem Thema, am besten von Experten aus dem Fachgebiet. Dazu ist es hilfreich, selbst als „Insider" zu agieren, also Fachvokabular bei der Suche zu verwenden. Dieses kann man auch aus einzelnen Artikeln im ersten Suchdurchgang herauslesen und damit die weitere Suche präzisieren.
- **Aktuelle Quellen nutzen:** Viele Zeitungen und Magazine bieten eine kostenlose Archivrecherche an. Wissenschaftliche Quellen einbeziehen: Viele Universitäten und andere Bildungseinrichtungen bieten online ihre Bibliotheksbestände an, die bei einer Themenrecherche hilfreich sein können (z. B. Deutsche Zentralbibliothek für Wirtschaftswissenschaften: „zbw.eu").
- **Auf seriöse Anbieter achten:** Seriöse Websites lassen sich immer auf eine verantwortliche Person oder Institution zurückführen. Wenn der Urheber einer Site nicht auszumachen ist, sollte man auf den Inhalt nichts geben.
- **Recherche-Ergebnisse prüfen:** Journalisten arbeiten nach dem Grundsatz: „Was nicht aus zwei unabhängigen Quellen bestätigt werden kann, sollte nicht veröffentlicht werden." Daraus lässt sich für die Internetrecherche ableiten, dass man gut beraten ist, jede Information, die man im Web findet, nochmals zu prüfen – durch seriöse Websites oder auch bewusst durch andere Quellen (Lexika, gedruckte Fachliteratur, Experten).

INTERVIEW, FIKTIVES

Im Journalismus ist das Interview eine wichtige Methode, um gezielt Personen zu einem Thema nach ihrer Meinung oder Einschätzung zu befragen. Im Unterricht lässt sich ein Interview als Rollenspiel inszenieren (→ szenisches Spiel). Die Beteiligten müssen sich in die jeweilige Rolle des Interviewers und des Interviewten hineinversetzen. Ziel eines solchen Interviews ist, dass man aus der Rolle sachlich angemessen agiert: Z. B. sollte man die Position eines Busfahrers bei der Frage, ob Schüler im Bus angeschnallt werden sollten, richtig vertreten können. Ein solches fiktives Interview kann auch in der Rolle einer Person gespielt werden, die nicht mehr lebt, deren Standpunkt du aber z. B. aus Texten kennst.

Voraussetzung für ein solches Interview ist, dass du dich mit der Rolle des Interviewten vertraut machst: Du hast etwa einen Text von David Hume erarbeitet, in dem er sich zu der Frage nach der Ursache unseres Wissens über die Welt äußert. Als Interviewer überlegst du dir, welche Fragen mögliche Zuhörer zu diesem Thema interessieren und wie du sie formulieren möchtest. Als Interviewter (in diesem Fall also Hume) machst du dir seinen Standpunkt z. B. durch eine stichpunktartige Zusammenfassung des Textes klar, damit du auf die Interviewfragen antworten kannst.

MEDITATION (→ SCHREIBMEDITATION)

Meditation ist in vielen Religionen eine Methode der geistigen Entspannung. Als philosophische Methode ist sie ein konzentriertes Nachdenken und ein „In-sich-und-die-Sache-Versenken", um zu neuen Einsichten zu gelangen. René Descartes meditierte zum Beispiel in seinen „Meditationen" (1641) über die Grundlagen der Philosophie. Seine Vorgehensweise beschreibt den Weg der Meditation, also die philosophische Methode:

Die rechte Zeit: Wenn du bereit bist, dann ist es die rechte Zeit zu meditieren.
Meditative Haltung:
Sitze aufrecht, entspannt und konzentriert, die Hände ineinandergelegt.
Konzentration:
Richte ernsthaft und unbeschwert deine ungeteilte Aufmerksamkeit auf ein Objekt, z. B. ein Bild.

Nachsinnen:
Vertiefe dich mehrere Minuten darin, betrachte das Bild, „berühre" das Dargestellte.
Wagen: Schließe die Augen und wende dein Nachsinnen nach innen.
Betrachtung (Kontemplation): Bleibe in der Betrachtung des Bildes; schweife nicht ab.
Ruhe:
Lasse Ruhe einkehren und weite deinen Geist über den Kopf hinaus, indem du dem Bild „folgst" (mehrere Minuten).
Rückkehr: Öffne die Augen und komme zurück.

Werte abschließend die Meditation aus: Wie hast du dich dabei gefühlt? Welche Erkenntnisse, Einsichten hat sie dir gebracht?

MINDMAP

Die Mindmap wird auch Gedankenlandkarte genannt. Sie ist ein Verfahren, um Begriffe oder Stichwörter zu einer Frage oder einem Thema in strukturierter Form festzuhalten. Es genügt bei einer Mindmap nicht, spontane Ideen einfach aufzuschreiben. In der Mindmap soll die Verknüpfung von Stichwörtern, die inhaltlich zusammenhängen, deutlich werden. Sie arbeitet deshalb mit Ober- und Unterbegriffen.
Um eine Mindmap zu erstellen, benötigst du bereits eine Ideensammlung zu einem bestimmten Thema.

1. Notiere dein Thema in der Mitte eines Blattes (am besten im Querformat) und kreise es ein.
2. Um dieses zentrale Stichwort kommen Oberbegriffe oder Fragen, die später weiter untergliedert werden können. Du kannst diese erste Ebene z.B. durch Unterstreichung hervorheben.
3. Auf einer zweiten Ebene werden diesen Oberbegriffen oder Fragen weitere Stichwörter zugeordnet. Diese Zuordnung wird durch Linien kenntlich gemacht.
4. Auch diese zweite Ebene kann noch weiter untergliedert werden: Nutze auch hier Linien. Die Unterbegriffe können manchmal selbst noch weiter in Beispiele unterteilt werden. Auch diese kannst du mit entsprechenden Linien von ihrem Bezugswort ableiten.

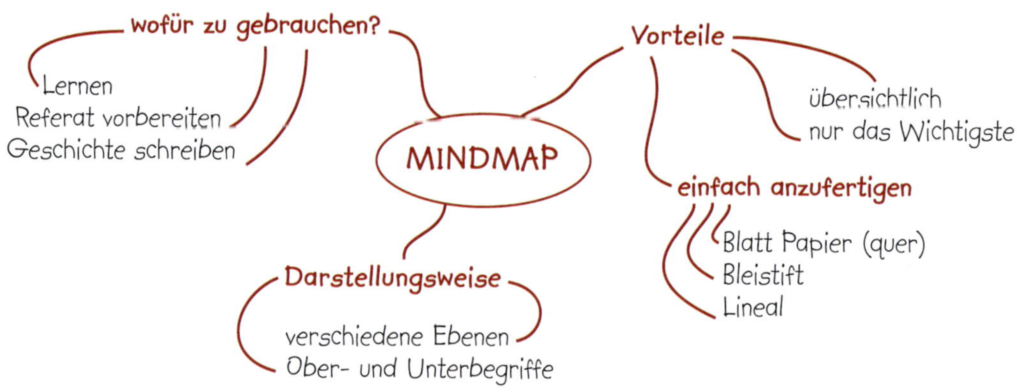

Hinweis
Beachte, dass du für eine Mindmap viel Platz brauchst! Nutze ein Blatt im Querformat voll aus. Oft fällt einem später noch etwas ein, was man ergänzen möchte. Lass also besonders zwischen den Oberbegriffen viel Platz für Ergänzungen.

PERSPEKTIVWECHSEL

Wenn du dich in die Lage einer anderen Person hineinversetzt, ihre Gedanken und Gefühle nachvollziehst, übernimmst du ihre Perspektive, ihren Blickwinkel auf andere Menschen und Ereignisse. Dieser Perspektivwechsel geschieht in manchen Situationen ganz automatisch. In anderen Situationen fällt ein Perspektivwechsel nicht ganz so leicht: Etwa wenn es um starke Gefühle geht wie zum Beispiel um Liebe oder Eifersucht. Oder wenn eine Klassengemeinschaft durch Mobbing-Attacken gegen Einzelne kaputtgeht.

In einer Klassen- oder Kursgemeinschaft habt ihr verschiedene Möglichkeiten, Perspektivwechsel zu vollziehen:
- durch ein Rollenspiel oder szenisches Interview
- durch einen kontrollierten Dialog
- durch eine englische Debatte
- durch das Umschreiben bzw. Weiterführen von Texten
- durch ein Gedankenexperiment

REFERAT VORBEREITEN UND HALTEN

Diese Methode dient der Information der Zuhörer, manchmal auch dem Apell bzw. Aufruf zu einem bestimmten Verhalten oder einer Haltung gegenüber einem Thema. Daher sollte der Referent immer im Blick haben, wie das, was er sagt und zeigt, von seinen Zuhörern verstanden und angenommen werden kann.

1. Thema bzw. Fragestellung inhaltlich erarbeiten: Recherchiere im Internet und in der Bibliothek, in Zeitschriften und befrage Experten. Sammle viel Wissen zu deinem Thema, bevor du entscheidest, was davon für deine Zuhörer – z.B. unter einer bestimmten Fragestellung – überhaupt interessant und wichtig ist. Beim Sammeln kann dir übrigens auch die Methode der → Mindmap helfen.
2. Inhalte strukturieren: Entwickle ein Konzept für dein Referat, indem du eine inhaltliche Struktur erstellst. Dafür ist es wichtig, Schwerpunkte zu setzen. Es ist zumeist nicht sinnvoll, alles, was du zu deinem Thema recherchiert hast, in dein Referat aufzunehmen. Du musst je nach Fragestellung oder Interesse deiner Zuhörer auswählen.
3. Inhalte gestalten: Entscheide, wie du dein Wissen den Zuhörern präsentieren möchtest. Du kannst vieles nicht nur mündlich vermitteln, sondern auch durch Bilder, Grafiken, Filmsequenzen oder Gegenstände anschaulicher machen. Dies erhöht nicht nur die Aufmerksamkeit bei deinen Zuhörern, sondern auch die Effizienz deines Referates: Man kann sich einfach besser merken, was du vorstellst! Aber Achtung: Zuviel technischer „Schnickschnack“ ist auch nicht gut. Was zählt, ist der Inhalt, nicht die Form!
   Denke daran, Fachbegriffe oder schwierige Zusammenhänge auch zu erklären – deine Zuhörer haben sich ja nicht so ausführlich mit deinem Thema beschäftigt wie du.
4. Vortrag einüben: Probiere dein Referat aus, am besten genau so, wie du es später wirklich halten möchtest.
5. Vielleicht bietet sich bei deinem Thema eine Diskussion oder ein Fragequiz nach deinem Referat an. Damit kannst du deine Zuhörer noch besser aktivieren.

ROLLENSPIEL / STANDBILD

→ szenisches Spiel

G

SCHREIBGESPRÄCH

Ein Schreibgespräch wird in kleinen Gruppen mit höchstens vier Teilnehmern durchgeführt. Dadurch, dass nicht gesprochen werden darf, hat jeder ausreichend Zeit, eigene Gedanken zu formulieren und auf solche der anderen Teilnehmer zu antworten.

1. Jeder Teilnehmer der Gruppe wählt eine bestimmte Stiftfarbe aus, mit der er schreiben möchte.
2. Notiert eure Gedanken gleichzeitig auf einem möglichst großen Blatt Papier oder auf einem Plakat.
3. Jeder kann auf das Geschriebene der anderen antworten. Markiert mit Pfeilen, auf wessen Meinung sich eure Antwort bezieht.
4. Nach dem Schreibgespräch könnt ihr euch wieder mündlich darüber austauschen, welche die wichtigsten Ideen oder Gedanken für euch waren.
5. Diese wichtigsten Gedanken könnt ihr noch einmal auf Kärtchen festhalten und an der Tafel oder einer Pinnwand ordnen.

SCHREIBMEDITATION

Als eine Form der Meditation verbindet diese Methode auf eine besonders intensive Art das Fließen von Gedanken mit einem nicht bewusst gesteuerten Schreibvorgang. Sie ist besonders für eine Beschäftigung mit Themen geeignet, die einem sehr nahe gehen oder die mündlich mit anderen nicht so einfach zu besprechen sind.

1. Wähle Papier und (Schreib-)Stift aus, mit denen du Lust zum Schreiben bekommst.
2. Schreibe das Thema (ein Stichwort, Satz oder eine Frage) auf das Blatt und lasse deine Gedanken darum kreisen.
3. Lasse deine Gedanken in deine Hand fließen und halte sie im Schreiben fest, indem du deine Schrift variierst, vielleicht auch unterschiedlich farbige Stifte einsetzt. Wenn möglich, halte dein Schreiben im Fluss und unterbrich es nicht.
4. Betrachte abschließend deine Schreibmeditation und prüfe, ob du mit der „Übersetzung" deiner Gedanken durch deine Hand einverstanden bist. Vielleicht gibst du anderen dein Blatt zum Betrachten und Lesen und erhältst selbst eine fremde Schreibmeditation. Dann könnt ihr darüber gemeinsam ins Gespräch kommen.

SOKRATISCHES GESPRÄCH

Das sokratische Gespräch ist eine philosophische Methode, die auf den griechischen Philosophen Sokrates zurückgeht. Im sokratischen Gespräch sind alle Teilnehmer gleichberechtigt. Sie wollen gemeinsam Klarheit über wichtige Frage bzw. Begriffe erlangen. Daher sind alle Beiträge, sofern sie ernst gemeint und sachlich vorgetragen werden, willkommen. Es zählt nur der bessere Gedanke, das bessere Argumente, nicht Größe, Macht oder Ansehen.

Schritte im Ablauf eines sokratischen Gesprächs:

1. Einigung auf ein Thema oder eine zentrale Fragestellung
2. Sammlung von Beispielen dazu, die die Teilnehmer aus ihrer eigenen oder aus fremder Erfahrung schildern können
3. Einigung auf ein Beispiel, das genauer analysiert wird
4. Klärung von zentralen Begriffen bzw. der Fragestellung durch Verallgemeinerung
5. Formulierung eines (Teil-) Konsenses, ggf. Festhalten weiterer Fragen, die sich daraus ergeben

G

SPRACHLICHE BILDER ENTSCHLÜSSELN

Sprache ist eine ungemein spannende Sache: Mit ihrer Hilfe verständigen wir uns untereinander, sie kann aber auch Rätsel aufgeben. Sprache kann mehrdeutig sein. Dadurch kann man Gedanken auf besonders anschauliche Weise zum Ausdruck bringen. Sprachliche Bilder sind eine Möglichkeit, etwas interessanter und damit auch einprägsamer zu formulieren. Um diese besondere sprachliche Ausdrucksweise verstehen und deuten zu können, sollte man den Schlüssel dafür haben, also wissen, wie man ein sprachliches Bild (eine Metapher) entschlüsseln kann.

1. Das sprachliche Bild erkennen

Meistens ist es ein Wort, das auf den ersten Blick nicht so recht zu passen scheint: Wörtlich verstanden ergibt es im Zusammenhang mit den anderen Wörtern keinen rechten Sinn: Lukas aus unserer Nachbarschaft ist ein richtiger Wirbelwind.

2. Bezugswort bestimmen

Finde eine Antwort auf die Frage: Welche Person, Situation oder Sache beschreibt dieses sprachliche Bild genauer? (= Lukas)

3. Schnittmenge finden

Diese beiden Wörter – das bildliche und das nichtbildliche – haben normalerweise nichts miteinander zu tun, aber in diesem Satz beschreibt das sprachliche Bild (Wirbelwind) das nichtbildliche Bezugswort (Lukas) genauer. Beide Wörter lassen sich in ihrer Bedeutung aufeinander beziehen, sie haben eine gemeinsame Schnittmenge: Lukas > wirbelt alles durcheinander < Wirbelwind

Übrigens: Der Begriff „sprachliches Bild“ ist selber eins.

SZENISCHES SPIEL / STANDBILD

Inszenierung ist ein Begriff aus der Welt des Theaters: Ein Stück wird auf der Bühne in Szene gesetzt. Dadurch wird es öffentlich gemacht, das Publikum kann sich seine eigene Meinung zu dem Dargestellten bilden und darüber auch ins Gespräch kommen. Gerade dieser Aspekt des Inszenierens ist für ethische Fragestellungen interessant: Im szenischen Spiel lassen sich Situationen erproben, in denen Personen agieren und reagieren, wie sie sich fühlen und was sie denken. Ethische Probleme lassen sich dadurch deutlicher machen. Auch Lösungsmöglichkeiten für Konflikte z.B. können so in verschiedenen Variationen durchgespielt werden. Man kann sie genauer betrachten, darüber sprechen und beurteilen.

Das Inszenieren als Methode vollzieht sich in mehreren Schritten:

1. Das Thema, das Problem oder die Frage benennen.
2. Die Form, die Personen, die Dramaturgie (Aufbau der Inszenierung) und die Requisiten (Gegenstände, die man zur Inszenierung benötigt; z.B. einen Stuhl, einen Apfel, ein Tuch, eine Blume) festlegen.
   Hinweis:
   Es gibt verschiedene Möglichkeiten, ein Thema zu inszenieren:
   z.B. als szenisches Spiel oder Rollenspiel, als Pantomime, als Standbild.
3. Kritik der Inszenierung: Die Beteiligten prüfen,
   a) ob die Frage oder das Thema angemessen inszeniert wurde,
   b) was die Inszenierung ihnen gebracht hat:
      Kann die Frage oder das Thema durch die Inszenierung besser erfasst oder genauer beantwortet werden?

G

EINE UMFRAGE DURCHFÜHREN

Um das Meinungsbild einer größeren Gruppe von Personen zu erfassen, kann man eine Umfrage durchführen. Bei der Planung sollten folgende Fragen geklärt werden:

- **Ziele:** Was will ich herausfinden? Wonach frage ich genau? Gibt es dazu irgendwo schon Antworten?
- **Art der Befragung:** Erstelle ich einen Fragebogen oder führe ich Interviews durch? Führe ich die Umfrage schriftlich, persönlich oder online durch?
- **Auswahl:** Ist eine Stichprobenbefragung ausreichend oder sollen alle Personen einer relevanten Gruppe befragt werden? Wie erreiche ich diesen Personenkreis?
- **Aussagekraft:** Wie repräsentativ ist das Ergebnis?

Umfragen können häufig anonym durchgeführt werden. Meistens ist ein Kriterium zur genaueren Bestimmung der Befragten ausreichend, z. B. das Geschlecht (männlich/weiblich) oder das Alter (unter 20, zwischen 20 und 30, über 30). Die Fragen sollten so eindeutig formuliert sein, dass die Antworten gut auszuzählen sind. Dazu bieten sich Multiple-Choice-Antworten an. Das Ergebnis kann in Form von Diagrammen dargestellt werden.

ZWEIFELN ALS PHILOSOPHISCHE METHODE

Der französische Philosoph → René Descartes (Ethik-Lexikon) hat das Zweifeln zu einer philosophischen Methode gemacht. Er beschäftigte sich mit der philosophischen Frage, woher man etwas mit Sicherheit wissen kann. Dazu setzte er den methodischen Zweifel ein.

1. Ziehe etwas in Zweifel, von dem du bisher dachtest, dass es unbezweifelbar sei, z. B. „Woher weiß ich eigentlich, dass andere Menschen mich verstehen können?“.
2. Um wieder Sicherheit zu bekommen, lasse alle deine bisherigen Meinungen und Urteile darüber beiseite, z. B. „sie verstehen mich, weil sie mich kennen“.
3. Überlege genau, was du eigentlich sicher weißt: „Ich spreche – laut und deutlich – eine Sprache, die der andere kennt – ...“

Stichwortverzeichnis

Personenverzeichnis

Bildquellenverzeichnis

S. 8: Agentur Focus/Henri-Cartier Bresson/Magnum Photos – S. 10: Foto: oh-berlin.com/© Roland Albrecht – S. 13: Mit freundlicher Genehmigung von Günther W. Bien, Berlin – S. 15: Duane Hanson: Old Couple on a Bench. 1994. Bronze, mixed media. Sammlung Davis Hanson, Florida/akg-images/© VG Bild-Kunst, Bonn 2014 – S. 16: akg-images/Erich Lessing – S. 17: © The Trustees of the British Museum. All rights reserved. – S. 18: © BRIDGEMANART.COM – S. 19: Piper Verlag GmbH, München – S. 20.1: © Süddeutsche Zeitung Photo/Rene Saint Paul/Rue des Archives – S. 20.2: akg-images/Erich Lessing/© VG Bild-Kunst, Bonn 2014 – S. 21: Foto: Christopher Csikszentmihalyi, mit freundlicher Genehmigung von Mihaly Csikszentmihalyi – S. 22: bpk – S. 23: Gregory Crewdson: Untitled (Sunday Roast), from the series "Beneath the Roses", 2003-2005. Digital carbon print, 144,8 x 223,5 cm/© Gregory Crewdson. Courtesy Gagosian Gallery – S. 24: The Art Archive/Musée Rodin Paris/Gianni Dagli Orti – S. 25: Ricardo Cortez – S. 27: Getty Images – S. 29: alle vier Fotos: Walter Schels, Hamburg; Text: Beate Lakotta. DVA Buch "Noch mal leben vor dem Tod" – S. 33.1: SZ Photo/United Archives – S. 33.2: INTERFOTO/NG Collection – S. 34: bpk/Antikensammlung, SMB/Johannes Laurentius – S. 36: © Miyako Ishiuchi: "1906#17". Courtesy The Third Gallery – S. 37.1: imago/Imagebroker – S. 37.2: picture alliance /A Images/Focke Strangmann – S. 40: Ricardo Cortez – S. 41.1: Mit freundlicher Genehmigung von der Verlagsgruppe Droemer Knaur GmbH & Co. KG, München – S. 41.2: Richard Dawkins: Das egoistische Gen, 2. Auflage, Springer Spektrum, 2006. Mit freundlicher Genehmigung von Springer-Verlag GmbH, Berlin – S. 42: toonpool.com/Jan Tomaschoff – S. 43.1: mauritius images/Alamy – S. 43.2: picture alliance /A Images/Frank Franklin II. – S. 44-45 alle Fotos: Thorsten Schimschal, Oldenbourg – S. 48: akg-images/Erich Lessing – S. 49: laif/ARCHIVIO GBB Contrasto – S. 50: Reuters/Damir Sagolj – S. 51: picture alliance /A Images/Gregorio Borgia – S. 52: mauritius images/Alamy – S. 53: Gerhard Mester – S. 54: akg-images/Doris Poklekowski – S. 57: Frank Boxler/Photopool GmbH – S. 58: mauritius images/United Archives – S. 62: akg-images – S. 69: action press/Horst Galuschka – S. 79: © 1988 Muzafer Sherif. Reprinted by permission of Wesleyan University Press – S. 81: Carl Hanser Verlag GmbH & Co. KG, München – S. 84.1: The Art Archive/British Museum – S. 84.2: © Myrzik + Jarisch – S. 86: vario images/Bernd Heinz – S. 87.1: imago/Zuma/Keystone – S. 87.2: Jose Giribas – S. 89.1: INTERFOTO/Mary Evans Picture Library – S. 89.2: imago/Stockhoff – S. 91: Mit freundlicher Genehmigung von Studio Hamburg Enterprises GmbH – S. 92: Aurel Märki: Infografik "Unter Schurken", DIE ZEIT, 17.11.2011 – S. 94.1: Getty Images/AFP/John MacDougall – S. 94.2: glowimages.de – S. 94.3: fotolia.com/© Abe Mossop – S. 94.4: mauritius images/Cusp – S. 94.5: © Süddeutsche Zeitung Photo/Scherl – S. 95.1: Reinhard Alff: Justizia groá; mit freundlicher Genehmigung von ver.di und Reinhard Alff – S. 95.2: toonpool.com/Jan Tomaschoff – S. 95.3: fotolia.com – S. 96: Martin Jung, Jena – S. 98: imago/Rainer Unkel – S. 99: vario images/Michael Moxter – S. 100.1: Mit freundlicher Genehmigung von United Nations – S. 100.2: picture alliance/dpa/epa-Bildfunkt/Valdrin Xhemaj – S. 103: imago/United Archives – S. 106: ddp images/dapd/ESA – S. 107.1: iStockphoto/parameter – S. 107.2: iStockphoto/Felix Möckel – S. 107.3: iStockphoto/parameter – S. 107.4: © J Henry Fair 2013 - www.industrialscars.com/Flight provided by South Wings - www.southwings.org – S. 108: © J Henry Fair 2013 - www.industrialscars.com – S. 111: mauritius images/ib/Bernhard Kreutzer – S. 112: picture alliance/dpa – S. 115: akg-images/Doris Poklekowski – S. 116: mauritius images/Alamy – S. 117: mauritius images/Alamy – S. 120: action press/ANP Photo – S. 121: © Gabriel Rusu. Aus: Nur gucken - nicht streicheln! Cartoons für Wölfe, hrsg. von Naturschutzbuch Deutschland (NABU) e.V., Berlin 2007, S. 76. – S. 126: Courtesy Sprüth Magers Berlin London/© VG Bild-Kunst, Bonn 2014 – S. 128: picture alliance/dpa – S. 129: © Sipa Press/Greenpeace London – S. 130: picture alliance/dpa – S. 131.1: bpk – S. 131.2: Thomas Feuerstein, MANIFEST, 2009 (Detailansicht). Holz, Kohlenstift, Computerserver, Maße der Holzhand: 36 x 29 x 14 cm. Foto: mit freundlicher Genehmigung von Thomas Feuerstein/© VG Bild-Kunst, Bonn 2014 – S. 132: laif/Isolde Ohlbaum – S. 134: vario images/Ulrich Baumgarten – S. 135: Mit freundlicher Genehmigung von brand eins Redaktions GmbH & Co. KG (Illustration Pasqual Schillberg) – S. 138: toonpool.com/Marian Kamensky – S. 139.1: Sophie Calle: Fisch, aus der Serie: Die Blinden (Les Aveugles), 1986. Ein gerahmter Text, 40 x 80 cm, eine gerahmte s/w-Fotografie, 41 x 31,5 cm, eine gerahmte Farbfotografie, 56 x 80 cm, ein Regal. Courtesy Galerie Perrotin, Hong Kong & Paris/© VG Bild-Kunst, Bonn 2014 – S. 139.2: Agentur Focus/Serge Cohen – S. 141: toonpool.com/Ismail Dogan – S. 145.1: Jenny Valentine, Das zweite Leben des Cassiel Roadnight, 2011, Deutscher Taschenbuch Verlag. Mit freundlicher Genehmigung des Verlages – S. 145.2: © Privat. Mit freundlicher Genehmigung von Deutscher Taschenbuch Verlag – S. 151.1: Wega Film – S. 151.2: ddpimages/pwe Kinoarchiv Hamburg – S. 152: toonpool.com/Giacomo – S. 153: akg-images/North Wind Picture Archives – S. 154.1: action press/REX FEATURES LTD – S. 154.2: mauritius images/senior images/Bearbeitung von Rehms & Brandl Medientechnik GmbH – S. 155.1: Carl Hanser Verlag GmbH & Co. KG, München – S. 155.2: © Carl Hanser Verlag GmbH & Co. KG, München. Illustration von Birgit Lang, in: Rolf Dobelli, Die Kunst des klaren Denkens, 2011 – S. 156: © Carl Hanser Verlag GmbH & Co. KG, München. Illustration von Birgit Lang, in: Rolf Dobelli, Die Kunst des klaren Denkens, 2011 – S. 157: Ricardo Cortez – S. 161: René Magritte: L'Apparition (Die Erscheinung), 1928. Öl auf Leinwand, 82,5 x 116 cm. Staatsgalerie Stuttgart/Scala, Florence/© VG Bild-Kunst, Bonn 2014 – S. 163: © Daniel Heuclin/Biosphoto – S. 165: action press/Public Address – S. 169: © Ludvik Glazer-Naudé – S. 170.1: glowimages.de/Heritage-ImagesRM – S. 170.2: Initiale mit Apostel Paulus. Beginn des ersten Briefes des Paulus an die Korinther. Aus einer Bibelhandschrift (Biblia sacra, pars). Ms. latin 58(2), fol. 122, 12. Jahrhundert. Paris, Bibliothèque Nationale/akg-images – S. 170.3: Frank Oleski, Köln/© Georg Baselitz – S. 170.4: Interfoto/Photoaisa – S. 171.1: Frank Oleski, Köln/© Georg Baselitz – S. 171.2: Courtesy of the Univiversity of Texas Libraries, The University of Texas at Austin – S. 171.3: akg-images – 171.4: glowimages.de/Superstock RM – 171.5: mauritius images/United Archives – 171.6: Agentur Focus/Roland & Sabrina Michaud – 171.7: mauritius images/Alamy – S. 174: akg-images/Science Photo Library – S. 176: From the facsimile of the Alba Bible © www.facsimile-editions.com – S. 178: KNA-Bild – S. 179.1: SZ Photo – S. 179.2: © Philipp Reclam jun. GmbH & Co. KG, Stuttgart – S. 182: Initiale mit Apostel Paulus. Beginn des ersten Briefes des Paulus an die Korinther. Aus einer Bibelhandschrift (Biblia sacra, pars). Ms. latin 58(2), fol. 122, 12. Jahrhundert. Paris, Bibliothèque Nationale/akg-images – S. 184: glowimages.de/HeritageImagesRM – S. 185: Courtesy of the Univiversity of Texas Libraries, The University of Texas at Austin – S. 186.1: Benjamin Katz/© VG Bild-Kunst, Bonn 2014 – S. 186.2: Frank Oleski, Köln/© Georg Baselitz – S. 188.1: glowimages.de/Superstock RM – S. 188.2: Stadtmuseum Amberg/© Frydl Prechtl-Zuleeg, Nürnberg – S. 189: Aus: Thomas Morus: Ein wahrhaft kostbares und ebenso bekömmliches wie kurzweiliges Buch über die beste Staatsverfassung und die neue Insel Utopia. Mit Illustrationen von Michael Matthias Prechtl. [Ins Dt. übers. von Gerhard Ritter], Frankfurt am Main ; Olten; Wien (Büchergilde Gutenberg) 1986, 4. Auflage 1991, Nr. 14/© Frydl Prechtl-Zuleeg, Nürnberg – S. 191: vario-press/Jesper Dijohn – S. 192: Interfoto/Photoaisa – S. 195: © BRIDGEMANART.COM – S. 197.1: bpk – S. 197.2: Bernd Kuhnert/VG Bild-Kunst, Bonn 2014 – S. 198: mauritius images/United Archives – S. 201: Thomas-Morus-Akademie Bensberg – S. 202: Frank Oleski, Köln/© Georg Baselitz – 203: Bundesarchiv, B 145 Bild-F071768-0006, Fotograf: Lothar Schaack – 205: Frank Oleski, Köln/© Georg Baselitz – S. 208: istockphoto.com/© Panagiotis Karapanagiotis – S. 210: akg-images – S. 216: istockphoto.com/© Hulton Archive – S. 221: The Bridgeman Art Library /Alinari/Vatican Museums and Galleries, Vatican City – S. 223: bpk/Antikensammlung, SMB/Johannes Laurentius – S. 224: fotolia.com/© Mikhail Kukartse

Textquellenverzeichnis

Hier nicht aufgeführte Texte sind Originalbeiträge der Verfasser.

S. 8: Berg, Sibylle: Ein paar Leute suchen das Glück und lachen sich tot. Leipzig: Reclam Verlag 1997, S. 34.

S. 9 f.: Tramnitz, Christiane: Kindergeheimnisse: Die verborgenen Welten der Elf- bis Achtzehnjährigen. München: Droemer Verlag 2003, S. 234.

S. 12: Zitate aus Brockhaus von 1844, 1969, 2006; zitiert in: Schneider, Wolf: Glück. Eine etwas andere Gebrauchsanweisung. Reinbek: Rowohlt Verlag 2007, S. 36 f.

S. 13 f.: Bien, Günther: Glück ist kein Ziel, sondern der Lohn. In: Der blaue Reiter, Heft 14 (2/01), S. 65 f.

S. 16: Epikur: Brief an Menoikeus. Übersetzt von Anke Thyen.

S. 18: de Montherlant, Henry: Tagebücher 1930-1944. Übersetzt von Karl August Horn. Köln/Berlin: Kiepenheuer & Witsch Verlag 1961, S. 44.

S. 18: Pascal, Blaise: Zimmer und Welt. Übers. von Siegfried Reusch. In: Der blaue Reiter, Heft 14 (2/01), S. 46.

S. 19: Watzlawick, Paul: Anleitung zum Unglücklichsein. München: Piper Verlag 1999, S. 37 f., 71, 97.

S. 20: Camus, Albert: Der Mythos von Sisyphos. Übersetzt von Hans Georg Brenner und Wolfdietrich Rasch. Hamburg: Rowohlt Verlag 1999 © Karl Rauch Verlag, Düsseldorf.

S. 21 f.: Csikszentmihalyi, Mihaly: Flow im Beruf. Übersetzt von Ulrike Stopfel. Stuttgart: Verlag Klett-Cotta 2004.

S. 25: Holofernes, Judith: Ich werde mein Leben lang üben. In: Von hier an blind (CD). ©2005 Wintrup Muiskverlag Walter Freudenhaus Musikverlag Patrik Majer / Wintrup Musikverlag Walter Holzbaur, Detmold.

S. 28: Polizeibericht; zitiert nach: http://www.presseportal.de/polizeipresse/pm/11554/polizei-braunschweig.

S. 29: Lakotta, Beate: Noch mal leben vor dem Tod: wenn Menschen sterben. München: Deutsche Verlags-Anstalt 2004.

S. 30 f.: Selbstbestimmung und Fürsorge am Lebensende. © 2006 Nationaler Ethikrat, Berlin, S. 53-55.

S. 32: Bundesärztekammer: Grundsätze zur ärztlichen Sterbebegleitung. In: Deutsches Ärzteblatt, Jg. 107, Heft 7 vom 18.2.2011, A346-348.

S. 33: Wittgenstein, Ludwig: Tractatus logico-philosophicus. Kritische Edition. Hrsg. von Brian McGuinness und Joachim Schulte. Frankfurt a.M.: Suhrkamp Verlag 1989, S. 174.

S. 33 f.: Seneca, Lucius Annaeus: Philosophische Schriften, Bd. 3: An Lucilius. Briefe über Ethik. Übersetzt, eingeleitet und mit Anmerkungen versehen von Manfred Rosenbach. Darmstadt: WBG 1989.

S. 34 f.: Prantl, Heribert: Zeitenwende. In: Süddeutsche Zeitung Nr. 243 vom 20./21.10.2012.

S. 38: Kant, Immanuel: Werkausgabe, Bd. 7: Kritik der praktischen Vernunft. Hrsg. von Wilhelm Weischedel. Frankfurt a.M.: Suhrkamp Verlag 1974, S. 300.

S. 38: Schorlemmer, Friedrich: Das Buch der Werte: Wider die Orientierungslosigkeit in unserer Zeit. Stuttgart: Verlagshaus Stuttgart 1995, S. 19.

S. 40: Engels, Helmut: Blaue Schokolade: Geschichten zum Denken und Querdenken. Hannover: Siebert Verlag 2007.

S. 41 f.: Kirschner, Josef: Die Kunst, ein Egoist zu sein. München: Droemer Knaur Verlage 1978, S. 9 f.

S. 42 f.: Klein, Stefan: Der Sinn des Gebens. Frankfurt a.M.: S. Fischer Verlag 2010, S. 24 ff.

S. 48 f.: Die Bibel: Das Neue Testament. Stuttgart: Katholische Bibelanstalt 1980.

S. 49 f.: Schopenhauer, Arthur: Die beiden Grundprobleme der Ethik. In: Werke in 10 Bänden, Band 2. Zürich: Diogenes Verlag 1977, S. 479 ff.

S. 51 f.: Nagel, Thomas: Was bedeutet das alles? Aus dem Englischen von Michael Gebauer. Stuttgart: Reclam Verlag 1990, S. 55 f.

S. 52 f.: Freud, Sigmund: Das Unbehagen in der Kultur, Bd. 9. Frankfurt a.M.: S. Fischer Verlag 2000, S. 231 f.

S. 54 Nussbaum, Martha C.: Gerechtigkeit oder Das gute Leben. Hrsg. von Herlinde Pauer-Studer. Aus dem Amerikan. von Ilse Utz. Frankfurt a.M.: Suhrkamp Verlag 1999, S. 200 ff.

S. 55: Smith, Adam: Theorie der ethischen Gefühle. Auf der Grundlage der Übers. von Walther Eckstein neu hrsg. von Horst D. Brandt. Hamburg: Felix Meiner Verlag 2010, S. 7.

S. 55: Frankl, Viktor E.: Der Mensch vor der Frage nach dem Sinn: Eine Auswahl aus dem Gesamtwerk.
München: Piper Verlag 1985, S. 101.

S. 55: Stirner, Max: Der Einzige und sein Eigentum. Berlin: Deutsche Buchgemeinschaft 1924, S. 117 f.

S. 55: Lütge, Christoph: Wettbewerb nützt allen. In: Focus Magazin Nr. 40 vom 1.10.2005.

S. 55: Proust, Marcel: Werke. Auf der Suche nach der verlorenen Zeit. Hrsg. von Luzius Keller. Übersetzt von Eva Rechel-Mertens. Frankfurt a.M.: Suhrkamp Verlag 2000, S. 198.

S. 55: Nietzsche, Friedrich: Werke. 1. Die Geburt der Tragödie: Unzeitgemäße Betrachtungen. Menschliches, Allzumenschliches. Frankfurt a.M.: Ullstein Verlag 1969, S. 509.

S. 57: Hoerster, Norbert: Texte zur Ethik. Hrsg. von Dieter Birnbacher. München: Deutscher Taschenbuch Verlag 1976, S. 10 f.

S. 62, 63: Kant, Immanuel: Grundlegung zur Metaphysik der Sitten. Hrsg. von Wilhelm Weischedel. Frankfurt a.M.: Suhrkamp Verlag 1974, S. 18, 19.

S. 65: Schiller, Friedrich: Gewissensskrupel. Aus den „Xenien". In: Schillers Werke. Nationalausgabe. Bd. 1: Gedichte in der Reihenfolge ihres Erscheinens. 1776-1799. Hrsg. von Julius Petersen und Friedrich Beißner. Unveränderter Nachdruck. Weimar: Verlag Hermann Böhlaus Nachf. 1992, S. 357.

S. 67: Kant, Immanuel: Grundlegung zur Metaphysik der Sitten. Hrsg. von Wilhelm Weischedel. Frankfurt a.M.: Suhrkamp Verlag 1974, S. 23.

S. 69: Erlinger, Rainer/Heiko R.: Da glimmt noch etwas. In: Süddeutsche Zeitung Magazin, Heft 15/2005.

S. 69: Erlinger, Rainer/Judith J.: Wer sich ewig bindet. In: Rainer Erlinger: Wenn Sie mich fragen. München: Verlag Antje Kunstmann 2007, S. 83.

S. 69: Erlinger, Rainer/Gerd S.: Erlesenes. In: Rainer Erlinger: Wenn Sie mich fragen. München: Verlag Antje Kunstmann 2007, S. 121.

S. 69: Erlinger, Rainer/Corinna S.: Kurskorrektur. In: Rainer Erlinger: Wenn Sie mich fragen. München: Verlag Antje Kunstmann 2007, S. 159.

S. 70: Erlinger, Rainer/Kai-Uwe W.: Keine Hoch-Zeit. In: Rainer Erlinger: Wenn Sie mich fragen. München: Verlag Antje Kunstmann 2007, S. 189.

S. 70: Erlinger, Rainer/Lisa-Maria R.: Spenden nur für Spender?. In: Süddeutsche Zeitung Magazin, Heft 16/2011.

S. 72: Joubert, Joseph: Gedanken, Versuche und Maximen. Übersetzt von Franz Pocci. Warendorf: J. Hoof Verlag 2008.

S. 73: Kant, Immanuel: Werkausgabe, Bd. 8: Die Metaphysik der Sitten. Hrsg. von Wilhelm Weischedel. Frankfurt a.M.: Suhrkamp Verlag 1974, S. 300

S. 77: Habermas, Jürgen: Diskursethik – Notizen zu einem Begründungsprogramm. In: Ders.: Moralbewusstsein und kommunikatives Handeln. Frankfurt a.M.: Suhrkamp Verlag 1983, S. 103.

S. 80: Frankfurter Rundschau vom 28.1.2011.

S. 80: Hamburger Morgenpost vom 6.5.2010; www.mopo.de/news

S. 80: Entführung eines Kindes endet ohne Blutvergießen. In: Focus Online vom 15.3.2009; http://www.focus.de/panorama/vermischtes/baden-wuerttemberg-entfuehrung-eines-kindes-endet-ohne-blutvergiessen_aid_380579.html

S. 80: http://www.n-tv.de/politik/100-Tote-bei-Massaker-in-Syrien-article6445466.html (7.6.2012).

S. 81 f.: Buford, Bill: Geil auf Gewalt: Unter Hooligans. Aus dem Engl. von Wolfgang Krege. München: Hanser Verlag 1992, S. 87 f., 91, 95 f., 100 f.

S. 82: Rittberger, Volker: Auf dem Weg zum nachhaltigen Frieden? Aufgaben der Friedensforschung zu Beginn des 21. Jahrhunderts. Vortrag vom 8.10.2008 an der Universität Hamburg, S. 4. http://www.ifsh.de/pdf/aktuelles/2008-10-15_Rittberger_MPSVortrag.pdf
S. 83: Weber, Max: Wirtschaft und Gesellschaft: Grundriss der verstehenden Soziologie. Bearbeitet von Johannes Winckelmann. Tübingen: Mohr Verlag 1980, S. 28.
S. 83: Arendt, Hannah: Macht und Gewalt. München: Piper Verlag 1995, S. 45, 57.
S. 83: Popitz, Heinrich: Phänomene der Macht. Tübingen: Mohr Verlag 1986, S. 76, 82 f.
S. 85: Schmücker, Reinold: „Gibt es einen gerechten Krieg?“ In: Deutsche Zeitschrift für Philosophie, Bd. 48. Berlin: Akademie Verlag, April 2000, S. 319-340, hier S. 325-328.
S. 87: Gandhi, Mahatma: Ausgewählte Texte. Hrsg. von Richard Attenborough. Aus dem Englischen von Rolf und Hedda Soellner. München: Goldmann Verlag 1989.
S. 87: Allende, Isabel: „Ja, diese Wochen waren fürchterlich.“ SPIEGEL-Interview. In: DER SPIEGEL, Nr. 45, 3.11.1986, S. 182 ff.
S. 87: Die Bibel: Das Neue Testament. Stuttgart: Katholische Bibelanstalt 1980.
S. 88: zitiert nach Schülerwettbewerb des Philosophieforums Kelkheim e.V. 2009.
S. 89: Ulpian: Das Recht als Kunst des Guten und Gerechten. In: Michael Rainer/Johanna Filip-Fröschl: Texte zum römischen Recht: Fallbeispiele für das Studium. Wien/New York: Springer 1998.
S. 91: (dpa): Mordfall Lena: Zwei Wochen Arrest wegen Lynchaufrufs. In: Märkische Oderzeitung vom 30.5.2012.
S. 94: Wesel, Uwe: Geschichte des Rechts. München 2006, C.H. Beck; 2. Auflage
S. 94: Radbruch, Gustav: Die Pflicht des Richters. In: Ders.: Rechtsphilosophie. Hrsg. von Ralf Dreier und Stanley L. Paulson. Heidelberg: Müller Verlag 2003, S. 84.
S. 95: Fromm, Susanne: Lust am Denken: Texte zum Philosophieren. Stuttgart: Reclam Verlag 2004, S. 99.
S. 96: Erlinger, Rainer/Alexander M.: Religionskorrektur?. In: Süddeutsche Zeitung Magazin, Heft 1/2010.
S. 96 f.: Perelman, Chaim: Über die Gerechtigkeit. Aus dem Französischen übers. von Ulrike Blüm und Ottmar Ballweg. München: Verlag C.H. Beck 1967.
S. 98: Precht, Richard David: Wer bin ich – und wenn ja wie viele? München: Goldmann Verlag 2012, S. 335 ff. .
S. 100: Roosevelt, Eleanor: Menschenrechte vor deiner Tür. http://www.planet-wissen.de/politik_geschichte/menschenrechte/geschichte_der_menschenrechte/menschenrechtserklaerung.jsp; Julia Lohrmann, Stand vom 19.10.2011
S. 102: Kant, Immanuel: Werkausgabe, Bd. 8: Die Metaphysik der Sitten. Hrsg. von Wilhelm Weischedel. Frankfurt a.M.: Suhrkamp Verlag 1974, S. 455.
S. 103: Goethe, Johann Wolfgang von: Faust. Der Tragödie erster Teil. Hamburger Ausgabe, Band 3. Dramatische Dichtungen I. Textkritisch durchgesehen und kommentiert von Erich Truntz. München: C.H. Beck'sche Verlagsbuchhandlung 1986, S. 64
S. 104: Straubhaar, Thomas: Wachstum: Quelle des Wohlstandes – Warum lassen wir sie versiegen? In: Christoph A. Schaltegger/Stefan C. Schaltegger (Hrsg.): Perspektiven der Wirtschaftspolitik. Festschrift. Zürich: Hochschulverlag an der ETH 2004, S. 193.
S. 105: Rosa, Hartmut, zitiert nach: Donya Ravasani: Glück statt Wachstum: Die Grenzen der wirtschaftlichen Produktivität. http://www.3sat.de/page/?source=kulturzeit/themen/141024/index.html (13.1.2010).
S. 113 f.: Krupp, Kerstin: Alles frisch? Sonst weg!. In: Frankfurter Rundschau vom 9.9.2011, S. 38.
S. 114 ff.: Lenk, Hans: Umweltverträglichkeit und Menschenzuträglichkeit: Eine neue Verantwortung für unsere Umwelt und Zukunft. Karlsruhe: Universitätsverlag 2009.
S. 119 f.: Regan, Tom: Wie man Rechte für Tiere begründet. In: Angelika Krebs (Hrsg.): Naturethik. Übersetzt von Tarja Prüss. Frankfurt a.M.: Suhrkamp Verlag 1997, S. 33-46.
S. 122: Janovsky, Silke: Jan Müllers Universum. In: Frankfurter Rundschau vom 15.9.2011.
S. 129 f.: Beschorner, Thomas: Wirtschaft und Ethik: Kein notwendiger Gegensatz. In: Einblicke Nr. 38, Carl von Ossietzky Universität Oldenburg 2003, S. 21.
S. 131: Smith, Adam: Der Wohlstand der Nationen. Übersetzt von Horst Claus Recktenwald. München: Deutscher Taschenbuch Verlag 2003.
S. 132 ff: Sedláček, Tomás: Es geht um Werte statt Wachstum. Interview von Hans Sedlmaier. In: Focus Online vom 4.2.2012. http://www.focus.de/finanzen/news/tid-24916/tschechiens-star-oekonom-tomas-sedlacek-es-geht-um-werte-statt-wachstum_aid_709412.html
S. 136: Bob Dylan: When he returns. In: Lyrics 1962-2001. Sämtliche Songtexte. Deutsch von Gisbert Haefs. Hamburg (Hoffmann und Campe) 2004, S. 794
S. 138: Grimm, Jacob/Grimm, Wilhelm: Deutsches Wörterbuch. Bd. 27. Spalte 840. Bearbeitet von Karl von Bahder (Fotomechanischer Nachdruck der Erstausgabe von 1922). München: Deutscher Taschenbuch Verlag 1984.
S. 139: Heinrich, Barbara: Die wahren Geschichten der Sophie Calle. Übersetzt von Elke Bahr. Kassel: Museum Fridericianum 2000.
S. 140: Franz von Kutschera: Wert und Wirklichkeit. Paderborn (Mentis Verlag GmbH) S. 108
S. 143: James, William: Pragmatismus: Ein neuer Name für alte Denkweisen. Übersetzt von Klaus Schubert. Darmstadt: WBG 2001, S. 136, 143.
S. 145 ff.: Valentine, Jenny: Das zweite Leben des Cassiel Roadnight. Aus dem Engl. von Klaus Fritz. München: Deutscher Taschenbuch Verlag 2011, S. 7 ff.
S. 152: Austin, John L.: Truth. In: Proceedings of the Aristotelian Society, Vol. 24, 1950 Published by Wiley on behalf of the Aristotelian Society, Symposium Truth, 1, 13. http://www.jstor.org/stable/10.2307/i380599.
S. 152: Krausser, Helmut: Die letzten schönen Tage. Köln (Dumont-Verlag) 2011, S. 187
S. 152: Hegel, Georg Wilhelm Friedrich: Vorlesungen über die Geschichte der Philosophie I. In: G. W. F. Hegel: Werke in 20 Bänden. Bd. 18. Hrsg. von Eva Moldenhauer und Karl Markus Michel. Frankfurt a.M.: Suhrkamp Verlag 1986, S. 30.
S. 153: Bacon, Francis: Neues Organ der Wissenschaften. Hrsg. und übersetzt von Anton Theobald Brück. Darmstadt: WBG 1974, S. 31 f. (unveränderter reprographischer Nachdruck der Ausgabe von 1830).
S. 154: Schnädelbach, Herbert: Was ist Ideologie? In: Das Argument, 50/1969, S. 75.
S. 155 f.: Dobelli, Rolf: Die Kunst des klaren Denkens. München: Hanser Verlag 2011.
S. 159: Bönisch, Julia: Déformation professionnelle – beruflich bedingte Missbildung. In: Süddeutsche Zeitung vom 21.5.2010.
S. 161 f.: Bichsel, Peter: Kindergeschichten. Frankfurt a.M.: Suhrkamp Verlag 1997.
S. 165 ff.: Regener, Sven: Herr Lehmann. Berlin: Eichborn Verlag 2001
S. 169: Bacon, Francis: Neues Organ der Wissenschaften. Hrsg. und übersetzt von Anton Theobald Brück. (Unveränderter reprographischer Nachdruck der Ausgabe von 1830). Darmstadt: WBG 1974, S. 31 f.
S. 170: Kant, Immanuel: Werkausgabe, Bd. 3: Kritik der reinen Vernunft. Hrsg. von Wilhelm Weischedel. Frankfurt a.M.: Suhrkamp Verlag 1973, Vorrede A 1. Satz; A VII.
S. 173: Graf, Friedrich Wilhelm: 10 Thesen zur Religion im 21. Jahrhundert. In: GEOkompakt Nr. 16: Religion und Glaube, 2008, S. 22.
S. 176 f: Zürcher Bibel. Zürich: Theologischer Verlag 2007.
S. 177: Die Heilige Schrift. Neu ins Deutsche übertragen von Naftali Herz Tur-Sinai. Jerusalem: The Jewish publishing house LTD, 1954, S. 389 ff.
S. 178: Ehrlich, Ernst Ludwig: Juden und Christen im neuen Europa. In: Hanspeter Heinz/ Hans Hermann Henrix (Hrsg.): „Was uns trennt, ist die Geschichte“.

Ernst Ludwig Ehrlich – Vermittler zwischen Juden und Christen. München/Zürich/Wien: Verlag Neue Stadt 2008, S. 110.
S. 178: Kontext Dekalog, zitiert nach: Trutwin, Werner: Weltreligionen: Judentum. München: Bayerischer Schulbuch Verlag 2001, S. 62.
S. 180 f.: Trutwin, Werner: Weltreligionen: Judentum. München: Bayerischer Schulbuch Verlag 2001, S. 36.
S. 182: Die Bibel: Neues Testament. Einheitsausgabe. Stuttgart: Katholische Bibelanstalt 1980.
S. 183: Der Koran. Übersetzung von Rudi Paret. Stuttgart: Kohlhammer Verlag, 8. Aufl. 2001, S. 196-199.
S. 184: Chen, Hanne: Konfuzianismus erleben. Bielefeld: Reise-Know-How-Verlag Rump 2003, S. 17 f.
S. 187: Augustinus, Aurelius: Der Gottesstaat. Dritter Band (Buch XVI-XXII). Deutsch von Carl Johann Perl. Salzburg: Otto Müller Verlag 1953, S. 580.
S. 187: Konfuzius: Li Ji Buch der Riten. Shanghai: Verlag für klassische Schriften 1987, S. 120.
S. 188 f.: Morus, Thomas: Utopia. Übersetzt von Gerhard Ritter. Frankfurt a.M./Olten/Wien: Büchergilde Gutenberg 1991, S. 155-159.
S. 191: www.weltethos.de.
S. 192: Flew, Antony: Der unsichtbare Gärtner. In: Paul M. van Buren: Reden von Gott in der Sprache der Welt.
S. 193: Nietzsche, Friedrich: Die fröhliche Wissenschaft. In: Ders.: Sämtliche Werke. Band 3: Morgenröte. Hrsg. von Giorgio Colli und Mazzino Montinari. Berlin/New York: De Gruyter Verlag, S. 481, Aph. 125.
S. 193: Protagoras: Fragment 4. In: Die Vorsokratiker: Die Fragmente und Quellenberichte. Übersetzt und eingeleitet von Wilhelm Capelle. Stuttgart: Kröner Verlag 1963, S. 333.
S. 193: Comte-Sponville, André: Woran glaubt ein Atheist? Spiritualität ohne Gott. Übersetzt von Brigitte Große. Zürich: Diogenes Verlag 2009, S. 15.
S. 195: Pascal, Blaise: Gedanken: eine Auswahl. Übersetzt, hrsg. und eingeleitet von Ewald Wasmuth. Stuttgart: Reclam Verlag 1984, S. 118 f.
S. 196: Büchner, Georg: Dantons Tod. In: Ders.: Werke und Briefe. München: Deutscher Taschenbuch Verlag 1973, S. 39 f. © Insel Verlag, Frankfurt a.M.
S. 198: Epikur: Zur Bedeutung der Religion heute. In: Ders.: Von der Überwindung der Furcht. Katechismus, Lehrbriefe, Spruchsammlung, Fragmente. Eingeleitet und übertragen von Olof Gigon. Zürich: Artemis Verlag 1949, S. 136.
S. 199 f.: Schnädelbach, Herbert: Religion in der modernen Welt. Vorträge, Abhandlungen, Streitschriften. Frankfurt a.M.: Fischer Taschenbuch-Verlag 2009, S. 121-122.
S. 200: Vollmer, Gerhard: Die Gotteshypothese. In: GEOkompakt Nr. 16: Religion und Glaube, 2008, S. 47.
S. 201: Ahadi, Mina: Das Vertrauen in die Menschenrechte. In: GEOkompakt Nr. 16: Religion und Glaube, 2008, S. 48.
S. 201: Schroeder, Renée: Aversion gegen Gott. In: GEOkompakt Nr. 16: Religion und Glaube, 2008, S. 51.
S. 203: Baselitz, Georg; zitiert in: Michael Riemann: Kopfüber in den Glauben. Porträt. http://www.katholisch.de/de/katholisch/themen/kultur/130123_portraet_75_jahre_georg_baselitz.php,23.1.2013.
S. 203: Rath, Christian: Freiheit ist ansteckend. Interview mit Wolfgang Böckenförde. In: taz vom 23.9.2009. http://www.taz.de/1/archiv/print-archiv/printressorts/digi-artikel/?ressort=sw&dig=2009/09/23/a0090&cHash=21e4e4c527
S. 203: Becker, Werner: Demokratie kann moralisch sein. In: Die Welt vom 20.3.2007.
S. 204: Tocotronic (Dirk von Lowtzow, Jan Klaas Müller, Arne Zank): Schall & Wahn. Begleitheft zur CD. GOLD Musikverlag oHG/Hanseatic Musikverlag GmbH & Co. KG, Hamburg 2010.
S. 204: Duve, Karen: Welt ohne Gott. In: DER SPIEGEL, Nr. 14 vom 30.3.2009, S. 143.

Redaktion: Ninja Süßenbach
Bildredaktion: Bettina Schaschke
Illustration: Claudia Lieb, München; Elke Rohleder, Berlin; Detlef Seidensticker, München;
Constanze Spengler, Hamburg
Umschlagkonzept: Mendell & Oberer, München
Umschlaggestaltung: Michael Wörgötter, München
Umschlagfoto: Getty Images/James Lauritz
Layout und technische Umsetzung: floxdesign, Elke Rohleder, Berlin

www.cornelsen.de

1. Auflage, 3. Druck 2021

Alle Drucke dieser Auflage sind inhaltlich unverändert und können im Unterricht nebeneinander verwendet werden.

Druck: Firmengruppe APPL, aprinta Druck, Wemding

ISBN 978-3-637-01143-4

PEFC
PEFC/04-32-0928

PEFC zertifiziert
Dieses Produkt stammt aus nachhaltig bewirtschafteten Wäldern und kontrollierten Quellen.

www.pefc.de